Heimfrid Wolff, Katharina Spieß und Henrike Mohr

Arbeit – Altern – Innovation

edition
ZUKUNFT DER ARBEIT
ARBEIT DER ZUKUNFT

Herausgeber
Prof. Dr. Hans-Jörg Bullinger
Dr. Walter Eichendorf
John Hormann
Prof. Dr. Ernst-Moritz Lipp
Siegfried Pabst

Heimfrid Wolff, Katharina Spieß und Henrike Mohr

Arbeit – Altern – Innovation

Universum Verlagsanstalt UV

Die Autoren

Dr. Heimfrid Wolff ist Seniorberater der Prognos AG, Basel, und leitete dort bis 1995 den Bereich Politik und Gesellschaft. Die Beratung von Unternehmen, Verbänden oder Politik bei der Gestaltung der eigenen Zukunft vor dem Hintergrund langfristiger Entwicklungen in Wirtschaft und Gesellschaft ist sein Arbeits- und Interessenschwerpunkt.

Dr. C. Katharina Spieß ist Projektleiterin beim DIW Berlin (Deutsches Institut für Wirtschaftsforschung). Ihre Forschungs- und Beratungsschwerpunkte liegen im sozialpolitischen Bereich. Mit dem Zusammenhang von Altern und Arbeit beschäftigt sie sich aus der Perspektive der Erwerbstätigen wie aber auch aus der von Intermediären und Politik.

Henrike Mohr ist Projektleiterin bei der Prognos AG, Basel, im Bereich Politik und Gesellschaft. Ihr Arbeitsschwerpunkt liegt in der Analyse von Wirkungen des demografischen Wandels oder der Entwicklung zur Wissensgesellschaft auf Arbeitsmarkt, Qualifikationsbedarf und Bildungssystem.

Heimfrid Wolff, Katharina Spieß und Henrike Mohr
PROGNOS AG, Basel
ARBEIT – ALTERN – INNOVATION
1. Auflage 2001

Universum Verlagsanstalt GmbH KG
65175 Wiesbaden
http://www.universum.de
http://zukunft-der-arbeit.universum.de
E-Mail: zukunft-der-arbeit@universum.de

Titelgestaltung: Michael Gottlieb; Peter Gabel
Gestaltung und Satz: this is on communication, Cologne
Druck: p. altmann-druck GmbH, Berlin

Das der Veröffentlichung zugrunde liegende Vorhaben wurde mit Mitteln der Bundesministerin für Bildung und Forschung gefördert. Die Verantwortung für den Inhalt liegt bei den Autoren.

ISBN 3-933355-77-X

Erscheint in der Edition:
ZUKUNFT DER ARBEIT – ARBEIT DER ZUKUNFT

ISSN 1436-5553

■ Vorwort

Mit der 'Bekanntmachung über die Förderung von Vorhaben zum Thema: Demografischer Wandel und Zukunft der Erwerbsarbeit am Standort Deutschland' griff das Bundesministerium für Forschung und Technologie die Diskussion am Anfang der 90er-Jahre über die Wirkungen des demografischen Wandels für die Entwicklung am Standort Deutschland auf. Die Entscheidung über einen solchen Förderschwerpunkt ging von drei Feststellungen aus:

1. Der demografische Wandel in Deutschland wird in den nächsten Jahrzehnten die bisherigen Arbeits- und Sozialstrukturen zu erheblichen Anpassungen zwingen.
2. Die Veränderung in der Altersstruktur erreicht zunehmend die Erwerbsbevölkerung und kann zu einer Bedrohung der Innovationsfähigkeit in der deutschen Wirtschaft führen.
3. Der einzel- wie gesamtwirtschaftliche Handlungsbedarf und die Handlungsmöglichkeiten sind noch weit gehend unbekannt und lassen sich nur aus den Wechselwirkungen mit den technisch-wirtschaftlichen Trends ableiten.

Der neue Förderschwerpunkt sollte im Rahmen des Förderprogramms 'Arbeit und Technik' in interdisziplinär angelegten wissenschaftlichen Grundlagenuntersuchungen die Wirkungen des demografischen Wandels bezüglich

- der Technik- und Organisationsentwicklung,
- der Qualifikations- und Personalentwicklung,
- des Arbeits- und Gesundheitsschutzes

analysieren und auf dieser Basis die Gestaltungsfelder für die Wirtschaft im Umgang mit den demografischen Veränderungen herausarbeiten. Die Arbeitsergebnisse sollten in einem 'Zukunftsreport' zusammengefasst und verknüpft werden. Aufgabe dieses Zukunftsreports sollte sein, "einen wirkungsvollen Beitrag zur Sensibilisierung der Wirtschaft und Wissenschaft für den demografischen Strukturwandel und daraus resultierende Gestaltungsaufgaben im Hinblick auf Innovation und Prävention zu leisten".

Die eingereichten Forschungsanträge wurden von einem Beirat begutachtet und zu fünf Verbundprojekten mit den folgenden Arbeitsschwerpunkten zusammengefasst[1]:

Verbund I: Arbeits- und Innovationspotenziale im Wandel

Der Verbund analysierte die Veränderungen im Arbeitsangebot und die sich daraus ergebenden Konsequenzen für das Arbeits- und Innovationspotenzial. Beteiligt waren die Institute: INIFES - Stadtbergen, ISF - München, SÖSTRA - Berlin.

---

1) *Ausgewählte Beiträge aus den Verbünden wurden zur Illustration und Unterstützung direkt in den Text integriert. Sie sind als Kästen hervorgehoben und im Einzelnen mit Angabe der Autoren gekennzeichnet.*

Verbund II: Zukunftsfähige Anforderungen und Strategien im Handwerk

Der Verbund analysierte die spezifische Situation im Handwerk mit dem Ziel erfolgversprechende Entwicklungsmöglichkeiten für die Beschäftigung älterer Arbeitnehmer, die Personalentwicklung und die Gesundheitsvorsorge aufzuzeigen. Beteiligt waren: die Zukunftswerkstatt der Handwerkskammer Hamburg, die Fachhochschule Niederrhein - Mönchengladbach und ISF - München.

Verbund III: Begrenzte Tätigkeitsdauer und neue Arbeitszeitmodelle für Ältere

Der Verbund analysierte die Ursachen für Phänomene der begrenzten Tätigkeitsdauer, deren Konsequenzen sowie die Handlungsmöglichkeiten der Betriebe, sich darauf durch eine entsprechende Organisation von Arbeit und Arbeitszeit einzustellen. Beteiligt waren: ISO - Saarbrücken, ISIS - Frankfurt, Forschungsgesellschaft für Gerontologie - Dortmund, Zentrum für Sozialpolitik - Bremen.

Verbund IV: Innovation bei veränderten Altersstrukturen

Der Verbund analysiert die Bedingungen, unter denen die Innovationsfähigkeit im Produzierenden wie im Dienstleistungsbereich auch bei sich verändernden Altersstrukturen gesichert werden kann. Beteiligte Institute sind: FHG-IAO - Stuttgart, TU Chemnitz, BTU Cottbus.

Verbund V: Innovation, Belegschaftsstrukturen und Altern im Betrieb

Der Verbund analysiert gegenwärtige und potenzielle Bewältigungsstrategien der Unternehmen zur Reaktion auf den wachsenden Innovationsdruck unter Bedingungen des soziodemografischen Wandels. Beteiligte Institute sind: GfAH - Dortmund, ISO - Saarbrücken, VDI/VDE-IT - Teltow, TU Hamburg-Harburg, FH Neu-Brandenburg, a&o Research - Berlin, HDZ - Aachen.

Die Forschungsarbeiten begannen je nach Verbund zwischen Ende 1995 und Ende 1996 und wurden zwischen 1998 und 2000 abgeschlossen. Die inhaltlichen Arbeiten zum 'Zukunftsreport' begannen Ende 1997 und endeten Mitte 1999.
Sie bauen auf den bis Mai 1999 abgeschlossenen bzw. als Zwischenergebnis vorliegenden Ergebnissen der fünf Forschungsverbünde auf. Die Forschungsarbeiten waren auch der Ausgangspunkt für die Diskussionen auf dem Fachkongress, der mit internationaler Beteiligung am 29. und 30. November 1999 in Berlin stattfand.

Bereits die ersten Forschungsergebnisse machten eine Relativierung der Ausgangshypothesen nötig, die sich zunächst allein auf die gesamtwirtschaftliche Bilanzierung von angebotenen und nachgefragten Arbeitsplätzen gestützt hatten. Die Wirkungen der strukturellen und demografischen Veränderungen waren global nur schwer zu erfassen. Sie waren auch nicht primär sektoraler Natur. Eindeutig war nur eins: Alle Unternehmen, ob im Produzierenden- oder im Dienstleistungsgewerbe, werden sich voraussichtlich mit den Folgen des demografischen Wandels in der Erwerbsbevölkerung auseinandersetzen und ihre bisherige meist jugendzentrierte Innovationsstrategie bei steigendem Wettbewerbs- und Kostendruck anpassen müssen. Für die Arbeitskräfte wieder führt dies zu einer wachsenden Verunsicherung bei der Suche nach Arbeitsplätzen und macht u. U. die älteren Arbeitnehmer besonders zu den Opfern der Entwicklung.

Unter solchen Arbeitsmarktbedingungen wird die Kooperation aller für die Arbeitsmarktentwicklung Verantwortlichen besonders wichtig. Gefordert sind hier zunächst die Unternehmen, die mit ihrer Standort- und Innovationsplanung sowie mit der Gestaltung der Arbeitsplätze auch über die Anforderungen an die Arbeitskräfte entscheiden. Doch auch die Arbeitskräfte müssen zwangsläufig größere Verantwortung für ihre Erwerbsbiografie übernehmen und versuchen, sich nach Möglichkeit davor zu schützen zum Opfer der Arbeitsmarktentwicklung zu werden. Herausgefordert sind schließlich die vielen Akteure im überbetrieblichen Raum: Konfliktfreie Kooperationsbeziehungen brauchen Rahmenbedingungen und überbetriebliche Dienstleistungen, die Arbeitskräften wie Unternehmen helfen, sich auf die strukturellen Veränderungen bestmöglich einzustellen.

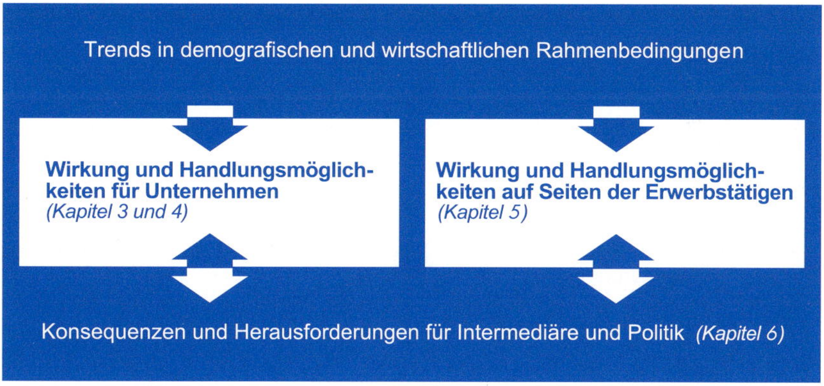

Grundstruktur des Berichts 'Altern und Arbeit'

Der folgende Bericht versucht den verschiedenen Problemlagen im Rahmen des Möglichen Rechnung zu tragen (vgl. Abbildung S. 11). Sein Schwergewicht liegt bei der Integration der bisher vorliegenden Ergebnisse aus dem Forschungsschwerpunkt 'Demografischer Wandel und die Zukunft der Erwerbsarbeit'. Das erste Kapitel dient dem Überblick über die Gesamtproblematik und betont den schon heute gegebenen Handlungsbedarf. Immer wieder zeigt sich nämlich, dass über gesamtwirtschaftliche demografische und wirtschaftlich-technische Trends (Kapitel 2) ausführlich geschrieben und diskutiert wird, dass sich aber die Akteure am Arbeitsmarkt nur begrenzt der sich für sie daraus ergebenden Risiken und Herausforderungen bewusst werden:

- Die Unternehmen (Kapitel 3 und 4) müssen sich zunächst im täglichen Wettbewerb bewähren. Allzu leicht dominiert unter diesem Druck die kurzfristige Reaktion in der Personalpolitik über die nötige Vorsorge angesichts der absehbaren demografischen Veränderungen und ihrer Folgen für das Innovationsgeschehen.

- Die Arbeitnehmer (Kapitel 5) haben in der jeweils aktuellen Situation meist noch engere Handlungsspielräume als die Arbeitgeber und müssen ihren individuellen Weg zu einer altersgerechten Beschäftigung unter immer schwieriger werdenden Bedingungen finden.

- Die Intermediäre (Kapitel 6), verantwortlich für die Rahmenbedingungen und überbetrieblichen Dienstleistungen, müssen die Weichen neu stellen, um Unternehmen wie Arbeitskräften die Anpassung an die absehbaren Veränderungen zu erleichtern.

Die meisten Forschungsarbeiten im Förderschwerpunkt 'Demografischer Wandel und die Zukunft der Erwerbsarbeit' konzentrierten sich auf die Situation in den Unternehmen. Hier liegen auch die wichtigsten unmittelbar wirksamen Handlungsmöglichkeiten. Die Überlegungen in den beiden Kapiteln 5 und 6 gehen daher teilweise über die Arbeiten im Forschungsschwerpunkt hinaus und stützen sich auf die hierfür anderweitig verfügbare Literatur.

An dieser Stelle sei allen Mitgliedern des Beirats, des Projektträgers 'Arbeit und Technik' bei der DLR und ganz besonders allen beteiligten Forschungsinstituten und Mitarbeitern ausdrücklich für ihre offene Kooperation und Hilfe gedankt. Es war nicht immer leicht die methodisch unterschiedlich erarbeiteten und sich auf verschiedene Fragestellungen beziehenden Ergebnisse zu verknüpfen. Auch fällt die Interpretation der vielfältigen Beobachtungen aus Fallstudien, Statistiken und Befragungen bei allem Bemühen um wissenschaftliche Objektivität schnell unterschiedlich aus.
Insofern tragen selbstverständlich die Autoren dieses Berichtes die volle Verantwor-

tung für alle Aussagen, die nicht ausdrücklich als von anderen Autoren stammend gekennzeichnet sind.

Uns ging es in diesem Bericht in erster Linie darum, ein Bild entstehen zu lassen, das nicht nur die Trends und Probleme des demografischen Wandels unter den herrschenden Bedingungen am Arbeitsmarkt beschreibt, sondern auch Hinweise auf Gestaltungsmöglichkeiten für alle beteiligten und betroffenen Akteure erkennen lässt. Dabei mussten viele Einzelergebnisse außer Acht bleiben oder konnten nur sehr verkürzt Eingang in den Bericht finden. Doch dieser Bericht soll in erster Linie Unternehmern, Arbeitskräften sowie Mitarbeitern in überbetrieblichen Institutionen helfen die Risiken und Chancen im absehbaren Wechselspiel zwischen wirtschaftlichen und demografischen Strukturveränderungen in Deutschland zu erkennen und sie zur Suche nach ihrer eigenen Strategie im Umgang mit dem demografischen Wandel anregen. Will man Strukturbrüchen vorbeugen oder ihre Wirkung abmildern, so werden Anpassungen auf allen Seiten notwendig sein. Je eher und je mehr Akteure dies erkennen, umso leichter lassen sich Innovationsverluste auf dem Weg in die Zukunft der Erwerbsarbeit vermeiden.

Dieser Bericht wurde nicht für die wissenschaftliche Diskussion geschrieben. Zwar wird er vielen der an den 20 Einzeluntersuchungen Beteiligten erstmals die Möglichkeit geben einen Überblick über die Vielfalt der bisherigen Ergebnisse des Forschungsschwerpunkts zu erhalten. Andererseits haben wir aus Gründen der Lesbarkeit auf viele Differenzierungen ebenso wie auf die in wissenschaftlichen Veröffentlichungen notwendigen Zitate und Fußnoten verzichtet. Sie hätten jeden nicht wissenschaftlichen Leser ermüden müssen. Auch das Literaturverzeichnis beschränkt sich angesichts der nahezu unübersehbaren Fülle auf die uns besonders wichtig erscheinenden Arbeiten. Der wissenschaftlich und an Einzelergebnissen interessierte Leser sei daher für alle weiteren Hinweise auf die Berichte der Verbundprojekte verwiesen und gebeten mit den verschiedenen Forschergruppen (vgl. Anhang) direkt Kontakt aufzunehmen.

Wir leben in einer pluralistischen Gesellschaft, deren Vielfalt sich im Umgang mit Strukturproblemen besonders bewährt. Viele der Aussagen in diesem Bericht werden sicher zum Widerspruch anregen. Wenn aber der Bericht dazu beiträgt, dass immer mehr Unternehmer nach langfristig tragfähigen Lösungen in der Organisations- und Personalentwicklung suchen, wenn er möglichst vielen Arbeitnehmern hilft, sich über potenzielle Fallstricke für die eigene Erwerbsbiografie klar zu werden, und wenn er schließlich im überbetrieblichen Raum jenseits aller kurzfristig taktischen Interessen die Diskussion und Suche nach passenderen Rahmenbedingungen und Dienstleistungen zur Bewältigung des demografischen Wandels anregt, so hat unsere Arbeit ihren Zweck erfüllt.

Handlungsbedarf

durch demografischen Wandel

1

1. **Handlungsbedarf** *durch demografischen Wandel*

1.1 Demografischer Wandel – nicht nur ein Thema für die Sozialpolitik

Demografischer Wandel schien in der öffentlichen Diskussion lange Zeit ein typisches Problem der Sozialpolitik, der Senioren in der Gestaltung ihres 'dritten' Lebensabschnitts und der Planung staatlicher Dienstleistungen zu sein. Angesichts steigender Renten- und Gesundheitskosten drohte das soziale Netz zu reißen. Die Beschäftigung und Versorgung der aus dem Arbeitsprozess Ausgeschiedenen wurde zum Problem. Die 1992 eingesetzte Enquete-Kommission des Deutschen Bundestages 'Demografischer Wandel – Herausforderung unserer älter werdenden Gesellschaft an den Einzelnen und die Politik' konzentrierte ihre Untersuchungen entsprechend auf die Fragen nach den Konsequenzen für die Alterssicherung, für Gesundheit und Pflege, Familie und soziale Netzwerke oder soziale Dienste. Wirtschaft und Arbeitsmarkt spielten dabei eher indirekt eine Rolle, etwa bei der Frage nach der Ausgestaltung des künftigen 'Generationenvertrags' oder bei der Diskussion von Migration und Integration.

Die Fokussierung auf den Generationenvertrag lag nahe, ausreichen konnte sie nicht: War es vorstellbar, dass Veränderungen in der Altersstruktur ohne Einfluss auf die Leistungsfähigkeit der Wirtschaft und den Arbeitsmarkt bleiben konnten? Die sinkende Anzahl der Kinder musste sich irgendwann auf das Arbeitskräfteangebot auswirken.

- Welche Konsequenzen kann dies für die Altersstruktur der Belegschaften haben?
- Kann Deutschland als Standort für innovative Unternehmen an Bedeutung verlieren, wenn die Anzahl junger Leistungsträger sinkt? Würden es innovative Unternehmen vorziehen an 'jüngeren' Standorten im Ausland zu expandieren ?
- Wie kann die wachsende Anzahl älterer Arbeitskräfte beschäftigt werden angesichts technischer Veränderungen und wachsenden Wettbewerbs?

Starke Änderungen in der Altersstruktur

Die Bevölkerungsstruktur in Deutschland wie in anderen Industrieländern ändert sich kontinuierlich: Seit Jahrzehnten schon steigt die Lebenserwartung, gleichzeitig nimmt die Anzahl der Kinder je Familie ab. Ein heute geborener Junge wird im Durchschnitt 75 Jahre, ein neugeborenes Mädchen sogar 80 alt. Sie leben voraussichtlich 7 Jahre länger als ihre Eltern, die vor 30 Jahren geboren wurden und jeder Mann, der heute mit 65 Jahren seine Rente bezieht, wird im Durchschnitt 3 Jahre älter als noch sein Vater. Die Anzahl der Kinder je gebärfähiger Frau ist auf 1,3 Kinder und damit unter die Rate gefallen, bei der die jährlichen Todesfälle durch Geburten ausgeglichen werden, d. h. sich die Bevölkerungszahl stabilisiert.

Besonders auffällig ist der Rückgang der Kinder unter 14 Jahren, ihre Anzahl sank zwischen 1960 und 1996 von 15,5 Mio. um 2,3 Mio. (= 15 %) auf 13,2 Mio. Da die Bevölkerungszahl im selben Zeitraum insgesamt noch anstieg (von 70,9 auf 82,0 Mio.), sank der Anteil der Kinder entsprechend stark von 22 % auf 16 %. Auch dieser Rückgang setzt sich fort: Für 2030 wird mit 10,5 Mio. Kindern unter 14 Jahren und einem Anteil an der Gesamtbevölkerung von nur noch 12 % gerechnet. Das Durchschnittsalter stieg in der Bevölkerung somit kontinuierlich an: Lag es 1960 noch bei 36 Jahren und 1996 bereits bei 40,2 Jahren, wird es für 2030, also etwa nach derselben Zeitspanne, auf 46,2 Jahre mit steigender Tendenz geschätzt.

Verzögerte Wirkung auf dem Arbeitsmarkt

Auf dem Arbeitsmarkt und innerhalb der Unternehmen hat sich die Veränderung der Bevölkerungsstruktur in der Vergangenheit bisher kaum ausgewirkt. Wegen der geburtenreichen Jahrgänge in der Mitte des Jahrhunderts nahm zwischen 1960 und 1996 sogar die Zahl der Personen im Alter zwischen 25 und 44 Jahren von 17,6 Mio. auf 26,2 Mio., d. h. um fast die Hälfte zu (vgl. Abbildung).

Abbildung 1.1-1:
Entwicklung der Bevölkerung im erwerbsfähigen Alter in Deutschland (in Mio. Personen)

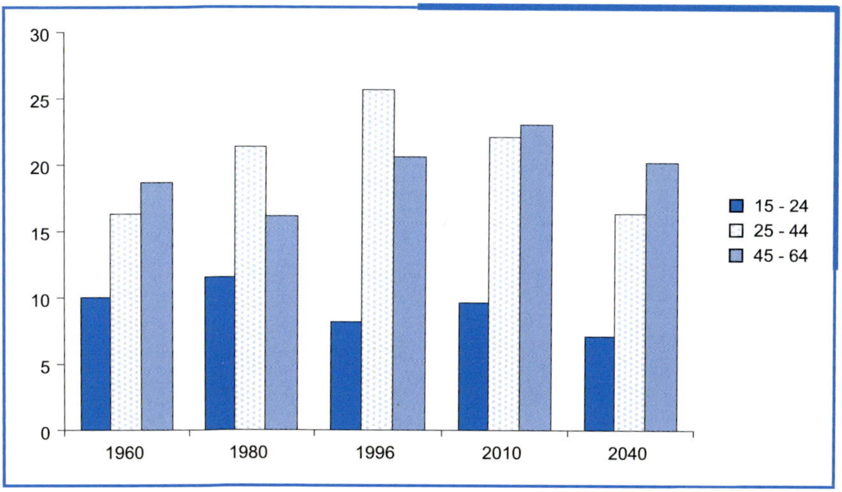

Quelle: Rössel u.a. 1999, Seite 29

Der Einfluss der demografischen Veränderungen wird sich in Zukunft jedoch auch auf dem Arbeitsmarkt deutlich bemerkbar machen:

- Bis 2010 wird die Zahl der Arbeitskräfte im Alter zwischen 25 und 45 Jahren relativ stark fallen: um mehr als 12 % auf 19,6 Mio. (anteilig von 55 % auf 47 %), danach, wenn auch langsamer, auf 17,8 Mio. oder 45 % Erwerbspersonen im Jahre 2020.
- Die Gesamtzahl aller Erwerbspersonen wächst dementgegen bis 2010. Der Wandel im Erwerbsverhalten bei Männern und Frauen verzögert den Rückgang. Erwerbsarbeit wird für beide Geschlechter tendenziell gleich wichtig. Zugleich steigt die 'Stille Reserve', d. h. die Zahl derjenigen, die arbeitswillig und -fähig sind, sich aber nicht arbeitslos melden wollen oder dürfen.
- Viele Erwerbspersonen finden schon heute auf dem Arbeitsmarkt keine Beschäftigung mehr. Insgesamt sinkt die Zahl der Arbeitslosen kaum, sie steigt bei den Älteren. Dies fördert die Entwicklung der informellen Wirtschaft: Eigenarbeit, Tauschwirtschaft, (bezahlte) Nachbarschaftshilfe und Schattenwirtschaft sind in den letzten 20 Jahren etwa doppelt so schnell gewachsen wie die erfasste Wirtschaft.

In ihrer Wirkung bedingen und verstärken sich der demografische Wandel, die hohe Erwerbsneigung, die Arbeitslosigkeit und der Trend zur informellen Wirtschaft.

Wenige Signale aus der Wirtschaft

Die vorliegenden Forschungsarbeiten unterstreichen die Schwierigkeiten und wissenschaftlichen Defizite bei Fragen nach dem Zusammenhang von demografischen Veränderungen und der Zukunft der Erwerbsarbeit. Vor allem zwei Beobachtungen machten skeptisch, weil sie auf längere Sicht zur Ursache von Innovationsproblemen werden könnten:

1. Viele Manager sehen in den demografischen Veränderungen kein relevantes Problem. Soweit sie sich mit dem Thema des Alterns befassen, geschieht dies unter sozialen Gesichtspunkten. Rückwirkungen auf das Innovationsgeschehen und die internationale Wettbewerbsfähigkeit werden selten diskutiert.
2. Dieselben Manager bevorzugen bei Innovationsvorhaben jedoch die Beschäftigung oder Einstellung jüngerer Mitarbeiter, besonders auffällig im Montagebereich und bei der Softwareerstellung. Eine Änderung der Altersstruktur in der Erwerbsbevölkerung muss sich unter solchen Bedingungen direkt auf die Innovationskraft auswirken.

Die Wirkungen des demografischen Wandels auf das Innovationsgeschehen sind heute noch nicht abzulesen. Die Veränderung der Altersstruktur ist in der Wirtschaft bislang kaum angekommen. Nur in einigen Bereichen lassen sich erste Anzeichen erkennen.

Und selbst hier ist es schwer den Einfluss des demografischen Wandels von anderen Einflüssen aus dem technischen oder wirtschaftlichen Umfeld zu trennen. Dank der Frühverrentung ist seit 1990 sogar der Anteil der Mitarbeiter zwischen 25 und 45 Jahren im Durchschnitt gestiegen. Diese 'olympiareifen Mannschaften' von 1996 werden allerdings im Jahr 2010 zwischen 40 und 60 Jahre alt sein. Sie werden dann selbst noch Arbeitsplätze benötigen. Die Unternehmen können sie aus demografischen Gründen nicht so leicht ersetzen wie bisher die über 50-Jährigen. Dafür reicht die Anzahl an Nachwuchskräften nicht aus.

Wenn heute Unternehmen über Rekrutierungsprobleme klagen, dann geht es fast immer um besonders qualifizierte Mitarbeiter. Betroffen sind vorrangig kleine und mittlere Unternehmen, da die meisten Großunternehmen partiell auftretende qualifikationsbedingte Rekrutierungsprobleme leichter durch die Expansion außerhalb Deutschlands auszugleichen vermögen, wie dies schon in der Vergangenheit in vielen Branchen geschah (z. B. EDV, Chemische Industrie, Medienwirtschaft). In den Befragungen erwarten nur wenige Betriebsleiter Schwierigkeiten infolge Überalterung der Belegschaft oder quantitative Nachwuchsprobleme, am häufigsten äußerten sich dahingehend mittelgroße Unternehmen in dünner besiedelten Regionen.
Eine bemerkenswerte Ausnahme bilden lediglich einige erfolgreich ausgegründete Unternehmen in den östlichen Bundesländern. Sie machen sich heute bereits Sorgen, weil ihre wichtigsten Leistungsträger zum Zeitpunkt der Ausgründung vor zehn Jahren über 45 Jahre alt waren und alle in absehbarer Zukunft nach- oder miteinander das Rentenalter erreichen.

Neue Situation für die Arbeitskräfte

Die Arbeitskräfte erleben die Wirkung des demografischen Wandels teilweise schneller als die Unternehmen: Ältere Arbeitslose finden kaum noch einen neuen Arbeitsplatz, bei jüngeren Arbeitnehmern wächst die Verunsicherung:

- Trotz Frühverrentung hat die Arbeitslosigkeit in Deutschland zwei demografisch völlig unterschiedliche Gruppen besonders betroffen: Die Jugendlichen, die trotz längerer Ausbildungszeiten immer schwerer einen geeigneten Arbeitsplatz finden, und die über 50-Jährigen, von denen mehr als 20 % arbeitslos sind und die mit über 50 % den größten wachsenden Anteil an den Langzeitarbeitslosen stellen.
- Die Arbeitsmarktsituation belastet die Arbeitnehmer direkt über die gestiegenen Sozialabgaben, verunsichert aber auch viele Fachkräfte der mittleren Altersgruppen: Sie haben erlebt, wie Reorganisation und Rationalisierung bei ihren älteren Kollegen durchgesetzt wurden und wie ökonomische Argumente berufliche Erfahrungen wertlos werden ließen.
- Die Verunsicherung der Arbeitskräfte strahlt unmittelbar auf das Arbeitsklima aus: Konkurrenzdruck und Arbeitsplatzneid zwischen Arbeitenden und Arbeitslosen,

Jung und Alt, Männern und Frauen, Deutschen und Ausländern wachsen latent. Viele Jüngere sehen ihre eigenen Entwicklungsmöglichkeiten durch die große Zahl der heute erst 30- bis 45-Jährigen blockiert.

Die gesamtwirtschaftliche Wirkung solcher Entwicklungen lässt sich schwer festmachen. Sie beeinflussen aber das Verhalten der Mitarbeiter am Arbeitsplatz: Aus Angst vor Altersarbeitslosigkeit halten ältere Beschäftigte auch dann an ihren Arbeitsplätzen fest, wenn ihnen diese Tätigkeit nicht mehr zusagt und ihre arbeitsplatzspezifische Leistungsfähigkeit sinkt. Jüngere, meist besonders gut qualifizierte Mitarbeiter verlassen andererseits die Betriebe wieder, wenn sie dort keine Entwicklungsmöglichkeiten sehen. Qualifizierungsausgaben werden so für das Unternehmen zu Fehlinvestitionen.

Wachsende Schwierigkeiten für Organisationen in Wirtschaft und Gesellschaft

Die demografischen Veränderungen lassen sich von den etablierten Strukturen der Wirtschaft und Gesellschaft nicht in den Griff bekommen: Sie sind in ihrer Zuständigkeit ebenso wie die öffentliche Verwaltung auf Deutschland begrenzt. Mit den Arbeitsmarktfolgen des demografischen wie technisch-wirtschaftlichen Wandels konfrontiert, werden sie nicht selten dafür mit verantwortlich gemacht. Ihre Mitglieder, die eigentlichen Akteure, sind dagegen immer weniger an den Standort gebunden: Nicht nur Großunternehmen expandieren inzwischen im Ausland, auch Dienstleistungs- und Handwerksunternehmen tun dies. Ebenso finden qualifizierte Arbeitskräfte dort zunehmend Beschäftigung. Dabei reagieren die aktiveren und innovativeren Unternehmer und Arbeitnehmer am schnellsten:

- Für die Tarifparteien, Arbeitgeber wie Gewerkschaften, und ihre Bemühungen um ökonomisch und sozial ausgewogene zukunftsfähige Vereinbarungen sind die Wirkungen am deutlichsten: Beide Seiten leiden darunter, dass ihre Mitglieder die geschlossenen Tarifvereinbarungen unterlaufen und ihre Bereitschaft sinkt, sich durch sie vertreten zu lassen.
- Andere intermediäre Organisationen wie Kammern, Berufsgenossenschaften oder Institutionen in der Aus- und Weiterbildung sehen sich wachsenden Ansprüchen ausgesetzt. Sie sollen den Unternehmen bei der Anpassung an den verschärften Wettbewerb politisch und durch entsprechende Informations- und Beratungsleistung helfen. In Fragen zur Beschäftigung älter werdender Mitarbeiter oder gar Arbeitsloser stoßen sie nach eigenen Angaben nur auf geringes Interesse bei den Unternehmen.
- Die Arbeitsverwaltung, die Kommunen oder die Wohlfahrtseinrichtungen sehen sich einer wachsenden Zahl älterer (Langzeit-) Arbeitsloser gegenüber. Sie können sich den sozialen und finanziellen Folgen nicht entziehen und haben zunehmend Schwierigkeiten bei Vermittlung von und Suche nach geeigneten Arbeitsplätzen.

1.2 Grundprobleme: das Defizitmodell und die begrenzte Tätigkeitsdauer

Verglichen mit dem demografischen Wandel sind die Wirkungen und Reaktionen der Akteure auf dem Arbeitsmarkt sehr viel schwerer vorhersehbar. Dies hat im Wesentlichen vier Gründe:

1. Die Internationalisierung und Globalisierung der Wirtschaft erweitert den Handlungsspielraum von Unternehmen und qualifizierten Arbeitskräften. Weniger qualifizierte und ältere Arbeitnehmer sind ebenso wie kleinere Firmen oder ihre Vertretungen an die Grenzen Deutschlands gebunden.
2. Der demografische Wandel wirkt zwar nachhaltig, aber nur langsam und langfristig. So binden die kurzfristig auftretenden technischen und wirtschaftlichen Herausforderungen die Aufmerksamkeit der meisten Entscheidungsträger.
3. In der Gesellschaft wird allgemein die Vermutung akzeptiert, dass sich Innovationen besser oder überhaupt nur mit jüngeren, gut qualifizierten Mitarbeitern realisieren lassen. Ältere Mitarbeiter gelten schon mit 50 Jahren als innovationsfeindlich, weniger anpassungsfähig und sehen sich oft auch selbst so.
4. Unternehmen stellen vorrangig jüngere Mitarbeiter ein. Die Rekrutierung von älteren Arbeitskräften gilt – bis zum Beweis des Gegenteils – auch den eigenen Kollegen als Beschäftigungsrisiko. Entsprechend schwer finden ältere Arbeitslose einen neuen Arbeitsplatz.

Aus diesen Gründen sollte geklärt werden, inwieweit das kalendarische Alter bei Erwerbspersonen tatsächlich ein geeigneter Indikator für die Arbeits- und Leistungsfähigkeit ist, welche Bedeutung Mitarbeiter unterschiedlichen Alters für die Innovationskraft eines Unternehmens bzw. der Wirtschaft haben und in welchem Ausmaß Vorurteile die Vermutung einer mit zunehmendem Alter abnehmenden Arbeits- und Leistungsfähigkeit unterstützen.

Das Defizitmodell führt in die Irre

Das Ergebnis aller einschlägigen Untersuchungen ist eindeutig: Im Laufe der 30 bis 40 Jahre einer Erwerbsbiografie, die zudem bei vielen und insbesondere bei Frauen noch durch Nichterwerbsphasen unterbrochen ist, ändern sich Qualifikationsprofil und Einsatzfähigkeit der Arbeitskräfte, nicht aber Arbeits- und Leistungsfähigkeit. Empirische Untersuchungen zeigen bei der Altersgruppe der über 45-Jährigen eine ansteigende Streuung der Leistungsfähigkeit, keineswegs aber einen generellen Rückgang; bei vielen Arbeitskräften nimmt die individuelle Leistungsfähigkeit im Gegenteil nach dem 45. Lebensjahr weiter zu. Für amerikanische Manager reicht nach Befragungen die höchste Leistungsfähigkeit sogar bis zu einem Alter von 60 Jahren, nach Ansicht europäischer Manager erstaunlicherweise nur bis zu einem Alter zwischen 51 und 54 Jahren.

Diese Beobachtungen machen verständlich, dass entgegen generell bestehender Vorurteile ältere Arbeitskräfte in erheblichem Umfang durchaus erfolgreich beschäftigt werden: 1997 waren 12 % der Erwerbstätigen in Deutschland über 55 Jahre alt, 1991 nur 10 %. Das kalendarische Alter ist vor dem Hintergrund dieser Ergebnisse ein bequemer, aber gerade deswegen besonders irreführender Indikator für die individuelle Leistungsfähigkeit. Diese hängt nicht vom reinen Zeitablauf und den unbestreitbaren, im Einzelfall aber durchaus unterschiedlichen physiologisch-biologischen Veränderungen, sondern von den Erfahrungen ab, die die Arbeitskräfte im Laufe ihres Lebens gemacht haben. Die während des Arbeitslebens gewonnenen Erfahrungen sind besonders im Umgang mit Menschen, bei komplexen Aufgabestellungen und in Führungsfunktionen unverzichtbar. Sie lassen ältere Erwerbstätige nicht nur sehr erfolgreich bis zum Ende ihrer Erwerbsphase tätig sein, sondern sie werden vielfach auch besser bezahlt als die Arbeiten der noch jüngeren Kollegen.

Jüngere Arbeitskräfte verfügen beim Einstieg in das Erwerbsleben über andere relative Leistungsmerkmale (wie Kraft, Schnelligkeit, Risikobereitschaft oder aktuellere Ausbildung) als ihre älteren Kollegen, die ihr Wissen im Laufe ihrer Tätigkeit generell und betriebsspezifisch erweitern und in der praktischen Tätigkeit wichtige zusätzliche Qualifikationen wie Übersicht, Qualitätsbewusstsein und Urteilsvermögen erwerben konnten.

Das Phänomen der 'begrenzten Tätigkeitsdauer'

Der Wandel im Qualifikationsprofil verknüpft sich mit dem Phänomen der 'begrenzten Tätigkeitsdauer'. Der Begriff der 'begrenzten Tätigkeitsdauer' ist in der Arbeitswissenschaft schon seit langem geläufig. Er beschreibt die Zeitspanne, innerhalb derer einzelne Arbeitskräfte ihren Arbeitsplatz angesichts der spezifischen Anforderungen und Belastungen etwa in einer Gießerei, im Lager oder am Krankenbett ohne Leistungsverluste oder Schäden für die Gesundheit ausfüllen können. Neuere Untersuchungen zeigen, dass das Phänomen der 'begrenzten Tätigkeitsdauer' tatsächlich eine sehr viel weiter gehende Bedeutung hat als bislang angenommen. Es ist keineswegs nur auf die körperliche Leistungsfähigkeit beschränkt.

Der Wissens- und Erfahrungsgewinn zu Beginn einer neuen Tätigkeit endet nach einer gewissen Zeit der Umstellung und Eingewöhnung. Er droht in Routine umzuschlagen, wenn Aufmerksamkeit und Interesse an der Arbeit nachlassen. Gleichzeitig verändert sich der Mensch physiologisch, geistig und von seinen Interessen her ebenso wie das technische und wirtschaftliche Umfeld, in dem er bisher erfolgreich gearbeitet hat. So gibt es ganz unterschiedliche Gründe, weshalb Arbeitskräfte unabhängig vom kalendarischen Alter an ihrem bisherigen Arbeitsplatz plötzlich 'alt aussehen':

- Physisch/psychischer Verschleiß;
- Veralten der spezifischen Qualifikationen durch neue technische oder wirtschaft-

liche Anforderungen;
- Entmutigung und Reputationsverlust durch sinkende Anerkennung bei den eigenen Vorgesetzten oder Kollegen bzw. Bedeutungsverlust der Tätigkeit in der Gesellschaft;
- Veränderungen im privaten Umfeld, die eine Fortsetzung der bisherigen Tätigkeit erschweren oder unmöglich machen.

Die wirtschaftliche Bedeutung des Phänomens der 'begrenzten Tätigkeitsdauer' wird stark von den demografischen und technisch-wirtschaftlichen Einflüssen sowie deren gegenseitiger Verflechtung bestimmt. Vor allem drei Trends führen zu einer wachsenden Bedeutung des Begriffes der 'begrenzten Tätigkeitsdauer' in der Arbeitswelt von morgen:

1. Mit der Altersstruktur verändert sich das Qualifikationsprofil der Arbeitskräfte, die Bedeutung der im bisherigen Arbeitsleben gemachten Erfahrungen gewinnt ein im Durchschnitt höheres Gewicht. Ältere Arbeitskräfte können andere Aufgaben übernehmen oder erfüllen sie anders als jüngere.
2. Die Spezialisierung wächst in allen Tätigkeitsbereichen der Wirtschaft, während sich die Anzahl der jeweils (noch oder gerade) benötigten Spezialisten und das von ihnen geforderte Fach- oder Erfahrungswissen immer schneller verändert. Typisch ist hier die paradoxe Situation bei Computerfachkräften: Mit jedem Systemwechsel werden bisherige Spezialisten arbeitslos, während gleichzeitig neue Fachkräfte fehlen.
3. Die Verflechtungen zwischen privatem Umfeld und Erwerbsarbeit wachsen. Die Erwerbsbeteiligung von Männern und Frauen gleicht sich an und es entwickeln sich neue Arbeitsformen. Das Privatleben gewinnt verstärkt Einfluss auf die Leistungsmöglichkeiten und -fähigkeiten am Arbeitsplatz.

Tätigkeitswechsel erhält leistungsfähig

Der Verlust der Leistungsfähigkeit aufgrund einer individuell 'begrenzten Tätigkeitsdauer' lässt sich im Erwerbsverlauf vermeiden. Dies aber verlangt nicht nur die laufende Anpassung der Qualifikation durch eine entsprechende Weiterbildung, sondern auch einen entsprechenden Wandel der Aufgaben. Ein solcher Tätigkeitswechsel vollzieht sich traditionell im Zuge des beruflichen Aufstiegs.

Allerdings ist die Zahl der Führungspositionen begrenzt und nicht alle älteren Arbeitskräfte eignen sich gleichermaßen dafür. Der Tätigkeitswechsel ist keineswegs zwangsläufig an einen beruflichen Aufstieg gebunden:

- In Großunternehmen haben sich hierfür interne Arbeitsmärkte gebildet. Ihre Größe und Leistungsfähigkeit ist von der Struktur der Unternehmen geprägt und diese begrenzt individuelle Entwicklungsmöglichkeiten. Dies trifft vor allem die

Älteren. Für sie ist der Betriebs- und Berufswechsel über den offenen Arbeitsmarkt mit wachsenden Risiken verbunden.

- In kleineren Betrieben sind die Möglichkeiten des internen Tätigkeitswechsels noch stärker eingeschränkt. Mitarbeiter können sich hier alternsgerecht meist nur weiterentwickeln, wenn sie den Betrieb – ggf. auch mehrfach – und oft sogar den Beruf (z. B. typisch bei Dachdeckern oder Bäckern) im Laufe ihres Arbeitslebens wechseln. Die traditionell hohe Abwanderung von Gesellen aus dem Handwerk im Alter von über 30 Jahren ist kennzeichnend dafür.

Die Welle der Reorganisation und Rationalisierung in der Industrie wie im Dienstleistungsbereich hat die Zahl der Beschäftigten in Großbetrieben mit ausreichend heterogenen internen Arbeitsmärkten seit mehr als zehn Jahren kontinuierlich schrumpfen lassen. Abgenommen hat ebenfalls die Zahl der Hierarchieebenen und der möglichen Beförderungspositionen. Zugenommen hat dagegen die Dezentralisierung der Betriebe, die Ausgliederung von Randbereichen und die Spezialisierung der Arbeitsgebiete.

Unter diesen Bedingungen steigt das Gewicht der hoch spezialisierten und erfahrenen Mitarbeiter in den Unternehmen, gleichzeitig erhöht sich aber für diese die Gefahr von Einseitigkeits- und Spezialisierungsfallen:

- Die Mitarbeiter verlieren ihre Flexibilität und Lernfähigkeit. Sie lassen sich nur noch begrenzt einsetzen, wenn ihre Spezialisierung bei einem Technik-, Markt- oder Eigentümerwechsel an Wert verliert.
- Haben Mitarbeiter ihre Flexibilität verloren, können sie sich kaum aus solchen Fallen befreien. Sie werden dann zu betrieblichen Sozialfällen und brauchen den Schutz von Betriebsvereinbarungen und Kündigungsschutz. Entsprechend steigen die Personalkosten.
- Vor allem ältere Mitarbeiter nutzen in dieser Situation ihr Spezialwissen und widersetzen sich Veränderungen, sobald sie sich durch neue Techniken, Kunden, Organisationsformen, Mitarbeiter oder Vorgesetzte bedroht fühlen. Entsprechend wachsen die Innovationshürden.

Derartige Entwicklungen sind jedoch weder naturgegeben noch die zwangsläufige Folge eines steigenden Durchschnittsalters. Sie hängen sehr viel mehr von der Qualität der betrieblichen Personalführung ab und treten kaum in Unternehmen mit altersgemischten Belegschaften und einer innovationsorientierten Unternehmenskultur auf.

Negative Rückwirkungen des demografischen Wandels auf Innovationsprozesse und Beschäftigung lassen sich nach den Ergebnissen der Forschungsarbeiten durchaus auffangen, wenn es in Zukunft gelingt

1. das weit verbreitete Vorurteil, mit dem 50. Lebensjahr nähme die Arbeits- und Leistungsfähigkeit naturbedingt ab, in den Unternehmen wie bei den Arbeitnehmern breitenwirksam zu überwinden und
2. die bestehenden Vorbehalte wie die emotionalen und institutionellen Widerstände gegen einen Tätigkeits-, Betriebs- und Berufswechsel auch bei über 45-jährigen Arbeitskräften abzubauen und ihnen gezielt bei der Beschaffung einer individuell alternsgerechten Beschäftigung zu helfen.

Gelingt beides, so besteht eine gute Chance, dass der demografische Wandel auch unter sich ändernden technischen und wirtschaftlichen Bedingungen am Arbeitsmarkt aufgefangen und ausgeglichen werden kann. Ältere Mitarbeiter könnten ihre Lernfähigkeit behalten und Träger künftiger Innovation bleiben. Dies verlangt jedoch Veränderungen an vielen Fronten. Notwendig sind ein anderer alternsgerechter Einsatz der Arbeitskräfte in den Unternehmen, Anpassungen im Erwerbsverhalten der Arbeitskräfte und neue bzw. geeignetere Rahmenbedingungen und Dienstleistungsangebote seitens der Organisationen in Wirtschaft und Gesellschaft.

1.3 Handlungsbedarf und -möglichkeiten

Der wirtschaftliche Erfolg eines Unternehmens wird in Zukunft stärker noch als in der Vergangenheit von seiner Innovationskraft bestimmt. Diese lebt von der Innovationsfähigkeit seiner Mitarbeiter. Die Einführung neuer Informationstechniken, Rationalisierungs- und Reorganisationsbemühungen hat aus Mitarbeitern 'Innovationspuffer' gemacht: Der Umgang mit Kunden, die Beobachtung und die Befriedigung ihrer Wünsche, die Auswahl und Nutzung der vielfältiger gewordenen technischen und wirtschaftlichen Möglichkeiten fordern nicht nur Fachkenntnisse, sondern zunehmend auch Erfahrungswissen und persönliches Engagement.

Die Arbeit in vernetzten Strukturen lässt zusätzlich die Spezialisierung und die Anforderungen an die Kooperationsfähigkeit der Mitarbeiter wachsen. Selbst 'atmende' oder 'virtuelle' Unternehmen – lose in Netzwerken organisiert – leben von persönlichen Kontakten zwischen den beteiligten Menschen, wenn die technischen Netze und organisatorischen Modelle nicht zu leeren Hüllen werden sollen. Umso wichtiger ist, dass alle Mitarbeiter bewusst in das Innovationsgeschehen einbezogen werden und es gewohnt sind, sich immer wieder neues Spezialwissen anzueignen. Eine solche Unternehmenskultur lässt sich allerdings nicht einfach wie der Kauf einer Anlage oder die Einstellung neuer Mitarbeiter vom Vorstand beschließen. Sie ist das Ergebnis vieler kleiner Schritte, die eng mit der Organisations- und Personalentwicklung in den Unternehmen zusammenhängen.

Die Vorteile der richtigen Innovationsensembles, d. h. des engen Zusammenspiels von technischen Entwicklungen mit der Kundenorientierung, von Qualitäts- und Kostenentwicklung mit der Umsetzung am Markt, erleichtern die Entstehung einer solchen

Unternehmenskultur. Vorbei ist die Zeit, in der viele unter dem Eindruck des technischen Wandels glaubten, das Innovationspotenzial eines Unternehmens oder einer Wirtschaft hänge vor allem von den Leistungen, Ausgaben und Ergebnissen in Forschung und Entwicklung (z. B. Patentanmeldungen etc.) ab. In 'kontinuierliche Verbesserungsprozesse' (KVP) müssen alle Mitarbeiter eingebunden werden, sollen sie erfolgreich sein.

Die Gefahr von Spezialisierungsfallen bei alternden Mitarbeitern sinkt in dem Maße, in dem die wechselseitige Zusammenarbeit im Innovationsgeschehen auch die Leistungs- und Innovationsfähigkeit aller Mitarbeiter immer wieder fordert. Dies aber verlangt:

- die Entwicklung lernfördernder Führungs- und Organisationsstrukturen, in denen die Diskussion um Leistungsfähigkeit und Verbesserungsmöglichkeiten ebenso zur Unternehmenskultur gehört wie die Bereitschaft Anregungen von Mitarbeitern aufzugreifen. Die Unternehmen erschließen sich das Innovationspotenzial ihrer Mitarbeiter. Diesen wiederum hilft es auf allen betrieblichen Ebenen, ihre Kreativität und Handlungskompetenz zu entwickeln;
- die frühzeitige Einbeziehung der Mitarbeiter in überbetriebliche Kooperationen und Innovationsnetzwerke. Der Nutzen jeder Kooperation hängt nicht so sehr von der Verständigung auf der Ebene der Führungskräfte als vielmehr vom konkreten Verhalten der beteiligten Mitarbeiter ab;
- die Entwicklung neuer Marktfelder, in denen die älter werdenden Mitarbeiter ihr betriebsintern gewachsenes Know-how zum Vorteil des Unternehmens nutzen können.

Wichtig ist eine lernfördernde Arbeitsorganisation

Die Einbeziehung der Mitarbeiter in das Innovationsgeschehen und die Bemühung ihre Lernfähigkeit zu erhalten muss sich bereits in den täglichen Arbeitsabläufen und damit in der Arbeitsorganisation niederschlagen. Wichtig sind hier vor allem:

- Die Entwicklung eines lernanregenden Umfeldes, in welchem wechselnde Aufgaben, geeignete Formen der Gruppenarbeit, Kooperationsmöglichkeiten mit Mitarbeitern aus vor- und nachgelagerten Arbeitsstufen, mit Kunden oder Zulieferern einseitigen Routinen und Spezialisierungen entgegenwirken und das Mitdenken fordern wie fördern.
- Die Anwendung arbeitsmedizinischer Erkenntnisse bei der Ausgestaltung der Arbeitsplätze und beim Einsatz der Mitarbeiter, sodass physische und psychische Belastungen nicht kumulieren und den Betrieben Kosten bzw. den Mitarbeitern Leid durch Krankheit oder gesundheitlich erzwungene Umsetzungen erspart bleiben.
- Kreativität bei der Entwicklung von Arbeitsformen und -zeiten, um die wechselnden Anforderungen des Betriebes an seine Mitarbeiter mit den individuellen Leistungspotenzialen, Bedürfnissen für Erholungsphasen und privaten Arbeits-

wünschen im Zeitverlauf in Übereinstimmung zu bringen.

- Die Entwicklung geeigneter Entlohnungssysteme, die die Innovationsbereitschaft der Mitarbeiter ebenso unterstützen wie den Leistungswillen und die Erhaltung ihrer Leistungskraft. Traditionelle Zeit- oder Akkordentlohnung hat sich hier vielfach als zu starr erwiesen. Gute Erfahrungen nicht nur auf der Führungsebene haben hier Firmen mit Zielvereinbarungen und Erfolgsbeteiligungen gemacht.

Alle diese Ansätze bedürfen der betriebsspezifischen Entwicklung und Ausformung. Die Umsetzung kann und wird in personen- und kundenorientierten Handwerksunternehmen anders erfolgen als in Montagebetrieben der Automobilindustrie oder in Unternehmen, die Softwareprobleme ihrer Kunden zu lösen haben. Dies bleibt eine wichtige Aufgabe für Manager und Unternehmer.

... und eine längerfristig orientierte Personalpolitik der Unternehmen

Die betriebliche Personalentwicklung und -politik wird in einer innovationsorientierten Unternehmenskultur selbst zum Instrument für die Erhaltung der mittel- und langfristigen Innovations- und Beschäftigungsfähigkeit der Mitarbeiter. Bei der Geschwindigkeit des Wandels und bei alternden Belegschaften wird es immer mehr auf den alters- und leistungsgerechten Einsatz der Mitarbeiter ankommen. Tätigkeits- und evtl. sogar Berufs- oder Betriebswechsel im Laufe des Arbeitslebens werden daher die Erwerbstätigkeit der Mitarbeiter immer stärker prägen. Entscheidend für die Mitarbeiter wie die Unternehmen ist jedoch der 'richtige' Wechsel zum 'richtigen' Zeitpunkt.

Viele Vorgesetzte oder Unternehmer in mittelständischen Branchen, etwa im Handwerks- oder Dienstleistungssektor, haben gleichwohl gute Erfahrungen damit gemacht, dass sie ihren Mitarbeitern bewusst den Weg zu anderen Betrieben oder Tätigkeiten schon bahnten, wenn sie sie selbst noch gut hätten einsetzen können. Sie konnten so negative Folgen bei absehbar begrenzter Tätigkeitsdauer vermeiden und sich Schwierigkeiten und Kosten durch Leistungsverluste oder Unzufriedenheit bei Kollegen im Betrieb im Falle von Entlassungen ersparen. Nicht selten wurden ehemalige Mitarbeiter zu Knoten im eigenen Netzwerk (z. B. durch den Wechsel zu Kunden oder Lieferanten) oder kamen später mit anderer Funktion bzw. als Führungskraft zurück.

Eine solche innovationsorientierte Personalpolitik hat viele Facetten:

- Die kontinuierliche Qualifizierung aller Mitarbeiter, wovon deren Leistungsfähigkeit im aktuellen Arbeitsgebiet ebenso abhängt wie die künftige Beschäftigungsfähigkeit und damit ihr Vertrauen in die Zukunft.
- Eine aufgaben- und arbeitsgruppenspezifische Personalentwicklung, die sich um

den ständigen Ausgleich von Anforderungs- und Qualifikationsprofilen ebenso bemüht wie um die mittel- und langfristige Zusammensetzung der Arbeitsgruppen nach Qualifikations- und Altersprofil.

- Die Erschließung des bestehenden Rekrutierungspotenzials, zu dem nicht nur Berufsanfänger und jüngere Arbeitskräfte gehören. Gerade erfahrene Mitarbeiter können viel dazu beitragen innovationshemmende innerbetriebliche Erstarrungen in Frage zu stellen. Nicht nur kleinere und mittlere Unternehmen gewinnen über sie zusätzliche Erfahrungen aus anderen Betrieben und erhöhen ihr Innovationspotenzial.
- Die Entwicklung innerbetrieblicher 'Generationenverträge', die sich im Arbeitseinsatz ebenso wie im inner- und überbetrieblichen Berufsverlauf der Mitarbeiter niederschlagen, das Miteinander von Alt und Jung im Betrieb erleichtern und Konkurrenzbeziehungen zu vermeiden suchen. Dies hilft Älteren wie Jüngeren, ihr unterschiedliches Wissen auszutauschen.
- Eine transparente Personalpolitik, die den Mitarbeitern und dem Unternehmen hilft die individuelle Leistungsfähigkeit im Zeitverlauf zu beobachten, zu entwickeln und zu nutzen. Sie ist die Voraussetzung für jede verantwortungsbewusste Hilfe zum alternsgerechten Tätigkeits-, Betriebs- und Berufswechsel und für die Erhaltung der Erwerbsfähigkeit oft wichtiger als formale Beschäftigungsgarantien.

Arbeitskräfte können vorsorgen

Die heute noch jüngeren Arbeitskräfte im Alter von 30 bis 45 Jahren wachsen in eine andere Arbeitswelt hinein. Sie müssen sich auf dem künftigen Arbeitsmarkt angesichts der Dezentralisierungs- und Globalisierungstendenzen zunehmend selber um die Erhaltung ihrer Beschäftigungsfähigkeit sorgen. In weiteren 20 bis 35 Arbeitsjahren werden sich die beruflichen und privaten Anforderungen ebenso verändert haben wie ihr Qualifikationsprofil. Gleichzeitig übersteigt diese Zeitspanne die Planungszeiten auch personalorientierter Unternehmen. Wer sich unter diesen Bedingungen nicht selbst um die Erhaltung und Entwicklung seiner Erwerbsfähigkeit bemüht, erhöht seine Risiken, als älterer Arbeitnehmer einmal zum Opfer des demografischen und technisch-wirtschaftlichen Wandels zu werden.

In der künftigen Arbeitslandschaft werden die Arbeitsmöglichkeiten gleichzeitig offener und unsicherer sein. Dies erleichtert die Verknüpfung von Arbeit und Privatleben ebenso wie den Betriebs- und Berufswechsel. Mit den neuen Arbeitsformen sinkt aber die Sicherheit von Beschäftigung und Einkommen über die gesamte Erwerbsphase. Zugleich wird das soziale Netz in Zukunft weitmaschiger sein als bisher. Das Risiko einer begrenzten Tätigkeitsdauer bei hoher Spezialisierung oder einseitigen Arbeiten (z. B. bei Montage-, Software- oder Verwaltungsarbeiten) trifft lernunfähig gewordene Arbeitskräfte besonders hart. Viele der heutigen Langzeitarbeitslosen sind in derartige Spezialisierungsfallen geraten (z. B. Werkzeugmacher und Diplomingenieure, Dachdecker oder Lehrer).

Die Handlungsmöglichkeiten der Arbeitskräfte, besonders im Alter von 45 Jahren und mehr, sind in dieser Situation kurzfristig zwar begrenzt, oft aber größer, als viele glauben. Der individuelle Lebensweg bleibt stets mit Unsicherheiten und Zufälligkeiten behaftet, doch verfügt auch der Einzelne über gewisse Einflussmöglichkeiten auf die Entwicklung seiner Erwerbsbiografie:

- Die Beobachtung und Entwicklung der eigenen Begabungen und Fähigkeiten im Zeitablauf. Anforderungen und Möglichkeiten bleiben in der künftigen Arbeitswelt nicht stabil und neue Erfahrungen verändern die Qualifikation wie die Erwerbswünsche und -möglichkeiten. Diese Veränderungen gilt es laufend zu erkennen, um sich bietende Gelegenheiten finden und nutzen zu können.
- Die lebenslange Kompetenzentwicklung über den Erwerb der notwendigen Kenntnisse für die aktuelle Tätigkeit hinaus. Gerade heute (noch) erfolgreiche Fachkräfte und Spezialisten müssen daran denken, wie sie ihre Lern- und Leistungsfähigkeit unter schneller wechselnden technischen und wirtschaftlichen Bedingungen erhalten können. Im Beruf wenig genutzte oder brachliegende Begabungen und Fähigkeiten sollten nicht verloren gehen. Weiterbildung ist dafür ebenso wichtig wie Erfahrungen im Privatleben, bei Eigenarbeit, Ehrenämtern und Nebentätigkeiten.
- Die Fähigkeit zum Selbstmanagement, auf die künftig immer mehr Arbeitnehmer angewiesen sind, wenn sie ihre Erwerbstätigkeit mit privaten Interessen verknüpfen und das sich differenzierende Spektrum an Tätigkeits- und Arbeitsmöglichkeiten nutzen wollen. Neue technische und organisatorische Formen öffnen neue Gestaltungsmöglichkeiten für die Erwerbsbiografie (z. B. bei der Vereinbarung von Arbeitzeiten und -formen, bei der Tätigkeits- und Betriebswahl oder als Selbstständige), die nur sie selbst auszufüllen vermögen.
- Der bewusste Tätigkeits-, Betriebs- und Berufswechsel, ohne den viele Arbeitnehmer, vielfach erzwungen statt freiwillig, weder sich selber noch ihre Familie hätten ernähren können. Der rechtzeitige Wechsel hilft Spezialisierungs- und Einseitigkeitsfallen zu vermeiden und ist oft der einzige Weg für eine alternsgerechte Erwerbsbiografie.

Bedarf an neuen Rahmenbedingungen und überbetrieblichen Dienstleistungen

Der demografische Wandel und die ökonomische Entwicklung in Wirtschaft und Technik verstärken sich gegenseitig und stellen damit implizit auch die bisher geltenden Standards und Regelungen im Arbeitsleben in Frage. In allen Teilen der Wirtschaft wächst die Vielfalt der Beschäftigungsformen. Die traditionellen Arbeitsverhältnisse werden nicht nur im Softwarebereich oder in der Medienwirtschaft zur Ausnahme. Die Vielfalt der Interessen führt zu einer Verästelung überbetrieblicher Organisations- und Ordnungsstrukturen und macht gleichzeitig die Arbeit der Organisationen schwieriger. Am sichtbarsten ist dies in der Tarifpolitik. Viele Unternehmen entziehen sich schon heute den als hinderlich empfundenen Vereinbarungen, nutzen gleichwohl die überbetrieblichen Verträge als Basis für die eigenen Verhandlungen – oft sogar im Einverständnis mit ihren Mitarbeitern. Andere halten sich unter dem wachsenden Wettbewerbs- und Beschäftigungsdruck nicht mehr an die Standesregeln oder machen sich sogar strafbar bei der Beschäftigung illegaler Arbeitskräfte. Die hohe Arbeitslosigkeit und die vielen potenziellen Arbeitskräfte in der stillen Reserve begünstigen solche Entwicklungen.

Die intermediären Organisationen wie Kammern, Tarifpartner, Berufsgenossenschaften oder Wohlfahrtsverbände beeinflussen ebenso wie die regional Verantwortlichen durch ihre Spitzenorganisationen die Meinungsbildung in Politik und Öffentlichkeit und treten selbst als Anbieter von Informationen und Dienstleistungen für Unternehmen wie Arbeitskräfte auf. Sie sind Teil der allgemeinen Rahmenbedingungen und sehen sich dabei oft in einem Dilemma:

- Sie sind ihren Mitgliedern oder Regionen verpflichtet und diese erwarten von ihnen mindestens die Verteidigung des bisher Erreichten und möglichst Veränderungen zu ihren Gunsten.
- Eine neue Stabilität im überbetrieblichen Raum kann sich nur im Konsens der vielen Gruppierungen bilden, der zugleich mit den neuen technischen, wirtschaftlichen und demografischen Bedingungen vereinbar ist.

Auch für die Intermediäre sind ebenso wie für die Politiker die traditionellen Handlungsspielräume im Zuge der Globalisierung geschrumpft. Im pluralistisch-demokratischen System Deutschlands lassen sich neue tragfähige Strukturen nicht durch einfachen Gesetzesbeschluss und forsches Handeln erzwingen. Ihre Entwicklung braucht Zeit und die breite Akzeptanz in Bevölkerung und Wirtschaft.

Vor diesem Hintergrund ist es bedauerlich, dass sich bisher erst wenige Institutionen Fragen nach den Wirkungen des demografischen Wandels zugewandt haben. In aller Regel genießen aktuellere Probleme höhere Priorität. Die wenigen ergriffenen Initiativen zeigen aber zugleich die tatsächlichen Handlungsspielräume:

- In der Aufbereitung und Weitergabe von Informationen, z. B. als Hinweise auf 'best-practice-Beispiele', themenspezifische Broschüren oder Veranstaltungen für Unternehmen, personalverantwortliche oder auch interessierte bzw. betroffene Arbeitnehmer.
- In der Hilfe durch erfahrungsbasierte und betriebsnahe Qualifizierung in Modellversuchen, um älteren oder lernungewohnt gewordenen Mitarbeitern die Arbeitsfähigkeit zu erhalten, den Wissenstransfer in altersgemischten Gruppen zu trainieren oder die Zusammenarbeit von Unternehmen zur Erhaltung der lebenslangen Beschäftigungsfähigkeit der Mitarbeiter zu organisieren.

- In der Beratung und Vermittlung von Arbeitskräften, um die Leistungsfähigkeit der überbetrieblichen Arbeitsmärkte und die Einsatzmöglichkeiten für ältere Arbeitskräfte zu verbessern und gleichzeitig Unternehmen bei der Identifizierung und Befriedigung ihres Personalbedarfs zu helfen.
- In der Zusammenarbeit von Organisationen etwa im Rahmen von Regionalinitiativen (z.B. Bildungsverbände, Beschäftigungsinitiativen, Regionalentwicklung, Technologietransfer), um die eigenen Leistungsmöglichkeiten zu bündeln und praxisnahe überbetriebliche Regelungs- und Dienstleistungsstrukturen zu entwickeln und zu erproben.
- In der Überprüfung und Anpassung von überbetrieblichen Regelungen (z. B. in Gesetzen, Tarifverträgen, Betriebsvereinbarungen und Sozialregelungen, im beruflichen Berechtigungswesen, in Arbeitsschutzvorschriften oder Planungsvorgaben), um die Entwicklung alternsgerechter Beschäftigungsformen zu erleichtern.

1.4 Resümee

Die Strukturen in der Arbeitswelt sind in Bewegung geraten. Der absehbare demografische Wandel, d. h. die Zunahme der erwerbswilligen Arbeitskräfte im Alter von über 45 Jahren und der Rückgang des jüngeren Arbeitskräftepotenzials, droht in Deutschland im Laufe der nächsten 10 bis 15 Jahre die Innovationskraft der Unternehmen in Mitleidenschaft zu ziehen. Das Problem der Finanzierung von öffentlichen Haushalten und sozialer Sicherung verstärkt sich angesichts niedriger Wachstumsraten.

Dies muss keineswegs so sein. Das Argument, die demografisch bedingten Probleme träten erst in 10 bis 15 Jahren auf und für einen solchen Zeitraum könnten weder Unternehmer noch Wirtschaftsorganisationen oder Arbeitskräfte planen, überzeugt nicht. Die Erhaltung der Arbeits- und Innovationsfähigkeit älterer Erwerbstätiger hängt nach allen Erkenntnissen entscheidend von ihrem heutigen Arbeitseinsatz, ihrer alternsgerechten Qualifizierung und der Ermutigung bzw. der Hilfe zum Tätigkeits-, Betriebs- und evtl. auch Berufswechsel in der Gegenwart ab. Hierfür muss heute der Einsatz der Arbeitskräfte verändert, nach neuen Rahmenbedingungen gesucht und die Verantwortungsbereitschaft der Arbeitskräfte für die eigene Erwerbsbiografie gestärkt werden.

Innovationshemmnisse aufgrund demografischen Wandels bauen sich schleichend auf und kumulieren. Daher laufen kurzfristig angelegte und zu spät ergriffene Gegenmaßnahmen ins Leere. Andererseits ist das Zeitfenster noch ausreichend, um notwendige und mögliche Weichenstellungen einzuleiten. Die Tatsache, dass bereits heute Unternehmen in unterschiedlichen Branchen ihre Innovationskraft mit älteren Mitarbeitern und einer alternsgerechten Personalpolitik erhalten und teilweise gesteigert haben, ist ebenso ermutigend wie die gesteigerte Bereitschaft vieler Arbeitskräfte angesichts einer im Wandel begriffenen Arbeitswelt Eigeninitiative zu zeigen.

Demografischer und wirtschaftlicher Wandel

Zwei Trends stoßen aufeinander

2

2. Demografischer und wirtschaftlicher Wandel *– zwei Trends stoßen aufeinander*

2.1 Der demografische Wandel

Die Bevölkerungsentwicklung ist eine der wichtigsten Bezugsgrößen für die Wirtschafts- und Arbeitsmarktentwicklung eines Landes. Die Anzahl und Altersstruktur der Einwohner gibt Auskunft über die Anzahl der Konsumenten und die Anforderungen an die öffentliche Infrastruktur. Die Altersstruktur bestimmt das Verhältnis der erwerbsfähigen Bevölkerung zwischen 15 und 64 Jahren zu den von ihr mit zu versorgenden jüngeren und älteren Bevölkerungsgruppen.

Die Entwicklung der Bevölkerung in Deutschland lässt sich im Vergleich zu vielen anderen Einflussfaktoren des Wirtschafts- und Arbeitsmarktgeschehens verhältnismäßig gut über längere Zeiträume hinweg prognostizieren. Veränderungen in Anzahl und Altersstruktur der Bevölkerung ergeben sich abgesehen vom Zeitablauf nur durch die Anzahl der Neugeborenen und Todesfälle sowie den Saldo der Zu- und Abwanderungen.

Was heißt demografischer Wandel?

In Deutschland leben die Menschen heute länger und die Anzahl der Kinder in den Familien ist niedriger als früher. Dies schlägt sich statistisch nieder als steigende Lebenserwartung und sinkende Kinderzahl je Frau. Ein heute geborener Junge wird im Durchschnitt 75 Jahre alt werden, ein neugeborenes Mädchen sogar 80. Sie werden etwa 7 Jahre länger leben als ihre Eltern, die vielleicht vor 30 Jahren geboren wurden. Und jeder Mann, der heute mit 65 Jahren seine Rente bezieht, wird im Durchschnitt 3 Jahre älter werden als sein Vater. Eigentlich müsste jede in Deutschland lebende Frau ein Mädchen oder zwei Kinder im Laufe ihres Lebens gebären, damit sich die Bevölkerung stets regeneriert. Tatsächlich entfallen auf 1000 Frauen aber nur etwa 650 Mädchengeburten und so kommen auf jede Frau in Deutschland im Durchschnitt nur 1,3 Kinder. Dabei sind die Mütter meist 4 bis 6 Jahre älter als ihre Mütter, wenn sie ihr erstes Kind bekommen.

Deutschland war seit 1945 ein Zuwanderungsland: In den 50er-Jahren wurden Flüchtlinge aufgenommen, in den 60er- und frühen 70er-Jahren Gastarbeiter angeworben. Sie zogen in den 70er- und 80er-Jahren ihre Familien nach und in den 90er-Jahren suchten Aussiedler hier eine neue Heimat. Die Zuwanderer waren im Durchschnitt jünger als die einheimische Bevölkerung und ihre Familien kinderreicher. Die Zuwanderungen werden jedoch die kombinierte Wirkung aus sinkenden Kinderzahlen und steigender Lebenserwartung auf das Durchschnittsalter der Bevölkerung künftig immer weniger ausgleichen.

So ist das Durchschnittsalter der Bevölkerung in Deutschland kontinuierlich gestiegen: Lag es 1960 noch bei 36 Jahren und 1996 bereits bei 40,2 Jahren, wird es für 2030, also etwa nach derselben Zeitspanne, auf 46,2 Jahre mit steigender Tendenz geschätzt. Trotzdem stieg die Bevölkerungszahl insgesamt in der Vergangenheit noch an. 1960 lebten in beiden deutschen Staaten knapp 71 Mio. Einwohner. 1996 war die Zahl im vereinigten Deutschland auf 82 Mio. gestiegen, für 2010 rechnet man mit ca. 83 Mio. Einwohnern. Erst danach wird – trotz anhaltender Zuwanderungen – ein Rückgang der Bevölkerungszahl erwartet (2030: 80 Mio., 2040: 76 Mio.).

Mit dem Anstieg des Durchschnittsalters ändert sich das Verhältnis der Altersgruppen zueinander (vgl. Abbildung 2.1-1): Während die absolute Zahl der 15- bis unter 65-jährigen Erwerbsbevölkerung zwischen 1996 und 2010 fast konstant bleibt und danach sinkt, wird der Rückgang bei den Jugendlichen immer stärker vom Anstieg der Älteren kompensiert. Besonders gefordert sind die Sozialversicherungen, bei denen sich dies in steigenden Rentenzahlungen und wachsenden Defiziten auswirkt.

Abbildung 2.1-1:
Entwicklung der Bevölkerung in Deutschland nach Altersgruppen von 1960 bis 2040 (in Mio.)

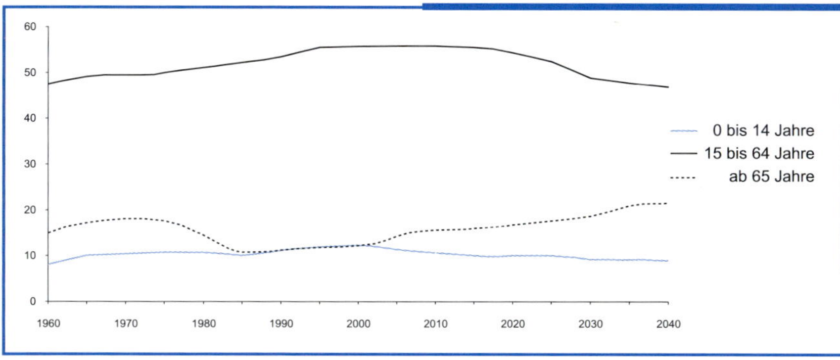

Quelle: Rössel u.a. 1999, Seite 25

Die demografischen Entwicklungen sind vielen bekannt. Im Grunde halten wir sie auch für wünschenswert. Sie sind Ausdruck eines gewachsenen Wohlstands, einer bewussteren Lebensführung und einer größeren Eigenständigkeit der Frauen. Weder diejenigen, die ihren dritten Lebensabschnitt als 'rüstige Alte' erleben und genießen, noch diejenigen, die sich über das Glück und Werden ihrer Kinder freuen, sehnen sich zurück in die Zeiten kinderreicher Familien und hoher Sterberaten.

Die positive Bewertung macht blind

Die Zufriedenheit mit der demografischen Entwicklung birgt Gefahren. Oft reagieren wir erst auf ihre Auswirkungen, wenn es für leichte und schmerzfreie Anpassungen bereits zu spät ist.

Das Problem liegt dabei nicht bei der Prognose. Die Verschiebungen in der Bevölkerungsstruktur sind frühzeitig bekannt. Auf die für die 90er-Jahre absehbaren Probleme in der Sozialversicherung wurde schon Ende der 70er-Jahre hingewiesen. Entscheidender ist, dass die Veränderungen von Zufälligkeiten überlagert sind, die wir im täglichen Leben kaum wahrnehmen: Leben und Sterben, Altern und Gebären sind seit jeher primär individuelle Ereignisse.

Die meisten von uns interessieren sich für Veränderungen in der allgemeinen Bevölkerungsstruktur erst, wenn sie selbst betroffen sind. Bis dahin wird die Verdrängung erleichtert, dass die Wirkung von demografischen Veränderungen zuerst jene betrifft, bei denen sich dies mit der individuellen Situation 'schicksalhaft' verkettet: 'Selber schuld', 'geschieht ihm recht' oder 'wer will, findet auch Arbeit' sind schnelle Formeln – oft sicher richtig, aber ebenso oft auch falsch. So wird aus Blindheit soziale Ungerechtigkeit, der viel beschworene Generationenvertrag gerät ins Wanken, überwunden geglaubte soziale Konflikte treten wieder auf.

Die Vernachlässigung des demografischen Wandels in Deutschland war in der Nachkriegszeit besonders leicht: Deutschland hatte stets viele Zuwanderer. Hohe Wachstumsraten in der Wirtschaft erlaubten steigende Löhne und Renten. Jeder junge Mensch gönnte der Kriegs- und Nachkriegsgeneration die bessere Altersversorgung wie das faktisch auf unter 60 Jahre sinkende Verrentungsalter. Die Kompensationsformen galten vielen als beispielhaft für eine moderne Industriegesellschaft. Vom 'Modell Deutschland' war die Rede. Hinweise aus der Wissenschaft in den 70er- und 80er-Jahren auf die unmerklichen Veränderungen und ihre Konsequenzen für die öffentliche Infrastruktur, für die Finanzierung der Sozialsysteme oder die Integration von Zuwanderern blieben ungehört. Sie konnten weder Politiker noch Unternehmer und schon gar nicht die Bürger erreichen. Zu groß war der Widerspruch zwischen dem positiven täglichen Erleben und den wissenschaftlichen Warnungen.

Die Bewohner in San Francisco, Kobe oder Istanbul kennen die Erdbebengefahr in ihrer Region. Sie fühlten sich dennoch sicher, bis das Erdbeben kam, Häuser und Brücken zum Einsturz brachte und hohe Opfer forderte. Ähnlich reagiert die Gesellschaft auf Veränderungen in der Bevölkerungsstruktur: Punktuelle Anpassungen einzelner Regelungen im Sozialrecht, beim Ausbau der Infrastruktur oder im Verhalten gegenüber Zuwanderern überbrücken erste unübersehbare Verwerfungen. Man sieht sie nicht mehr. Zum Schutz gegen Hochwasser werden bei steigendem Wasserstand eben die Deiche erhöht. Dass damit der Wasserdruck steigt und sich im Fall eines

Dammbruchs die Folgen für die Betroffenen verschlimmern, wer sollte darüber nachdenken? Jeder Warner wird so zum bösen Propheten.

Erst Einbrüche zwingen zur Reaktion

So waren es in Deutschland ganz andere Entwicklungen, die dem demografischen Wandel zu wachsender Aufmerksamkeit verhalfen: Der erneute Anstieg der Arbeitslosigkeit seit Anfang der 80er-Jahre, das in Wirtschaft und Bevölkerung dankbar aufgegriffene Angebot des Staates zur Frühverrentung, die Schwierigkeiten der Integration der neuen Bundesländer und der wachsende internationale Wettbewerbs- und Kostendruck. Diese Entwicklungen veränderten die Rahmenbedingungen und machten dabei die demografischen Veränderungen sichtbar: Der Anstieg der Sozialausgaben trieb mit den Steuern und Soziallasten die Produktionskosten in die Höhe und bedrohte die Wettbewerbsfähigkeit. Die meisten Arbeitnehmer sahen sich mit real sinkenden Einkommen konfrontiert. Immer mehr Menschen wurden arbeitslos, viele Unternehmen versuchten ältere Mitarbeiter in den Vorruhestand zu schicken und ihre Belegschaft zu verkleinern.

Erst jetzt erwachte in Deutschland das Interesse am demografischen Wandel. Der Bundestag setzte 1992 eine Enquetekommission ein, die 1994 und 1998 Zwischenberichte ihrer Arbeit vorlegte. Auch in dieser Kommission erwies sich die Diskussion als schwierig. Sie zeigte einmal mehr das eigentliche Problem: Im politisch-wirtschaftlichen Tagesstress verliert man langsame demografische Verschiebungen schnell aus dem Blick. Aktuellere und politisch leichter lösbare Probleme finden sich schnell. Auftretende Symptome sind kurzfristig gut zu bekämpfen, die Illusion von Kontinuität und Stabilität gewahrt. Viele Entscheidungen der 90er-Jahre zeigen dieses Muster. Man denke an die Regelungen zur Frühverrentung, die Umschichtungen zwischen den Sozialversicherungen, die Beschäftigung von Headhuntern zur Abwerbung qualifizierter Mitarbeiter oder die Verallgemeinerung des Missbrauchs von Arbeitsmarktprogrammen.

Das Kurieren von Symptomen löst keine Probleme. Die heute in Deutschland lebenden Menschen werden weiterhin älter. Die Kinder, die in 20 Jahren ihre Familien ernähren und das wirtschaftliche Geschehen gestalten sollen, sind bereits geboren. Selbst ein unerwarteter Babyboom könnte an den Auswirkungen des demografischen Wandels für die nächsten zwanzig Jahre nichts ändern und würde sogar die Kosten für die Versorgung der Kinder noch steigen lassen. Auch Zuwanderungen sind bei den bestehenden Integrationsproblemen Grenzen gesetzt.

Trendwende bei der Arbeitsbevölkerung

In der Wirtschaft merkte man lange Zeit wenig vom steigenden Durchschnittsalter in der Bevölkerung. Während das Durchschnittsalter in der Gesamtbevölkerung zwischen 1960 und 1980 schon um fast zwei Jahre anstieg, sank es bei der erwerbsfähigen Bevölkerung im Alter zwischen 15 und 64 Jahren sogar um 1,6 Jahre. Der Anstieg in der Gesamtbevölkerung war vor allem eine Folge der sinkenden Zahl junger Menschen unter 15 Jahren und der steigenden Zahl derer über 65. In den nächsten Jahren und Jahrzehnten ändert sich dies. Zwar wächst die Bevölkerung in Deutschland noch bis 2010 auf etwa 83 Mio. Zugleich aber sinkt bereits jetzt die Zahl der potenziellen Arbeitskräfte im Alter zwischen 25 und 44 Jahren von 26 Mio. im Jahr 1996 auf 23 Mio. bis zum Jahr 2010 und auf unter 18 Mio. bis zum Jahr 2040. In gut vierzig Jahren ist die Zahl der jüngeren Erwerbspersonen um ein Drittel gesunken. Zuwanderungen von jährlich 200.000 (jüngeren) Menschen sind in diesen Modellrechnungen des Bundesinnenministeriums schon berücksichtigt. Der Rückgang in der erwerbsfähigen Bevölkerung nach 2010 konzentriert sich also vor allem (zu 80 %) auf diejenigen Arbeitskräfte, zu deren Gunsten die älteren Arbeitskräfte bisher vorzeitig in Rente gehen durften bzw. mussten. Für potenzielle Rückwirkungen des demografischen Wandels auf die Arbeitswelt interessieren sich gegenwärtig überwiegend Wissenschaftler. Die Politiker haben alle Hände voll zu tun die gewachsenen Sozialsysteme aus ihren akuten Finanzierungsproblemen zu retten. Die Arbeitslandschaft ist geprägt von aktuellen technischen und wirtschaftlichen Veränderungen. Die Unternehmen müssen sich mit Fragen der Produktionsentwicklung, mit Kunden, mit Investitionen, mit der Finanzierung und Ertragssicherung befassen.

Personalfragen sind nur ein kleiner Teil des Tagesgeschäfts. Natürlich fehlen immer wieder qualifizierte Mitarbeiter, während man bei anderen glaubt sie ersetzen oder entlassen zu können. Das Tagesgeschäft wird beherrscht von Einzelfällen, die man wie Krankheiten kurzfristig ausgleichen muss. Wer hat da noch Zeit und Kraft, sich um diffuse Rückwirkungen von langfristigen demografischen Veränderungen zu kümmern? Wenn Arbeitskräfte fehlen, liegt dies angesichts der hohen Arbeitslosigkeit an Qualifikationsmängeln und nicht an fehlenden Bewerbern. Erfolgreiche Unternehmen lösen dieses Problem leichter durch Abwerbung oder die Expansion an ausländischen Standorten.

Unmerklich wachsen so die Widersprüche. Der demografische Wandel wird zum ungeliebten Ergebnis gewohnter Verhaltensweisen und Wertvorstellungen bei Bürgern ebenso wie in Unternehmen oder in der Politik.

Arbeit und Leben, zwei Seiten einer Medaille

Parallel zum demografischen Wandel verändert sich auch die Einstellung zur Arbeit. Arbeit ist, so lehrt es das Alte Testament und so erleben es viele, Mühsal und Notwendigkeit zum Leben. Arbeit bestimmt aber auch, so lehrt die christliche Tradition und jedes Stammtischgespräch, die soziale Stellung, adelt und ist gottwohlgefällig. Ein Beruf und ein Arbeitsplatz sichert nicht nur Einkommen, sondern ist für viele auch Mittelpunkt ihres Lebens, macht Spaß, fördert das Selbstbewusstsein und schafft soziale Anerkennung. Arbeit ist unlösbar mit dem Privatleben verflochten (vgl. Kasten Seite 40).

Dabei entscheiden die 'Verhältnisse', was für den Einzelnen Priorität genießt: Wem die Arbeit keine Zeit für die Familie lässt, der träumt vom Familienleben, der Arbeitslose hofft auf einen sicheren Arbeitsplatz, der junge Mensch sucht die Anerkennung im Beruf, wo viele Ältere schon ihren Ruhestand planen.

Die Erwerbsarbeitsorientierung nimmt nicht ab

Entgegen den vielfach kursierenden Unkenrufen hat die Orientierung der Menschen auf die Arbeit und die Arbeitsmotivation nicht abgenommen. Die Ergebnisse der Meinungsforschung zeigen vielmehr, dass die zeitweise beobachtete Abwendung von materiellen Werten nur zyklischer Natur war und längst überwunden ist (vgl. die unten stehende Abbildung). Arbeit gewinnt als Lebenswert sogar zunehmend an Bedeutung. Wo bei einzelnen Gruppen, wie den über 55-jährigen Männern, das Interesse zurückgeht, wird dies durch die zunehmende Erwerbsarbeitsorientierung der Jüngeren und besonders der Frauen überkompensiert.

Arbeitsgesellschaft – Freizeitgesellschaft?
Frage an Berufstätige: "Welche Stunden sind Ihnen ganz allgemein am liebsten: die Stunden während der Arbeit oder die Stunden, während Sie nicht arbeiten, oder mögen Sie beide gern?"

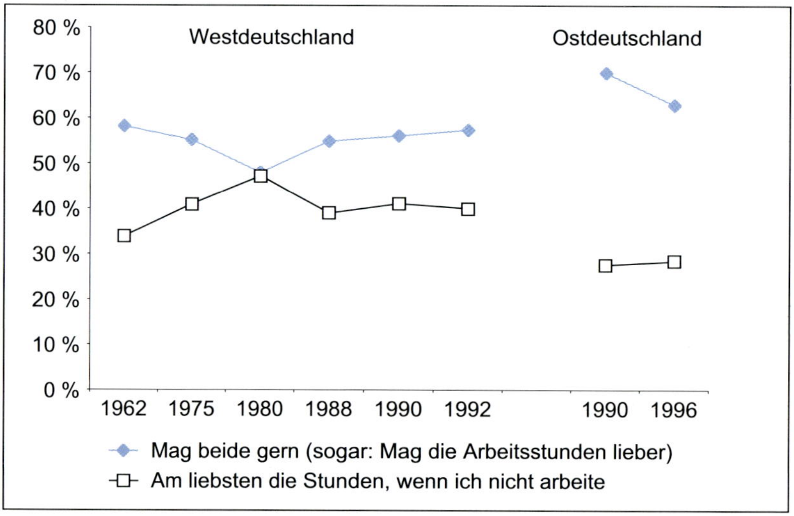

Quelle: INIFES, eigene Darstellung nach Noelle-Neumann / Köcher 1997, Seite 962

Bei den Frauen wird der langfristige Trend zu stärkerer 'intrinsischer' Erwerbsorientierung (Statusgewinn, berufliche Kontakte, Selbstwertgefühl) in den letzten Jahren wieder verstärkt durch ökonomische Motive (Zwang zum [Zu]-Verdienst, Sicherung des Lebensstandards, zunehmendes Scheidungsrisiko, gestiegene Bildungsinvestitionen). Entsprechend steigt die Erwerbsorientierung v. a. bei Frauen im mittleren Alter. Die bisher niedrigere westdeutsche Frauenerwerbsquote gleicht sich eher der höheren in Ostdeutschland an als umgekehrt.

Stellenwert von Beruf und Freizeit bei Berufstätigen (Angaben in Prozent)

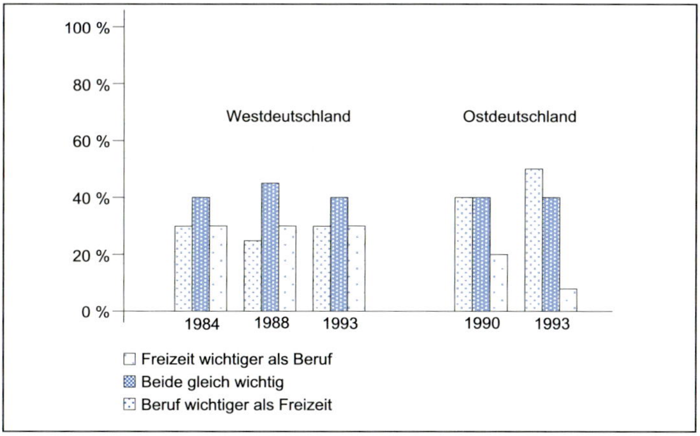

Sicherlich konkurrieren heute stärker als noch vor 30 Jahren Lebensbereiche und -ziele wie Freizeit, Gesundheit und Familie – letztere in manchen Umfragen mit leicht abnehmendem Gewicht in den vergangenen fünf bis zehn Jahren – mit den Arbeitsorientierungen. Sie relativieren deren Stellenwert aber nicht (vgl. die obige Abbildung), sondern ändern allenfalls die Ansprüche (Selbstbestimmung, Qualifikation) an die Arbeit. Eine angesichts der Entwicklungen in der Arbeitswelt eigentlich zu erwartende Distanzierung und Unzufriedenheit mit Arbeitswelt und Arbeitsplatz (Arbeitsplatzunsicherheit, zunehmender Stress, Entgrenzung, geringe Teilhabe am Produktivitätsfortschritt etc.) hat sich in den Umfragen dagegen noch kaum bemerkbar gemacht.

M. Hilpert, E. Kistler, D. Sing, INIFES, Stadtbergen, Verbund I, 1995 – 1999

Die Wertverschiebungen in der Einschätzung von Arbeit und Erwerbsarbeit zeigen sich am deutlichsten bei Frauen. Männer orientieren sich traditionell stark an der Erwerbsarbeit. Sie gelten bis heute als Haupternährer der Familien. Doch ändert sich auch bei ihnen das Erwerbsverhalten. Dies zeigt sich indirekt im Karriereverhalten oder im beruflichen und privaten Engagement. Die Beschäftigungsquoten von Männern sinken langsam und kontinuierlich. Noch langsamer nimmt – meist bei jüngeren und älteren Männern – die Teilzeitarbeit zu. Gleichzeitig klagen Arbeitgeber über sinkende Loyalität mit den Betrieben und wachsendes Absicherungsverhalten. Viele Männer schätzen unbefristete, arbeits- und sozialrechtlich abgesicherte Tätigkeiten. Deren Ende ist absehbar, Zeit und Geld besser kalkulierbar. Es bleibt mehr Raum und Sicherheit für private Interessen und Nebentätigkeiten.

Abbildung 2.1-2:
Beschäftigungsquoten in Prozent der erwerbsfähigen Bevölkerung und deren Vollzeitäquivalente 1975 – 1996

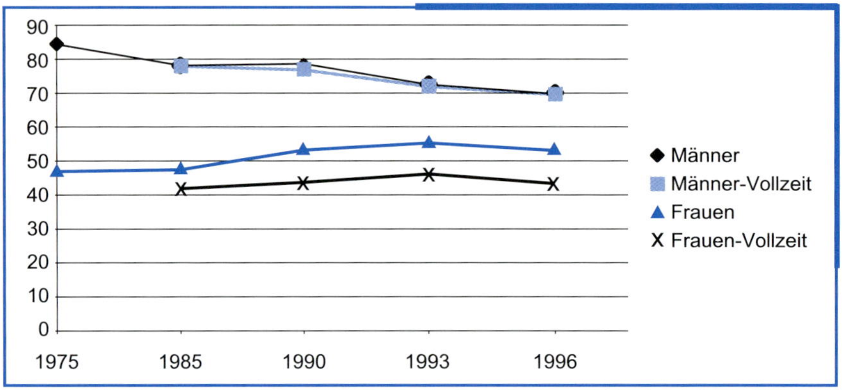

Quelle: Sing 1998, Seite 104; bis 1990 nur Westdeutschland

Frauen sind besonders flexibel

Frauenarbeit hatte ihren traditionellen Schwerpunkt nicht in der bezahlten Erwerbsarbeit. Gleichwohl waren sie in der patriarchalischen und frühindustriellen Vergangenheit oft stärker in das Arbeitsleben integriert als in den letzten Jahrzehnten in Deutschland.

Erst die moderne Industrie- und Verwaltungsarbeit trennte Arbeit und Familie. Hier erhielt Erwerbsarbeit den Stellenwert in der Gesellschaft, den sie heute hat. Gleichzeitig aber verloren immer mehr Frauen bei steigendem Wohlstand und überkommenem Rollenmuster die Möglichkeit eigenständig und unabhängig zu handeln, eigene Kontakte aufzubauen, ihre persönlichen Fähigkeiten zu nutzen und zu entwickeln.

Ihr Ausbruch aus der häuslichen Isolierung veränderte das Verhalten der Frauen und ihre Einstellung zur Erwerbstätigkeit. Immer mehr Frauen begannen nach Wegen zu suchen, um Erwerbstätigkeit und traditionelle Wünsche und Pflichten in Einklang zu bringen. Sie spürten die Last, Leben und Arbeit, private Interessen und familiäre Wünsche miteinander zu verbinden. So änderte sich die Familienstruktur, die Zahl der Kinder sank. Gleichzeitig entwickelten Frauen eine hohe fachliche und zeitliche Flexibilität: Sie mussten und wollten zur Finanzierung der Lebenshaltungskosten beitragen und entwickelten eigene berufliche Wege und soziale Kontakte, um zu eigenständigen Partnern im sozialen wie familiären Gefüge zu werden.

Beide Motive überlagern sich bei der Arbeitsplatzsuche und erzwingen eine höhere Flexibilität. Dabei besteht eine deutliche Beziehung zwischen dem Qualifikationsniveau und der Erwerbstätigkeit von Frauen: Je höher die Schulbildung, umso größer ist der Wunsch nach Erwerbstätigkeit. Frauen mit niedrigerer Schulbildung sind meist stärker traditionellen Rollenmustern verhaftet. Dagegen wirkt das Einkommensmotiv – ob zur Sicherung des Familienunterhalts oder als Maßstab wirtschaftlicher Eigenständigkeit:

- Nimmt man nur die 35- bis 44-jährigen Frauen mit Kindern unter 16 Jahren, so sinkt die Erwerbsbeteiligung mit steigendem Einkommen der anderen Haushaltsmitglieder, d. h. meist der Ehepartner: Nur wenige Frauen mit Abitur verzichten auf eine Erwerbstätigkeit, wenn sie nur über maximal 500 DM pro Kopf in der Familie verfügen. Frauen mit Hauptschulabschluss finden sich mit dieser Situation leichter ab.
- Mit steigendem Haushaltseinkommen schrumpfen die Differenzen in der Erwerbsbeteiligung von Frauen, sie bleiben aber erhalten. Lediglich in der höchsten Einkommensgruppe mit 2.000 DM Haushaltseinkommen pro Kopf und mehr verzichten Frauen mit Abitur häufiger auf eine Erwerbstätigkeit als Frauen mit niedrigerer Schulbildung.

Abbildung 2.1-3:
Verzicht auf die Erwerbsbeteiligung bei 35- bis 44-jährigen Frauen mit Kindern unter 16 Jahren nach der Höhe des Haushaltseinkommens pro Kopf, in Prozent

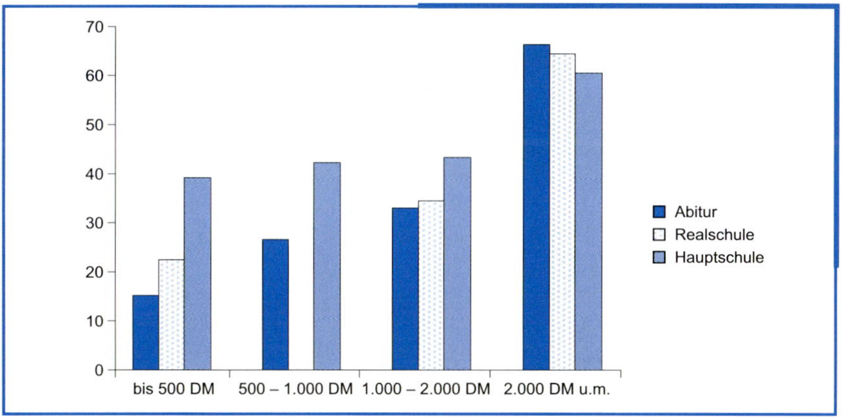

Quelle: INIFES-ISF-SÖSTRA, 1998, Seite 95
(Angaben zu Absolventinnen der Realschule für die zweite Einkommensgruppe waren nicht auswertbar)

Für den Arbeitsumfang scheint vor allem das Einkommensmotiv ausschlaggebend zu sein: Bei niedrigem Haushaltseinkommen reichen Teilzeittätigkeiten und geringfügige Beschäftigungen nur wenigen Frauen. Sie bieten dagegen Frauen mit höherem Haushaltseinkommen die willkommene Möglichkeit zur Verbindung von Erwerbstätigkeit und Familie. Ganz sicher aber unterstützt das eigene Einkommen die Bereitschaft vieler

Ehefrauen zu einer Berufstätigkeit, auch wenn sie aus finanzieller Sicht nicht mehr dazu gezwungen sind. So mussten die Frauen in der ehemaligen DDR noch am Erwerbsleben teilnehmen. Nach der Wende konnten sie sich trotz besserer sozialer Sicherung ein Leben ohne Erwerbstätigkeit weit weniger vorstellen als die Frauen in den alten Bundesländern.

2.2 Mit der Erfahrung ändern sich Können und Wollen

Die Verschiebung in der Altersstruktur der erwerbsfähigen Personen zu Lasten der 25- bis 44-Jährigen könnte die Arbeitslandschaft in Deutschland schneller verändern als es sich viele heute vorstellen können. Denn die Einstellung der Menschen zu Arbeit und Leben, zu Art und Inhalt des beruflichen und privaten Engagements verändert sich mit dem wachsenden Erfahrungsschatz:

- Fragt man die Erwerbstätigen, so ist eine befriedigende Arbeit für über die Hälfte der 30- bis 45-Jährigen ein wesentlicher Aspekt, um im Leben rundum zufrieden zu sein. Für jüngere und ältere Erwerbstätige ist die Bedeutung der Arbeit eher geringer. Für zwei Drittel der 20- bis 25-jährigen sowie der über 60-jährigen Erwerbstätigen verliert Arbeit den hohen Stellenwert.
- Diese Einschätzung schlägt sich in den Erwerbsquoten nieder: Der Anteil der Erwerbswilligen und -fähigen in der jeweiligen Altersgruppe steigt bis zur Altersgruppe der 40- bis 45-Jährigen und sinkt dann deutlich ab.

Erwerbsneigung im Wandel

Verknüpft man beide Aspekte mit den Entwicklungen in der Bevölkerungsstruktur, so potenzieren sich die Effekte (vgl. Abb. 2.2-1): Bei niedrigerer Erwerbsbeteiligung sinken Arbeitsengagement und Arbeitszufriedenheit, wenn auch aus unterschiedlichen Gründen. Die jungen Erwerbstätigen verzögern gern den Einstieg in die Arbeitswelt. Bei den Älteren sinkt tendenziell das berufliche Interesse.

In der Vergangenheit hat der demografische Wandel dazu geführt die Zahl der überdurchschnittlich engagierten Mitarbeiter im Alter zwischen 25 und 45 Jahren ansteigen zu lassen. In Zukunft wird sie zurückgehen. Bisher hat sich diese Trendwende erst in der Altersstruktur der Arbeitslosen und Rentner niedergeschlagen. Vor allem Ältere fanden – einmal arbeitslos – immer schwerer eine neue Beschäftigung. In Zukunft wird auch in den Unternehmen die Zahl der Älteren wieder anwachsen.

Abbildung 2.2-1:
"Eine Arbeit, die mich befriedigt" ist ein wesentlicher Punkt, um "im Leben rundum zufrieden zu sein" – Arbeitsbewertung 1993 und Erwerbsquoten 1996 nach Altersgruppen bezogen auf die erwerbsfähige Bevölkerung

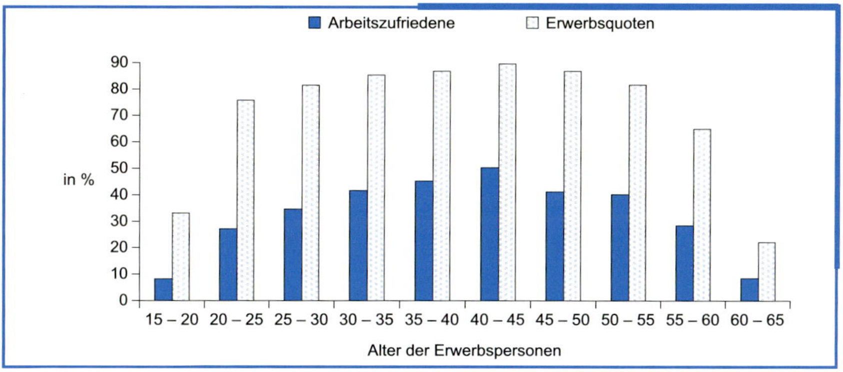

Quelle: Zentrum für Sozialpolitik, Bremen; eigene Berechnungen

Die Integration auch älterer Arbeitskräfte wird zu einer wichtigen Herausforderung für das künftige Beschäftigungssystem in Deutschland. Sie hängt nicht nur vom Angebot an Arbeitsplätzen oder Rentenregeln ab. Sie verlangt auch Verhaltensänderungen bei den Arbeitskräften: Der Rückgang der Erwerbsbeteiligung bei den über 55-Jährigen ist schon seit Anfang der 70er-Jahre zu beobachten, lange bevor es die großzügige Förderung der vorgezogenen Altersrente gab. Immer mehr Menschen sehen in Deutschland ihren dritten Lebensabschnitt als Chance. Der Ruhestand trägt für sie kein Stigma, er wird sogar von vielen als 'Befreiung' von Fremdbestimmung und notwendiger Erwerbsarbeit begrüßt. Erwerbstätigkeit im Alter mutierte damit immer mehr zur freiwilligen und selbst bestimmten Tätigkeit, z. B. für Freiberufler und qualifizierte Fachkräfte, oder konzentrierte sich auf gering verdienende Arbeitnehmer und Selbstständige mit schlechter Alterssicherung.

Das Defizitmodell täuscht

Der Wunsch nach mehr Selbstbestimmung im Alter kam allerdings der in der Wirtschaft verbreiteten Vorstellung sinkender Leistungsfähigkeit und Einsatzfreude Älterer entgegen. So haben sich in den letzten Jahren viele Unternehmen von ihren älteren Mitarbeitern getrennt, um sie teilweise durch jüngere, vermeintlich leistungsfähigere Mitarbeiter zu ersetzen. Dabei wurde die Schwelle für 'alt' immer niedriger angesetzt. In der Rentenarithmetik liegt sie bei 65 Jahren, die Betriebe senkten sie früher auf 58 Jahre und heute gelten bereits 50-Jährige als alt.

Ein solch einfaches 'Defizitmodell' für die Beschäftigung älterer Arbeitnehmer vermag kaum zu überzeugen. Würde es der Realität entsprechen, müssten sich die Klagen in der Wirtschaft über Probleme mit älteren Beschäftigten sehr viel stärker häufen: 34% aller deutschen Erwerbstätigen waren 1997 über 45 Jahre alt, davon ein Drittel sogar über 55. Dennoch befürchten nur ganze 3% der im IAB-Betriebspanel 1997 befragten Unternehmen, dass Überalterung in den nächsten zwei Jahren zu einem Personalproblem in ihrem Unternehmen werden könnte. Andere Probleme wie hohe Lohnkosten (über 30%), Beschaffung von Fachkräften (über 15%), mangelnde Arbeitsmotivation und großer Weiterbildungsbedarf (6 bis 8%) werden sehr viel häufiger genannt. Alter oder gar Überalterung der Mitarbeiter scheint kein Thema für Unternehmen zu sein.

Die geringe Bedeutung von Fragen der Überalterung als Personalproblem sagt allerdings mehr über die heutige Einschätzung dieser Fragen aus als über ihre künftige Bedeutung. Studien zeigen, dass selbst die Personalverantwortlichen sich der schleichenden Veränderung der Altersstruktur ihrer Mitarbeiter bewusst wurden, als man sie um die Aktualisierung ihrer Personalstatistik bat.

Dennoch wäre es sicher zu einfach, pauschal allen Unternehmen Wahrnehmungsdefizite vorzuwerfen. Die geringe Bedeutung von Alters- und Alterungsproblemen in den Befragungen kann andere Gründe haben:

1. Die Beschäftigung älterer Arbeitnehmer konzentriert sich nur auf wenige Wirtschaftszweige und Betriebsgrößen. Hier treten die Probleme auf, mit denen sich die Mehrzahl erst künftig wird auseinandersetzen müssen. Die Statistik spiegelt einen 'Titanic-Effekt': Die Mehrzahl der Unternehmen tanzt noch auf dem Oberdeck, während im untersten Deck die ersten (und ärmsten) Passagiere schon mit dem Wassereinbruch kämpfen.
2. Die Vorstellung vom Abfall der Leistungsfähigkeit und des Engagements mit zunehmendem Alter stimmt nicht. Alter, gemessen in Lebensjahren, ist ein schlechter Indikator. Hinter den statistischen Beobachtungen sinkender Erwerbsquoten und Arbeitsorientierung verbergen sich viel komplexere Beziehungen, in denen das kalendarische Alter ein Faktor unter vielen anderen ist.

Der 'Titanic-Effekt'

Die genauere Analyse zeigt, dass es gute Gründe für beide Argumente gibt. Bei dem Vergleich der Altersstrukturen in unterschiedlichen Wirtschaftszweigen und Betriebsgrößen lassen sich tatsächlich Unterschiede nachweisen:

- In der Landwirtschaft finden wir die im Durchschnitt ältesten Erwerbstätigen (über 42 Jahre), in der Bauwirtschaft dagegen mit etwas über 38 Jahren die jüngsten (Durchschnittsalter aller Erwerbstätigen 1997: 39,3 Jahre).
- Etwas größer fallen die Unterschiede bei den sozialversicherungspflichtig Beschäftigten aus, zu denen Selbstständige und Beamte nicht gehören. Dabei sind die

Zahlen für Ostdeutschland noch durch die Übergangssituation etwas verzerrt. In Westdeutschland beschäftigt plötzlich die Landwirtschaft die im Durchschnitt jüngsten Mitarbeiter (35,3 Jahre). Auch in vielen Dienstleistungsbereichen und im Baugewerbe liegt das Alter der Arbeitnehmer 1997 unter dem Durchschnitt von 38,5 Jahren. Älter sind die Arbeitnehmer im staatlichen Sektor (über 42 Jahre) und in vielen von Großunternehmen geprägten Industriezweigen, wie z. B. der Energiewirtschaft oder der Chemie.

- Auffällig sind auch die Unterschiede bei Betrieben unterschiedlicher Größe: Die jüngsten sozialversicherten Mitarbeiter (Durchschnittsalter 35,8 Jahre) fanden sich 1995 in Betrieben mit 5 bis 19 Beschäftigten, die ältesten (mit knapp 39 Jahren) in Betrieben mit mehr als 500 Beschäftigten (Durchschnitt insgesamt 37,8 Jahre).

Bemerkenswert sind die großen Unterschiede in der Landwirtschaft: Hier dominieren kleine Betriebe mit weniger als 20 Beschäftigten. Sie beschäftigen mit durchschnittlich über 42 Jahren die ältesten Erwerbstätigen und zugleich die jüngsten sozialversicherungspflichtig Beschäftigten, ein deutlicher Hinweis auf den 'Titanic-Effekt': Bei sinkenden Beschäftigtenzahlen und niedrigen Einkommen bleiben nur ältere Hofbesitzer mit ihren Familienangehörigen in der Landwirtschaft. Jüngere Arbeitnehmer finden dort vielleicht noch ihre erste Anstellung, aber selten ein dauerhaftes Auskommen.

So leicht wie in der Landwirtschaft lassen sich die unterschiedlichen Altersstrukturen nach Branchen und Betriebsgrößen nicht immer erklären. Sicher spielt die wirtschaftliche Entwicklung eine Rolle: Sinkt die Beschäftigtenzahl, so nehmen Neueinstellungen ab und das Durchschnittsalter steigt, insbesondere in Großbetrieben und in der öffentlichen Verwaltung mit Kündigungsschutz für langjährige Mitarbeiter. Junge Leute finden leichter in wachsenden Dienstleistungs- und in kleineren Betrieben Arbeit und drücken dort den Altersdurchschnitt. Ebenso wichtig sind Unterschiede in den Arbeitsaufgaben: Bereiche mit körperlich anspruchsvoller Arbeit (wie z. B. im Bau- oder Gaststättengewerbe) beschäftigen überdurchschnittlich viele jüngere Arbeitskräfte, während sich durch den wachsenden Anteil der Angestellten etwa in der Chemischen Industrie oder in der öffentlichen Verwaltung der Altersdurchschnitt der Mitarbeiter nach oben schiebt.

Dem 'Titanic-Effekt', der Kumulation älterer Beschäftigter in schrumpfenden oder rechtlich geschützten Bereichen des Arbeitmarktes, steht möglicherweise ein Qualifikationseffekt gegenüber, der Ältere gerade in Kleinbetrieben erfolgreich sein lässt. Differenzierte Auswertungen des IAB-Betriebspanels bestätigen diese Vermutung: Während von allen Betrieben nur 3 % in der Überalterung ein Personalproblem für ihr Unternehmen sehen, sind es bei den größeren Betrieben mit mehr als 100 Beschäftigten weit mehr als 15 %. Die kleinen Betriebe mit weniger als 5 Beschäftigten scheinen dagegen ein Überalterungsproblem fast gar nicht zu kennen: Nur 1% von ihnen erwähnt es.

Was sagt die Arbeitsmedizin?

Mehr Aufschluss über die Wirkung des Alters auf die Arbeitsfähigkeit gibt die arbeitsmedizinische Sicht. Im Grunde stützt sich die verbreitete Vorstellung der leistungsfähigen Jugend und dem durch Leistungsverfall gekennzeichneten Alter auf populärmedizinische Argumente.

Schon im Memory-Spiel werden Erwachsene von ihren heranwachsenden Kindern geschlagen. Hochleistungssportler müssen sich im Alter von über 20 Jahren (je nach Disziplin) an den Ab- und Umstieg gewöhnen. Schwere Lasten und Dauerstress machen den meisten über 50-Jährigen mehr zu schaffen als ihren jüngeren Kollegen.

Die Erfahrung der Leistungsminderung mag wohl stärker in Erinnerung bleiben als der Stolz über das jeweils zusätzlich Erreichte. Doch bereits das tägliche Leben zeigt: Die einfache Gegenüberstellung von jung gleich gesund, leistungsstark, fröhlich und entsprechend von alt gleich kränkelnd, unzufrieden, leistungsschwach entspricht selten der Realität – allen Schablonen und Vorurteilen zum Trotz.

Die arbeitsmedizinischen Untersuchungen stützen das differenzierende Bild der täglichen Erfahrung und widersprechen den Schablonen des Jugendideals. Die Untersuchungen von Professor Ilmarinen am finnischen Institut für Arbeitsmedizin sprechen eine deutliche Sprache: Er hat mit seinen Kollegen im Rahmen eines umfassenden Forschungsprogramms die Arbeitsfähigkeit von über 6000 Arbeitnehmern aus finnischen kommunalen Betrieben mit verschiedenen Berufen und Arbeitsinhalten untersucht und dies in einer Teilstichprobe zehn Jahre später mit denselben Personen wiederholt. Dabei erwies sich nicht nur der zugrunde gelegte Arbeitsfähigkeitsindex, der medizinische und subjektiv empfundene Kriterien verknüpfte, als relativ zuverlässig. Es zeigte sich auch, dass der Zusammenhang zwischen Alter und Arbeitsfähigkeit sehr viel komplexer ist, als dies in der allgemeinen Diskussion erscheint:

- "Die physische Leistungsfähigkeit kann nach unseren Längsschnittuntersuchungen eine dramatische Abnahme nach dem 45. Lebensjahr zeigen, wenn keine prophylaktischen Maßnahmen durchgeführt wurden." (Ilmarinen, in: Karazman 1995, Seite 18)
- "Bei Tätigkeiten mit physischer Belastung kann eine Reduktion manueller Tätigkeiten durch Hinzunahme mentaler, erfahrungsbetonter Arbeitsaufgaben, z. B. Unterweisung jüngerer Mitarbeiter und Wissensvermittlung, kompensiert werden." (Ebd. Seite 20)
- Bei mentalen Arbeitsaufgaben liegt der durchschnittliche Arbeitsfähigkeitsindex bei älteren Mitarbeitern über 45 Jahren nicht nur generell höher als bei physischen Arbeiten, er fällt auch im Alter von 55 bis 61 Jahren deutlich weniger ab als bei physischen Aufgaben.
- Der durchschnittliche Abfall der Arbeitsfähigkeit lässt sich jedoch nicht auf die Arbeitsfähigkeit der einzelnen Arbeitnehmer übertragen: Sowohl bei Büro- wie bei

Transporttätigkeiten, bei Männern wie bei Frauen vergrößert sich die Streubreite in der Arbeitsfähigkeit. Während nach 10 Jahren bei manchen Arbeitnehmern die Arbeitsfähigkeit gesunken ist, konnte sie von vielen anderen gehalten oder sogar gesteigert werden.

Die Untersuchungen von Ilmarinen bestätigen die Ergebnisse vieler anderer Studien, die zum selben Ergebnis kommen: Ein Zusammenhang zwischen Alter und Leistungsfähigkeit lässt sich selbst bei gleichartigen Tätigkeiten nicht eindeutig nachweisen, bei unterschiedlichen Tätigkeiten besteht er eindeutig nicht. Die individuellen Unterschiede zwischen Altersgenossen sind oft größer als die zwischen verschiedenen Altersgruppen. Lediglich die Streubreite der Leistungsfähigkeit steigt bei älteren Arbeitnehmern an und es wächst tendenziell der Zeitbedarf für die nötige Regeneration.

Das Leistungsspektrum verändert sich

Nicht das Leistungsniveau wandelt sich im Prozess des Alterns, sondern das Leistungsspektrum: Bei bestimmten, überwiegend physischen Tätigkeiten sinkt die Leistungsfähigkeit, bei anderen, überwiegend mentalen steigt sie an. Entsprechend verändern sich die Fähigkeiten mit dem Älterwerden, manche entwickeln sich erst im Laufe der Zeit, manche bleiben eher gleich, andere nehmen tendenziell ab (vgl. Kasten Seite 50).

Der Mensch ist an seinem Arbeitsplatz kein technisches Gerät, wie Arbeitsplatzbeschreibungen nach REFA-Vorgaben manchmal nahe legen. Er lässt sich nicht einsetzen wie ein Auto oder eine Bohrmaschine, die sich nach technischen Leistungskriterien vergleichen, durch einfache Wartung in Stand halten und aufgrund technischer und wirtschaftlicher Gesetzmäßigkeiten abschreiben lassen. Er bleibt auch am Arbeitsplatz Mensch, mit vielen, oft wechselnden Interessen, mit individueller Begabung und Fantasie, sozialer Verankerung und hoher Reaktionsfähigkeit an kurzfristige Umfeldveränderungen.

Positive und negative Erfahrungen führen zu einer Variabilität unterschiedlicher Eigenschaften, die die Arbeitswissenschaftler eher auf Seiten älterer denn jüngerer Menschen finden, wie Qualitäts- und Sicherheitsbewusstsein oder dispositives und soziales Denken.

Der Wandel des Leistungsspektrums im Prozess des Alterns

Erfahrungen sammeln und Lernen braucht Zeit. Viele Fähigkeiten entwickeln sich langsam:

- Geübtheit, Qualitätsbewusstsein, Sorgfalt und Genauigkeit bei geringem Komplexitätsgrad der Arbeitsaufgaben
- Sicherheitsbewusstsein, Arbeitssicherheit und Zuverlässigkeit
- Betriebsspezifisches Wissen und Betriebstreue, Motivation
- Sprachliche Gewandtheit und Ausdrucksvermögen
- Kritisches Denken und Urteilsvermögen
- Selbstständigkeit, Verantwortungsbewusstsein und soziale Kompetenz
- Fähigkeit zum dispositiven Denken und zur Übernahme von Führungsfunktionen

Vieles entfaltet sich im Laufe des Lebens, verändert sich aber kaum:

- Fähigkeit zur Informationsaufnahme und -verarbeitung, Allgemeinwissen
- Intelligenz und Systemdenken, Konzentrationsfähigkeit
- Merkfähigkeit im Langzeitgedächtnis
- Zielorientiertes und planvolles Handeln
- Kooperations- und Kommunikationsfähigkeit
- Ausdauer: Widerstandsfähigkeit bei normaler physischer und psychischer Belastung
- Kreativität und Lernfähigkeit (unter angepassten didaktischen Voraussetzungen)
- Aufmerksamkeit und Anpassungsfähigkeit bei normal wechselnden Anforderungen

Von manchem muss man Abschied nehmen und Jüngeren die Chance zur Profilierung geben:

- Muskelkraft, Seh- und Hörvermögen, Tastsinn, Organfunktionen
- Kraft und Schnelligkeit
- Geschwindigkeit der Informationsaufnahme und -verarbeitung bei komplexen Aufgaben, Kurzzeitgedächtnis
- Geistige Beweglichkeit und Umstellungsfähigkeit, Risikobereitschaft
- Abstraktionsfähigkeit
- Widerstandsfähigkeit bei hohen physischen und psychischen Dauerbelastungen

Eigene Zusammenstellung aufgrund unterschiedlicher Quellen

Typische Arbeitsgebiete mit begrenzter Tätigkeitsdauer gibt es in allen Branchen

Branche und Tätigkeitsbereich		Gründe begrenzter Tätigkeitsdauer
Automobilindustrie		
	Montagebereiche	Taktzeiten Boni für Gruppenarbeit Schichtsysteme
Transport und Verkehr		
	Frachtumschlag Betriebshof	Heben und Tragen
	Feuerwehr	Lungenleistung
	Personalabteilung	'Flexibilität'
Zulieferer Automobilindustrie		
	Reifenfertigung Teilefertigung	Taktzeiten Boni für Gruppenarbeit Schichtsysteme
Alten- und Krankenpflege		
	Altenheim Rehaklinik	Dauerbelastung Heben Schicht Tarifgestaltung
Bau		
	Maler Innenausbau	Gewichte Balance Neue Techniken Zeitdruck Keine Hilfestellung
EDV		
	Service	Zeitdruck Moralischer Verschleiß
	Wartung	Image als junge Branche
Bank		
	Anlageberatung (Privatkunden)	Karrieredruck
	Kreditentscheidung	Veralten durch Einführung von EDV

J. Behrens 1999: Ergebnisse der ISIS-Betriebsfallstudien

Mit dem Können ändert sich auch das Wollen. Vieles, was für den jungen Menschen noch unwichtig oder unmöglich war, bestimmt plötzlich Denken und Handeln, sei es die Begegnung mit anderen Menschen, die Verantwortung für eine Familie, die Entdeckung einer anderen Begabung oder die Erfahrung im Umgang mit neuen (technischen) Möglichkeiten und Gelegenheiten.

Jede Tätigkeitsdauer hat ihre Grenzen

Erfahrungen und erfüllte Wünsche können auch zur Belastung werden. Dies geschieht, wenn sie in Widerspruch zum Umfeld geraten, wenn bisher wichtige Qualifikationen und persönliche Erwartungen nicht mehr mit den Anforderungen am Arbeitsplatz, den Arbeitsbedingungen, dem Verhalten von Mitmenschen oder den eigenen Ansprüchen, z. B. an Qualität und Sicherheit, übereinstimmen. Auch hier sind die Ursachen vielfältig. In den Unternehmen gehen Arbeitsplätze verloren, neue Techniken kommen zum Einsatz, der Betrieb wechselt seinen Besitzer oder sein Management. Auf Seiten der Mitarbeiter befriedigt die Arbeit vielleicht nicht mehr, sie wird langweilig oder mit der Routine entstehen physische oder psychische Belastungen. Das früher Erstrebte passt nicht mehr zu den heutigen Wünschen, im Kreis der Kollegen erstickt das Gespräch.

Es gibt kaum Tätigkeiten, die – nicht nur aus arbeitsmedizinischer Sicht – ein Mensch wirklich auf Dauer ausüben kann bzw. will und in denen er dauerhaft leistungsfähig bleibt. Die Arbeitsgebiete, in denen 50% der älteren Arbeitnehmer ab 49 Jahren Schwierigkeiten mit ihrer Tätigkeit haben, sind außerordentlich heterogen (vgl. Kasten Seite 51).

Es sind offensichtlich viele Dinge, die uns plötzlich 'alt aussehen' lassen. Sie sind nur indirekt an das kalendarische Alter, viel stärker an gemachte Erfahrungen, deren Verhältnis zum Umfeld und dessen Veränderungen geknüpft: Die biologisch-medizinischen Veränderungen beim Einzelnen treffen auf Veränderungen im wirtschaftlichen, technischen und sozialen Umfeld. Bewährte Verhaltensmuster tragen nicht mehr, nach früher erworbenen Qualifikationen fragt keiner mehr, neue Vorgesetzte oder jüngere Kollegen versagen die Anerkennung, die eigenen Wünsche sind nicht mehr dieselben.

Das Ergebnis ist eindeutig:

- Es gibt wiederholt Phasen, in denen man neue Fähigkeiten oder Begabungen entdeckt, zusätzliche Kenntnisse erwirbt, sich durch Menschen oder Situationen herausgefordert fühlt und Gelegenheiten sucht bzw. Chancen nutzt, um seine Leistung sich selbst und anderen zu beweisen – ob aus wirtschaftlichen, sozialen oder anderen Gründen. Dies sind typische Phasen steigender Leistungsfähigkeit und Motivation;
- Solche Phasen der Ermutigung wechseln ab mit Phasen, in denen Arbeit und Tätigkeit schneller als bisher ermüden, die Motivation verloren geht und physische oder

psychische Anforderungen zur Belastung werden. Hier sinken Motivation und Gefühl hoher Leistungsfähigkeit.

Auf und Ab im Lebensverlauf

Jeder Mensch erlebt im Laufe seiner Erwerbstätigkeit Phasen, die seinen beruflichen und privaten Werdegang prägen. Dabei wechseln im Lebens- und Erfahrungsrhythmus die jeweils hervorstechenden Fähigkeiten und Begabungen in den entsprechenden Lebensabschnitten (vgl. Abbildung 2.2-2):

- Verfügt der junge Erwachsene vor allem über Kraft und Reaktionsgeschwindigkeit, so geben ihm die ersten beruflichen Erfolge und die wachsende Verantwortung für das eigene Leben zusätzlichen Antrieb und erleichtern die Informationsvertiefung und fachliche Spezialisierung.
- Dabei werden die fachlichen Grenzen sichtbarer. Die Verknüpfung und Integration unterschiedlicher Erkenntnisse und Beobachtungen wird entscheidend für den weiteren Erfolg.
- Parallel wächst die Einsicht in die Komplexität des privaten und beruflichen Geschehens. Sie verlangt Voraussicht, soziale Kompetenz und dispositive Fähigkeiten, um das eigene private und berufliche Umfeld zu gestalten.

Abbildung 2.2-2:

Entwicklung des relativen Leistungspotenzials im Laufe einer durchschnittlichen Erwerbsbiografie

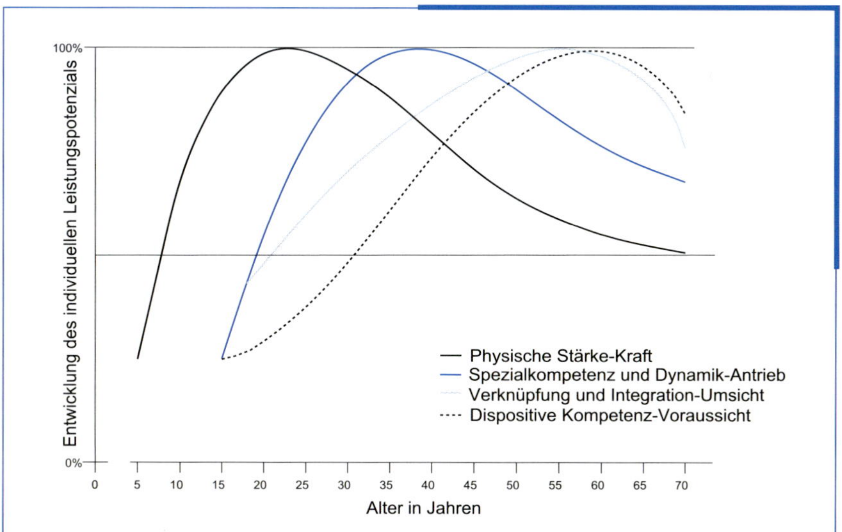

J. Behrens, ISIS Frankfurt a.M. und Halle, Verbund III, 1996 – 1998

Viele Befragungsergebnisse und statistische Beobachtungen zur Beschäftigung Älterer erscheinen weniger widersprüchlich, erkennt man die im Denken vieler Unternehmer und Arbeitnehmer verwurzelten Vorstellungen vom 'Defizitmodell', also einer abnehmenden Leistungsfähigkeit im Alter. Arbeitnehmer können tatsächlich im Lauf der Zeit ihre Leistungsfähigkeit verlieren, wenn sie ihre Fähigkeiten und Qualifikationen nur einseitig für bestimmte Tätigkeiten nutzen können. Das 'Defizitmodell' gilt für einzelne Tätigkeiten und Aufgaben, nicht generell für die persönliche Leistungs- und Motivationsfähigkeit alternder und älterer Menschen.

Viele Erwerbspersonen steigern sogar ihre Leistungsfähigkeit noch jenseits der 'Altersgrenze' von 50 oder gar 60 Jahren (vgl. Kasten): Viele Ältere sind sehr erfolgreich tätig, in der Ausbildung, im Management oder in Führungsverantwortung in großen wie kleinen Unternehmen. Wenn nur wenige Firmen in der Befragung des IAB-Panels Personalprobleme durch Überalterung erwarten, so kann dies neben den bereits genannten Gründen begrenzter Wahrnehmung und geringer Betroffenheit auch mit der alternsgerechten Beschäftigung von Mitarbeitern zusammenhängen. Ein alternsbedingter Leistungsabfall, ob aus medizinischen oder aus Gründen, die im Umfeld zu suchen sind, ist für Unternehmen, die ihre Mitarbeiter alters- und alternsgerecht beschäftigen, kein Problem.

Altern lohnt sich !

Je schwieriger eine Arbeit gilt, umso eher wird sie von Älteren ausgeübt. Das Ausmaß kann man sich an einer Erscheinung klarmachen, die sich als Alterskorridor bezeichnen lässt. Er misst die Jahre zwischen den tätigkeitsbedingten 'Altersgrenzen' verschiedener Berufe. Der Alterskorridor ist 30 Jahre breit, der Abstand zwischen den tätigkeitstypischen 'Altersgrenzen' ist so lang wie eine ganze Generation: Während man für einige Berufe in den Augen der befragten Vorgesetzten schon mit 42 fast zu alt ist, ist man es für andere erst jenseits der 70. Sehen wir uns an, welche Berufe die frühe, welche die späte tätigkeitsbedingte Altersgrenze zeigen, so finden wir als Faustregel, natürlich mit einigen Ausnahmen: Je besser entlohnt, je schwieriger und anspruchsvoller, je qualifizierter und 'prestigeträchtiger' ein Beruf oder eine Position ist oder – besser gesagt – als solche gilt, umso eher finden wir sie an der oberen Grenze des Alterskorridors, umso eher liegen ihre tätigkeitsbedingten Altersgrenzen erst nahe an oder sogar jenseits der gesetzlichen.

J. Behrens, ISIS Frankfurt a.M. und Halle, Verbund III, 1996 – 1998

2.3 Starke Veränderungen in der Arbeitslandschaft

Die Veränderungen in der Altersstruktur der Arbeitskräfte würde niemand stören, gäbe es genügend geeignete Arbeitsplätze. Doch Arbeitsplätze kosten Geld. Das Angebot an Arbeitsplätzen hängt von der Einschätzung des Verhältnisses zwischen Leistung und Kosten durch die Arbeitgeber ab. Kein Unternehmen und keine Verwaltung kann überleben, wenn Einnahmen und Erträge nicht mindestens die Kosten decken. Dabei sind es im Wesentlichen drei Faktoren, von denen das Verhältnis zwischen Arbeitskosten und -leistung und somit das Angebot an Arbeitsplätzen sowie der Bedarf an Qualifikationen abhängt:

- die Produktionsmöglichkeiten im Zuge des technischen Wandels;
- die Entwicklung der Nachfrage, über die sich der Bedarf der Menschen in einer Gesellschaft artikuliert, sowie
- die Wettbewerbssituation, in der sich die Anbieter befinden und die ihre Innovationsfähigkeit und -bereitschaft beeinflussen.

Im Spannungsfeld dieser Faktoren müssen alle Erwerbswilligen, ob jung oder alt, ihren Arbeitsplatz finden. In ihm entscheidet sich, ob und wie sie ihre Fähigkeiten im Laufe des Lebens einzusetzen vermögen. Sie bestimmen durch ihr Verhalten, ihr Einkommen und ihre Präferenzen über die Nachfrage und beeinflussen mit der Akzeptanz neuer technischer Möglichkeiten und Angebotsformen das Spiel des Wettbewerbs.

Das Entwicklungstempo steigt ...

Die Entwicklung der Arbeitsmöglichkeiten und des Wohlstands hat sich seit Beginn der Industrialisierung in den letzten beiden Jahrhunderten erheblich beschleunigt. Renato Ruggiero, seit 1995 Generaldirektor der World Trade Organisation, stellte dazu auf einem Dienstleistungskongress 1998 fest: "Das erste Industrieland, Großbritannien, brauchte 58 Jahre, um seinen Pro-Kopf-Lebensstandard zu verdoppeln, die USA brauchten 47 Jahre, Deutschland 43 und Japan 34. Aber seit 1966 benötigten Korea nur 11, Chile 10 und China 9 Jahre." Die Triebfeder dieser Entwicklung war immer dieselbe, nämlich die Anwendung neuer technischer Möglichkeiten. Sie erlaubte die Ernährung und Versorgung sowie den wachsenden Wohlstand für immer mehr Menschen.

... durch neue Techniken und Märkte

Besonders hervorstechend ist die schnelle Ausbreitung der Informations- und Kommunikationstechniken, die Anwendung von Erkenntnissen der Biotechnologie, der Einsatz neuer Werkstoffe und der Mikrosystemtechnik. Kennzeichnend für den technischen Wandel ist nicht nur die Anwendung wirklich neuer Techniken. Viel entscheidender für die Veränderungen in der Arbeitswelt sind die durch solche Entdeckungen möglich gewordenen neuen Kombinationen bisheriger Erkenntnisse und ihre wirtschaftliche Nutzung. Technischer Wandel wirkt wirtschaftlich stets indirekt: durch einen andersartigen Einsatz von Arbeitskräften, Kapital, Energie oder Material bzw. durch die

Herstellung, den Verkauf, die Nutzung und Kombination bedarfsgerechterer Güter und Dienstleistungen.

Der schnelle technische Wandel ist unter diesen Bedingungen nicht nur ein Ergebnis der so oft zitierten 'kürzeren Halbwertzeit des Wissens'. Sicher hat sich in kurzer Zeit viel in einigen besonders dynamischen Forschungsgebieten geändert. In der Arbeitswelt aber hängen Veränderungen meist von technischen, kleinen Verbesserungen ab.
Sie machen andere Nutzungsformen möglich und wirtschaftlich, die bisherigen Kosten sinken und effizientere Arbeitsprozesse entstehen. Jeder kennt die starken Veränderungen im Automobilbau oder in der Herstellung von PCs. Technisch wirklich neu sind in den aufeinander folgenden Generationen oft nur einzelne Systemelemente, die die traditionellen Nutzungsmöglichkeiten erweitern, verbilligen und verbessern.

Eine Schlüsselfunktion übernimmt in diesem Prozess die immer stärkere Anwendung der Informations- und Kommunikationstechniken. Diese Techniken sind – sieht man einmal von dem sicherlich nicht unbedeutenden Bereich der Unterhaltung ab – vor allem Mittel zum Zweck: Viele neue Produktionsverfahren, von der Werkstoffbearbeitung bis zur chemischen Verfahrenstechnik, viele Forschungsarbeiten und Systemverknüpfungen wurden erst durch sie möglich. Keine Technik hat in jüngster Zeit die Schnittstelle zwischen Mensch und Maschine so stark verändert. Sie öffnet Spielräume zur Ausgestaltung von Produkten, Dienstleistungen und Arbeitsformen. Es wurden viele bisher von Menschen ausgeführte Arbeitsschritte überflüssig, bisherige Produktionsverfahren durch neue ersetzt und früher unverzichtbare Arbeitsplätze unrentabel. Gleichzeitig entstanden neue Organisationsformen und Managementpraktiken in den immer komplexer werdenden Gesellschaften. Wenn Technik heute für Unternehmen zu einem Instrument, gar zu einer Handelsware geworden ist, so hängt dies nicht zuletzt mit der sich ausbreitenden Anwendung der Informationstechnik zusammen.

Marktprozesse sind Informationsprozesse. Entsprechend nutzen auch Kunden zunehmend die Möglichkeiten der Informationstechnik, um ihre Wünsche zu artikulieren und ihre Bedürfnisse zu befriedigen. Durch das steigende Wohlstandsniveau hat der Kunde mehr und mehr die Qual der Wahl. Hier verhält er sich als Verbraucher nicht anders als jeder Unternehmer, der Produkte oder Leistungen einkauft: Er wählt das, was seinen Wünschen und (auch finanziellen) Möglichkeiten am besten entgegen zu kommen verspricht, was er schnell und einfach beschaffen kann und was ihn vor späteren Enttäuschungen möglichst schützt.

Das ähnliche Verhalten von Verbrauchern und Unternehmern als Käufer geht sogar noch einen Schritt weiter: Für beide sind die gekauften Güter und Dienstleistungen in aller Regel nicht Selbstzweck. Bei Kunden-Lieferantenbeziehungen in der Wirtschaft leuchtet dies unmittelbar ein: Kein Unternehmer wird Zulieferprodukte oder Material kaufen, wenn er nicht dadurch den Verkauf seiner eigenen Leistungen, d. h. seinen Umsatz und seinen Gewinn, zu sichern oder zu steigern vermag. Doch auch der Verbraucher, der Nahrungsmittel, Autos, Videogeräte oder Kleidung kauft, kauft diese nicht um ihrer selbst willen. Er kauft sie, weil er mit ihrer Hilfe seinen Hunger stillen, mobil bleiben, seine Freizeit gestalten oder schöner aussehen möchte.

Je höher der Wohlstand, je differenzierter die Bedürfnisse und je unterschiedlicher die Menschen ihre Wünsche zu erfüllen suchen, umso unübersichtlicher, unsicherer und komplexer wird ihr Verhalten. Der Kunde wird unter solchen Bedingungen immer unberechenbarer. Entsprechend steigt für die Unternehmen die Unsicherheit, die sie in einer Art Stafettenlauf nicht nur an ihre Lieferanten, sondern auch an ihre Mitarbeiter weitergeben.

Der ideale Anbieter ist unter solchen Bedingungen das Unternehmen, das die gewünschten Produkte oder Dienstleistungen genau zu dem Zeitpunkt, an dem Ort und in der Qualität bereitzustellen vermag, wie der Kunde sie gerade benötigt. Dies ist dank moderner Technik heute leichter als früher. Es führt gleichzeitig auch zu einer wachsenden Differenzierung des Angebots und zu einer Schnelllebigkeit von Produkten und Produktionsmöglichkeiten, die oft spöttisch als 'Turbokapitalismus' charakterisiert wurde.

Die wachsenden Kundenanforderungen machen immer häufiger eine zeit- und raumnahe Versorgung nötig, die – auf deutlich niedrigerem Wohlstandsniveau – einmal Ausgangspunkt für die Industrialisierung war. Damals erzwangen die fehlenden technischen Möglichkeiten die kundennahe Produktion und grenzten gleichzeitig die Möglichkeiten zur Bedarfsbefriedigung des Kunden ein. Heute erlauben Technik und Organisation die Kostenvorteile der industriellen Produktion mit der individuellen Bedarfsbefriedigung zu verbinden.

In Deutschland wirken sich Differenzierung, Schnelllebigkeit und Kundenorientierung im Trend zu kleineren Betrieben aus: Die Zahl der Mitarbeiter in Großbetrieben geht seit langem zurück, diejenige in kleineren steigt dagegen an. In den letzten 15 Jahren hat der Anteil der sozialversicherungspflichtig Beschäftigten in Kleinbetrieben mit weniger als 100 Mitarbeitern um 3,5% Punkte (von 1981: 38,4% auf 1996: 41,9%) und der in Mittelbetrieben mit 100 bis 500 Beschäftigen um 1,5%-Punkte (von 33% auf 34,5%) zu Lasten der Großbetriebe mit mehr als 500 Beschäftigten zugenommen.

Die Vernetzung wächst

Kleinbetriebe – ob traditionell selbstständig, als Filialbetrieb eines Großunternehmens oder als eine der vielen Zwischenformen – sind heute stärker in ein Netz von Lieferanten eingebunden, auf deren Leistungsfähigkeit sie angewiesen sind. Sie befinden sich mitunter in nahezu symbiotischer Abhängigkeit in Form eines weiten Netzes von Zulieferern, Verkaufs-, Reparatur- und Servicebetrieben. Dessen Größe und Kapitalkraft verschafft ihm allerdings größere Spielräume, solange sich die kleineren Firmen nicht zu organisieren und zu einigen vermögen.

Das Handwerk – ökologisch aus Tradition und nachhaltig in die Zukunft

Das Handwerk kann nicht nur zusätzliche, sondern auch in besonderem Maße zukunftsfähige – d. h. mit den Anforderungen an die Erhaltung der natürlichen Lebensbedingungen zu vereinbarende – Arbeitsplätze schaffen: Nach den Ergebnissen einer Delphi-Befragung der Zukunftswerkstatt der Handwerkskammer Hamburg halten 95% der Experten den 'Umweltmarkt' für das Handwerk in den kommenden 10 bis 15 Jahren für wichtig oder sehr wichtig.

Was prädestiniert das Handwerk für diese Aufgaben?

- Die über Jahrhunderte gewachsene Erfahrung im Umgang mit natürlichen Werkstoffen,
- die sparsame Verwendung von Material und der leichtere erneute Einsatz nicht regenerativer Ressourcen,
- die lange Lebensdauer handwerklicher Produkte und ihre Auslegung auf Instandsetzbarkeit als zentrale handwerkliche Prinzipien,
- die Zuverlässigkeit der orts- und kundennah erbrachten Leistungen, die von Standortverlagerungen und Schnelllebigkeit industrieller Produkte und Arbeitsplätze weniger bedroht sind,
- die beschäftigungsintensive Produktion der Handwerksleistungen als Gegengewicht zur energie- und materialverzehrenden industriellen Produktion.

Aber:
Dies alles sind erst Chancen und Potenziale, die sich das Handwerk weit gehend erst noch aktiv erschließen muss. Hier sollten die Handwerksbetriebe, ihre Organisationen, aber auch die Wirtschaftsförderung stärker ansetzen, um durch Aufklärung, Marketingoffensiven und sonstige geeignete Maßnahmen die Markterschließung zu unterstützen.

G. Mendius, ISF München, Verbund II, 1996 – 1998

In anderen Feldern, wie dem des Bau- und Ausbauhandwerks oder im weiten Bereich der Dienstleistungen, fehlen die Kostenvorteile der industriellen Fertigung. Hier führen die vielen, auch dezentral einsetzbaren technischen Geräte und die Informationsvernetzung zu Leistungssteigerungen, die sogar die kundennahe Einzelfertigung vor Ort wieder interessant und bezahlbar macht. Selbst alte Techniken der Materialbearbeitung und Renovierung werden wieder nutzbar und können durch Materialeinsparung und Transportreduktion einen Beitrag zur Lösung der weltweit wachsenden ökologischen Probleme liefern (vgl. Kasten Seite 58).

Im weltweiten Wettbewerb müssen immer mehr Anbieter das Kunststück fertig bringen, ähnlich wie Handwerker vor Ort auf die spezifischen Wünsche ihrer Kunden einzugehen. Gleichzeitig wächst der Kostendruck und führt nicht selten zu einem gefährlichen Spagat zwischen Kundennähe und einer Produktionsform, die alle Kostenvorteile der Serien- und Massenproduktion mit denen der individualisierten Fertigung verbindet.

Globalisierung und regionale Präsenz werden zu siamesischen Zwillingen. Typisch ist das Verhalten der Automobilhersteller. Sie dehnen ihre Produktions-, Vertriebs- und Servicenetze immer weiter aus, weil sie nur so gleichzeitig ausreichend 'vor Ort' sein, günstige Zulieferpreise erzielen und ihre weltweiten Kapazitäten optimal auslasten können. Dabei konkurrieren sie ebenso wie ihre Zulieferer nicht nur in allen hoch industrialisierten Ländern miteinander, sondern weltweit. Andere Unternehmen in anderen Wirtschaftszweigen (z. B. EDV, Chemie, Banken oder Beratungsunternehmen) verstehen sich ebenso als 'Global Player' in einem Netz weltweiter Arbeitsteilung und Kundenpräsenz. Ihre wirtschaftliche Potenz übersteigt oft diejenige ihrer Heimatländer. So wies etwa der neue Schweizer Bankgigant, die UBS, im Jahr 1996 ein Bilanzvolumen von über 950 Mrd. CHF aus, während das gesamte Bruttosozialprodukt der Schweiz im selben Jahr nur 360 Mrd. CHF betrug.

Um die Risiken des Marktes und des Wettbewerbs durch anspruchsvoller werdende Kunden und konkurrierende Unternehmen aus immer ferneren Regionen und Wirtschaftszweigen zu verringern, versuchen viele Unternehmen ihre Kunden durch umfassendere Systemangebote fester an sich zu binden. So verkaufen Automobilkonzerne plötzlich auch Bank- und Versicherungsdienstleistungen; Waschmittelhersteller bieten Reinigungsgeräte und -anlagen an oder übernehmen komplette Reinigungsdienste. Ingenieurunternehmen erstellen komplette Produktionskomplexe; Touristikunternehmen liefern alles, was man zur Reise braucht. Qualität und Verlässlichkeit, Flexibilität und Anpassungsgeschwindigkeit sind die wichtigsten Zutaten für das Erfolgsrezept.

Das Spannungsverhältnis zwischen globaler Arbeitsteilung und kunden- und zeitnaher Versorgung ist nicht nur ein Thema für Großunternehmen. Jenseits der augenfälligen internationalen Fusionen sind Kleinunternehmen und Dienstleister direkt oder indirekt in ein ausuferndes Geflecht von Kosten senkenden Kooperationsbeziehungen eingebunden. Dies gilt nicht nur für den Tankwart, der vielleicht dank intensivierter Verkaufsanstrengungen eines bisher am Ort zu wenig präsenten Automobilkonzerns neue Chancen für sein Unternehmen sieht. Es gilt ebenso für Softwareunternehmen oder Finanzberater, die ihre Leistungen selbstverständlich auf Standardprodukte weltweit aktiver Firmen aufbauen. Es gilt für Bauhandwerker und Architekten, deren Leistungen ohne den Rückgriff auf Industrieprodukte unbezahlbar wären, oder für Ärzte und Pflegedienste, die ihre Aufgaben ohne die medizinische Forschung und die Pharmaindustrie nicht erfüllen könnten. Sie alle spüren den wachsenden Wettbewerb auf allen Ebenen und Produktfeldern als Folge der weltweit zunehmenden Vernetzungen.

Dem lernenden Unternehmen gehört die Zukunft

Die Veränderungen im Unternehmensumfeld haben für das Angebot an Arbeitsplätzen zwei Konsequenzen, die sich gegenseitig verstärken:

- Zum einen sind die Unternehmen gezwungen, sich zu 'lernenden Unternehmen' zu entwickeln, d. h. ihr eigenes Angebot ebenso wie ihre Produktionsmethoden und Arbeitsorganisation laufend auf den Prüfstand zu stellen, wenn sie sich ihre Kunden erhalten und ihren Markt nicht an Wettbewerber verlieren wollen. 'Lernende Unternehmen' setzen lernwillige und -fähige Mitarbeiter voraus.

- Zum anderen können die Unternehmen nicht alle Aufgaben, Investitionen und Produktionen selbst übernehmen. Die Risiken wären zu hoch. Sicherer ist die Verdrahtung in einem Geflecht nationaler und internationaler Arbeitsteilungs- und Kooperationsnetze, in denen sie nach Bedarf neue Knoten knüpfen und alte lösen, Zuliefer- und Kundenbeziehungen aufbauen und aufgeben, Betriebsstätten und Arbeitsplätze schaffen und abbauen können.

In der Konkurrenz der Standorte entscheiden letztlich dieselben Faktoren, die für Standort- und Investitionsentscheidungen von Unternehmen ausschlaggebend sind. In einer Welt, in der selbst Dienstleistungen wie Softwareerstellung, Reiseplanung oder Management von Großunternehmen von immer mehr Standorten aus erbracht und Produkte an vielen Stellen kundengerecht hergestellt und ausgeliefert werden können, verlieren die alten regionalen Standortfaktoren ihr Gewicht.

Langfristige Planungen und deren konsequente Einhaltung verlangen immer häufiger flexible Führungs- und Organisationsstrukturen. Ausgliederung von Aufgaben, projektorientierte Zusammenarbeit mit anderen Unternehmen und Innovationsfähigkeit der Mitarbeiter werden zu Erfolgsfaktoren im unternehmerischen Handeln. Die Konsequenz dieser Entwicklungen für das Angebot an Arbeitsplätzen ist eindeutig: Unternehmen, deren eigene Existenz von der Anpassungsfähigkeit an schwer vorhersehbare

Märkte abhängt, kommen in ein Dilemma: Sie brauchen qualifizierte und hoch spezialisierte Mitarbeiter, können diese aber kaum über lange Fristen vertraglich an sich binden.

Das Management vieler Unternehmen orientiert sein Verhalten daher gern am Bild des 'atmenden' Unternehmens. Es sucht intern und extern eine Organisations- und Führungsstruktur, mit deren Hilfe die Leistungs- und Produktschwerpunkte der jeweiligen Konjunktur- und Auftragslage, den spezifischen Kundenwünschen sowie den Qualifikationen der verfügbaren Mitarbeiter und Kooperationspartner flexibel, schnell und leicht revidierbar angepasst werden können. Als Ideal gilt manchen sogar das 'virtuelle Unternehmen', das keine eigenen Mitarbeiter und Produktionsräume, sondern nur eine leistungsfähige Informationsvernetzung und eventuell eine zentrale Organisations- und Managementeinheit braucht. Ein solches Modell stellt z. B. das Projekt 'Euregio Bodensee' dar. Hier arbeiten nach dreijähriger Pilotphase mit Unterstützung der Universität St. Gallen 25 Unternehmen des Bodenseeraums in einem Netzwerk zusammen, treten dem Kunden gegenüber wie eine reale Fabrik auf, erledigen jedoch die Aufträge im Verbund.

Für das 'virtuelle Unternehmen' wird nicht nur das Integrationsmanagement zum entscheidenden Erfolgsfaktor, sondern auch die kontinuierliche, qualifizierte Arbeits- und Kooperationsbereitschaft aller beteiligten Partner.

Konsequenz: Dienstleistungsgesellschaft

Statistisch schlagen sich solche Prozesse als Strukturwandel in der Wirtschaft nieder. Immer wichtiger werden dabei Dienstleistungen im Umfeld von Produktion und Konsum, in Forschung und Bildung, in Handel und Banken. Sie kumulieren in Arbeitsplatzverlusten, vor allem im produzierenden Gewerbe und – leider nicht in gleicher Höhe – in Arbeitsplatzgewinnen in den Dienstleistungsbereichen. Das Ausmaß dieser Verschiebungen ist in Deutschland erheblich: 1991 waren mit 14,4 Mio. noch nahezu 40% aller Erwerbstätigen im produzierenden Gewerbe beschäftigt, 1997, nur 6 Jahre später, war es noch ein Drittel (11,5 Mio.), und im Jahre 2020 – so schätzt die Prognos AG – werden es nur noch 27% (9,3 Mio.) sein (Prognos 1998). Die Folgen der Wiedervereinigung beschleunigen diesen auch in anderen Ländern zu beobachtenden Prozess.

Zugleich wächst das Gewicht der Arbeitsplätze im Dienstleistungsbereich. Doch entstehen neue Arbeitsplätze kaum beim Staat, bei den Finanzdienstleistern oder im Sektor Handel, Verkehr und Nachrichten, sondern überwiegend in dem außerordentlich heterogenen, wenig oder virtuell strukturierten Bereich der sonstigen Dienstleistungen, zu denen alle privaten Bildungs- und Gesundheitsleistungen, Medien- und Beratungstätigkeiten, Reinigungs- und Vermittlungsdienste zählen. Nach den Schätzungen werden hier im Jahre 2020 mit 10 Mio. Arbeitsplätzen mehr Erwerbstätige arbeiten als im gesamten Produzierenden Gewerbe und in der Landwirtschaft (vgl. Abb. 2.3-1).

Abbildung 2.3-1:

Entwicklung der Erwerbstätigenzahl in Deutschland nach Wirtschaftsbereichen 1991 bis 2020

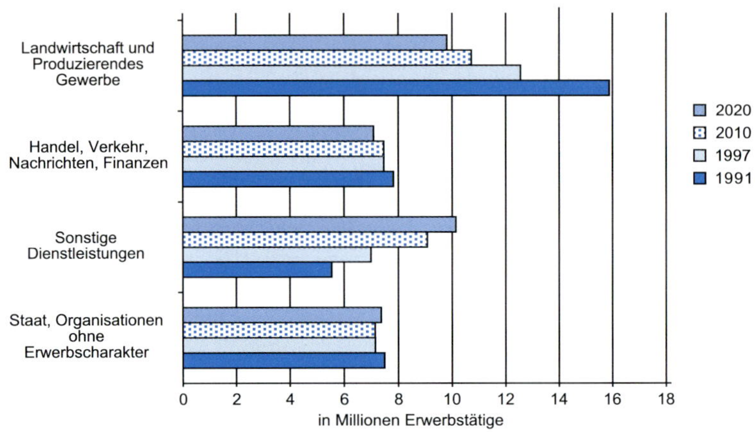

Quelle: Prognos 1998

Die Branchenstatistik lässt nur oberflächlich erkennen, was sich im Laufe der Zeit auf dem Arbeitsmarkt wirklich verändert. Ein besseres Bild liefert das Tätigkeitsspektrum der Erwerbstätigen. Dieses zeigt seit langem einen kontinuierlichen Wandel von den im eigentlichen Sinne produzierenden Tätigkeiten ('Gewinnen und Herstellen') hin zu den mehr dienstleistungsorientierten Tätigkeiten der verschiedensten Art (vgl. Abbildung 2.3-2). Bis Anfang der 80er-Jahre stand dem noch eine Zunahme der produktionsnahen Aufgaben 'Maschinen einrichten' und 'Reparieren' gegenüber. Seit Mitte der 80er-Jahre sinkt auch die Zahl dieser produktionsnahen Tätigkeiten.

Die technischen und organisatorischen Rationalisierungsprozesse greifen heute immer mehr auch auf die 'allgemeinen Dienste' über, zu denen etwa Reinigungs-, Bewirtungs- und Sicherheitsaufgaben zählen, sowie auf Büro- und Verwaltungstätigkeiten. Rationalisierung und Wohlstandssteigerung benötigen und erlauben dagegen mehr Arbeitsplätze dort, wo es weniger um die Schnittstelle zwischen Mensch und Maschine als vielmehr um den Umgang und die Zusammenarbeit mit Menschen geht. Dementsprechend steigt die Zahl der Arbeitsplätze bei den 'Handelstätigkeiten' (im Ein- wie Verkauf), im Bereich 'Organisation und Management' und vor allem bei Tätigkeiten wie 'Betreuen, Beraten, Lehren u. ä.'.

Abbildung 2.3-2:
Entwicklung der Erwerbstätigenzahl in Deutschland nach Tätigkeitsbereichen 1995 bis 2010

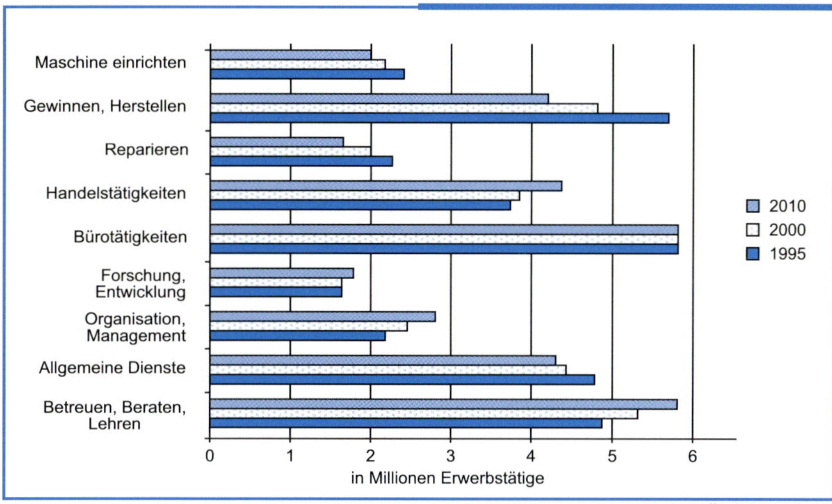

Quelle: Prognos 1999

Der Wandel der Tätigkeitsschwerpunkte geht Hand in Hand mit dem Wandel der Arbeitsformen: Handelsaufgaben, Organisation und Management, Beratungs- oder Forschungstätigkeiten lassen sich viel weniger in starre Zeit- und Ortsstrukturen pressen als Fließbandarbeiten oder Routinetätigkeiten in der Verwaltung. Informations- und Kommunikationstechnologien verringern zusätzlich die Bindung an den örtlichen Arbeitsplatz, machen Telearbeit möglich und erleichtern die Vergabe von Aufgaben an andere Unternehmen.

Entgrenzung der Arbeit

Im Wandel der Arbeitslandschaft verlieren viele bisher strukturierend wirkende Grenzen etwa der beruflichen Zuständigkeit, der formalen Qualifikation, des Arbeitsortes oder der Arbeitszeit an Wirksamkeit und können unter Umständen sogar zu Hemmnissen werden. Das Gleiche gilt für die eng damit verknüpften Entlohnungs- und sozialen Absicherungsverhältnisse. Das ISF in München spricht in diesem Zusammenhang von einer 'Entgrenzung der Arbeit' im Sinne einer fortschreitenden Entstandardisierung und Flexibilisierung der Erwerbsarbeit als Folge von Rationalisierungs- und Reorganisationsprozessen in der Wirtschaft. Dabei verlieren die traditionellen hierarchischen Koordinationsmechanismen an Bedeutung. Sie werden durch marktwirtschaftliche Anpassungsformen ersetzt. Lebenslange Arbeitsverhältnisse werden in solchen Arbeitsstrukturen zur Ausnahme.

Mit der Entgrenzung der Arbeit wandeln sich auch die Anforderungen an die Arbeitskräfte:

- Die traditionellen Arbeitsformen an festen Orten, zu festen Zeiten, mit klaren Aufgaben und vorgegebenen Abläufen trennten Person und Arbeitskraft. In der Montage ersetzten allzu oft die Taktzeit der Technik und ihre betriebsferne Vorgabe die persönliche Führung. Arbeitsplatzbeschreibungen erfolgten dem Refa-System gemäß anhand möglichst objektiv feststell- und messbarer Kriterien. Der Mensch, der diese Arbeit vollbringen sollte, hatte mit seinen persönlichen Fähigkeiten, Wünschen und Werten, seinen Interessen, seinem Engagement und dessen Veränderung im Laufe der Zeit keine Bedeutung.
- In Zukunft wird menschliche Arbeit immer häufiger nur noch dort benötigt, wo es auf typisch menschliche Fähigkeiten ankommt, etwa auf Kreativität, Intuition, Mobilität und Selbstorganisation. Dies wirkt sich auch auf den traditionellen Arbeitsplatz in der Montage aus, an welchem der Kunde plötzlich wieder identifizierbar wird (vgl. Kasten).

Neue Anforderungen in der kundenorientierten Montage

Die Einzel- und Kleinserienfertigung ist zunehmend geprägt durch Typen- und Variantenvielfalt, durch die Entwicklung vom Produkthersteller hin zum Anbieter von Systemlösungen sowie durch die Übernahme von kompletten Serviceleistungen.

Diese Trends verändern die Beziehung zwischen Kunde und Montage im Maschinenbau. Früher kannten die Monteure den Kunden selten. Heute stehen sie in direktem Kontakt zu ihm, um seine Vorstellungen erkennen und erfüllen zu können.
Dies verlangt neue Organisationsstrukturen (Organisationsinnovation) und erweiterte Befugnisse für die Mitarbeiter in der Montage. Organisationsgeschick, Improvisationstalent, Führungsqualität, soziale Kompetenz und die Erfahrung im Umgang mit Kunden gewinnen neben der rein fachlichen Qualifikation eminent an Bedeutung – Eigenschaften, über die in der Regel ältere Mitarbeiter eher als jüngere verfügen.

So führt z. B. der so genannte 'Leitmonteur' eines weltweit agierenden Druckmaschinenherstellers folgende Aufgaben aus:

- direkte Zusammenarbeit mit der Konstruktionsabteilung und der Arbeitsvorbereitung sowie anderen Gewerken,
- Ableitung von konstruktiven und technologischen Verbesserungen,
- Vorführen der Anlage in der Montage vor dem Kunden und
- Inbetriebnahme vor Ort beim Kunden und Veranlassung von Änderungen auf Kundenwunsch.

A. Reif, J. Täubert, TU Chemnitz, Verbund IV, 1996 – 1999

Mit der 'Entgrenzung der Arbeit' wird die Verknüpfung von Leben und Arbeit für eine erfolgreiche Erwerbstätigkeit immer wichtiger. Während die persönlichen Anforderungen an die Arbeitskräfte steigen, nimmt die zeitliche Bindung von Arbeit ab. Die durchschnittliche Arbeitszeit je Erwerbstätigen ging zwischen 1960 und 1996 um 28% zurück, von den 8760 Stunden im Jahr arbeiten deutsche Erwerbstätige heute durchschnittlich nur 1560 bzw. 18%.

Seit Jahrzehnten sinkt in Deutschland das Arbeitsvolumen, d. h. die Zahl der tatsächlich bezahlten Arbeitsstunden, obwohl die Zahl der Erwerbstätigen steigt: In den alten Bundesländern betrug der Rückgang der Arbeitsstunden zwischen 1960 und 1996 nahezu 22% (von 56 Mrd. Stunden auf knapp 44 Mrd. Stunden), gleichzeitig stieg die Zahl der Erwerbstätigen im selben Zeitraum um gut 2,1 Mio. Zugenommen hat vor allem die Zahl der erwerbstätigen Frauen (von etwa 10 Mio. auf über 13 Mio.) bei einem leichten Rückgang der erwerbstätigen Männer. Ähnliche Entwicklungen lassen sich in allen Industriestaaten beobachten.

Arbeit ist nicht nur Erwerbsarbeit

Finanzielle Entlohnung ist nicht das einzige Kriterium von Arbeit. Arbeit ist jede nützliche Aktivität: neben der bezahlten auch eine freiwillige Tätigkeit, genauso Hausarbeit oder Bildungsarbeit. Sie alle beanspruchen persönlichen Einsatz und sind – hinsichtlich Engagement und Qualifikation – schon heute kaum mehr voneinander zu trennen.
Die Bildungsarbeit, die jemand während der bezahlten Arbeitszeit in Weiterbildungskursen leistet, unterscheidet sich nicht von derjenigen in entsprechenden Kursen außerhalb der Arbeitszeit, die bezahlte Hausarbeit der Haushälterin nicht von der einer unbezahlten Hausfrau oder die Hilfeleistung für Pflegebedürftige durch Angehörige und Nachbarn nicht von gleichwertigen Leistungen bezahlter sozialer Pflegedienste. Auch die unbezahlten Tätigkeiten sind wichtige Quellen des Wohlstands und oft Voraussetzung der gewerblich erfassten Arbeit. Es ist ein Problem der Messbarkeit und der gesellschaftlichen Bewertung, ob sie als ökonomisch relevante Arbeit wahrgenommen oder 'selbstverständlich' bleibt.

Wachsende Zeitsouveränität und neue Formen der Verbindung von Arbeit und Leben wandeln die Erscheinungsformen von Arbeit: "Es wächst eine von der Arbeitersolidarität alter Provenienz weit entfernte Form von Arbeit heran, die nicht zwischen Eigenarbeit und Fremdarbeit unterscheidet, die in der Schattenwirtschaft, in losen Kooperativen, in nicht mehr zu kontrollierender Schwarz-, Neben- und nicht monetär zu quantifizierender Arbeit sich ausdifferenziert und sich den klassischen Regelungen der Bewirtschaftung von sozialer Sicherheit, der fiskalischen Erfassung und der tariflichen Bindung, aber auch den ständepolitisch orientierten Berufsbildern schlicht und einfach entzieht", wie es Professor Kornwachs in einem Vortrag an der TU Freiberg 1998 formulierte. Abbildung 2.3-3 macht das weite Spektrum zwischen Freizeitbeschäftigung und Arbeit deutlich.

Abbildung 2.3-3:
Zwischen Freizeit und Arbeit liegt ein weiter Bereich

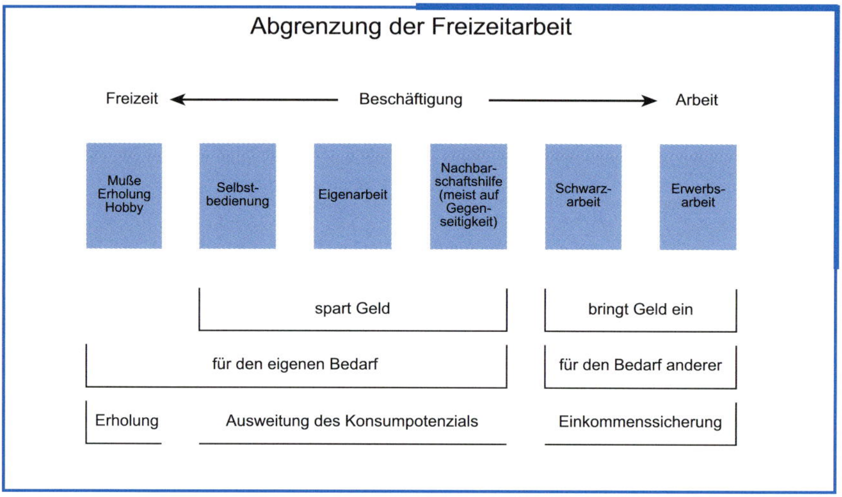

Nach W. Dostal, IAB, Institut für Arbeitsmarkt- und Berufsforschung der Bundesanstalt für Arbeit, Nürnberg

Unbezahlte Arbeit schafft Wohlstand

Bereits heute wird insgesamt länger im informellen Bereich gearbeitet als während der bezahlten Arbeitszeit, wie die Erhebungen zu den Zeitbudgets zeigen: Die Erwerbstätigen in Deutschland arbeiten 1,6-mal mehr in unbezahlten Tätigkeiten als in bezahlten (vgl. Kasten Seite 67 f.).

Viele dieser Tätigkeiten erlauben den Menschen einen Lebensstandard, den sie sich angesichts der in den letzten 20 Jahren nur langsam gestiegenen (zeitweilig sogar gefallenen) Nettolöhne und -gehälter kaum würden leisten können. Die vor allem in Frankreich und England entstandenen Tauschringe sind insofern sowohl als ein Ausstieg aus der offiziellen Wirtschaft wie auch als ein Zeichen für die wachsende Mündigkeit der Bürger gegenüber allen Formen der erfassten Arbeit zu sehen – oft zum Leidwesen der Finanzminister und Versicherungsträger.

Die Haushaltsproduktion als wichtiger Wohlfahrtsfaktor

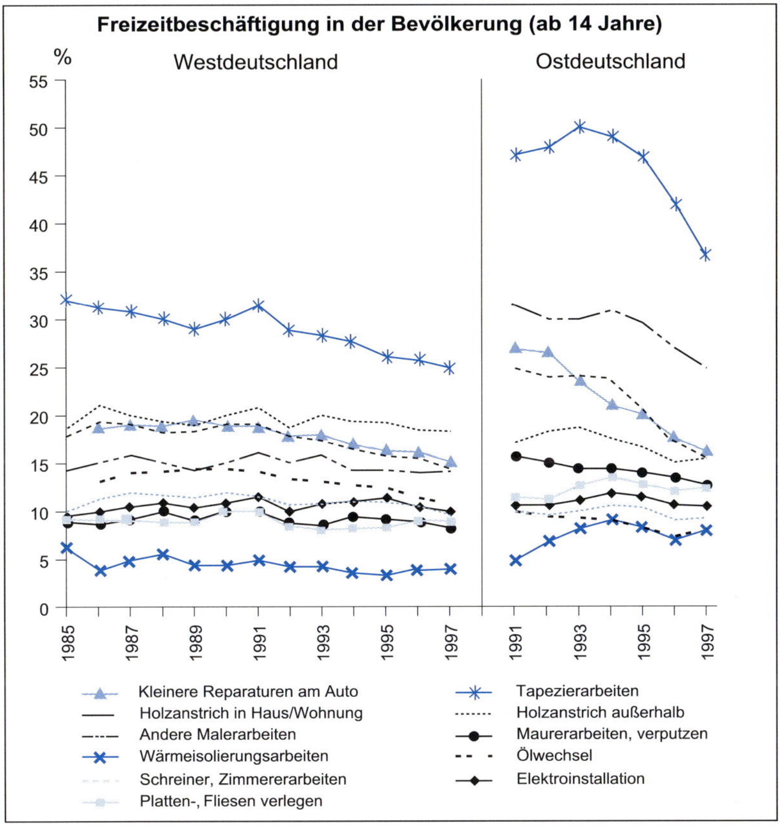

Quelle: INIFES, eigene Darstellung nach Institut für Demoskopie Allensbach, 1998

Haushaltsarbeit, Kindererziehung, Pflege und Do-it-Yourself sind in hoch entwickelten Gesellschaften wichtige Quellen für den Wohlstand. Einerseits liegt hier ein Potenzial zur Verlagerung der Produktion zwischen Markt, Eigenarbeit und Staat (z. B. Haushaltshilfe, Hausfrau oder öffentliche Kinderbetreuung). Andererseits würden unverzichtbare Arbeiten (z. B. in der Erziehung oder der Renovierung von Wohnraum und Gebäuden) nicht erbracht, wenn dafür Arbeitkräfte bezahlt werden müssten; dafür steigt der Umsatz in den Baumärkten. Schließlich macht selbst bestimmte Tätigkeit auch Spaß.

Drei Stunden täglich verbrachten Männer und Frauen 1991/92 nach Angaben der Zeitbudgetstudie des Statistischen Bundesamtes durchschnittlich mit hauswirtschaftlichen Tätigkeiten, 20 Minuten mit handwerklichen Arbeiten. Je nach Bewertungsmethode

schwankt die 'Wertschöpfung' aus diesen Arbeiten – hier ohne den Betreuungsaufwand für Kinder oder Pflegebedürftige – in den alten Bundesländern zwischen knapp einer Billion und etwas unter drei Billionen Mark; selbst bei konservativer Schätzung liegt dieser Wert nur knapp unter der gesamten Bruttolohn- und Gehaltssumme der westdeutschen Volkswirtschaft (vgl. Blanke u. a. 1996).
Die Verbreitung der typischen Freizeitarbeiten hat zumindest in den letzten Jahren nicht zugenommen. Zwar steigt z. B. der Anteil von mit 'Muskelhypothek' erstellten Eigenheimen (nach Angaben von Emnid 1997: 36.600), in anderen Bereichen sind aber Rückgänge zu verzeichnen. Die Ursachen hierfür sind vielfältig: die Alterung der Bevölkerung, die in letzter Zeit weniger stark anwachsende Freizeit, die Reparaturfeindlichkeit moderner Fertigprodukte, u. U. auch fehlende Mittel zum Kauf von Materialien und Werkzeugen etc. So gaben in der deutschen Erhebung des europäischen Haushaltspanels 1996 weniger als ein Fünftel der befragten Haushalte an, nach eigener Schätzung mehr als 2.000.- DM pro Jahr durch Do-it-Yourself zu sparen; in den oberen Einkommensgruppen liegt dieser Anteil immerhin bei einem Drittel.

M. Hilpert, E. Kistler, D. Sing, INIFES, Stadtbergen, 1998

Die Erscheinungsformen dieses informellen Sektors der Wirtschaft sind vielfältig. Allein die Arbeit in sozialen Netzwerken und Ehrenämtern ist aus der wirtschaftlichen und gesellschaftlichen Realität nicht mehr wegzudenken:

- 1991/1992 erhielten nach den Zeitbudgeterhebungen des Statistischen Bundesamtes 27% der deutschen Haushalte private Hilfe in Netzwerken. Dabei handelte es sich vor allem um Hilfe im Haushalt, bei der Betreuung von Kindern, bei der Pflege von Erwachsenen oder im handwerklichen Bereich. Fast einem Viertel aller Haushalte mit Pflegebedürftigen wird von Verwandten, Freunden und Nachbarn geholfen.
- Im Non-Profit-Bereich, dem Dritten Sektor zwischen Markt und Staat, waren 1990 im früheren Bundesgebiet 5,6 Mio. ehrenamtliche und sonstige unbezahlte Helfer tätig. Sie unterstützten und ergänzten die über 1 Mio. regulär Beschäftigten (1990) im weiten Bereich zwischen Kultur, Bildung, Gesundheit und allen Formen von Beratung und Interessenvertretung für Verbraucher, Arbeitnehmer oder Wirtschaft. Dabei übernahmen Ehrenamtliche keineswegs nur einfache Hilfstätigkeiten, wie die Vielzahl an Trainern, Vereinsmitarbeitern oder -vorständen beweist.

Beide Bereiche ergänzen die bezahlte Arbeit ebenso wie die Eigenarbeit. Sie erfüllen Aufgaben, die weder über den Markt noch über höhere Steuern zu finanzieren wären und sind Ausdruck unmittelbarer menschlicher Solidarität und gegenseitiger Hilfe, auf die keine Gesellschaft verzichten kann.

Schattenwirtschaft wächst

Daneben hat sich in den letzten Jahren ein wachsender Bereich herausgebildet, den man üblicherweise als Schattenwirtschaft bezeichnet. Hierzu gehören Leistungen, die normalerweise zum Bruttosozialprodukt gerechnet werden müssten, dort aber – aus welchen Gründen auch immer – nicht enthalten sind. Soweit sie durch Bargeld entlohnt werden, lässt sich ihr Volumen näherungsweise an Hand des Bargeldumlaufes schätzen: Nach den Berechnungen von Prof. Schneider von der Universität Linz ist der Anteil der Schattenwirtschaft am offiziell ausgewiesenen Bruttosozialprodukt in den alten Bundesländern seit Mitte der 70er-Jahre ständig gestiegen: Für 1975 wurde er auf 6%, für 1997 und 1998 auf etwa 15% geschätzt, ein Volumen von ca. 560 Mrd. DM für 1998. In anderen EU-Länder liegt der Anteil noch höher, wie etwa in Italien (25%), Belgien (21%) oder Schweden und Norwegen (je 18%). Für die Arbeitsmarktentwicklung noch wichtiger ist, dass die Wachstumsrate der Schattenwirtschaft in den letzten 20 Jahren höher lag als die offiziell ausgewiesenen Wachstumsraten des Bruttosozialprodukts.

Die Schattenwirtschaft ist eng mit der offiziell erfassten Wirtschaft verbunden. Der überwiegende Teil der schwarz erzielten Umsätze (geschätzt werden etwa 70%) fließt in den offiziellen Wirtschaftskreislauf zurück, etwa für Materialbeschaffung oder als Ausgaben der Arbeitskräfte. Zugleich ist die Schattenwirtschaft für viele Betriebe und ihre Arbeitskräfte eine wichtige, aber schwer fassbare Konkurrenz (vgl. Kasten).

Die (un-)heimlichen Gegner des Handwerks: Schwarzarbeit, 'Nachbarschaftshilfe' und Do-it-yourself

Ursachen:

- mehr Freizeit, höhere Arbeitslosigkeit, stagnierende bzw. sinkende Realeinkommen;
- niedrige Preise für Werkzeuge und Ausrüstungen (Heimwerkermaschinen, Baumaterialien usw.);
- hohe Stundenverrechnungssätze im Handwerk von 100,- DM und mehr, d. h. das 6- bis 7-fache eines Handwerkerstundenlohns wegen hoher Gemeinkosten und der hohen Belastung des Faktors Arbeit (Lohnzusatzkosten);

Ansätze und Chancen der Veränderung:

- umfassende Aufklärung und energische, konsequente Bekämpfung illegaler Erwerbsarbeit; gemeinsame Aktivitäten von Unternehmen, Belegschaften und ihren Vertretungen;
- Entwicklung von Angebots- und Beratungsformen zur gegenseitigen Ergänzung von legaler Eigenarbeit und handwerklicher Qualität;
- Abbau der Attraktivität illegaler Angebots- und Beschäftigungsformen durch Entlastung legaler Tätigkeiten;
- Wiedergewinnung regulärer Arbeitsplätze aufgrund eines preisgünstigeren Angebots, steigender Nachfrage und konfliktärmerer Schnittstellen zum Do-it-yourself-Bereich.

G. Mendius, ISF München, Verbund II, 1996 – 1998

Besonders betroffen sind die vielen, meist kleinen Bau-, Handwerks- oder Dienstleistungsbetriebe, von denen manche dem Wettbewerbsdruck nur durch ein Abweichen von der Legalität widerstehen zu können glauben. Die politischen Veränderungen in Osteuropa haben zudem in manchen Regionen Deutschlands einen organisierten illegalen Arbeitsmarkt entstehen lassen, der sich im Dunkelbereich illegaler Immigration nicht nur staatlichen Besteuerungs- und Sozialvorschriften entzieht, sondern – wie in den USA – frühkapitalistische Zustände ohne Rechte für die betroffenen Arbeitnehmer und ihre Angehörigen (z. B. auf Bildung oder medizinische Hilfe) ermöglicht.

Manche Wissenschaftler und Politiker glauben allein durch die Senkung der Löhne und Lohnnebenkosten den Bereich der informellen und der Schattenwirtschaft austrocknen und ihn – wie dies die öffentliche Diskussion manchmal suggeriert – im Verhältnis 1:1 in die offizielle Wirtschaft zurückführen zu können. Eine solche Einschätzung vergisst zweierlei:

1. Die Grenzen zwischen Schattenwirtschaft und legaler Eigenarbeit, des 'Do-it-Yourself', der Nachbarschaftshilfe und des Ehrenamts sind außerordentlich fließend. All diese Beschäftigungsformen sind Ausfluss der 'Entgrenzung der Arbeit' und der gewachsenen technischen und individuellen Gestaltungsmöglichkeiten, Freiheitsräume und Unsicherheiten auf dem offiziellen Arbeitsmarkt. Die Beschäftigungsformen 'jenseits der Wirtschaft' sind zu einem wichtigen realen Wohlstandsfaktor geworden.
2. Die in der Vergangenheit gestiegenen Differenzen zwischen Nettolöhnen und Verkaufspreisen je Arbeitsstunde, etwa im Handwerk, hängen keineswegs nur mit den Lohn- und Lohnnebenkosten zusammen. Sie sind in viel stärkerem Maße Ausdruck der Umstrukturierung der Arbeit: Kapitalkosten, Bildungs- und Forschungsaufgaben oder Management-, Marketing- und Vertriebsleistungen müssen einzel- wie gesamtwirtschaftlich erbracht und verteilt werden. Dies verlangt eine entsprechende Zurechnung der dafür entstehenden Kosten und begünstigt ungewollt auch alle Formen der informellen Arbeit – legal oder illegal.

Die engen wechselseitigen Beziehungen zwischen informeller und offiziell erfasster Wirtschaft lassen sogar vermuten, dass der informelle Sektor zum 'Humusbeet' für neue Beschäftigungsmöglichkeiten geworden ist und werden kann: Auf komplexen Märkten mit hohem Wettbewerbsdruck steigen die Risiken jeder unternehmerischen Tätigkeit. Nicht zufällig geben mehr als zwei Drittel aller Existenzgründer ihre Tätigkeit nach wenigen Jahren wieder auf. Erfolgreiche Tätigkeiten im informellen Sektor sind unter solchen Marktbedingungen ökonomisch nicht der schlechteste Vorlauf für die Aufnahme einer eigenständigen Tätigkeit. Manche Kosten lassen sich 'vermeiden', wichtige Erfahrungen können gesammelt werden. In den heute boomenden Dienstleistungen des Beratungs-, Medien-, Unterhaltungs-, Vermittlungs- oder Renovierungsgewerbes gehen den offiziellen Gewerbeanmeldungen oft Neben- und Schattentätigkeiten voraus.

2.4 Der demografische Wandel verschärft die Probleme des Mismatch am Arbeitsmarkt

Der demografische Wandel und die 'Entgrenzung der Arbeit' führen zu der Paradoxie, dass Arbeitskräftemangel und Arbeitslosigkeit gleichzeitig herrschen – am Arbeitsmarkt als 'Mismatch' bezeichnet. Die Paradoxie hat ihren Ursprung in den sich gegenseitig verstärkenden Trends zur Differenzierung, die gleichermaßen bei Arbeitswünschen und -fähigkeiten wie im Angebot an Arbeitsplätzen zu beobachten ist:

- Sie macht es Arbeitgebern schwer, die richtige Person für das Unternehmen zu finden und steigert Zeitbedarf und Kosten für die Personalsuche und -einarbeitung.
- Sie zwingt Arbeitnehmer unter Umständen aus wirtschaftlichen Gründen Arbeitsplätze anzunehmen, die weder ihren persönlichen Fähigkeiten entsprechen noch sich mit ihren privaten Pflichten und Wünschen vereinbaren lassen.
- Sie öffnet das Spektrum individueller Entwicklungsmöglichkeiten im Laufe des Erwerbslebens, erschwert aber zugleich deren Nutzung.
- Sie führt schließlich dazu, dass qualifizierte Arbeitskräfte keinen Arbeitsplatz finden, während Unternehmen aus Mangel an qualifizierten Mitarbeitern auf Wachstums- und Beschäftigungsmöglichkeiten verzichten, entweder weil die Qualifikationsprofile nicht zusammenpassen oder die Partner sich nicht zu finden vermögen.

Wirkungen des Mismatch

Die Auswirkungen des Mismatch am Arbeitsplatz sind allerdings gesamtwirtschaftlich nur schwer feststellbar. Arbeitspsychologen diagnostizieren eine wachsende Schere zwischen der Anzahl überforderter wie unterforderter Arbeitskräfte, von den Produktionsverlusten durch Arbeitslosigkeit ganz abgesehen. Mismatch zeigt sich an Symptomen:

- In den vergangenen 10 Jahren hat der Umfang an Nebentätigkeiten trotz steigender Arbeitslosenzahl zugenommen.
- Die Ausdehnung von Teilzeit- und geringfügiger Beschäftigung blieb fast ohne Einfluss auf die Arbeitslosenzahlen, weil überwiegend Personen diese Arbeit übernahmen, die bisher keine Arbeit suchten – meist Frauen.

Kumulieren können Mismatch-Situationen, wenn sich fachliche Abstimmungsprobleme mit regionalen Entwicklungsunterschieden verbinden. Dann können sich niedrige Wachstumsraten und hohe Arbeitslosenquoten gegenseitig verstärken und zu regionalen Abwärtsspiralen führen (vgl. Kasten Seite 72).

Regionale Abwärtsspiralen
– ein Negativszenario –

Der demografische Wandel führt gesamtwirtschaftlich nur langsam zu Verschiebungen in der Erwerbspersonenstruktur. In einzelnen Regionen kann es aber schon vorher zu gefährlichen 'regionalen Abwärtsspiralen' kommen.

Ein solches Risiko besteht dann, wenn sich vorhandene Strukturschwächen einer Region, die 'natürliche' Alterung der Bevölkerung und die Abwanderung eines Teils des regionalen Arbeitskräftepotenzials wechselseitig verstärken. Fehlen ausreichende oder entsprechend attraktive Beschäftigungsmöglichkeiten in der Region, dann verlassen in der Regel insbesondere die jüngeren und zumeist besser qualifizierten Erwerbspersonen die Region. Abwanderungen und 'natürliche' Alterung führen dann zu einem sich kumulierenden 'Überalterungsprozess'.

In der Folge dünnt das regionale Erwerbspersonenpotenzial quantitativ und qualitativ aus, es wird noch einseitiger. Die Zahl potenzieller Mitarbeiter mit der benötigten Qualifikation, Flexibilität, Mobilität oder physischen und psychischen Belastbarkeit sinkt. So wächst die Differenz zwischen dem Personalbedarf der Unternehmen und der Leistungsfähigkeit der verfügbaren Arbeitskräfte weiter. Offene Stellen können immer schlechter besetzt werden, obwohl die Zahl der Arbeitslosen wächst (Mismatch-Problem).

Von der richtigen Qualifikationsstruktur der Mitarbeiter aber hängen der Erfolg und die Innovationsfähigkeit der Unternehmen ab. Fehlen in einer Region geeignete Mitarbeiter, so fallen auch Investitions- und Standortentscheidungen der ansässigen Unternehmen vorsichtiger aus: Die Region verliert ihre 'Attraktivität' als Wirtschaftsstandort – Betriebsstilllegungen, Verlagerungen oder alternative Standortentscheidungen sind die Folge. Dies erhöht den Abwanderungsdruck. Die 'Abwärtsspirale' beschleunigt sich: Alterung der Bevölkerung, negative Wanderungssaldi und nachlassende 'Standortattraktivität' führen zu wachsenden sozialen und wirtschaftlichen Problemen.

V. Döhl, N. Kratzer, D. Sauer, ISF München, Verbund I, 1995 – 1999

Ältere und jüngere Arbeitnehmer sind die Opfer

Unter solchen Bedingungen können ältere und jüngere Arbeitskräfte gleichermaßen zu Opfern wachsender Abstimmungsprobleme am Arbeitsmarkt werden (z. B. in altindustrialisierten Regionen):

- Junge Arbeitnehmer finden in ihrem Umfeld nur schwer einen Arbeitsplatz, an dem sie ihre Fähigkeiten entwickeln und erkunden können. Sie sind in ihren Möglichkeiten zur Berufs- und Arbeitsplatzwahl beschränkt oder zur Abwanderung gezwungen.
- Ältere Arbeitnehmer sind dagegen stärker an ihre bisherigen Tätigkeiten gebunden. Mangels geeigneter Alternativen konzentriert sich ihr 'Lernen im Beruf' auf

die Optimierung ihrer Tätigkeit. Andere Begabungen oder bisher kaum genutzte Qualifikationen verkümmern. Verändert sich das Arbeitsumfeld, etwa durch neue Techniken, Produkte oder Arbeitsformen, so geraten sie in Einseitigkeits- oder Spezialisierungsfallen: Bisher wichtige Kenntnisse werden wertlos, für den Erwerb neuer Fähigkeiten fehlen Kenntnisse, Zeit, Wille oder Gelegenheiten.

Das Altersprofil der arbeitslosen Computerfachleute in Westdeutschland lässt die Wirkung solcher Zusammenhänge deutlich erkennen (vgl. Abb. 2.4-1): Obwohl Informatiker am Arbeitsmarkt gesucht werden, sinkt die Arbeitslosenquote bei den Jüngeren zunächst, liegt bei wieder einsteigenden Frauen über dem Durchschnitt und erreicht bei Älteren Werte von über 30%, die bereits (resignierten) Pensionierten nicht mitgerechnet. Ähnliche Tendenzen lassen sich in vielen Berufszweigen beobachten.

Abbildung 2.4-1:
Arbeitslose Computerfachleute in Westdeutschland nach Altersstufen (in %), 1995

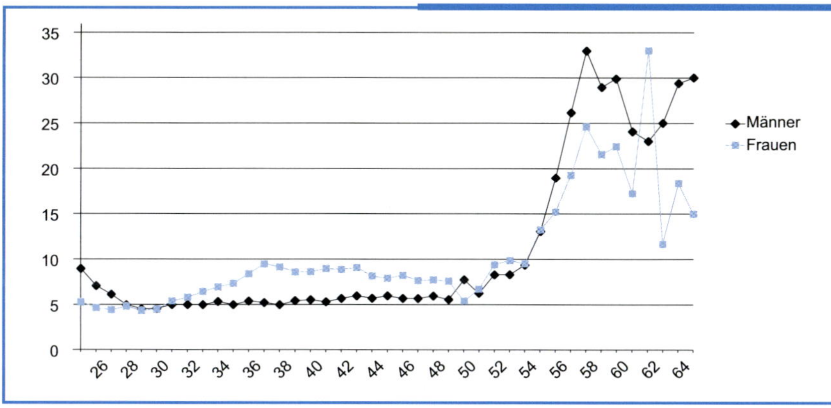

Daten des IAB der Bundesanstalt für Arbeit, Nürnberg

Die Entwicklung der Arbeitslosigkeit in den letzten zehn Jahren ist symptomatisch für diese Situation: Junge Menschen haben immer mehr Mühe den Einstieg in die Arbeitswelt zu finden. Gleichzeitig liegt die Arbeitslosenquote bei den über 50-Jährigen weit über dem Durchschnitt und steigt mit zunehmendem Alter: 1996 war die Arbeitslosenquote bei den Erwerbstätigen zwischen 55 und 59 Jahren doppelt so hoch wie im Durchschnitt (in den alten Bundesländern 22% gegenüber 11%, in den neuen 30% gegenüber 17%).

Betroffen vom Mismatch-Phänomen sind besonders die ungelernten Arbeitskräfte, die keinen qualifizierenden Einstieg in den Arbeitsmarkt und nur temporär Arbeit finden. In dieser Gruppe ist die Arbeitslosigkeit mit 20% fast vier Mal so hoch wie bei Arbeitskräften mit einer abgeschlossenen Berufsausbildung. Hochschulabsolventen haben noch weniger Probleme bei der Arbeitsplatzsuche, ihre Arbeitslosenquote lag 1995 unter 3%. Insgesamt sind die Ungelernten zu den stärksten Verlierern des strukturellen Wandels in der Arbeitswelt geworden: Ihre Arbeitslosenquote lag noch 1975 mit 6% nur wenig über dem Durchschnitt von 5%; der Abstand aber erhöhte sich ständig. Heute werden Ungelernte nicht nur schneller und häufiger arbeitslos, sie bleiben es auch länger als der Durchschnitt.

Mit den Differenzierungen der Arbeitswelt und der strukturellen Arbeitslosigkeit wächst die Bedeutung von Arbeitsvermittlung und Arbeitsbeschaffung. Dabei scheint es auf den ersten Blick 'nur' um den möglichst schnellen Ausgleich zwischen Arbeitsplatzsuchenden und Stellenanbietern zu gehen. Die Fallstudien aber zeigen ebenso wie die Erfahrungen erfolgreicher Arbeitsvermittler, dass es im Dienstleistungsbereich wie in der Industrie viele Unternehmer gibt, die allein deswegen auf Wachstum und Schaffung von Arbeitsplätzen verzichten, weil sie gegenwärtig keine geeigneten Mitarbeiter finden und die zusätzlichen Belastungen und Risiken von Neueinstellungen scheuen. Immerhin 20% der entsprechend befragten Unternehmen gaben 1997 an, dass sie aus Mangel an geeigneten Arbeitskräften ihre Marktchancen nicht voll nutzen können (IAB-Werkstattbericht 16/1998). Am deutlichsten könnten solche Probleme im Handwerk sichtbar werden, wo bis 2010 rund 400.000 Betriebsinhaber in den Ruhestand wechseln. Bei vielen ist die Nachfolge noch nicht geregelt und die Zahl der Betriebe könnte auch unter Berücksichtigung von Existenzgründungen um rund 100.000 sinken.

Interne Arbeitsmärkte verlieren ihre Bedeutung

Vor diesem Hintergrund könnte eine lang gepflegte Tradition in Deutschland zu einem spezifischen Hindernis für die Entstehung und adäquate Besetzung von Arbeitsplätzen werden: In der Phase des Wachstums und der Vollbeschäftigung verlagerte sich das Interesse von Arbeitnehmern und Arbeitgebern immer mehr auf die Entwicklung interner Arbeitsmärkte. Die Arbeitnehmer und ihre Gewerkschaftsvertreter wollten die Beschäftigungsrisiken für Arbeitnehmer abbauen, die Arbeitgeber ihr intern qualifiziertes Personal nicht an die Konkurrenz verlieren. Offene Stellen wurden zunächst in den Unternehmen ausgeschrieben, bei Beförderungen suchte man zuerst intern nach geeigneten Mitarbeitern. Der Weg über den offenen Arbeitsmarkt wurde zur Ausnahme, Arbeitslose galten den Personalverantwortlichen ebenso wie viele ihrer potenziellen Kollegen als schlecht einsetzbar.

Interne Arbeitsmärkte können sich allerdings nur in Unternehmen mit einer ausreichend großen und heterogen zusammengesetzten Belegschaft bilden. Bei schrumpfender Beschäftigtenzahl und altershomogener Belegschaftsstruktur verlieren sie an Gewicht. Dies könnte in Zukunft zu einem immer gravierenderen Problem für manche Unternehmen und Wirtschaftszweige werden. Sie haben in den vergangenen Jahren die

Zahl ihrer Beschäftigten reduziert, die Aufgaben in ihren Firmen auf die leistungsfähigen und bereits erfahrenen Mitarbeiter in den Kernbereichen konzentriert und sich für andere Arbeiten auf Zulieferer außerhalb der Firma verlassen. Ausscheidende Mitarbeiter wurden nicht ersetzt, viele Ältere in den Vorruhestand entlassen. In Folge schrumpfte nicht nur die Anzahl der Mitarbeiter, sondern auch deren Altersmischung und Heterogenität, während der Altersdurchschnitt der Beschäftigten erneut stieg – trotz der Frühverrentungsmaßnahmen (vgl. Kasten).

Innerbetriebliche Alterungsprozesse – ein selbst geschaffenes Problem

In vielen Unternehmen vollzieht sich ein ausgeprägter innerbetrieblicher Altersstrukturwandel. Dieser ist allerdings nicht auf den demografischen Wandel in der Bevölkerung, sondern auf Arbeitsplatzabbau, zurückgehende Neueinstellungen und einen damit verbundenen Beschäftigungsrückgang bei den jüngeren Arbeitnehmern zurückzuführen. So verringerte sich der Anteil der unter 30-Jährigen an allen sozialversicherungspflichtig Beschäftigten zwischen 1991 und 1997 von rund einem Drittel auf etwa ein Viertel. Zahlenmäßig stark vertreten sind demgegenüber die mittleren Jahrgänge, die – verstärkt bei rückläufiger Fluktuation – als 'großer Block' älter werden. Immer weniger jüngeren stehen damit immer mehr ältere Arbeitnehmer gegenüber.

Im Maschinenbaubetrieb 'Schraube' wurde in den vergangenen Jahren massiv Personal abgebaut: Die Belegschaft schrumpfte von 1.041 Personen im Jahr 1990 auf 741 im Jahr 1996. Um den Personalabbau möglichst sozialverträglich zu bewältigen, wurden den Beschäftigten ab einem Alter von 55 Jahren lukrative Formen betrieblicher Frühverrentung angeboten; die Anzahl der über 55-Jährigen verringerte sich im genannten Zeitraum von 52 auf lediglich drei Personen. Dennoch wurde die Belegschaft im Durchschnitt älter.

Diese Situation ist typisch für den Maschinenbau in Westdeutschland: Der Anteil der unter 30-jährigen Beschäftigten hat sich hier von 33 Prozent im Jahr 1991 auf 23 Prozent im Jahr 1997 verringert; die personenstärkste Altersgruppe verlagerte sich zugleich von den 25- bis 29-Jährigen zu den 30- bis 34-Jährigen und der Altersdurchschnitt (Median) aller Arbeitnehmer im Maschinenbau stieg im gleichen Zeitraum von 36,8 Jahre auf 38,8 Jahre.

M. Morschhäuser, ISO Saarbrücken, Verbund III, 1996 – 1998

Dezentralisierung und Verkleinerung der Betriebe sind Kennzeichen der künftigen Arbeitswelt. Großunternehmen konzentrieren ihr Geschäft auf Kernbereiche und bilden Profitcenter mit dezentraler Personalverantwortung. Die Zahl der kleineren und kleinen Unternehmen wächst, die in offenen Netzwerken mit anderen Unternehmen zusammenarbeiten und jeweils ihre eigene Personalpolitik betreiben. Im Ergebnis schrumpfen wirtschaftsweit die internen Arbeitsmärkte. Gleichzeitig werden die Belegschaften in ihrer Qualifikations- und Altersstruktur homogener.

Die tatsächliche Schrumpfung der internen Arbeitsmärkte hat aber keineswegs die gewachsene Skepsis gegenüber Arbeitslosen reduziert. Arbeitslosigkeit gilt trotz der veränderten Bedingungen immer noch als Makel in der persönlichen Laufbahn, vor allem dann, wenn die Erwerbsbiografie mehrere Unterbrechungen aufweist. Zu unsicher ist, ob und wie der oder die 'Neue' sich einfügt, ob er oder sie sich schnell genug die im Betrieb benötigten Kenntnisse aneignen kann oder eher zu einer Belastung für das Team wird. Hinzu kommt die skeptische Haltung vieler Kollegen, manchmal auch aus Sorge um den eigenen Arbeitsplatz. So unterstützen viele Betriebsräte ihr Management bei der kritischen Einschätzung von Arbeitslosen.

Externe Arbeitsmärkte sind schwach in Deutschland

Bis heute erscheint Deutschland in internationalen Vergleichen der Flexibilität des Arbeitsmarkts in aller Regel am unteren Ende der Skala. Der Stellenumschlag, d. h. die Entstehung und das Verschwinden von Arbeitsplätzen, liegt in sämtlichen Betrieben Westdeutschlands bei etwa 8% und damit niedriger als in anderen OECD-Staaten. Eine Ursache dafür könnte der im Vergleich zu anderen Ländern niedrigere Anteil kleinerer Betriebe mit hohem Stellenumschlag sein. Mit wachsender Betriebsgröße nimmt der durchschnittliche jährliche Stellenumschlag ab (und die objektiven Voraussetzungen für einen internen Arbeitsmarkt zu): Im Durchschnitt der Jahre 1977 bis 1985 lag er bei Kleinbetrieben (mit weniger als 20 Beschäftigten) bei über 16%, fiel dann bei Betrieben mit 20 bis unter 100 Arbeitskräften auf knapp 9% und erreichte bei Großbetrieben mit mehr als 500 Beschäftigten nur noch 4%.

Auf längere Sicht könnte das tendenziell wachsende Gewicht kleinerer Betriebe vielleicht dazu führen, dass der externe Arbeitsmarkt auch in Deutschland wieder größeres Gewicht erhält: Nach dem IAB-Betriebspanel erwarten gerade kleinere Betriebe häufiger Beschäftigtenzuwächse, während größere Betriebe auch künftig mit sinkenden Beschäftigtenzahlen rechnen.

Kleinbetriebe haben aber ein sehr viel kleineres internes Ausgleichspotenzial und reagieren wesentlich empfindlicher auf Abstimmungsprobleme und Risiken bei der Einstellung neuer Mitarbeiter. Gerade sie verzichten lieber auf Wachstum, wenn sie keinen geeigneten Mitarbeiter finden, stellen eventuell aber auch einen viel versprechenden Mitarbeiter eher ein, den sie zunächst nicht eigentlich gesucht haben. Aber selbst wenn der Stellenumschlag allein durch die relative Zunahme kleinerer Betriebe ansteigen sollte, so wird er kaum den Verlust an Flexibilität auszugleichen vermögen, der durch den Wegfall der internen Arbeitsmärkte im Zuge der Restrukturierungen entsteht.

Dies schlägt sich direkt in der Arbeitslosenstatistik nieder: Die Dauer der durchschnittlichen Arbeitslosigkeit steigt seit Mitte der 80er-Jahre kontinuierlich an. 1980 noch lag der Anteil der Langzeitarbeitslosen bei knapp 16% in den alten Bundesländern, 1994 wies die Bundesanstalt für Arbeit einen Wert von knapp 26% und für 1997 einen von über 32% aus. Nach den Befragungen für den Arbeitslosenreport 1997 war der Anstieg zwischen 1994 und 1997 sogar noch gravierender: Der Anteil der langfristig Erwerbslosen verdoppelte sich von knapp 27% auf 56%. In diesen Zahlen wurden auch die Befragten als langzeitarbeitslos berücksichtigt, die in der amtlichen Statistik fehlen, weil sie etwa aufgrund von Krankheit, Fortbildungsmaßnahmen oder Gelegenheitsarbeiten dem Arbeitsmarkt vorübergehend nicht zur Verfügung standen.

Neue Arbeitsformen entstehen

Mit der Differenzierung fördert die Arbeitsmarktkrise auch die Entstehung neuer Arbeitsformen. So steigt seit 1990 die Zahl der Selbstständigen. Vielen gelten sie in Zeiten hoher Arbeitslosigkeit als Hoffnungsträger der Wirtschafts- und Arbeitsmarktpolitik. Tatsächlich zeigen die Arbeitsmarktanalysen, dass immer mehr Arbeitslose – nicht nur in Deutschland – den Weg in die Selbstständigkeit suchen.

Nach den Ergebnissen des Sozio-Ökonomischen Panels waren in den Jahren 1990 bis 1995 gut 13% der westdeutschen 'neuen Selbstständigen' vorher arbeitslos gemeldet. 55% von ihnen wechselten aus einer abhängigen Erwerbstätigkeit und 31% machten sich nach Ausbildung oder aus Nichterwerbstätigkeit heraus selbstständig.

Im Zuge dieser 'neuen Selbstständigkeit' hat sich ein weites Spektrum unterschiedlicher Arbeitsformen herausgebildet. Es reicht

- von den Existenzgründern, die etwa im Handwerks- Dienstleistungs- oder kleingewerblichen Bereich ein eigenes Unternehmen mit zusätzlichen Mitarbeitern aufbauen,
- über Journalisten oder Fachleute, die sich als Teil eines weit gefächerten Netzwerks aus persönlichen und informellen Beziehungen ihre Existenz und Freiheit sichern,
- über Unterzeichner von Franchisingverträgen, deren Eigenständigkeit sich manchmal nur auf die formale Haftung beschränkt, weil der Franchise-Geber für alle anderen Aufgaben strenge Vorgaben macht,
- bis zu Arbeitskräften, die praktisch dieselben Aufgaben wie bisher für das Unternehmen übernehmen und vergleichbar in das Betriebsgeschehen eingebunden sind, jetzt jedoch als (Schein-) Selbstständige ohne den sozialen Schutz des Arbeitgebers arbeiten.

Fasst man die verschiedenen Facetten zusammen, so ändert sich die Arbeitslandschaft in Deutschland an vielen Fronten. Zwar dominieren noch die überkommenen Strukturen, doch gleichzeitig entwickeln, ergänzen und überschneiden sich die unterschiedlichen Tendenzen von:

- Selbstbedienung und Eigenarbeit
- Nachbarschaftshilfe
- Wachstum im 'Dritten Sektor' zwischen Staat und Markt
- Beschäftigung in der Schattenwirtschaft
- Geringfügiger Beschäftigung
- Nebenerwerb
- Befristung von Arbeitsverhältnissen
- Arbeitnehmerüberlassung
- Neuer Selbstständigkeit
- Scheinselbstständigkeit

Allen diesen Formen liegt dasselbe Phänomen zugrunde, die Differenzierung und Entgrenzung der Arbeitsmärkte, die allesamt mit meist wachsenden sozialen Risiken verbunden sind.

Arbeitslosen- und Beschäftigungsschwellen

Die neuen Arbeitsformen vermochten bislang einem stärkeren Anstieg der Arbeitslosigkeit entgegenwirken, das Problem blieb jedoch bestehen und mit ihm die besondere Betroffenheit der arbeitslos gewordenen Älteren. Allzu schnell wird daraus der Schluss auf ein künftiges 'arbeitsplatzloses' Wachstum gezogen, obwohl nach den statistischen Analysen Wachstum und Beschäftigung heute eher enger miteinander verbunden scheinen, als dies zu Zeiten der Vollbeschäftigung galt: Die Schätzungen zur so genannten Arbeitslosenschwelle, d. h. der notwendigen Wachstumsrate, von welcher ab die Zahl der Arbeitslosen sinkt, weisen zwischen 1960 und 1997 einen Rückgang aus. Während für Zeiten der Vollbeschäftigung bis 1973 Werte um 4,5 % geschätzt wurden, nimmt die Schwelle mit allmählich ansteigender Arbeitslosigkeit bis Anfang der 80er-Jahre auf Werte um 3 % ab und wird für die 90er-Jahre mit Werten um 2,5 % angegeben. Eine solche Entwicklung ist allerdings weniger ermutigend als sie auf den ersten Blick erscheinen mag: Auch die Wachstumsraten fielen im Lauf der Zeit immer niedriger aus und überstiegen in den 90er-Jahren nur dreimal (1991, 1994 und 1998) knapp die Schwelle von 2,5%.

Aufschlussreicher für die Bedeutung des Mismatch-Phänomens ist die Beschäftigungsschwelle, d. h. jene Wachstumsrate, von der ab mit einer Zunahme der Erwerbstätigen gerechnet werden kann. Sie liegt nach den vorliegenden Schätzungen für Deutschland nur halb so hoch wie die Arbeitslosenschwelle, nämlich bei 1,3% zwischen 1986 und 1995, einer Periode hoher und steigender Arbeitslosigkeit. Bevor also Arbeitslose beschäftigt werden, werden Personen eingestellt, die nicht arbeitslos gemeldet sind, d. h. zur so genannten Stillen Reserve gehören.

Die Beobachtungen zur Struktur der neu entstandenen Arbeitsplätze stützen diesen Eindruck: Der größte Teil der in den letzten Jahrzehnten zusätzlich entstandenen Arbeitsplätze entfiel auf Teilzeitarbeitsplätze, die überwiegend von Frauen oder jungen Menschen, d. h. Wiedereinsteigern in den Arbeitsmarkt, übernommen wurden. Arbeitslose – besonders wenn sie auf der Suche nach einem Vollerwerbsarbeitsplatz waren – hatten wesentlich weniger Erfolgsaussichten. Das Phänomen der 'atmenden' Unternehmen findet so seine Entsprechung in dem Phänomen des 'atmenden' Arbeitskräfteangebots aus der Stillen Reserve (vgl. Kasten Seite 80 f.).

Dass der Anteil der Frauen an der Stillen Reserve vergleichsweise hoch ist (über 9% der Frauen im erwerbsfähigen Alter in den Jahren 1988 und 1996), ist kaum überraschend. Auffällig ist dagegen, dass sich der entsprechende Anteil der Männer zwischen 1988 und 1996 von 2,7% auf 3,4% erhöht hat. Dabei bestätigt die Längsschnittanalyse den 'atmenden' Charakter gerade dieses Teils des Arbeitsmarktes: Die Fluktuation in der Stillen Reserve ist außergewöhnlich hoch. Von den 1988 stark an Arbeit interessierten Erwerbslosen waren 1996 fast zwei Drittel erwerbstätig, über 17% standen dem Arbeitsmarkt ferner als vorher und hatten teilweise resigniert, ein Rückgang auf weniger als ein Zehntel innerhalb von 8 Jahren. Völlig unberücksichtigt bleibt hierbei die vermutlich hohe Fluktuation bei den illegalen Arbeitskräften.

Fazit:

Betrachtet man die Entwicklung auf dem Arbeitsmarkt, so zeigt sich, wie eng die Prozesse der 'Entgrenzung der Arbeit' mit den Symptomen des demografischen Wandels verknüpft sind. Altersverschiebung und Entwicklung im Erwerbsverhalten stoßen auf sich verändernde Produktions- und Absatzbedingungen. Dabei kommt die Differenzierung und Flexibilisierung des Arbeitsplatzangebots im Grundsatz den demografisch bedingten Veränderungen entgegen: Viele der zunehmend geforderten Fähigkeiten wie Qualitätsbewusstsein, Selbstständigkeit oder dispositives Denken entwickeln sich erst im Laufe des Alterns. Auch der Wunsch nach größeren individuellen Spielräumen bei der Verknüpfung von Leben und Arbeit lässt sich auf einem entgrenzten Arbeitsmarkt im Grundsatz leichter erfüllen als in starren Strukturen.

Doch die grundsätzliche Entsprechung hilft im Einzelfall nicht weiter. Hier geht es um die tägliche Optimierung und die Frage, wie sich mittel- und langfristig soziale Schieflagen ebenso wie Innovationsdefizite aufgrund fehlender oder unzureichend qualifizierter Mitarbeiter vermeiden lassen. Die Mismatch-Probleme wachsen und erhöhen die Beschäftigungsrisiken auf beiden Seiten des Arbeitsmarktes. Sie lassen sich nur über Such- und Lernprozesse lösen, zu denen Arbeitgeber wie Arbeitnehmer bereit sein müssen.

Stille Reserve, unfreiwillige Teilzeit usw. –
die Unterbeschäftigung ist größer als die registrierte Arbeitslosigkeit

Neben der registrierten Arbeitslosigkeit – deren Umfang in der Vergangenheit durch zahlreiche rechtliche Änderungen und statistische Neudefinitionen erheblich 'heruntergerechnet' wurde (vgl. z. B. Adamy 1998) – hat sich seit dem Vollbeschäftigungsjahr 1970 eine große Stille Reserve aufgebaut:

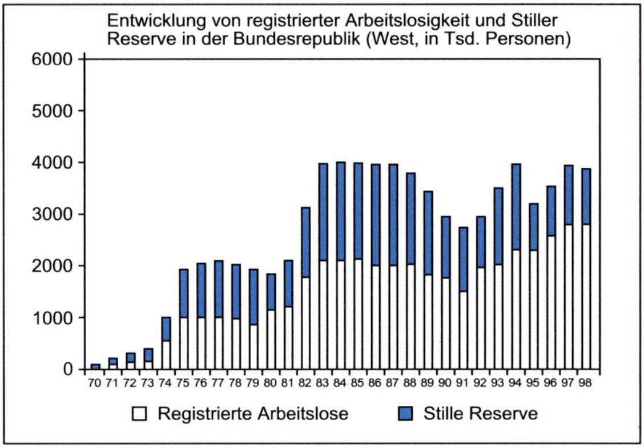

INIFES, eigene Darstellung nach Autorengemeinschaft, versch. Jg.: Thon, Bach 1998

Die Zahl der Personen, die nicht arbeitslos gemeldet sind, gleichwohl Arbeit suchen und dem Arbeitsmarkt zur Verfügung stehen, schwankt je nach Ermittlungsmethode.

Das IAB gibt sie für 1998 mit ca. 2,6 Mio. Personen an. Hinzu kommt eine unbekannte Zahl von 'discouraged workers', die die Hoffnung auf einen Arbeitsplatz bereits aufgegeben haben. Der Frauenanteil an der Stillen Reserve ist von ca. 80 % zu Beginn der Siebzigerjahre auf etwa die Hälfte zurückgegangen; dafür steigt parallel zur Jugendarbeitslosigkeit der Anteil der Jungen.

Ältere finden sich eher in den verschiedenen Formen des Vorruhestands. Das tatsächliche Ausmaß der Unterbeschäftigung ist jedoch noch größer. Der Anteil der Vollzeitbeschäftigten, die einen Teilzeitjob vorziehen würden, sinkt, der Anteil der Teilzeitbeschäftigten und der Nichterwerbstätigen, die eine längere Arbeitszeit präferieren, steigt. Dies gilt besonders für Frauen.

Die untere Abbildung zeigt hierfür ein Beispiel. Auch hier wird das tatsächliche Ausmaß der unfreiwilligen Teilzeit sicher noch unterschätzt.

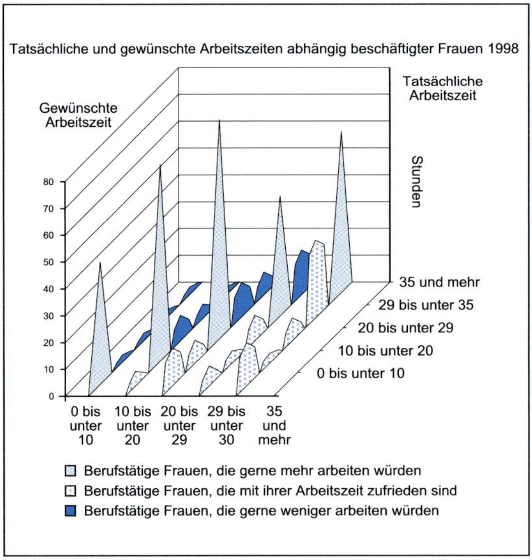

Sing 1998, Seite 102

Viele Frauen im mittleren Alter richten ihre Arbeitszeitpräferenzen aufgrund der Vereinbarkeitsprobleme (fehlende Kinderbetreuungseinrichtungen etc.) bereits nach den bestehenden Möglichkeiten.
Hierin zeigen sich mehrere Probleme für die Zukunft: Hält die Massenarbeitslosigkeit an, verschärfen und verhärten sich die sozialpolitischen Probleme. Kommt es dagegen mittelfristig zu einer Besserung, z. B. durch den demografischen Wandel, so sind bei den Personen in der Stillen Reserve, oft auch bei den heute eher unterwertig und in Teilzeitjobs Beschäftigten, teuer aufgebaute Qualifikationen überholt.

M. Hilpert, E. Kistler, D. Sing, INIFES, Stadtbergen, Verbund I, 1995 – 1999

Erhaltung der Innovationsfähigkeit

mit altersgemischten Belegschaften

3

3. Erhaltung der Innovationsfähigkeit *mit altersgemischten Belegschaften*

3.1 Innovation braucht engagierte Mitarbeiter

Die Voraussetzungen für den unternehmerischen Erfolg haben sich in den letzten Jahrzehnten verändert. Als Königsweg zur Bewältigung der Herausforderungen gilt die kontinuierliche Innovation. Sie hat in vielen Unternehmen Fragen der Personalentwicklung an den Rand gedrängt. Nach dem in der Öffentlichkeit meist vorherrschenden Verständnis geht es bei Innovationsvorhaben in erster Linie um die Einführung neuer Techniken im Hier und Jetzt, nicht um Fragen der Personalpolitik und schon gar nicht um solche möglicher Risiken aufgrund künftiger Altersverschiebungen in der Gesamtbevölkerung.

Innovation: mehr als nur Technik

Innovation heißt Erneuerung, bedeutet Überwindung des Gewohnten, wo immer dies zur Sicherung und zum Überleben eines Unternehmens notwendig ist oder eine Verbesserung seiner Wettbewerbsposition und Ertragskraft verspricht. Wer Innovation nur auf die Entwicklung und Nutzung neuer Techniken, allen voran der Informations- und Kommunikationstechniken bezieht, vergisst schnell, dass moderne Technik weder für die Unternehmen noch für eine ganze Volkswirtschaft Selbstzweck ist. Technische Entwicklungen erhalten ihren Wert durch ihre wirtschaftliche Nutzung, also neue, bessere oder billigere Produkte, Dienstleistungen und Herstellungsformen. Auch der von moderner Technik begeisterte Unternehmer wird seine Entwicklungsanstrengungen und Investitionen auf Dauer nur durchhalten können, wenn sein Unternehmen wirtschaftlichen Erfolg hat.

Eine erfolgreiche Innovation geht weit über die Entwicklung und Einführung neuer Techniken hinaus. Sie verlangt Kenntnisse über das notwendige Umfeld im Unternehmen selbst, bei Kunden, Lieferanten oder Genehmigungsbehörden. Nicht selten reißt die Veränderung an der einen Stelle Wissenslücken an ganz anderen, unerwarteten Stellen auf: Neue, technisch viel versprechende Erkenntnisse der Forschung können sich schnell als wertlos erweisen und wieder in Vergessenheit geraten. Oder sie ruhen und werden erst aufgrund neuer Umfeldbedingungen wieder wertvoll.

Das Innovationsensemble muss stimmen

Jede Innovation ist ein Bruch mit Gewohntem, ganz gleich, ob es sich dabei

- um Produktinnovationen handelt, durch die das eingeführte Angebot ersetzt und ergänzt wird oder für die neue Kunden gewonnen werden müssen;
- um Prozessinnovationen handelt, die neue Anlagen zur Anpassung der Arbeitsabläufe und der Qualifikationsanforderungen an der Schnittstelle zwischen Mensch und Maschine erzwingen, oder
- um die Reorganisation eines Unternehmens oder die Einführung eines neuen

Besoldungssystems handelt, wodurch sich die betriebliche Arbeitswelt, Führungsstrukturen und Entwicklungsmöglichkeiten der Mitarbeiter verändern.

Mit der Zunahme der technischen und wirtschaftlichen Möglichkeiten steigt die Zahl der Optionen. Immer mehr Aspekte müssen berücksichtigt werden, die Trennung zwischen Produkt-, Verfahrens- und organisatorischen Innovationen wird schwieriger. Immer häufiger gilt es 'Innovationsensembles' zu verwirklichen, mit denen anhand neuer Verfahren billigere, bessere oder andere Produkte hergestellt, spezifische Kundenwünsche erfüllt oder andere Herstellungs- und Vertriebsstrukturen realisiert werden können.

Die Realisierung des möglichst erfolgreichen Innovationsensembles setzt voraus, dass alle technischen, organisatorischen und wirtschaftlichen Chancen und Risiken der Innovation richtig eingeschätzt werden. Damit wird Wissen zur wichtigsten Ressource für jede Form unternehmerischer Innovation: das Wissen um verfügbare wie neue technische Möglichkeiten ebenso wie um spezifische oder wechselnde Kundenwünsche, die Einschätzung der Wettbewerber ebenso wie die Kenntnis der eigenen Handlungsspielräume im Betrieb, bei Mitarbeitern und Kapitalgebern. Innovation basiert auf der Beschaffung, Auswertung und Nutzung dieses Wissens für die unternehmerischen Ziele. Innovation ist ein Prozess, in dem Erkenntnisse zusammenfließen und der im Erfolgsfall viele Aspekte in sich trägt.

Innovationsprozesse sind nicht kalkulierbar

Innovationsprozesse laufen nicht immer linear und in logisch eindeutig vorbestimmter- oder nachvollziehbarer Abfolge. Typischer ist für sie das Nebeneinander unterschiedlicher Entwicklungen, Initiativen und Interessen, die sich zufällig treffen.
Viele erfolgreiche Innovationen tragen mehr oder minder zufällige, nicht vorhergesehene oder vorhersehbare Züge. In Firmengeschichten liest man immer wieder von singulären Ereignissen wie dem Wechsel in der Unternehmensspitze, dem Ausbruch eines Krieges oder einem zufälligen Treffen auf einer Party, durch die ein neuer Innovations- und Wachstumsschub ausgelöst wurde. Nicht selten trifft man auf Unternehmer, die für ihre beispielhafte Innovationsfähigkeit ausgezeichnet wurden und sich selbst fragen: "Wissen, Leistung, Zufall, Glück? Ich weiß es nicht. Natürlich haben wir uns immer wieder Gedanken gemacht, auch vieles probiert. Doch vieles lief ganz anders als gedacht. Ich würde nicht behaupten, wir hätten irgend etwas wirklich systematisch geplant und durchgeführt."

Innovationsprozesse gibt es in allen Unternehmen, die sich im Wettbewerb erfolgreich um Kunden bemühen und gegen Konkurrenten durchsetzen. In Befragungen bezeichnen sich trotzdem nur etwa 40 % aller Unternehmen als innovativ. Sie zählen die vielen kleinen Verbesserungen und Veränderungen nicht, die sich aus der Anpassung an Kundenwünsche, der Übernahme von Anregungen aus Zeitschriften oder Gesprächen mit Bekannten bzw. Lieferanten und Konkurrenten im täglichen Geschäft ergeben. Vor allem Handwerker können ihr eigenes Innovationspotenzial oft nicht richtig einschätzen. Auch in der öffentlichen Diskussion werden Innovationsprozesse gern mit Forschungsausgaben und Vorstellungen von 'schöpferischer Zerstörung' verknüpft, weil mit der Einführung neuer Technologien Produktionsschwerpunkte und Kundenkreise aufgegeben, ganze Produktionsanlagen ausgetauscht oder Management und Mitarbeiter reorganisiert bzw. ausgewechselt werden.

Die Motoren der Innovation sind Menschen

Unternehmer und Manager sind Menschen, die ebenso wie viele andere nur ungern den Status quo aufgeben. In der unternehmerischen Realität sind dessen Verteidiger fast immer in der Mehrzahl. Sie finden auch gute Argumente; denn Innovationsprozesse bieten nicht nur Chancen, sie bergen auch Risiken.

Neue Anlagen, Organisations- und Führungsstrukturen bringen eingespielte Abläufe durcheinander, stören den bisherigen Interessenausgleich und erhöhen anfangs die Kosten eher, als dass sie sie senken. Die Faszination neuer Techniken und organisatorischer Heilsbotschaften verkaufsstarker Unternehmensberater hat schon viele Unternehmen in Schwierigkeiten gebracht, viele auch die Existenz gekostet. Forschung und Entwicklung brauchen Zeit, kosten Geld und ihr Erfolg ist unsicher. Umfangreiche Investitionen in Aus- und Umbauten binden das Unternehmen, entwerten bisherige Erfahrungen der Mitarbeiter und zwingen zu teuren Qualifizierungs-, Entlassungs- oder Rekrutierungsmaßnahmen.

Not macht erfinderisch, sagt der Volksmund. Er gibt damit die bisher noch überzeugendste Antwort auf die wissenschaftlich keineswegs zufriedenstellend beantwortete Frage, wodurch Innovations- und Lernprozesse in Unternehmen ausgelöst werden. Empirische Untersuchungen stellen immer wieder fest, dass die eigentlichen Anstöße für Veränderungen fast immer von außen kommen. Der Absatz entwickelt sich nicht mehr wie bisher, Kunden wenden sich ab, Konkurrenten bieten billiger und besser an, staatliche Auflagen zwingen zu Anpassungen, die Kapitalgeber sind nicht mehr mit den Erträgen zufrieden oder qualifizierte Mitarbeiter wechseln das Unternehmen. Das 'Weiter wie bisher' stößt dann an Grenzen und zwingt zur Suche nach neuen Wegen.
Es ist kein Zufall, wenn grundlegende Veränderungen in Unternehmen oft mit dem Wechsel von Führungspersönlichkeiten Hand in Hand gehen. Sie sind verantwortlich für betriebsstrategische Entscheidungen, die Festlegung der Angebotsschwerpunkte, notwendige Investitionen, Ausgaben für Forschung und Entwicklung oder die Ausrichtung des Unternehmens nach Kundengruppen. Leicht wird dabei übersehen, dass die Realisierung der strategischen Entscheidungen auf die Kenntnisse und die Kooperationsbereitschaft der Mitarbeiter angewiesen bleibt. Sie müssen die vielen kleinen Schritte, Reaktionen, Improvisationen und Veränderungen tragen, die sich dem

strategischen Blick leicht entziehen, sich schwer planen lassen und ohne die selbst gut vorbereitete Entscheidungen oft scheitern.

Wirklich erfolgreiche Innovationen haben in jedem Unternehmen viele Gesichter: Es braucht Spinner und Ideenträger, die sich gern neuen Aufgaben stellen, Entwickler und Konstrukteure, deren Stärke im Aufgreifen und Umsetzen von Ideen liegt, sowie jene Mitarbeiter, die im Alltagsgeschäft ihr Fachwissen, ihre Leistungsbereitschaft und Lernfähigkeit einbringen, um Irrtümer zu bemerken, Unsicherheiten auszugleichen, Defizite auszufüllen und notwendige Verknüpfungen herzustellen. Ohne solche Handlungsmuster sind auch die besten strategischen Ansätze leicht zum Scheitern verurteilt.

... nicht nur in der eigenen Forschungs- und Entwicklungsabteilung

In den 70er- und 80er-Jahren glaubten viele, die Technik und die Mitarbeiter in den Forschungsabteilungen seien die wichtigsten Träger von Innovation. Das Bild der 'menschenleeren Fabrik' und des 'papierlosen Büros' suggerierte, dass die moderne Wirtschaft in Zukunft nur noch auf wenige, hoch qualifizierte Mitarbeiter angewiesen sei und qualifizierte Arbeitnehmer kaum noch benötige. Sie würden durch die Technik ersetzt. Frederick W. Taylors Feststellung von 1911 beherrschte die Fantasie und geistert wohl noch heute in manchen Vorstellungen herum. "Früher stand der Mensch an erster Stelle, in der Zukunft muss das System Vorrang haben."

Die heutige Entwicklung zeigt etwas anderes: Durch die moderne Technik und die Automatisierung ändert sich in erster Linie die Schnittstelle zwischen Mensch und Technik. Viele bisher im Vordergrund stehende Aufgaben der Mitarbeiter werden durch andere Tätigkeiten ersetzt. Immer deutlicher zeigt sich, dass Mitarbeiter nicht lebendige Motoren, sondern die Seele eines jeden Betriebs sind und dort zum kritischen Faktor werden können: Die Informationen, die sie aufnehmen und verarbeiten, ihr Wissen und dessen Verknüpfung, ihre Fantasie und ihre Reaktionsfähigkeit sowie ihr soziales und arbeitsteiliges Miteinander sind bis heute die eigentlichen Träger von Innovationen. Die Technik und ihre Entwicklung bestimmt das Spielfeld und die Karten, mit denen gespielt wird, nicht jedoch die Regeln, Antriebe und Interessen.
Aus Sicht der beteiligten Arbeitskräfte wird dieser primär instrumentelle Charakter der Technik noch deutlicher. Das Spektrum der individuellen Interessen und Wünsche, der unterschiedlichen Begabungen und Erfahrungen der Mitarbeiter sowie die Regeln und Gewohnheiten, nach denen sie zusammenarbeiten, Informationen austauschen, fallen lassen oder bewusst zurückhalten, sie alle beeinflussen die Innovationsfähigkeit eines Unternehmens (vgl. Kasten Seite 88).

Die Rolle der Technik in der individuellen Erwerbsbiografie

- In Befragungen zu den Faktoren, die den Verlauf des Erwerbslebens nachhaltig beeinflusst haben, spielen technische Entwicklungen selten eine Rolle. Sehr viel wichtiger sind das Führungsverhalten der direkten Vorgesetzten, Aspekte der Unternehmenskultur oder Veränderungen im privaten Bereich.
- An vielen Arbeitsplätzen, nicht nur in der Montage, erleichtern technische Innovationen die Arbeit und werden – gerade auch von älteren Arbeitnehmern – ausdrücklich begrüßt.
- Risiken werden eher mit der Geschwindigkeit der technischen Veränderungen verbunden, insbesondere dann, wenn die Menschen durch Unterbrechungen der Erwerbstätigkeit (z. B. Arbeitslosigkeit, Kinderbetreuungsphasen) den Anschluss in ihrem Arbeitsgebiet verlieren.
- 'Handwerker', deren traditionelle Qualifikation durch neue Techniken gefährdet ist, lehnen diese selten prinzipiell ab. Die meisten möchten die Technik beherrschen und wünschen sich Wahlmöglichkeiten zwischen den Automatisierungsstufen, um den Wert der qualifizierten 'Handarbeit' zu steigern. Hier wird Technik bedeutend für das Berufsleben.
- Ängste älterer Mitarbeiter vor neuen Techniken erklären sich meist nicht aus 'objektiv' fehlenden Leistungsvoraussetzungen. Angst macht die 'Entwöhnung' von Lernsituationen (z. B. in PC- oder CNC-Kursen) und die Wirkung der oft verinnerlichten Vorurteile ("Das ist doch nichts mehr für dich in deinem Alter!"). Sind diese Schwellen überwunden, sind Ältere bei geeigneter Qualifizierung jüngeren Teilnehmern i. d. R. ebenbürtig, oft sogar aufgrund größerer Berufserfahrung überlegen.
- Entscheidend für die erwerbsbiografischen Auswirkungen sind die Technikeinführungs- bzw. Gestaltungsprozesse. Hier geht es insbesondere um die Mitwirkung bei der Formulierung von Anforderungen, die Mitsprache bei der Auswahl der Systeme und die Möglichkeit den eigenen Arbeitsplatz 'handgreiflich' selbst zu gestalten.

S. Schmid, E. A. Hartmann, HDZ Aachen, Verbund V, 1996 – 2000

Der menschliche Faktor gewinnt zunehmend an Gewicht, je mehr Einflüsse im Innovationsensemble berücksichtigt werden müssen. Keiner verfügt in diesem komplexer werdenden Geschehen über alle potenziell notwendigen Kenntnisse. Der Rahmen des innovationsrelevanten Wissens erweitert sich. Viele Innovationen lassen sich heute nur noch in Netzwerken realisieren, in enger Zusammenarbeit mit Zulieferern, Forschungseinrichtungen und Kunden. Auch diese Zusammenarbeit lebt von Personen, den vielen Mitarbeitern im Unternehmen, die aufgabenspezifisch und mit wechselnder Intensität eingebunden sind. Sie sind die Nutzer (oder auch Nicht-Nutzer) des Austauschs von Informationen und sie entscheiden darüber, was sie für wichtig oder unwichtig halten.

Die Führung der beteiligten Unternehmen muss diese Kontakte nicht nur zulassen, sondern unterstützen und vorleben. Sie muss darauf achten, dass die Gesamtausrichtung und das Ziel erkennbar bleiben, dass Spielregeln gefunden und eingehalten werden, dass die 'Chemie' zwischen den Mitarbeitern stimmt. Sie muss sich das Wissen und die Fähigkeiten der eigenen Mitarbeiter erschließen und nutzbar machen – eine schwierige Aufgabe, wie sich immer wieder zeigt: Gegenwärtig, so die Ergebnisse von Befragungen, nutzen die meisten Unternehmen nach eigenen Aussagen nicht einmal die Hälfte des in ihrem Unternehmen tatsächlich vorhandenen Wissens.

Damit wird die Organisation der Unternehmen schnell zu einem kritischen Faktor:

- Großunternehmen besitzen die Tendenz, Innovationsprozesse zu parzellieren, möglichst arbeitsteilig anzugehen und zu bürokratisieren. Hierarchische und fachliche Zuständigkeiten müssen beachtet werden und verlängern Entscheidungsprozesse.
- In mittelgroßen Unternehmen ist der Innovationsprozess vielfach unstrukturiert: Forschung und Entwicklung sind eng mit der Produktion und der Unternehmensführung verzahnt, der ganze Betrieb ist selbst ein erfahrungsbasiertes 'Innovationsnetzwerk'. Technische Entwicklungen sind hier Bausteine, die allerdings nie zu groß und zu teuer werden dürfen, sollen sie noch handhabbar bleiben.
- In Kleinbetrieben ist Innovation 'Chefsache'. Von neuen Möglichkeiten selbst fasziniert, steht bei ihnen die kreative Improvisation meist im Vordergrund. Die Chefs sind selbst die Inspiratoren und Beweger im Innovationsprozess.

Innovative Netze sind oft durch das Zusammenwirken mehrerer Organisationsgrößen gekennzeichnet. Kostengesichtspunkte und Flexibilitätsüberlegungen veranlassen Großunternehmen über das Outsourcing von Betriebsfunktionen nachzudenken und so interne Zuständigkeitshürden und Spezialisierungstendenzen aufzubrechen. Auftragnehmer nimmt man oft ernster als eigene Mitarbeiter, sie sind zudem leichter zu ersetzen. Dies schlägt sich in den vielfältigen Bemühungen nieder, bestimmte Aufgaben, Arbeitsgruppen oder ganze Produktionsbereiche auszugliedern und zu verselbstständigen. So werden ehemalige Mitarbeiter zu selbstständigen Unternehmern und Lieferanten. Nicht selten haben sie mit früheren Kollegen ein besseres Verhältnis und können Abteilungsgrenzen überspringen, weil für sie hierarchische Rücksichtnahmen entfallen (vgl. Kasten Seite 90 und 91).

Funktionsfähige Netzwerke – Voraussetzung erfolgreicher Innovation

Innovationen sind nur dann für Unternehmen erfolgreich, wenn sie die wirtschaftliche Situation des Unternehmens mindestens zu halten, nach Möglichkeit aber zu verbessern vermögen.

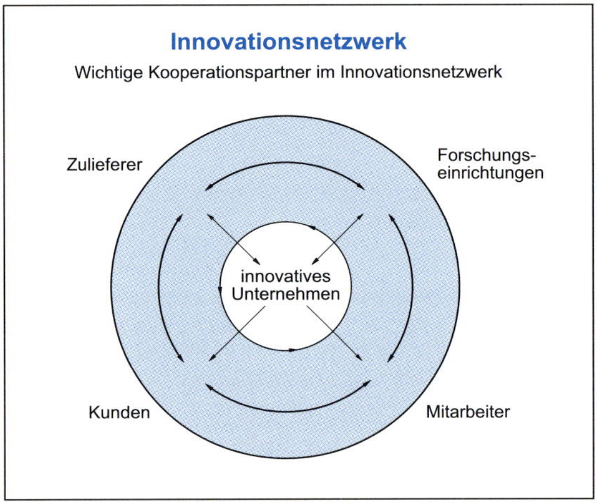

Vier Merkmale nennt die innovationstheoretische Literatur als wichtig für den Verlauf und den Erfolg innovationsbezogener Kooperationen:

- Informalität,
- Personenbindung,
- Vertrauensbasis,
- Reziprozität.

Auch aktuelle Fallstudien bestätigen dieses Bild: Personen sind die unverzichtbaren Bindeglieder in der Zusammenarbeit der verschiedenen Innovationspartner. Informelle Kundenkontakte sind hier ebenso bedeutsam wie im Gespräch mit Forschern und Lieferanten. Deren Wissen und Werte fließen unmittelbar über sie in das Unternehmen ein.

Astor, VDI/VDE-IT Teltow, Verbund V, 1996 – 2000

Outsourcing in der Software-Erstellung

Drei strategische Richtungen für das Outsourcing werden von den softwareentwickelnden Unternehmen genannt:

1. Konzentration des Unternehmens auf profitable Geschäftsbereiche,
2. Konzentration des Unternehmens auf profitable Elemente der Wertschöpfungskette und
3. Schaffung kleinerer und damit 'schlagkräftigerer' Betriebe im Umfeld eines 'Mutterbetriebes'.

Hinter den ersten beiden strategischen Handlungsrichtungen stehen meist Kostengesichtspunkte als leitende Motive. Häufig wird über die Verlagerung von Programmiertätigkeiten an kostengünstigere Standorte (z. B. China, Indien und Tschechien) diskutiert. Ein Unternehmen aus dem Bankensektor ist beispielsweise bestrebt die Codierung ins Ausland zu verlagern und das Projektmanagement in Deutschland zu belassen. Auch die Auslagerung von Wartungsarbeiten installierter Software wird in Betracht gezogen. Die dritte Handlungsrichtung wird gewählt, wenn vorrangig die Flexibilität vergrößert werden soll.

S. Berndes, U. Lünstroth, BTU Cottbus, Verbund IV, 1996 – 1999

Persönliche Kontakte, der schnelle Austausch von Informationen und die Möglichkeit zum schnellen Gespräch begünstigen die Entstehung von regionalen Clustern, in denen sich Unternehmen ganz unterschiedlicher Art zusammenfinden, gegenseitig befruchten und in regen Erfahrungsaustausch treten. Dabei verschwimmen zunehmend die traditionell hierarchischen Vorstellungen über das Verhältnis zwischen Kunden und Lieferanten: Angebot und Nachfrage bedingen sich gegenseitig. Technik und technische Entwicklung werden zum Spielball des Innovationsgeschehens, in welchem sich alle beteiligten Unternehmen verändern, sich in wechselnder Zusammensetzung ergänzen und selber immer wieder nach neuen Partnern suchen.

Mitarbeiter sind Innovationspuffer

Zur Erhaltung der eigenen Flexibilität erscheint vielen Unternehmen die enge Zusammenarbeit mit freien Mitarbeitern, die formal selbstständig, faktisch jedoch ausschließlich für sie tätig sind, als besonders erstrebenswert. Im Forschungs- und Entwicklungsbereich lassen sich so ältere Mitarbeiter noch an die Firma binden, auch wenn die Tätigkeitsfelder im Zuge des Lean-Managements ausgelagert wurden. Beliebt ist auch die Beschäftigung von jungen Absolventen, deren fachspezifisches Wissen so für bestimmte Projekte billig 'eingekauft' werden kann. Freie Mitarbeiter werden damit zu wichtigen Innovationspuffern. Besonders kleinere und junge Unternehmen, aber auch viele staatliche Institute nutzen sie gerne als flexibel einsetzbare Zusatzkapazitäten, deren Arbeitsbedingungen sie zwar gestalten und deren Bezahlung sie über Werkverträge festlegen, bei denen sie aber nicht an tarifrechtliche Regeln gebunden sein wollen. Die Beschäftigungsrisiken bleiben bei den Arbeitskräften, Lohnnebenkosten fallen nicht an, die soziale Absicherung gegen Arbeitslosigkeit, Erwerbsunfähigkeit und die Altersversorgung ist Aufgabe der Mitarbeiter.

Nicht selten geschieht dies – zumindest zunächst – in vollem Einverständnis mit den Arbeitskräften, die auf diese Weise ihre Beschäftigung sichern und unabhängiger gestalten können oder sich einen leichteren Einstieg (bzw. Wiedereinstieg) in das Berufsleben erhoffen.

Gerade im Softwaresektor haben viele Unternehmen die Möglichkeit der Beschäftigung von freien Mitarbeitern genutzt, ohne sich Gedanken über die potenziellen Risiken zu machen (vgl. Kasten Seite 93). Sie vergaßen nicht nur die drohende Revision des Beschäftigungsverhältnisses aufgrund arbeitsrechtlicher Klagen – manches Unternehmen hatte die ursprünglich ersparten Sozialkosten nachzuzahlen und geriet an den Rand des Konkurses. Viele vergaßen auch, dass gerade die innovativeren freien Mitarbeiter stets auf dem Sprung sind, zu Konkurrenten wechseln oder potenziell selbst zu Konkurrenten werden. Die anderen werden sich unter solchen Arbeitsbedingungen kaum weiterentwickeln, drohen in Spezialisierungsfallen zu geraten und scheiden dann auch für die Unternehmen als Mitarbeiter für künftige Innovationen meist aus.

Das Risiko der freien Mitarbeit – die engagierte Selbstausbeutung

Mehrere Fallbeispiele belegen das große Interesse vieler Softwareunternehmen an der Beschäftigung von freien Mitarbeitern. Die Unternehmen erhoffen sich

- mehr Handlungsspielräume beim Personaleinsatz bei unvorhersehbarem Geschäftsverlauf und bessere Kostenkontrolle bei den bestehenden Kündigungsschutzregeln,
- einen verbesserten Zugang zu hoch spezialisierten Entwicklern.

Die mögliche Abwanderung von freien Mitarbeitern als Kompetenzträger, die bei dem Unternehmen keine längerfristige Perspektive für sich erkennen können, wird nur von wenigen Unternehmen als Problem erkannt.

Fallbeispiel 1: Nahezu die Hälfte der Entwickler in einem großen Software-Haus, das sich mit der Entwicklung betriebswirtschaftlicher Software befasst, sind freie Mitarbeiter. Sie arbeiten exklusiv und langjährig nur für dieses Unternehmen. Obwohl absehbar ist, dass die erworbenen Kenntnisse und das Wissen mittelfristig nicht mehr benötigt werden, ist dies für die freien Mitarbeiter kein Anlass, sich hierüber Gedanken zu machen. Auch scheint es, dass die Mitarbeiter wie ihre festangestellten Kollegen lernentwöhnt sind. Inwieweit sie für sich selbst die Aufgabe der Sicherstellung der eigenen Weiterqualifizierung je gesehen haben, ist ungewiss.

Fallbeispiel 2: Ein kleiner Hersteller technisch komplexer Computerspiele beschäftigt neben den Unternehmensgründern nur freie Mitarbeiter. Es sind überwiegend Informatik- und Ingenieurstudenten. Sie erhalten Verträge jeweils nur für die Dauer eines Projektes. In einem Projekt arbeiten typischerweise 10 Personen etwa 18 Monate lang. Die freien Mitarbeiter sind getragen vom Wunsch selbst einmal ein erfolgreiches Spiel zu produzieren. Da sie zudem im Allgemeinen am Beginn ihrer Mitarbeit von den notwendigem Programmiertechniken und -tricks nicht viel wissen, müssen sie hart bei geringem Einkommen arbeiten. Selbstausbeutung ist nicht selten. Haben sie sich auf einem Gebiet ausreichend Spezialkenntnisse erworben und können diese zu gutem Preis verkaufen, stehen sie in der Gefahr ihre Chancen auf ein langfristig gesichertes Auskommen in diesem Bereich zu überschätzen und den Aufwand für die Weiterentwicklung ihrer Qualifikation zu unterschätzen. In den meisten Fällen fehlen ihnen wichtige Kenntnisse in Marketing und Geschäftsführung, woran Produktion und Vermarktung eigener Spiele allzu leicht scheitern.

S. Berndes, U. Lünstroth, BTU Cottbus, Verbund IV, 1996 – 1999

Innovative Mitarbeiter brauchen Herausforderungen und Sicherheit

In diesem Spannungsverhältnis lebt jede Innovation: Innovative Mitarbeiter brauchen beides, persönliche und soziale Sicherheit sowie ein herausforderndes Arbeitsumfeld, damit sich Experimentierfreude und Lernbereitschaft halten und entwickeln können. Fehlt die finanzielle und soziale Absicherung, so ersticken Innovationsfähigkeit und -bereitschaft schnell. Regelmäßige Einkommen und besserer Kündigungsschutz trösten über verlorene Handlungsspielräume hinweg. Fehlen dagegen die notwendigen Herausforderungen, so drohen Experimentierfreude und Lernbereitschaft zu erlahmen.

Ob größere, mehr Sicherheit bietende Unternehmen oder die marktnäher operierenden kleinen Unternehmen innovativer seien, wird sich nicht eindeutig beantworten lassen. Die Innovationsfreude geht in kleineren Unternehmen leicht im Tagesgeschäft verloren und dies umso eher, je dünner die Personaldecke und je größer der kurzfristige Erfolgsdruck ist. Andererseits zählen Demotivation oder Unzufriedenheit mit dem 'Stress und Gefängnis' im bisherigen Arbeitsumfeld zu den stärksten Innovationshemmnissen in Großunternehmen.

Wie schwierig gangbare Wege in diesem Zusammenhang zu finden sind, merken viele Betriebe an den Spätfolgen ihrer oft drastischen Reorganisationsmaßnahmen. Vorrangig für technische Innovation verantwortliche Mitarbeiter, Facharbeiter, die traditionelle Meisterebene und die höher qualifizierten Ingenieure sind stark verunsichert. Ihre Position wurde in der Vergangenheit grundlegend erschüttert, ihre sachlichen Anliegen manchmal zu leichtfertig als innovationsfeindlich beiseite geschoben und den tatsächlichen oder vermeintlichen ökonomischen Zwängen zur Kostenreduktion, Auslagerung und Beschleunigung untergeordnet (vgl. Kasten). Zwar waren – nach der Statistik – ältere Techniker und Ingenieure vom Beschäftigungsabbau in der Industrie unterproportional betroffen, dies konnte aber ihrer Verunsicherung kaum entgegenwirken. Sie zeigt sich nicht nur in den Betrieben, sie schlägt sich auch in dem gesunkenen Interesse junger Menschen an technischen Berufen nieder. Inzwischen klagen viele Firmen über Nachwuchsmangel bei Naturwissenschaftlern und Technikern.

Traditionelle Innovationsträger – heute oft Puffer im Innovationsgeschehen

Facharbeiter

Der Facharbeitereinsatz hat sich in den untersuchten Betrieben verändert. Der traditionelle Status erhält Risse. Facharbeiter werden immer häufiger in der Produktion eingesetzt. Ihre traditionellen Domänen – Instandhaltung, Werkzeug-, Vorrichtungs- und Betriebsmittelbau – wurden verkleinert und in Teilen outgesourct. Die 'Arbeiteraristokratie' unterliegt in der Werkstatt ähnlichen Arbeitsbedingungen wie andere Produktionsarbeiter. Zugleich steigt der ökonomische Druck auf die 'Produktionsdienstleister'. Sie werden in 'Kunden-Lieferanten'-Beziehungen hineingezwungen. Dies spart Kosten und erleichtert die Organisation, erschwert aber die Rekrutierung zukünftiger Facharbeiter: Je mehr die Facharbeit die Qualität als 'industrielles Handwerk' verliert, umso mehr sinkt ihre Attraktivität. Die Betriebe legen Hand an eine wichtige Innovationsressource.

Meister, Vorarbeiter, Techniker

Die heftigsten Erschütterungen im Selbstverständnis, im Ansehen und im Status entstanden in der letzten Dekade im 'Mittelfeld der gewerblich-technischen Intelligenz' (Drexel): Die Bedeutung der Meister, Vorarbeiter, Techniker und hoch qualifizierten Facharbeiter im betrieblichen Innovationsgeschehen wurde heruntergeredet, obwohl ihr faktisches Gewicht – wie alle Statistiken zeigen – stieg. Sie tragen die Hauptlast der Modernisierungsprozesse und sind das stabilisierende Element in chaotischer werdenden Arbeits- und Produktionsprozessen. Ihre Verantwortung weitet sich zeitlich und inhaltlich aus, gleichzeitig sinkt die Positionssicherheit, die solche Beanspruchungen halbwegs ertragbar macht. Der Umbau der betrieblichen Hierarchie verwandelt ihr Berufsprofil bis zur Unkenntlichkeit. Positionsangst wird zum Dauerphänomen. Die Betriebe betreiben ein gefährliches Spiel: Sie untergraben die Motivation ihrer Leistungsträger und stellen klassische Aufstiegs- und Karrierewege für Facharbeiter in Frage. Zum 'Verschleiß' der Leistungsträger kommt die negative 'Fernwirkung' auf die Mitarbeiter.

Ingenieure und technische Führung

In den engeren Innovationsbereichen (FuE, Produktmanagement, Produktengineering, Konstruktion) haben sich die Innovationsprozesse beschleunigt und wurden ökonomisiert. Beides erhöht den Verjüngungsdruck, besonders in der Software- und Elektronik-Entwicklung: Die Entwicklungszeiten wurden drastisch verkürzt, der Zeitraum von der Produktgenerierung bis zum Serienanlauf i. d. R. mehr als halbiert. Erreicht wird dies durch simultaneous engineering, die Bildung interdisziplinärer Teams, Projektarbeit und knappere Zeitvorgaben. Zentrale FuE-Abteilungen werden aufgelöst, die Entwicklung in die Sparten ausgegliedert. Die 'Eigenzeit' für Innovation – als Ausgleich von Unsicherheit und Komplexität – gehört der Vergangenheit an. Die Tätigkeit wird sprunghafter und zerstückelter, die Verantwortung für den Gesamtprozess und die Abstimmung mit Kunden (Dienstreisen) und Fertigung (Kommunikation) wächst – überlagert von einem permanenten Druck zu Präsentation und Rechenschaft.

Besonders kritisch ist für viele die ideologische Begleitmusik: Sie empfinden sie als Angriff auf die 'Ingenieurskunst' und den bewährten Innovationsmodus. Vorwürfe wie Perfektionismus, Over-Engineering, Spezialistentum, Entwicklungsenklaven werden als Absage an Professionalität und als Plädoyer für ein vagabundierendes und erfahrungsloses Arbeiten verstanden. Dies beeinträchtigt das Selbstverständnis, den Arbeitsstolz und die 'intrinsische Motivation'. Sie sind zwar Neuem gegenüber aufgeschlossen, aber nicht voraussetzungslos.

J. Reindl, ISO Saarbrücken, Verbund V, 1996 – 2000

3.2 Altern und Innovation – kein Widerspruch

Innovation und Veränderung gilt in den meisten Unternehmen, wie in der Gesellschaft, allgemein als Zeichen von Jugend. Dahinter steht – meist unausgesprochen – ein Vorurteil, das seine Nahrung aus einer recht unkritischen und vordergründigen Vorstellung über die individuelle Entwicklung alterstypischer Leistungspotenziale (vgl. Kap. 2.2) bezieht: Wenn sich im Laufe eines Erwerbslebens die relativen Leistungsschwerpunkte von der physischen Kraft über Spezialisierung und Dynamik hin zu umsichtiger Verknüpfung, fachlicher Integration und dispositiven Kompetenzen verschieben, dann heißt dies keineswegs, dass Kraft und Dynamik im jüngeren Alter zugleich auch einer größeren Innovationsbereitschaft gleichzusetzen bzw. integrative Kompetenzen als innovationsfeindlich zu interpretieren wären.

Gestützt wird die jugendzentrierte Sichtweise durch die zunehmend schnellere Verbreitung technischer Neuerungen, die in den vergangenen Jahrzehnten auch die Entwicklung in der Wirtschaft stark geprägt hat. Max Planck beklagte bereits, dass es das Schicksal der Wissenschaft sei, sich nur im Generationswechsel weiterentwickeln zu können. Neue technische und wissenschaftliche Erkenntnisse finden ihre Verbreitung in Wirtschaft und Gesellschaft vorrangig über junge Leute. Hierfür gibt es mehrere Gründe: Der stärkere Kontakt zur Technik im privaten Umfeld und die veränderte Ausbildung – man denke etwa an Zahl und Inhalte neuer Ausbildungs- und Studiengänge – ergänzen sich mit größerer Selbstverständlichkeit und spielerischerem Umgang mit allem Neuem sowie mit der Suche junger Leute nach ihrem Platz in der Gesellschaft. Noch fehlende Erfahrungen im Einzelfall und ein insgesamt stabiles Umfeld machen jüngere Menschen risikofreudiger. Sie interpretieren ihre Hoffnungen und Träume noch als realistische Chancen, denen Ältere ihre Erfahrungen entgegensetzen.

Die Einbringung neuer (vorrangig technischer) Kenntnisse ist ein hervorragendes Mittel das Selbstwertgefühl zu entwickeln und Anerkennung von anderen – nicht nur älteren – Mitarbeitern zu gewinnen. Je stärker jedoch neue Techniken Veränderungen in bisherigen Abläufen und Führungsstrukturen erzwingen, desto besser eignen sie sich, den Eindruck von jung gleich neu gleich innovativ zu verstärken: Es gibt nur wenige Unternehmen, bei denen der erste PC nicht von jungen Menschen eingeführt worden wäre. Erst im Diffusionsprozess, bei Einführungskosten und der konkreten Anwendung neuer Techniken werden gemeinhin die Grenzen und Risiken der Jugend-Euphorie erkennbar.

Entspräche die Vorstellung einer generell höheren Innovationsneigung jüngerer Arbeitskräfte der Realität, so könnte sich der rückläufige Anteil der 25- bis 45-Jährigen an der Zahl der Erwerbstätigen durchaus negativ auf die Innovationsfähigkeit der deutschen Wirtschaft auswirken. Denn bis heute werden nicht nur in Forschung und Entwicklung, sondern auch im Marketing und in der Unternehmensplanung vorzugsweise junge

Mitarbeiter eingesetzt, die mit ihren aktuelleren Kenntnissen und ihrer Dynamik immer wieder an den meist älteren Führungskräften zu scheitern drohen.

'Innovationsfeindliche Alte', ein gefährliches Vorurteil

Die Vorstellung von innovationsfeindlichen Alten prägt bis heute das Bild vieler Entscheidungsträger in Politik und Wirtschaft. Erst im Februar 1999 stellte etwa die 'Wirtschaftswoche' – sicherlich keine wirtschaftsfeindliche Zeitschrift – resignierend fest:

- Alter bzw. Jugend wird immer mehr zum entscheidenden Faktor für die Karriere: Zahlreiche Personalchefs setzen weniger auf Erfahrung als auf Potenzial.
- In vielen Branchen wird es ab 40 immer schwieriger den Job zu wechseln. Gleichzeitig steigt die Zahl der arbeitslosen Führungskräfte über 40.
- Dabei sind mangelnde Leistungsbereitschaft und Kreativität häufig keine Alterserscheinung, sondern Folgen ermüdender Routine.

Die Mehrzahl der Manager kann sich nicht einmal die Beschäftigung Älterer bis zur Regelaltersgrenze von 65 Jahren vorstellen. Dabei zeigen sich in Befragungen allerdings interessante Unterschiede zwischen den USA und Deutschland: Amerikanische Manager gehen davon aus, dass die Mitarbeiter ihre volle Leistungsfähigkeit im Durchschnitt bis zum 60. Lebensjahr behalten, für ihre deutschen Kollegen wird dieser Wert 9 Jahre früher, mit dem 51. Lebensjahr erreicht. Als Gründe werden sinkende Arbeitsfähigkeit, gesundheitliche Beeinträchtigungen und Motivationsdefizite genannt. Noch in den 70er-Jahren galten auch in Deutschland bereits 60-Jährige als 'alt'.

Tatsächlich hat sich in nur sechs Jahren die Altersstruktur der Erwerbstätigen in der Industrie drastisch verjüngt (vgl. Kasten Seite 98). Analysiert man diese Entwicklung genauer, so waren es jenseits aller Argumentationen über Innovation und Alter im Wesentlichen zwei Gründe, die zu dieser selektiven Veränderung geführt haben: der Zwang zur Reduktion der Beschäftigtenzahlen in den Unternehmen auf der einen und die massive politische Unterstützung der Frühverrentung durch Renten- und Arbeitslosigkeitsregelungen auf der anderen Seite.

Auch innovative Betriebe altern

Die Daten der sozialversicherungspflichtig Beschäftigten in der westdeutschen Industrie zeigen deutlich, dass die 1990 vorherrschende M-förmige Altersstruktur in der Industrie zugunsten eines 'linkslastigen', d. h. jüngere Jahrgänge betonenden Altersaufbaus der Belegschaften preisgegeben wurde. Dabei nahm gleichzeitig der Anteil der jüngeren wie älteren Mitarbeiter ab, und zwar durch späteren Berufseinstieg bzw. frühere Ausgliederung aus dem Erwerbsleben. Dies gilt in der Tendenz gleichermaßen für eher 'alterslastige' (z. B. Chemie) wie für 'junge' Branchen (z. B. EDV/Büromaschinen).

Die mittleren Jahrgänge wurden zuungunsten der jungen und älteren Mitarbeiter vorgezogen. Bleibt zu fragen: Wird sich die Industrie dies auch in den kommenden Jahren noch 'leisten' können und woher nimmt sie die bevorzugten Jahrgänge morgen?

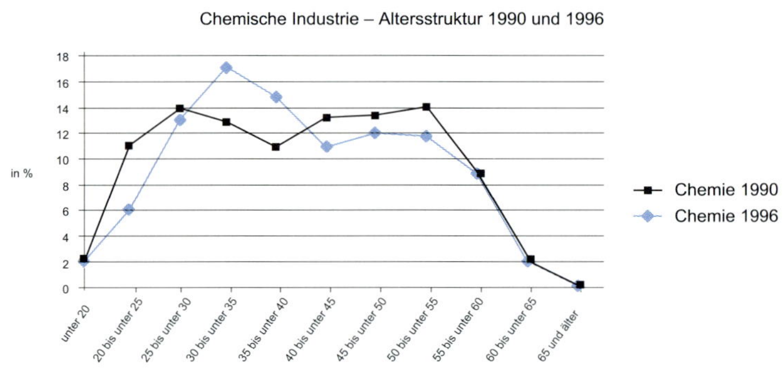

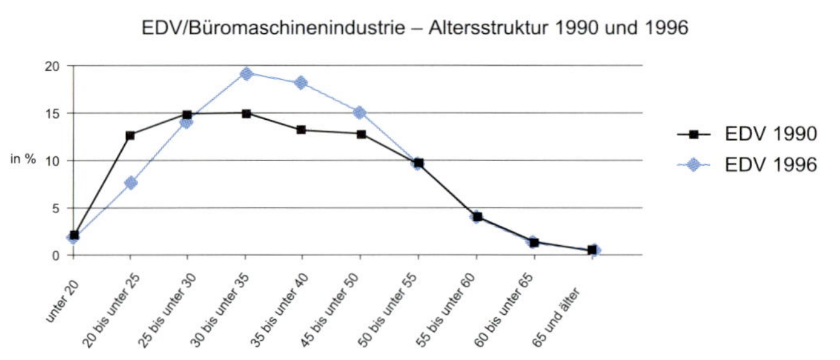

M. Astor, VDI/VDE-IT Teltow, Verbund V, 1996 – 2000

Die Ausgliederung älterer Beschäftigter wurde zu einem ausgesprochen bequemen und kurzfristig vorteilhaften Instrument: Sie erlaubte die schnelle Verjüngung und Veränderung der Qualifikationsstruktur in der Belegschaft. Sie erhöhte die personalpolitische Flexibilität ohne rechtliche oder tarifvertragliche Schutzbestimmungen (wie Kündigung, altersbedingte Zuschläge oder Einsatzgrenzen) zu verletzen. Schließlich erleichterte sie die Reorganisation der Betriebe und die Abschaffung von Hierarchieebenen im Zuge des Lean-Managements. Die entstehenden Kosten für die Personalanpassung übernahmen zu großen Teilen Sozialversicherungsträger und Staat.

Seit Anfang der 70er-Jahre lag die Frühverrentung im Trend. Immer mehr Menschen 'entdeckten' den Ruhestand als 'dritten aktiven Lebensabschnitt'. Dies verband sich gut mit den Interessen von Wirtschaft und Politik, die unter dem Druck steigender Arbeitslosigkeit die Arbeitsplatzchancen für Berufsanfänger zu verbessern suchten. Hinzu kamen die sozialen Folgen der wirtschaftlichen Umstrukturierung in den ostdeutschen Bundesländern, auch zu Lasten der älteren Mitarbeiter.

Das aus erstarrten Organisationsstrukturen von Großunternehmen abgeleitete Bild der 'innovationsfeindlichen Alten' gilt jedoch heute bereits keineswegs für alle Unternehmen. Es entspricht insbesondere nicht den Erfahrungen im breiten Spektrum der mittelständischen Handwerks- und Dienstleistungsbetriebe, in denen sich immer schon veränderungsfeindliche und traditionsgebundene Betriebe neben höchst kreativen, auch älteren Erfindern und anpassungsfähigen Unternehmern befanden (vgl. Kasten Seite 100). Personalentscheidungen waren in kleineren Unternehmen anderer, weniger durch schematische Vorgaben geprägter Natur als diejenigen von Personalabteilungen und Betriebsräten in Großunternehmen.

Innovation und ältere Arbeitnehmer

Zwischen Innovationsanforderungen und Altersstrukturen bestehen auf betrieblicher Ebene keine direkten Beziehungen. Ältere Arbeitnehmer werden dort nur in Ausnahmefällen als Sondergruppe wahrgenommen, z. B.

- aufgrund rechtlicher Besonderheiten (Vorruhestand, Altersteilzeit): Ältere sind oder waren 'bequemer' zu externalisieren als die Mitarbeiter in anderen Altersgruppen. Entscheidend waren hierfür vielfach rein quantitative (z.B. Stellenabbau um 10 %), seltener qualitative (z. B. Leistungsfähigkeit oder Kompetenzen) Gesichtspunkte.
- aufgrund von Sonderregelungen in Tarifverträgen oder Betriebsvereinbarungen: Ältere haben teilweise arbeits- und personalrechtliche Privilegien (Eingruppierung, erweiterter Kündigungsschutz, Betriebsrente, Personalauswahl bei Sozialplänen u. ä.) – entweder bezogen auf das Alter (z. B. 55 Jahre) oder die Betriebszugehörigkeit (Senioritätsprinzip).

Erkennbar sind aber indirekte Beziehungen: Altersstrukturen sind 'verheiratet' mit anderen sozialstrukturellen Merkmalen, insbesondere mit beruflicher Qualifikation, Tätigkeit/Beruf und betrieblichem Status (z. B. Führungskraft). Gegenstand personalwirtschaftlicher Entscheidungen sind folglich nicht 'die älteren Mitarbeiter im Unternehmen' bzw. 'der ältere Mitarbeiter XY', sondern 'die jüngeren Konstrukteure im FuE-Bereich' oder 'die älteren Facharbeiter in der Montage'. Innerhalb dieser Belegschaftssegmente geht es um

- Leistungsanforderungen: körperlich und kognitiv
- Wissensanforderungen: 'altes' und 'neues' Wissen
- Anforderungen an Schlüsselqualifikationen: Arbeitstugenden, organisatorische und soziale Kompetenz, Stressbewältigungskompetenz, Kreativität und Veränderungskompetenzen.

A. Köchling, GfAH Dortmund, Verbund V, 1996 - 2000

Die Betriebsfallstudien stützen diese Beobachtung: In Kleinbetrieben gehören viele Ältere als erfahrene und leistungsfähige Mitarbeiter zur Stütze des Geschäfts, während sie sich in Großbetrieben nur schwer einer undifferenzierten Frühverrentung entziehen können. Mittelständische Unternehmer reagieren leichter als Vorgesetzte in Großunternehmen auf individuelle Fähigkeiten ihrer Mitarbeiter. Sie können über längere Zeiträume hinweg die Entwicklung ihrer Einsatz- und Leistungsfähigkeit beobachten und ihr Erfahrungswissen einschätzen. Viele Großunternehmen haben dagegen den Wert von Betriebs-Know-how erst nach den oft sehr formal durchgesetzten 'Verjüngungswellen' kennen gelernt. Manche mussten jüngst verrentete Mitarbeiter zeitweilig zurückholen, bei anderen entstanden erhebliche Zusatzkosten. Den erhofften Kostenersparnissen standen neue Kosten und Ertragseinbußen gegenüber.

Hypotheken der Frühverrentung

Es kommt ein Effekt der Frühverrentung hinzu, der sich mittel- und langfristig negativ auf die Innovationsfähigkeit der Unternehmen auswirken könnte: Durch die Frühverrentungswellen und den damit verbundenen Abbau der Hierarchieebenen sehen jüngere Mitarbeiter im Alter zwischen 30 und 40 Jahren ihre bisherigen Karrierechancen schwinden. Die noch verbliebenen Beförderungsstellen sind zudem mit jüngeren Kollegen besetzt. Gerade die Qualifizierteren ziehen daraus den Schluss, sich späteren Transformationswellen, ehe sie zu deren Opfer werden, frühzeitig selbst zu entziehen. Gute Fachkräfte finden schnell Alternativen und lassen sich kaum wieder zurückholen. Dieselben Negativerfahrungen wurden in den 80er-Jahren in Amerika bei Downsizing-Prozessen gemacht. Doch sie spielten in der deutschen Diskussion der 90er-Jahre kaum eine Rolle.

Die unterschiedliche Auswirkung der Frühverrentung zwischen Groß- und Kleinbetrieben zeigt sich im 1996 vorgenommenen Vergleich der Altersstrukturen der Arbeitnehmer (vgl. Abb. 3.2-1): In Großbetrieben mit über 500 Beschäftigten führte die Frühverrentung zu einem deutlich höheren Anteil mittlerer Altersgruppen zwischen 30 und 55 Jahren als in kleinen Unternehmen mit weniger als 50 Beschäftigten. Sie beschäftigen dafür mehr jüngere und etwas mehr ältere Mitarbeiter. Diese Beobachtung gilt für die sozialversicherten Beschäftigten. In kleineren Unternehmen sind jedoch im Durchschnitt mehr ältere Selbstständige und Betriebsinhaber tätig. Könnte man sie einbeziehen – ein statistisches Problem –, so läge der Anteil der Älteren in den kleineren Unternehmen noch sehr viel höher.

Abbildung 3.2-1:
Altersprofil der Beschäftigten nach Betriebsgröße in der Industrie 1996

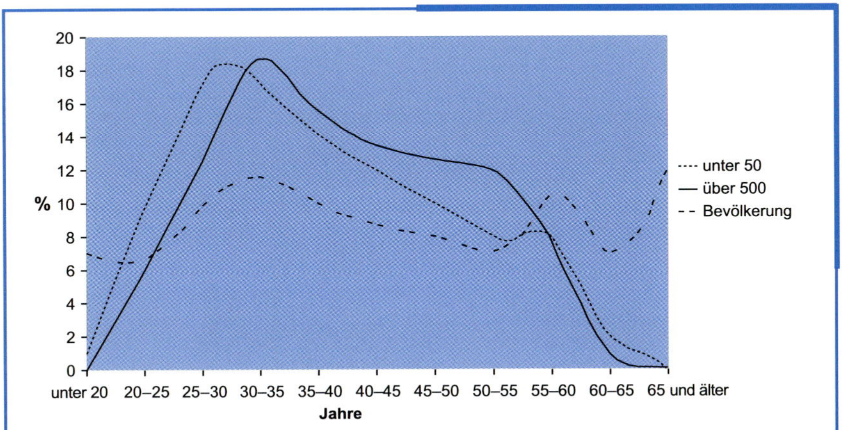

Quelle: VDI/VDE-IT, Auswertung der Statistik der sozialversicherungspflichtig Beschäftigten, Verbund V, 1996 – 2000

Die Frühverrentung wird sich nicht fortsetzen lassen. Dies liegt weniger an den negativen Erfahrungen in den Unternehmen als daran, dass die Finanzierungsengpässe im sozialen Netz zu einer Revision bisheriger Regeln gezwungen haben: Mit der Rentenreform von 1997 wurden die ursprünglichen Anreize zur Frühverrentung nicht nur für Unternehmen gekappt und verteuert, sie machten auch die Frühverrentung für Mitarbeiter wegen drohender Rentenabschläge weniger attraktiv. Dies wird sich auf die künftige Altersstruktur der Beschäftigten auswirken. Nach den Berechnungen der VDI/VDI-IT in Teltow könnte der Anteil der über 50-jährigen Mitarbeiter in den deutschen Industrieunternehmen schon in 10 Jahren die 30%-Marke erreichen, mit weiter steigender Tendenz (vgl. Kasten).

In vielen Unternehmen werden die Risiken solcher Entwicklungen anscheinend noch nicht erkannt. Dies zeigte sich in vielen Gesprächen mit Führungskräften und Personalverantwortlichen wie in den Fallstudien. Gefragt nach der Entwicklung der Altersstruktur in ihrem Unternehmen, verwiesen sie mit Stolz auf die Verjüngung der Belegschaft dank einer geschickten Nutzung von Frühverrentung und Altersteilzeit. Aktuelle Betriebszahlen zur Entwicklung der betriebsinternen Altersstruktur kannten sie im Allgemeinen nicht. Umso überraschter waren sie nach der Auswertung der Personaldaten. Diese nämlich ergab, dass sich das Durchschnittsalter im Betrieb allein in den letzten 2 Jahren um 1,5 Jahre erhöht hat und – unter Berücksichtigung von Kündigungsschutz und Betriebszugehörigkeit – in den nächsten 5 bis 10 Jahren in vergleichbarem Tempo ansteigen wird.

In einem Großunternehmen lag der Anteil der über 54-Jährigen 1996 noch bei 4%, Anfang 1998 war er bereits auf 7% gestiegen und wird für das Jahr 2000 auf 14% geschätzt. Dies war dem Personalvorstand bekannt. Doch auf die Frage, ob dies für das Unternehmen nicht kritisch werden könne und was in diesem Zusammenhang tun sei, kam vom Personalverantwortlichen die Antwort, in der Vorstandsetage finde er heute kein Ohr für Fragen der mittel- und langfristigen Personalentwicklung. Er habe mehrfach darauf hingewiesen, doch stets nur die Antwort erhalten, dass man durch Verlagerung an ausländische Standorte, eine gute Rendite und die Abwerbung von Arbeitskräften im Inland einen ausreichend großen Puffer für alle Personalfragen habe – trotz mancher negativer Erfahrungen in der Vergangenheit.

Alternative Szenarien zum Anteil der über 50-Jährigen an den Beschäftigten der Industrie

Referenzszenario 1: Konstanz der Abgangsquoten der über 50-Jährigen

Die Abgangsquoten der über 50-Jährigen bleiben bis 2016 auf derselben Höhe wie im Schnitt der Vergleichsjahre 1990 und 1996. Dieses Szenario dient lediglich als Referenz für die folgenden Varianten, da von einer solchen Konstanz der Abgangsquoten unter realistischen Bedingungen nicht auszugehen ist. Einmal wird sich der zwischen 1990 und

1996 erfolgte Personalabbau nicht in dieser Geschwindigkeit fortsetzen lassen. Zum anderen macht auch die Rentenreform einen längeren Verbleib Älterer in der Erwerbstätigkeit wahrscheinlich.

Szenario 2: Rückgang der Abgangsquoten nach 2001

Nach der Rentenreform kann noch bis zum Jahr 2000 ein großer Teil der potenziellen Frührentner die Verrentung auch ohne Einbußen beantragen. In Szenario 2 wird daher angenommen, dass zwischen 1996 und 2001 der Abgang aus Beschäftigung intensiv bleibt und sich erst danach deutlich vermindert. Zur Vereinfachung der Rechnung wurde ab 1996 für alle Branchen und Betriebsgrößen von den gleichen Abgangsquoten ausgegangen.

Szenario 3: Hoher Verbleib in Beschäftigung

Szenario 3 geht davon aus, dass die Entwicklung bis 2001 bereits durch das veränderte Rentenrecht determiniert wird und die älteren Beschäftigten danach als die 'Neuen Alten von Morgen' eine höhere Erwerbsneigung beibehalten bzw. durch ein sinkendes Rentenniveau dazu veranlasst werden. Im Verteilungskampf um Arbeitsplätze wird sich dies in einem starken Verbleib bis zum regulären Renteneintrittsalter, teilweise auch länger, niederschlagen. Auch hier wurde ab 1996 für alle Branchen und Betriebsgrößen von gleichen Abgangsquoten ausgegangen.

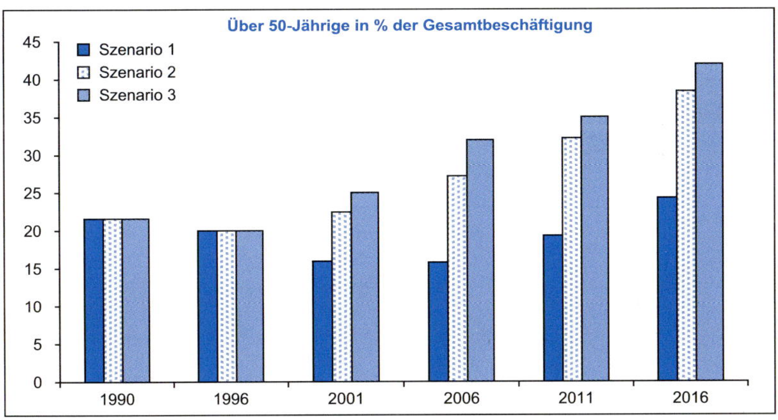

Die Gegenüberstellung der Szenarien zeigt, dass bereits bei einem leichten Rückgang des vorzeitigen Renteneintritts älterer Beschäftigter die betriebliche Welt von morgen von den über 50-Jährigen dominiert werden wird. Im Jahr 2011 werden nach diesen Berechnungen mehr als 30%, fünf Jahre später sogar fast 40% der sozialversicherungspflichtig Beschäftigten in der Industrie dieser bisher oft schon aus dem Erwerbsleben ausgegliederten Altersgruppe angehören.

M. Astor, VDI/VDE-IT Teltow, Verbund V, 1996 – 2000

Innovationsfähigkeit ist erfahrungs-, nicht altersabhängig

Innovationsprobleme werden sich künftig kaum vermeiden lassen, wenn sich das bequeme Vorurteil von den 'innovationsunfähigen Alten' weiter halten sollte – nur ein Vorurteil, wie die Erhebungen aus den Jahren 1991/92 über Erwerb und Verwertung beruflicher Qualifikationen erkennen lassen. Dort zeigt sich nämlich, dass sich ältere ebenso oft wie ihre jüngeren Kollegen in den vergangenen Jahren auf neue Verfahren, Aufgaben oder beides einstellen mussten und konnten. Nicht einmal ein Viertel der über 45 Jahre alten Mitarbeiter konnte unter solchen Gesichtspunkten als 'nicht innovativ' gelten – kaum mehr als ihre jüngeren Kollegen (vgl. Abb. 3.2-2).

Abbildung 3.2-2:
Innovationsbereitschaft der Arbeitnehmer nach Altersgruppen

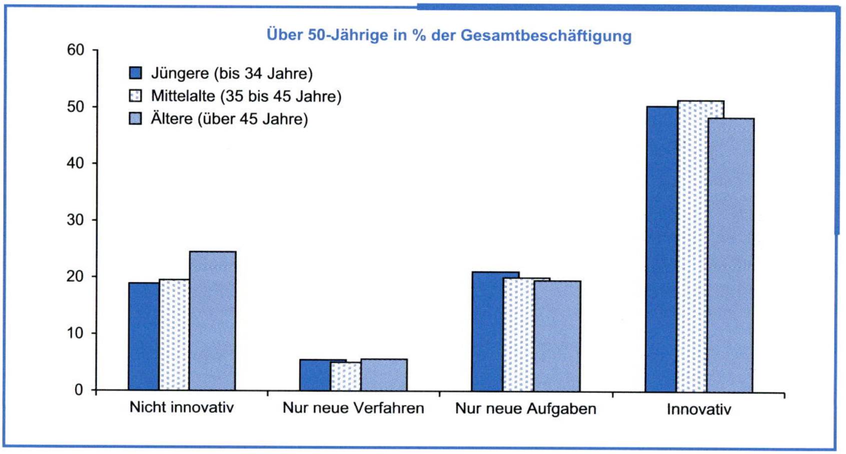

Auswertung der BIBB/IAB-Erhebung zu 'Erwerb und Verwertung beruflicher Qualifikationen' 1991/92 durch die GfAH, Dortmund, n = 34.589 Arbeitnehmer

Das Ergebnis der Befragung wird durch Beobachtungen in den neuen Bundesländern eindrucksvoll unterstützt. Hier brach Ende der 80er-Jahre ein Wirtschaftssystem zusammen, das aus ideologischen Gründen nicht in der Lage war die Kreativität der Arbeitskräfte gesamtwirtschaftlich zu nutzen. Das Ergebnis waren ineffiziente Kombinate und eine Wirtschaftsstruktur, die nach der Wiedervereinigung unter dem ungewohnten Konkurrenzdruck rasch zusammenbrach. Trotz Frühverrentung wagten viele Arbeitsgruppen aus den bisherigen Kombinaten den eigenständigen Aufbruch, nutzten die sich ihnen bietenden Hilfen und vermochten unabhängig von ihrem durchweg höheren Altersdurchschnitt innerhalb von vier bis fünf Jahren aus technisch und organisatorisch veralteten Betriebsteilen wettbewerbsfähige Unternehmen zu schaffen (vgl. Kasten Seite 105).

Auch Alte sind innovativ und wettbewerbsfähig

Fallstudie einer erfolgreichen Ausgründung in Brandenburg

Die Ausgründung eines Herstellers von Spezialanlagen aus einem volkseigenen Betrieb erfolgte durch die Konzentration auf zwei Produktfamilien und ein kleines Kernteam. Von über 500 Beschäftigten im ursprünglichen Produktbereich wechselten fünfzig in das neue Unternehmen. Die drei Unternehmensgründer – Anfang der 90er-Jahre Mittfünfziger – waren schon vorher in verantwortlicher Position und versammelten die Mitarbeiter um sich, die sich durch fachliche Kompetenz und Bereitschaft zur Veränderung auszeichneten.

"Die Besten waren die Erfahrenen": Im Altersprofil der heute knapp 100 Beschäftigten sind mehr als 70% der Mitarbeiter älter als 50 Jahre, die gesamte Geschäftsführung ist älter als 60 Jahre. Die Orientierung am westlichen Markt wurde erfolgreich umgesetzt: Kundenorientierung, entwicklungstechnische Fortschritte und die Bereitschaft aller Mitarbeiter zur untertariflichen Bezahlung waren die Elemente dieser Unternehmensstrategie. Erleichtert wurde die Entwicklung durch einen Auftrag in der unmittelbaren Umbruchphase, die enge Kooperation mit einem fachwissenschaftlichen Institut, das 'familiäre' Unternehmensklima und das hohe Ansehen des kaufmännischen Geschäftsführers. Die Umstellung vom Zeichenbrett zu CAD-Arbeitsplätzen gelang den Mitarbeitern ebenso wie die Einhaltung des engen und ungewohnten zeitlichen Rahmens in der Auftragsproduktion.

Das Altersproblem stellt sich heute unter ganz anderen Vorzeichen: Die derzeitige Belegschaft schätzt die Arbeit sehr hoch ein. Typisch ist der – altersbedingte – Abschied eines Kollegen: "An seinem 65. Geburtstag stellte er abends noch den LKW auf den Hof, gab den Schlüssel ab, trank noch ein Gläschen und ging nach Hause." Für viele Mitarbeiter war der Umbruch und die Neugründung des Betriebes eine wichtige, aber auch abschließende Etappe ihrer Berufsbiografie. Doch wie lassen sich in den nächsten Jahren die ausscheidenden Erfahrungsträger ersetzen?

Die aktuelle Geschäftsführung sieht nur einen Weg: "Wachsen oder Sterben." Junge Mitarbeiter können nur gewonnen und eingewiesen werden, wenn dies parallel zum normalen Geschäftsverlauf gelingt. Zugleich erweist sich die Bezahlung unter Tarif bei der Suche nach anderen Mitarbeitern mit hoher fachlicher Qualifizierung als besonders hemmend. Trotzdem zeigt dieses Unternehmen, dass die letzte Erwerbsphase nicht zwangsläufig resignativ verlaufen und auf ein Abstellgleis führen muss. Mit neuen Zielsetzungen, einem überzeugenden Management und expliziter Veränderungsbereitschaft können auch ältere Mitarbeiter ein hohes Engagement und Innovationspotenzial entfalten.

M. Astor, VDI/VDE-IT Teltow, Verbund V, 1996 – 2000

Die Wende in den ostdeutschen Bundesländern schuf sicherlich eine besondere Situation, die so nicht auf die Zukunft übertragen werden kann. Gleichwohl zeigte sich – ähnlich wie in der Nachkriegszeit –, dass Veränderungsbereitschaft und Innovation nicht allein an das kalendarische Alter gebunden sind. Ausschlaggebend scheinen vielmehr die konkreten betrieblichen Rahmenbedingungen zu sein, ob und wie Ältere ihr Wissen und Innovationspotenzial einbringen, zurückhalten oder beim Ausscheiden mitnehmen.

Allzu leicht entsteht ein Circulus vitiosus für das einzelbetriebliche wie gesamtwirtschaftliche Innovationsgeschehen durch die altersspezifischen Vorurteile. Er lässt sich in den Arbeitsabläufen klassischer Montagetätigkeiten ebenso wie in der modernen Softwareproduktion beobachten: Die Herstellung alter Produkte überlässt man am liebsten den älteren Mitarbeitern, die mit diesen Produkten alt werden und hier über einschlägige Erfahrungen verfügen. Für neue Produkte stützt man sich auf jüngere und ggf. besonders ausgesuchte Mitarbeiter, die entweder noch aus der Ausbildung aktuelleres Wissen mitbringen oder anpassungswilliger und belastbarer scheinen. Sie werden ihrerseits mit ihren Produkten älter, optimieren sie und sind als Spezialisten allseits anerkannt und gut bezahlt. Gelegenheiten zur Parallelqualifizierung erhalten sie nicht.

Bricht der Markt für traditionelle Produkte oder die bisherigen Softwaresysteme allerdings ein, dann bleibt den betroffenen Unternehmen nur der Verzicht auf die weitere Mitarbeit, d. h. betriebsbedingte Kündigungen, Rückgriff auf Rechtspositionen und teure Sozialpläne. Die Mitarbeiter sind in einer Spezialisierungsfalle, aus der sie sich selbst meist nicht mehr befreien können. Entsprechend steigen die Arbeitslosenquoten auf 30 % und mehr bei über 50-Jährigen, ob Montagearbeiter, Fachingenieur oder Computerfachkraft (vgl. Abb. 2.4-1, Seite 73). Gleichzeitig klagen Unternehmen, sie könnten geeignete Fachleute, Ingenieure und Informatiker auf dem Arbeitsmarkt nicht finden und müssten deshalb auf Unternehmenswachstum und zusätzliche Arbeitsplätze verzichten.

Mit den Anforderungen wachsen

Untersuchungen in erfolgreichen altersgemischten Unternehmen – sie klagen in aller Regel sehr viel seltener über Fachkräftemangel – bestätigen dagegen, dass sinkende Lernfähigkeit und Innovationsbereitschaft nur wenig mit biologischen Alterungsprozessen zu tun haben. Entscheidender sind die Erfahrungen der Mitarbeiter, die sie im Verlauf ihrer Erwerbsbiografie im Umgang mit neuen Herausforderungen und unsicheren Situationen gemacht haben.

Bei Montagearbeitern (vgl. Kasten Seite 108) hat man beobachtet, dass Mitarbeiter ihre Lernfähigkeit durchaus erhalten und steigern können, wenn sie durch die Art der Tätigkeit und die Gestaltung der Arbeitsabläufe gefordert werden. Ähnliches gilt vermutlich für alle Mitarbeiter eines Unternehmens, vom Vorstandsvorsitzenden bis hin zum Pförtner oder Hofreiniger: Wer seinen Erfolg und sein Überleben dem Erfüllen von Aufträgen anderer (der Maschine, der detaillierten Regieanweisung des Vorgesetzten oder der punktgenauen Vorgabenerfüllung) verdankt, tut sich schwer, selbst Ideen zu entwickeln und Verantwortung zu übernehmen. Nicht zufällig geraten ehemalige Führungskräfte aus Großunternehmen beim Wechsel in mittelständische Unternehmen zunächst in Schwierigkeiten. Hier sind sie einer ungewohnten Aufgabenvielfalt zwischen wechselnden Kunden, Produktionsaufgaben, Banken und Mitarbeitern ausgesetzt, ohne sich an Richtlinien oder hierarchischen Vorgesetzten orientieren zu können oder zu müssen.

Wenn sich eine erschwerte Lernfähigkeit schon bei ausgebildeten Führungskräften beobachten lässt, deren Arbeitsgebiet auch in hierarchischen Unternehmen komplex, kommunikativ und abwechslungsreich ist, wie groß ist diese Gefahr bei Mitarbeitern, die über eine weit niedrigere Qualifikation verfügen? Ihre Lernfähigkeit wird durch repetitive und mechanistische Tätigkeiten weiter abgebaut. Ändern sich ihre Aufgaben im Innovationsgeschehen oder sinkt altersbedingt und durch einseitige Belastung die tätigkeitsspezifische Leistung, so fehlen alle Ansätze, die eine Neuorientierung erleichtern könnten. Es wächst die Angst vor jeder Veränderung und sie begünstigt Resignation und die unflexible Verteidigung erworbener Rechte.

Solche Beobachtungen dürfen sicherlich nicht ideologisch überhöht werden. Aber alle bisher verfügbaren Erkenntnisse sprechen dafür, dass sich gerade die mit dem Alter tendenziell wachsenden Fähigkeiten zur Verknüpfung und Integration von Informationen und zur Nutzung des dispositiven Geschicks in der praktischen Tätigkeit entwickeln. Hierfür reicht Begabung allein nicht aus, hinzukommen muss ein Umfeld, in dem sich diese Fähigkeiten ausprägen und bewähren können. Flexibilität und Innovationsfähigkeit kann daher durch entsprechende Strukturen sowohl unterstützt als auch behindert werden, die vorhandene Kreativität zum Nutzen des Betriebes gefördert werden oder zu dessen Lasten gehen. Vielfach wird vergessen, dass die größten

Sinkende Lernfähigkeit im Alter?

Mangelnde geistige Flexibilität, sinkende Lernfähigkeit und fehlende Innovationsbereitschaft sind nicht das Ergebnis biologischer Alterungsprozesse. Sie sind vielmehr die zwangsläufige Folge schlecht gestalteter und die Leistungsfähigkeit der Mitarbeiter unterfordernder Arbeitsprozesse: Menschen mit komplexen Tätigkeiten und sich verändernden Herausforderungen lernen und steigern ihre geistige Flexibilität über 10, 20 oder sogar 30 Jahre hinweg. Menschen, die nur Routineaufgaben erledigen dürfen, verlieren dagegen ihre geistige Flexibilität und entwickeln sogar Angst vor Lernen und Veränderung.

Typische die Lernfähigkeit senkende Faktoren	Typische die Lernfähigkeit fördernde Faktoren
▪ Kurzzyklische, unvollständige Tätigkeiten mit gleich bleibenden Anforderungen, z. B. Serienstanzen; nur Einlegen und Ablegen im Sekundentakt	▪ Längere Zyklusdauer und sequenziell und hierarchisch vollständige Tätigkeiten, z. B.: Stanzen mit Selbsteinrichten nach Zeichnung, Planung nach Reihenfolge der Aufträge, Selbstprüfung und Mengenverantwortung (Ein- und Ablegen ca. 50%)
▪ Mitarbeiter als Automatisierungslücke	▪ Mitarbeiter als Beherrscher der Prozesse
▪ Mehr als 75% psychisch automatisierte Routinetätigkeit	▪ Niedriger Anteil psychisch automatisierbarer Routinetätigkeiten; erst bei weniger als 20% besteht die Gefahr der Überforderung
▪ Keine Kommunikations- und Kooperationsanforderungen	▪ Aufgabenbedingte Kommunikations- und Kooperationsanforderungen
▪ Kaum zuzuordnende Verantwortung	▪ Eindeutig zuzuordnende Verantwortung mit selbst wählbaren Handlungsspielräumen
▪ Geringe kognitive und informationsverarbeitende Anforderungen	▪ Ständiger Wechsel zwischen sensomotorischen, informationsverarbeitenden und kognitiven Anforderungen
▪ Keine sozialen, kognitiven und fachlichen Lernanreize	▪ Arbeitsimmanente soziale, kognitive und fachliche Lernanreize
▪ Anlernen als Dressurakt	▪ Lernen durch kognitive Aneignung von Ursache-Wirkungs-Ketten

J. Pack, H. Buck, FhG-IAO Stuttgart, Verbund IV, 1996 – 1999

Schäden durch Wirtschaftskriminalität von den eigenen Mitarbeitern verursacht sind – eine kaum wünschenswerte Nutzung individueller Innovationskraft.

Auf den Trümmern des Vorurteils einer mit dem Alter sinkenden Innovationsfähigkeit sollte man nicht ins Gegenteil verfallen. Schablonen aller Art passen nicht zum Wandel menschlicher Fähigkeiten im Laufe eines Erwerbslebens. Sie lassen jeden erfahrungs- und alternsbedingten Qualifikationswandel außer Acht.

Analysen der Fallstudien ergeben ein anderes Bild. Sie zeigen, dass sich im Innovationsgeschehen die unterschiedlichen Qualifikationsschwerpunkte der Altersgruppen hervorragend ergänzen können: Kraft und Dynamik, kaum gehemmt durch Frustrationserfahrungen, verbünden sich mit Umsicht, Qualitätsbewusstsein und dispositiver Erfahrung, dem Gespür für Machbares bei Innovationsvorhaben. Die immer wichtiger werdende situationsgerechte Kombination von Technik, Marketing und Koordination und Kalkulation bis zur Produktion unter wachsendem Zeitdruck macht solche Fähigkeiten unverzichtbar.

Der Psychologe Daniel Gohlmann spricht in diesem Zusammenhang von der wachsenden Bedeutung 'emotionaler Intelligenz'. Expertenwissen, so meint er, ist vor allem für den Einstieg in den Beruf wichtig, der weitere Lebensweg wird dagegen stärker von anderen Fähigkeiten bestimmt, wie etwa Selbstbewusstsein, Selbstkontrolle, Motivation, Einfühlungsvermögen und sozialer Kompetenz – Eigenschaften, die erfahrungsbasiert und eher bei älteren Menschen zu finden sind.

Deutlich wird dies z. B. im Malerhandwerk, wo ältere Gesellen den jüngeren in der Regel überlegen sind, wenn es darum geht ein Haus umsichtig, im Kundenkontakt und mit vielen Teilaufgaben zu renovieren und auszubauen. Dafür können junge Leute meist schneller und erfolgreicher mit modernen Maschinen umgehen und sind in der Bearbeitung großer Flächen in Neubauten unschlagbar. Ähnlich fühlen sich junge Monteure, die ihre Anlagen technisch beherrschen, bei Montagen vor Ort oft unwohl und überfordert. Sie sind von der Qualität der eigenen Produkte so überzeugt, dass sie die praktisch-technischen Probleme ihrer Kunden nicht verstehen und mit potenziellen Missverständnissen nicht umzugehen vermögen.

Die idealtypisch im Handwerksbetrieb bestehende Arbeitsteilung und Kooperation zwischen den Generationen ist auch heute noch ein Modell zur Verknüpfung altersspezifischer Kompetenzen im Innovationsgeschehen (vgl. Kasten Seite 110): Der in der Regel erfahrene ältere Meister mit seiner Verantwortung für den Gesamtbetrieb braucht Altgesellen, auf die er sich fachlich und auftragsspezifisch verlassen kann. Er braucht aufgeschlossene junge Mitarbeiter, die einsatzbereit sind und für unkonventionelle Anregungen sorgen, und er braucht schließlich Lehrlinge, die sich ihr praktisches

Wissen in der persönlichen Zusammenarbeit mit den Altgesellen erarbeiten und im Idealfall auch hierbei auf neue Ideen stoßen.

Ältere Mitarbeiter mit langjährig erworbenem Erfahrungswissen sind unverzichtbar

Viele Betriebe haben nach unseren Analysen ihre Erfolgsaussichten selbst verringert, als sie bei der innerbetrieblichen Personalauswahl wichtige Erfahrungsträger entlassen haben. Sie haben übersehen, dass die tägliche Verknüpfung von technischem und Erfahrungswissen, von Engagement und fachlicher Kompetenz im schärfer werdenden Wettbewerb leichter gelingt, wenn ältere und jüngere Mitarbeiter konstruktiv im Betrieb zusammenarbeiten.

Die altersgemischte Gruppenarbeit wird umso mehr zur Voraussetzung der innerbetrieblichen Flexibilität, je wichtiger die Einzel- und Kleinserienproduktion und je komplexer die Produkte sind (z. B. Werkzeugmaschinen oder Druckmaschinen). Hier müssen

- ganzheitliche Arbeitsinhalte größtenteils selbst bestimmt bearbeitet,
- planerische Aufgaben in die Tätigkeit integriert und
- hohe Kommunikations- und Kooperationsaufgaben bewältigt werden.

Die Bedeutung der Großserien- und Massenfertigung mit ihren überwiegend getakteten Produktionsabläufen, hohen Stückzahlen und einfachen repetitiven Arbeiten sinkt und damit das Gewicht der leicht erworbenen arbeitsplatzbezogenen Qualifikation. Entsprechend werden altersgemischte Belegschaften und alter(n)sgerechte Organisationsformen künftig häufiger zu wichtigen Komponenten für Innovation und Wettbewerbsfähigkeit.

A. Reif, J. Täubert, TU Chemnitz, Verbund IV, 1996 – 1999

Die Reibung zwischen Jung und Alt kann den Prozess des Lernens für alle Beteiligten zusätzlich anregen und die Innovationskraft des Unternehmens fördern: In altersgemischten Belegschaften entwickelt sich leichter die Bereitschaft die jeweils unterschiedlichen Kenntnisse und Erfahrungen zu verbinden als in altershomogenen Gruppen, die in der gegenseitigen Konkurrenz stärker zu permanenter Überforderung und Abgrenzung neigen. Erfolgreiche Innovation braucht beides, die möglichst offene Suche nach neuen Wegen wie die eher intuitive, erfahrungsbasierte Bewertung und Umsetzung.

Ältere Mitarbeiter bevorzugen aufgrund ihrer größeren Erfahrung meist evolutorische Innovationsprozesse und haben daher eine Aversion gegen Patentrezepte, die wieder jüngeren Mitarbeitern unter dem Eindruck frisch erworbenen Wissens und der frustrierenden Langsamkeit von Veränderungsprozessen näher liegen. Doch schöpferische

Zerstörung und evolutorische Entwicklung bedingen sich gegenseitig. Auch die besten neuen Ideen bedürfen der praktischen Umsetzung und Optimierung. Altersgemischte Belegschaften sind dafür sicher kein Garant. Doch lassen die bisherigen Beobachtungen vermuten, dass sich mit altersgemischten Belegschaften auf Dauer ein höheres Innovationspotenzial entwickeln und halten lässt als mit altershomogenen Belegschaften, wie sie in Deutschland im letzten Jahrzehnt vielfach entstanden sind.

Innovationshemmende Effekte vermeiden

Innovationshemmende Effekte lassen sich auf Dauer nur vermeiden, wenn die Personalverantwortlichen nicht nur junge Leute, sondern auch hoch qualifizierte ältere Mitarbeiter rekrutieren und dies mit einer konsequenten Nachwuchspolitik verbinden (vgl. Kasten Seite 112). Besonders in mittelständischen Unternehmen verläuft der Know-how-Transfer über Mitarbeiter, sowohl über junge, die aus der Ausbildung neue Ideen und offene Fragen mitbringen, als auch über ältere, die über wichtiges Erfahrungs- und Anwendungswissen aus anderen (z. B. auch Konkurs-) Betrieben verfügen.

Die Voraussetzungen für eine altersübergreifende Kooperation scheinen in Deutschland günstiger als in manchen anderen konkurrierenden Industrieländern zu sein. In den Vereinigten Staaten z. B. herrscht eine außerordentlich hohe Fluktuation bei qualifizierten Mitarbeitern, so dass junge Dienstleistungsunternehmer – überwiegend im Softwarebereich – inzwischen Deutschland als einen hervorragenden Standort für ihr Geschäft ansehen. Sie können hier dank der Personalkontinuität mit größeren Synergieeffekten rechnen als in den Vereinigten Staaten, wo ihnen die besten Kräfte schnell abgeworben oder unbezahlbar werden.

In eine ähnliche Richtung weist das wachsende Interesse von Beteiligungsgesellschaften. Sie sehen in Deutschland gute Geschäftschancen aufgrund eines großen Potenzials für Management-Buy-Outs (MBO). Die älteren Führungskräfte bringen bei der Übernahme des Unternehmens in der Regel ein bereits eingespieltes und engagiertes Mitarbeiterteam mit. Dies schlägt sich in den Erfolgsquoten der Beteiligungsfinanzierung nieder: Sie liegen bei MBOs mit 90% viermal so hoch wie bei Neugründungen.

Der Weg zu innovativen altersgemischten Belegschaften ist allerdings steinig. Er setzt als Erstes voraus, dass in Unternehmen nicht nur neue Technik, Kundenorientierung und Konkurrenzanalyse als innovationsrelevant gelten, sondern die Personalentwicklung in den Dienst des Innovationsgeschehens gestellt wird. Die inzwischen umfangreiche Literatur zur betrieblichen Innovation geht auf Fragen der Personalentwicklung allerdings meist nur am Rande und auf solche nach der richtigen Altersmischung meist gar nicht ein.

Mögliche Entwicklungsmuster aus der Altersfalle
Unter den Fallbetrieben fallen zwei Entwicklungsmuster aus der Reihe:

1. Das erste nimmt vorweg, was unter bestimmten Umständen etliche Betriebe ereilen könnte, die heute noch gut von der Substanz ihres 'Mittelbaus' leben. Es ist typisch für vergleichsweise junge Firmen, die die Turbulenzen der Firmengründung tradieren und bis heute nicht 'gegroundet' sind. Ihre Fluktuationsrate ist hoch, weil in ihr Betriebs- und Arbeitsleben keine Berechenbarkeit und Konstanz kommt. Es fehlen ältere Mitarbeiter, die in komplexen Situationen die Übersicht bewahren und sich nicht von der Hektik anstecken lassen.

2. Das andere Entwicklungsmuster zeichnet sich dadurch aus, dass die Betriebe bewusst die Alterszusammensetzung ihrer Belegschaften im Lot zu halten suchen und Veränderungen in eine Politik des Vertrauens einbetten. Diese Unternehmen haben unter allen untersuchten den größten Wandel hinter sich, weisen die altersheterogenste Belegschaftsstruktur und zugleich die größte Innovationskraft auf. Dort werden im Segment der hoch Qualifizierten noch Leute eingestellt, die jenseits der 40er-Schallmauer sind, dort wird auch konsequent der eigene Nachwuchs herangebildet und gefördert.

Zur Innovationskultur in der zweiten Gruppe von Betrieben gehört das Prinzip der Durchlässigkeit, ob zwischen Bereichen und Abteilungen, zwischen Gewerblichen und Angestellten oder zwischen Jungen und Alten. Der intergenerationelle Austausch funktioniert nicht nur aufgrund der Proportionalität der Altersgruppen, er wird gezielt herbeigeführt, indem man etwa altersgemischte Teams bildet oder junge und ältere Entwickler zusammenführt. Die massiven Reorganisationsprozesse in den Betrieben haben kaum negative Spuren im Selbstverständnis der innovationsrelevanten Beschäftigtengruppen hinterlassen. Die altersfreundliche und innovationsoffene Kultur der Unternehmen ist nicht beschädigt.

J. Reindl, ISO Saarbrücken, Verbund V, 1996 – 2000

Umso mehr wird über die begleitende Weiterbildung und die schrittweise Einführung und Umsetzung von Innovationsvorhaben geschrieben. Kein Autor würde der Bedeutung der Mitarbeiter im Innovationsprozess widersprechen. Dennoch haben sich viele Theoretiker ebenso wie Unternehmer und Arbeitsmarktpolitiker angewöhnt die menschliche Arbeitskraft gewissermaßen ihrer Individualität zu berauben und im Prinzip für austauschbar zu halten. Notwendige Lernprozesse werden daher auf konkrete Anwendungsfragen beschränkt, die Entwicklung und Erhaltung von Lernbereitschaft und -fähigkeit spielt dabei ebenso wenig eine Rolle wie das natürliche Wechselspiel zwischen Jung und Alt.

Individualität und Teamstruktur sind aber durchaus wichtig und werden umso wichtiger, je mehr dank der Automation typisch menschliche Eigenschaften wie Kreativität,

Engagement, Lernfähigkeit und Risikobereitschaft für Arbeitskräfte an Bedeutung gewinnen. Jeder, der sich mit besonders erfolgreichen und innovativen Teams befasst hat – sei es in der Wissenschaft, in Entwicklungsabteilungen oder in Handwerksbetrieben, weiß, welche Bedeutung das Wechselspiel zwischen einzelnen Personen mit ihrem individuellen Hintergrund für den gemeinsamen Erfolg hat (vgl. Kasten unten). Bereits das Ausscheiden eines Mitarbeiters – und er muss nicht notwendig die bisherige Führungs- oder Integrationsfigur gewesen sein – kann zu einem erheblichen Effizienzverlust in der Zusammenarbeit führen.

Innovation durch alternsgerechte Personalentwicklung – Auszüge aus Interviews mit Arbeitnehmern –

Harald

(35 Jahre, Schlosser, Maschinenbaubetrieb)

Harald will aus dem Betrieb raus, er sucht Anerkennung und persönlichen Erfolg. Dann kommt ein neuer Werksleiter, spricht über Möglichkeiten der Veränderung und findet Zuhörer. Er schlägt Harald vor, in der Disposition der Montage zu arbeiten. Die Arbeit macht ihm richtig Spaß ("Ich habe mich sauwohl gefühlt."). Sogar abends fährt Harald in den Betrieb, wenn es etwas zu erledigen gibt. In einer kleinen Gruppe arbeiten sie zu zweit und zu dritt an neuen Lösungen. Hin und wieder kommt der Werksleiter dazu, fordert sie, lässt Fehler zu. Er redet viel und baut Harald und seine Kollegen immer wieder auf. Bei Konflikten steht die Tür des Werksleiters offen. Dieses menschliche Verhalten – das von der Geschäftsleitung gefördert wird – ist sehr wichtig. Das von Harald und seinen Kollegen erarbeitete Konzept wird umgesetzt. Harald wird Disponent im Managementteam einer Produktlinie.

Rolf

(39 Jahre, Schweißer, Metallverarbeitungsbetrieb)

Anfang der 90er-Jahre trägt sich Rolf mit dem Gedanken die Firma zu wechseln. Noch nie hat er einen so despotischen Vorgesetzten gehabt. Doch 1993 wechselt der Geschäftsführer. Seitdem hat sich vieles verändert. Es gilt nicht mehr der Grundsatz 'mach mal', sondern 'denk mal'. Rolf wird Schweißer in einer Produktlinie. Er darf seinen Arbeitsplatz selbst einrichten. Er spürt, dass ihm Vertrauen entgegengebracht wird. Sein Handlungsspielraum wird größer. Gedanken und Ideen – seine und die der Kollegen – werden gemeinsam diskutiert. Dafür steht ihnen auch ein Gruppenraum zur Verfügung. Er ist jetzt Mitglied in verschiedenen Arbeitsgruppen für Reorganisation und Arbeitsplatzgestaltung. Rolf ist begeistert, dass die Mitarbeiter – jüngere wie ältere – mitsprechen und mittun dürfen. Durch die Gruppe wird es möglich, sich gegen einen autoritären Meister durchzusetzen. Vieles verändert sich auch dadurch, dass die Gruppe gemeinsam Seminare besucht, weniger fachliche als mehr solche zur Teamarbeit und zu den anstehenden Aufgaben.

Bertold
(51 Jahre, Landwirt, Bäcker, Schweißer, Metallverarbeitungsbetrieb)
Mitte der 80er-Jahre ging der bisherige Meister. Der Neue arbeitet mit Druck und Angst. Keiner vertraut mehr dem anderen. Das Klima im Bereich wird immer schlechter. Bertold hat keine Lust mehr zur Arbeit und spürt zunehmend innere Verweigerung. Er überlegt, sich als Bäcker selbstständig zu machen und sucht nach einer Bäckerei, findet jedoch keine. Mit Leuten aus der Zentralschweißerei überlegt er, was man gegen den Chef unternehmen könnte, leider ohne Erfolg.
Mit dem neuen Werksleiter änderte sich alles: Er redet mit den Menschen und schlägt Bertold für eine Arbeitsgruppe vor. Bertold weiß nicht, was das ist, stimmt aber zu. Er arbeitet am Konzept einer neuen Produktlinie mit und baut sie mit auf. Er sitzt mit Kollegen zusammen und überlegt, wie groß der Raum sein soll, welche Balken wohin kommen, wie viele Leute da reinpassen. Die Kollegen kommen aus Bereichen, die sich früher immer abgeschottet hatten. Bei der Planung einer Schweißinsel verrechnet er sich. Die Insel wird nicht breit genug. Der Werksleiter sagt bloß: "Na und? Macht sie eben breiter!" Ihm wird auch angeboten einen Schweißroboter bedienen zu lernen. Das möchte er aber nicht. Sein Wunsch wird respektiert. Am Anfang war es ziemlich schwer in der Gruppe zu arbeiten. Doch die Gruppenarbeit läuft jetzt sehr gut: Die Produktivität hat sich verdoppelt, es wurden umsatzbezogene Prämien und Gleitzeit eingeführt. Er fühlt sich in seinem Betrieb wieder wohl.

G. Jasper, S. Fitzner, a&o research Berlin; W. Duell, AOC Berlin, Verbund V, 1996 – 2000

Die Innovationskraft einer Belegschaft ist immer auch eine Frage der 'Chemie' zwischen den Mitarbeitern. Sie ist hausgemacht und kann sich im Zeitablauf sowohl positiv wie negativ entwickeln. Erfolgsentscheidend wird unter sich ständig ändernden Bedingungen letztendlich das gemeinsame, mehrjährige erfahrungsbasierte Lernen, wie es sich in guten Forscherteams, Anwaltssozietäten, Handwerksbetrieben oder Arbeitsgruppen beobachten lässt. Einen Techniker kann man einstellen und einen Vertriebsmann wegen seiner Kenntnis wichtiger Kunden abwerben, doch ein erfolgreiches Innovationsklima muss mit den Personen wachsen.

Innerbetrieblicher Generationenvertag

In Zeiten starker technischer und wirtschaftlicher Veränderung muss sich ein Unternehmen Gedanken darüber machen, ob, in welchen Bereichen und in welchem Umfang es die personelle Erneuerung vorantreiben will, ob durch Personalaustausch oder Personalentwicklung. Dabei sollte ein auf den eigenen Erfolg bedachter Unternehmer auch die allgemeinen demografischen Trends im Blick behalten. Er kann sich ihnen zwar in gewissem Rahmen entziehen, doch sollte er nicht vergessen, dass dies auf Dauer nur mit steigenden Anreizen, und d. h. steigenden Kosten geht. Die knapper werdenden qualifizierten jungen Leute sind am Arbeitsmarkt stärker umworben und werden teurer, ohne dass deswegen ihre Leistungsfähigkeit automatisch stiege. Eine altersgemischte und innovativ gebliebene Belegschaft kann daher nicht nur leistungsfähiger, sondern auch billiger sein.

Schließlich sprechen die in der Regel unterschiedlichen Interessen der Älteren und Jüngeren für altersgemischte Belegschaften: Im Verlauf des Lebens verändern sich die privaten wie beruflichen Wünsche, Hoffnungen oder Träume. Die individuellen Bedürfnisse verlagern sich von der Suche nach dem eigenen Weg über die Familiengründung bzw. eigenständige Etablierung bis zur Einschränkung des physischen Handlungsspielraums im Alter. Erreichte Ziele verlieren ihre Motivationskraft, die Erhaltung des Erreichten gewinnt wachsenden Eigenwert gegenüber dem unerfüllbar Scheinenden. Zwar fallen Interessenkonflikte zwischen Mitarbeitern unterschiedlicher Altersgruppen nicht weg, haben aber einen anderen Charakter als solche zwischen Gleichaltrigen. Dies öffnet neue Wege für Kooperation und Konfliktlösung. Nicht zufällig suchen junge Menschen die Anerkennung und den Rat von Älteren gerade auch dann, wenn sie Schwierigkeiten mit Gleichaltrigen haben. Voraussetzung hierfür ist aber ein innerbetrieblicher 'Generationenvertrag', der die altersspezifischen Interessen der Mitarbeiter zum Wohle auch des Unternehmens zu verbinden vermag.

Welchen Einfluss die Personalpolitik auf das Miteinander der Altersgruppen gehabt hat und haben kann, zeigt sich in vielen Betrieben: Die Frühverrentung hat der intergenerativen Zusammenarbeit durchweg geschadet. Mitarbeiter, die heute die betrieblichen Prozesse noch überwiegend tragen, stellen sich darauf ein, in vielleicht 10 oder 15 Jahren selbst 'ausgemustert' zu werden. Warum sollten sie, das Schicksal ihrer ehemaligen Kollegen vor Augen, ihr Wissen an jüngere Mitarbeiter weitergeben, wenn sie dies nur noch früher den Arbeitsplatz kosten könnte? Warum sollte andererseits jemand, der sich für die Firma engagiert und dort gut verdient hat, nicht aus privaten Gründen die Gelegenheit nutzen, um in den Ruhestand zu wechseln? Beide Verhaltensweisen sind für die Unternehmen nicht unkritisch, weil sie entweder zu Wissensblockaden oder zum frühzeitigen Verlust wichtiger Leistungsträger führen (vgl. Kasten Seite 116).

Der Abbau effizienzmindernder Konkurrenzbeziehungen zwischen Altersgruppen verlangt eine Personalpolitik, die sich an der Entwicklung eines tragfähigen Generationenvertrages orientiert. Sie muss erreichen, dass die Mitarbeiter aller Altersgruppen ihre Einsatzbereitschaft und Loyalität gegenüber dem Unternehmen und seiner Entwicklung auch als ein positives Element für die eigene Zukunft empfinden (als 'getreuer Ekkehart' siehe Abbildung 3.2-3). Mitarbeiter, die sich in diesem Sinne mit ihrem Unternehmen zu identifizieren vermögen, sind auch tendenziell bereit Innovationsprozesse anzustoßen oder mitzutragen. Selbst radikale Veränderungen lassen sich mit ihnen – wie viele Beispiele nicht nur unter den besonders schwierigen Bedingungen der ostdeutschen Wirtschaft zeigen – sogar unter Verzicht auf Lohnanteile und erworbene Ansprüche realisieren, wenn deren Notwendigkeit glaubhaft ist.

Viele Betriebe machen das Altern zum Problem

Die quantitativen Szenarien des demografischen Wandels, also die absolute Abnahme der Erwerbsbevölkerung und die Alterung der Erwerbspersonen, sind nicht das eigentliche Problem, es sei denn, man hielte die Wirtschaft für eine starre und nicht für eine flexible Größe und die ältere Arbeitskraft für grundsätzlich defizitär. Viel größere Risiken evoziert die qualitative Entwicklung in den Betrieben, die Alter zum Problem machen und die Selbsterneuerung (Reproduktion) strategischer und für den Innovationsprozess unverzichtbarer Beschäftigtengruppen gefährden kann.
Wir wissen bereits heute, dass der im Moment den betrieblichen Prozess tragende 'Mittelbau' in die Jahre kommen wird. Er muss dann – älter geworden – weiterhin die Last der Entwicklung schultern. Ob er dazu noch imstande ist, ist durchaus fraglich:

- Fraglich nicht in erster Linie, weil die Mitarbeiter dann älter sind, sondern fraglich, weil sie älter sind und unter Bedingungen arbeiten, denen heute schon viele durch die Flucht in die Frühverrentung entgehen wollen.
- Ein zweites Problem folgt sofort auf dem Fuß: Sollten die Angehörigen des heutigen 'Mittelbaus' denselben Weg einschlagen wie ihre Vorgänger, dann ist es keineswegs eine ausgemachte Sache, dass ähnlich motivierte, belastbare und kompetente Nachfolger an ihre Stelle treten. Der transgenerationelle Austausch kann ins Stocken geraten, wenn das 'Berufsschicksal' der Vorläufergeneration auf die nächste abschreckend wirkt.

Von daher beeinflusst die aktuelle Politik in den Unternehmen die Zukunft, auch wenn sie vordergründig auf die Bewältigung der Gegenwartsanforderungen gerichtet ist: Sie hat einen Langzeiteffekt.

J. Reindl, ISO Saarbrücken, Verbund V, 1996 – 2000

In den Vordergrund solcher Diskussion gerät meist sehr schnell der Wunsch nach einer mehr oder weniger ausgedehnten Beschäftigungsgarantie. Bei genauerem Hinsehen ist dies kurzfristig sicher ein wichtiger Aspekt. Langfristig hilfreicher aber als die formale Absicherung ist das Vertrauen, dass das Unternehmen im Falle von Beschäftigungsproblemen seinen Mitarbeitern hilft und sie so wenig wie möglich zu Opfern unerwarteter oder gar bewusst verschwiegener Ereignisse werden lässt. Ein konfliktfreies Verhältnis zwischen Arbeitgebern und Arbeitnehmern hängt keineswegs von der Existenz arbeitnehmerfeindlicher oder -freundlicher Kündigungsvorschriften ab, wie sich in der Schweiz zeigt.

Abbildung 3.2-3:
Optionen der Mitarbeiter zwischen Einsatzbereitschaft und Loyalität

Einsatzbereitschaft für das Unternehmen	hoch	Portfolio-Worker ('Partner auf Zeit', 'Söldner')	Motivierte und engagierte Mitarbeiter ('Getreuer Ekkehart')
	niedrig	Taktisch kalkulierende Überläufer ('Schnäppchenjäger')	Gewohnheitsmitarbeiter ('Trittbrettfahrer', 'Geiseln')
		niedrig	hoch
		Anhänglichkeit an das Unternehmen	

Eigene Zusammenstellung

Engpass Führungskompetenz

Die alternsgerechte Personalentwicklung hängt entscheidend vom Führungsverhalten der unmittelbaren Vorgesetzten ab. Sie ist daher in mittelständischen Unternehmen häufiger zu finden als in Konzernen mit hierarchischen Führungsstrukturen und häufigem Wechsel der Vorgesetzten. Nach einer Befragung von Personalleitern bleiben die Vorgesetzten in solchen Firmen keine vier Jahre auf ihrem Platz. Das Verhältnis zwischen Mitarbeitern und ihren Vorgesetzten wird wichtiger, wenn im Zuge von Reorganisationsmaßnahmen Hierarchieebenen abgebaut werden und den Mitarbeitern jeder Rückgriff auf Dritte schwieriger oder formeller wird (z. B. über Betriebsrat oder Personalvorstand). Wer sich hier als Vorgesetzter selbst einordnen und sich gegenüber Mitarbeitern ständig auf seine hierarchische Position, höhere Ausbildung, langjährige Erfahrung und Machtposition berufen muss, taugt wenig, um anderen bei der Entwicklung ihrer Fähigkeiten und der Suche nach dem qualifikationsgerecht wechselnden Einsatz oder persönlichen Alternativen zu helfen. Ihm geht es zunächst um die Erfüllung seiner Zielvorgaben und seine eigene Karriere.

Nicht zufällig betonen Mitarbeiter in Gesprächen und Befragungen, wie wichtig für sie ein gutes Verhältnis zu ihrem Chef persönlich und beruflich ist. Ausschlaggebend ist dabei weniger, ob und wie oft es Konflikte und Meinungsverschiedenheiten mit dem Vorgesetzten gibt, sondern vielmehr die Art und Weise, wie diese im Tagesgeschäft immer wieder geregelt und ausgeglichen werden. Hier geht es um Führungskompetenz, die vor allem 'emotionale Intelligenz', ein entsprechendes Engagement, Verantwortungsbewusstsein und Interesse an den Mitarbeitern voraussetzt.

10 goldene Regeln zur Verhinderung von Innovation

1. Konzentrieren Sie sich in Ihren Managementanstrengungen vorrangig auf alle Aspekte, für die sich klare und eindeutige Regeln beschreiben lassen!
2. Definieren Sie alle Geschäftsabläufe, Aufgaben und Verantwortlichkeiten möglichst genau und transparent! Verfeinern und differenzieren Sie diese Dokumentation fortlaufend!
3. Entwickeln Sie eine souveräne Gleichgültigkeit gegenüber Ihrem Produkt (Motto: Egal, was wir verkaufen, Hauptsache, wir verdienen gutes Geld)!
4. Achten Sie auf klare Abgrenzungen zwischen den Abteilungen ihres Unternehmens und verhindern Sie möglichst jeden Erfahrungs- und Gedankenaustausch zwischen den Abteilungen!
5. Setzen Sie Ihre Mitarbeiter immer so ein, dass jeder nur das tut, was er am besten kann und wo er über die meisten Erfahrungen verfügt!
6. Fordern Sie Ihre Mitarbeiter regelmäßig dazu auf, Vorschläge zur Verbesserung der eigenen Arbeitsabläufe zu machen, aber vermeiden Sie jede unproduktive Diskussion über deren Rahmenbedingungen, Ziele und Konsequenzen! Behalten Sie sich in jedem Fall die Letztentscheidung vor und benennen Sie keine Grenzen für Gestaltungsspielräume Ihrer Mitarbeiter!
7. Kommen Sie aufgrund Ihrer schlechten Erfahrungen mit Regel 6 zu der Einsicht, dass Mitarbeiterbeteiligung nicht funktioniert und von den Mitarbeitern nicht gewünscht wird! Bedenken Sie, dass Sie Ihre Position als Führungskraft vor allem der Tatsache verdanken, dass Sie in allem – gerade auch in Detailfragen – kompetenter sind als Ihre Mitarbeiter!
8. Das Recht auf eine eigene Meinung und eigene Ideen kann nur durch Betriebserfahrung erworben werden! Machen Sie Ihren jüngeren Mitarbeitern klar, dass Sie aufgrund Ihrer überlegenen Erfahrung, Kenntnis und Lebensweisheit jede denkbare Veränderung selbst schon eingeführt hätten, wenn sie denn realistisch und sinnvoll wäre!
9. Machen Sie sich klar, dass – von Ihnen selbst einmal abgesehen – Mitarbeiter ab einem gewissen Alter am besten für Tätigkeiten taugen, die Arbeitsroutine und Erfahrungen voraussetzen! Neue Aufgaben sind das Privileg der Jugend! Vergessen Sie nicht, dass Ihre Mitarbeiter das auch selbst so wünschen!
10. Seien Sie sich stets der Einmaligkeit Ihres Unternehmens bewusst! Innovationen in anderen Betrieben sind grundsätzlich nicht auf Ihre speziellen Bedingungen übertragbar! Fragen Sie immer "Warum sollte das hier funktionieren?" und niemals "Warum sollte das hier eigentlich nicht funktionieren?"

S. Schmid, E. A. Hartmann, HDZ Aachen, Verbund V, 1996 – 2000

Fehlt die Führungskompetenz und ziehen sich Vorgesetzte auf ihre Machtposition zurück, so verfügen Mitarbeiter heute dank moderner Technik über ein breites Spektrum sehr differenzierter Abwehrmechanismen. Nach Ansicht von Managern scheitern

Veränderungsprojekte in Unternehmen dann, laut einer Umfrage der Akademie für Führungskräfte der Wirtschaft, überwiegend (83%) daran, dass die Mitarbeiter Sinn und Zweck der Veränderung nicht verstehen.

Die Anforderungen an die Führungskompetenz eines Vorgesetzten steigen mit wachsendem Anteil älterer und erfahrenerer Mitarbeiter in seinem Zuständigkeitsbereich:

- Jüngere Mitarbeiter haben in der Regel wenig Erfahrungen in ihrem Beruf und im Umgang mit Vorgesetzten, sind daher unsicherer und suchen die persönliche Anerkennung. Entsprechend stellen sie sich leichter auf die Anforderungen, Wünsche oder Launen ihres Vorgesetzten ein. Dafür sind sie meist weniger loyal und eher bereit, sich um andere Arbeitsplätze innerhalb oder außerhalb des Unternehmens zu bemühen.
- Ältere Mitarbeiter haben – jedenfalls unter den gegenwärtigen Arbeitsmarktbedingungen – selten Beschäftigungsalternativen, dafür aber wesentlich mehr Erfahrung in ihrem Aufgabenbereich und im Umgang mit wechselnden Vorgesetzten. Ihre im Laufe der Zeit erworbenen Fähigkeiten an Umsicht und dispositiver Qualifikation können sie nutzen, um Vorgesetzte auflaufen und als Versager erscheinen zu lassen oder um ihnen und sich selbst zum Erfolg zu verhelfen.

Über Mobbing wird in Deutschland in der Regel nur geredet, wenn Vorgesetzte oder Mitarbeiter einzelne Kollegen unter einen systematischen persönlichen Druck setzen. Doch Mobbing geschieht in deutschen Unternehmen nicht nur von oben nach unten, sondern sehr oft auch von unten nach oben: Viele Führungskräfte aller betrieblichen Ebenen wechseln oder verlieren nur deswegen ihren Job, weil sie mit ihren Mitarbeitern nicht klar kommen, diese kein Interesse an der Arbeit haben oder weil sich ihre Mitarbeiter ständig um einen Arbeitsplatzwechsel bemüht haben.

Die Realität in vielen deutschen Unternehmen ist noch weit entfernt von einer Personalentwicklungsstrategie, die sich an den Zielen einer lebenslangen Beschäftigungs- und Innovationsfähigkeit der Mitarbeiter ausrichtet. Das Management kümmert sich vor allem um die Optimierung von Produktion, Absatz und Produktionsprozessen – für eine innovationsorientierte Personalentwicklung fehlt vielen das Sensorium und die Zeit. Hier findet sich im unternehmerischen Verhalten dasselbe Phänomen, das auch den Umgang mit demografischen Veränderungen in der Gesellschaft insgesamt so kritisch macht: Man reagiert nur auf Symptome, ohne die Ursachen zu beachten. Schleichend kumulierende Entwicklungen wie wachsende Unzufriedenheit, Demotivation oder Passivität bei Mitarbeitern fallen nicht auf. Sie führen 'nur' zu höheren und längeren 'Grippewellen', zu hohen Fluktuationsraten oder unerklärlichen Qualitätseinbußen. Nicht selten wird eine gewisse Resignation, verbunden mit wachsendem Gehorsam, zunächst als positiver Lerneffekt gewertet.

Erst wenn größere Veränderungen anstehen oder der Betrieb in eine Krise gerät, zeigen sich die fatalen Konsequenzen: Die leistungsfähigeren Mitarbeiter verlassen zuerst das sinkende Schiff, die schwächeren und älteren mit niedrigen Chancen am Arbeitsmarkt warten ab, suchen Hilfe bei Betriebsräten und Gewerkschaften, bemühen Arbeitsgerichte und verteidigen Rechtspositionen. Die Vorgesetzten klagen über fehlende Lern- und Innovationsbereitschaft ihrer Mitarbeiter und schlechte Belegschaftsstrukturen, obwohl sie diese selbst geschaffen haben.

Unternehmenskultur sichert 'Shareholder-Value'

In Großunternehmen sind selbst Vorgesetzte Mitarbeiter, wenn auch auf unterschiedlicher hierarchischer Stufe. Sie geben nach unten meist weiter, was sie von oben empfangen. Umso wichtiger ist die Existenz einer Unternehmenskultur, die alle Mitarbeiter auf allen Stufen der Hierarchie zu verbinden vermag und sie zu Einsatzbereitschaft, Loyalität und Innovationen motiviert. Bei den Mitarbeitern muss ein Unternehmen nicht nur gegen andere potenzielle Arbeitgeber konkurrieren, es konkurriert auch gegen die Privatinteressen und das außerbetriebliche Engagement. Eine gute Unternehmenskultur muss daher Wertvorstellungen zulassen, unterstützen und täglich erlebbar machen, die Erfolge für das Unternehmen stets auch zu Erfolgserlebnissen für Mitarbeiter und Führungskräfte machen und ihnen damit die individuelle Verknüpfung von Leben und Arbeit im Erwerbsverlauf erleichtern.

Die Unternehmenskultur ist der Bezugsrahmen für die gelebten Werte und realisierten Verhaltensweisen, von denen es abhängt, ob aus Söldnern oder Geiseln mitdenkende und engagierte Mitarbeiter ('getreue Ekkeharts') werden oder nicht. In diesem Sinne hat jedes Unternehmen eine Unternehmenskultur, die im Mit- oder Nebeneinander der Menschen, im Verhalten der Führungskräfte und Mitarbeiter täglich zum Ausdruck kommt. Ihre Qualität kann ganz unterschiedlich ausfallen: eher innovationsfreundlich oder -feindlich, von Vertrauen oder Konflikten zwischen Mitarbeitern geprägt, mit offenem Informationsaustausch oder bewusster Verschleierung trotz moderner Informations- und Kommunikationstechniken. Eine geschriebene Unternehmensverfassung ist als Leitlinie sicher hilfreich, wenn sie zur Bezugsbasis im Tagesgeschäft geworden ist.

Die Vorstellungen über positive und negative Elemente in einer Unternehmenskultur sind individuell sehr unterschiedlich. Sie ändern sich im Laufe der Zeit und hängen stark vom allgemeinen kulturellen und gesellschaftlichen Umfeld des Unternehmens und seiner Mitarbeiter ab. Individuelle Interessen, bisherige Erfahrungen und allgemeine Wertvorstellungen gehen eine unauflösliche Mischung ein, die sich in durchaus unterschiedlichen, manchmal auch widersprüchlich erscheinenden Wünschen an die Unternehmenskultur im Unternehmen niederschlägt (vgl. Kasten Seite 121 f.).

Typische Wunschvorstellungen zur Unternehmenskultur	
Jüngere Mitarbeiter	**Ältere Mitarbeiter**
Ansehen des Unternehmers in der Öffenlichkeit	
▪ Visionen von einer besseren Zukunft	▪ Selbstdarstellung
▪ Gesellschaftliche Verantwortung hinsichtlich - Umweltschutz, - Ausländerintegration, - Integration von jüngeren Arbeitslosen, - Förderung der Erstausbildung, - Stipendien für Studenten, - Schaffung von Arbeitsplätzen, - Sport- und Kulturförderung u.ä.	▪ Größe und Bedeutung des Unternehmens hinsichtlich - Produkten, - Anzahl der Beschäftigten, - Umsätzen und Gewinnen, - Marktanteilen in In- und Ausland, - Technologieniveau u. ä.
Umgang mit den Mitarbeitern, Personalführung	
▪ Kooperativer Führungsstil, Delegation, Anerkennung von Eigenverantwortung und Eigeninitiative	▪ Autorität und Anweisungen von Vorgesetzten
▪ Leistungstransparenz über Zielvereinbarungen	▪ Vorgesetztenbeurteilungen als Maßstab
▪ Aufstieg nach individuellen Leistungen	▪ Aufstieg nach betrieblicher Beschäftigungsdauer und Lebensalter
▪ Nebeneinander von formalen und lässigen Umgangsformen in Kleidung und Anrede (auch Duzen)	▪ formelle Umgangsformen in Kleidung und Anrede (nur Siezen)
Entlohnung und Alterssicherung	
▪ Erfolgsprämien für individuelle Leistungen und kollektiven Unternehmenserfolg	▪ Eingruppierung nach betrieblicher Beschäftigungsdauer und Lebensalter
▪ Lebensversicherungen und Mitarbeiterbeteiligungen	▪ Erweiterter Kündigungsschutz bei langjähriger betrieblicher Beschäftigungsdauer und bei Erreichung von Altersgrenzen, Betriebsrenten

Arbeitsformen und Arbeitszeiten	
▪ Aktive Arbeitnehmerbeteiligung in Zirkeln und Arbeitsgruppen, Systeme der kontinuierlichen Verbesserung ▪ Hoch flexible Arbeitszeitgestaltung mit Zeitautonomie, Zeitkonten ▪ Teamarbeit mit Ergebnisverantwortung in offenen Organisationsstrukturen ▪ Aufgabenwechsel als permanente Herausforderung	▪ Traditionelles Verbesserungswesen ▪ Gleitzeitsysteme mit festen Zeitgrenzen für den Arbeitstag, die Arbeitswoche u. ä. ▪ Orientierung an Dienstwegen in Hierarchien ▪ Orientierung an festen Stellen und Stellenbeschreibungen

A. Köchling, GfAH Dortmund, Verbund V, 1996 – 2000

Eine gute Unternehmenskultur ist sehr viel mehr als die möglichst weit gehende Erfüllung der von Mitarbeitern zu einem bestimmten Zeitpunkt geäußerten Wünsche. Sie muss deren Wandel und die Revision von Vorurteilen zulassen und sich darauf ebenso einstellen wie auf Veränderungen im technischen, wirtschaftlichen und politischen Umfeld. Erfolgreiche Innovationsprozesse sind Veränderungsprozesse und eine innovationsorientierte Unternehmenskultur muss Verbesserungsvorschläge fordern und aufgreifen.

Eine innovationsfreudliche Unternehmenskultur steht keineswegs im Widerspruch zu der heute so oft erhobenen Forderung nach dem 'Shareholder-Value'. Dies gilt besonders, wenn sich die Shareholder aus langfristig interessierten Anlegern und Pensionsfonds zusammensetzen, die ein Interesse an kontinuierlich zufrieden stellenden Renditen haben. Es gilt ebenso für alle Dienstleistungs- und High-Tech-Unternehmen, deren Börsenwert nicht zuletzt wegen einer solchen Unternehmenskultur weit über die Bilanzwerte hinaus gestiegen ist.

In Zukunft werden Wertsteigerungen noch stärker als bisher von der kontinuierlichen Innovationsfähigkeit der Unternehmen, und das heißt der ihrer Mitarbeiter abhängen. Sie müssen in ihrem Engagement für das Unternehmen zugleich auch ein positives Element für ihre Erwerbsbiografie und ihre Zukunftsperspektive sehen. Der Umgang mit älteren Mitarbeitern wirkt sich dabei ebenso auf die jüngeren aus wie die Organisation der Arbeitsabläufe und die Glaub- und Vertrauenswürdigkeit der Unternehmensführung. Dass Innovation und Erfolg unter solchen Bedingungen durchaus auch mit einem hohen Anteil älterer Mitarbeiter in der Fertigung gelingen kann, zeigt das Beispiel des Möbelherstellers Wilkhahn (vgl. Kasten Seite 123).

Unternehmenskultur und Altersintegration – ein Fallbeispiel

Beim Möbelhersteller Wilkhahn genießen ältere Mitarbeiter generell ein hohes, explizit anerkanntes Ansehen. Insbesondere in der Fertigung werden ihre praktischen Erfahrungen hoch geschätzt. Darüber hinaus wird entsprechend der offiziellen Unternehmensphilosophie u.a. die soziale Partnerschaft im Betrieb als eine der tragenden Säulen für den wirtschaftlichen Erfolg angesehen und es bestehen entprechende Beteiligungsstrukturen. Die Stellung älterer Mitarbeiter wird ausgehend von diesen Grundbedingungen vom Unternehmen bewusst anerkannt, gefördert und durch einzelne Regelungen verbindlich festgeschrieben. Folgende Maßnahmen tragen speziell dazu bei, dass ältere Beschäftigte in einem hohen Maße in den Betrieb integriert sind und Altersbarrieren kaum existieren:

- Integration älterer, auch leistungsgeminderter Personen in neue Produktionsformen,
- damit einhergehende arbeitsplatznahe Qualifizierung der Mitarbeiter und besondere Schulungen für Leitungsfunktionen,
- zielgerichtete Rekrutierung älterer Facharbeiter auf dem Arbeitsmarkt und weitestgehende Vermeidung von Frühpensionierung und
- Maßnahmen zum Gesundheitsschutz und Regelungen zur Verdienstsicherung für ältere Arbeitnehmer mit gesundheitlichen Einschränkungen.

Der bisher schon hohe Stellenwert älterer Mitarbeiter wird durch die Einführung neuer Produktionsformen nicht nur aufrechterhalten, sondern z.T. noch gesteigert. Mit der Einführung neuer Arbeitsformen in diesem Betrieb sind neue Qualifizierungs- und Laufbahnmöglichkeiten entstanden und diese erlauben in besonderem Maße die Berücksichtigung der Kenntnisse und Fähigkeiten älterer Beschäftigter.

F. Frerichs, FfG Dortmund, Verbund III, 1996 – 1998

Personal- und Organisationsentwicklung

Gestaltungsfelder zur Erhaltung innovativer Belegschaften

4

4. Personal- und Organisationsentwicklung – Gestaltungsfelder zur Erhaltung innovativer Belegschaften

4.1 Arbeitseinsatz und Qualifikation – Voraussetzung für lernfähige Mitarbeiter

Das Grundproblem des alterns- und erfahrungsgerechten Einsatzes von Mitarbeitern liegt in der unterschiedlichen Geschwindigkeit, mit der sich die Qualifikationsprofile der Mitarbeiter einerseits und die beruflichen Anforderungen andererseits verändern. Der Arbeitswelt ist der biologisch-menschliche Veränderungsrhythmus zu langsam. Hier gilt ein anderer Zeittakt, der von technischen Veränderungen, Wettbewerbern und Marktanforderungen diktiert wird. Schleichende, über Jahre hinweg reichende Veränderungen im Qualifikationsprofil der Mitarbeiter geraten meist erst dann in das Blickfeld, wenn Leistungseinbußen eintreten. Dann beginnt auch die Suche nach Ursachen und das bequeme Vorurteil bietet sich an: Junge Menschen sind eben leistungsfähiger als alte.

- Viele Vorgesetzte beschränken sich auf ihre Zuständigkeit im Hier und Jetzt. Sie diagnostizieren tätigkeitsspezifische Leistungsdifferenzen zwischen jüngeren und älteren Mitarbeitern, Ursache: Alter.
- Jüngere Kollegen respektieren am Anfang noch die größere Erfahrung und Geschicklichkeit der Älteren. Doch die Differenz schwindet im Lauf der Zeit. Am gleichen Arbeitsplatz wächst im Vergleich der Eindruck von Leistungsunterschieden bei gleichem Gehalt.
- Ältere Mitarbeiter verstärken selbst diesen Eindruck, wenn sie Veränderungen leugnen (“Was der kann, kann ich noch allemal”) oder ihr Alter als bequemes Argument zur Rechtfertigung von Leistungsunterschieden nutzen (“Kommt Ihr erst einmal in mein Alter”).

Begrenzte Tätigkeitsdauer und Innovativität

Das der Arbeitswissenschaft seit langem bekannte Phänomen der begrenzten Tätigkeitsdauer spielt in diesen Beobachtungen selten eine Rolle. Dabei wissen Arbeitsmediziner seit langem, dass einseitige Beanspruchungen am Arbeitsplatz zu physiologischen und psychologischen Belastungen kumulieren und sich im Verlust an Leistungsfähigkeit niederschlagen können. Die medizinisch notwendige Schlussfolgerung war die Forderung nach einer ergonomischen Gestaltung des Arbeitsplätze. In den neueren Forschungsergebnissen zeigt sich jedoch, dass der bisherige medizinische Ansatz allein nicht reicht. Die Begrenzung der Tätigkeitsdauer hat nach diesen Erkenntnissen vier durchaus unterschiedliche Komponenten, die sich im konkreten Fall überlagern:

- der physisch/psychische Verschleiß, von dem in der Vergangenheit überwiegend die Rede war,
- die Redundanz bestimmter Qualifikationen, die unter sich ändernden Produktionsbedingungen ihren Wert verlieren,
- der Reputationsverlust und die Entmutigung aufgrund sinkender Anerkennung durch Mitarbeiter und Vorgesetzte sowie
- Veränderungen im privaten Umfeld, die eine Fortsetzung der bisherigen beruflichen Tätigkeit erschweren, uninteressant oder sogar unmöglich machen.

Die genannten Gründe für die Begrenzung der Tätigkeitsdauer sind guten Unternehmern und Personalverantwortlichen nicht neu. Es gibt Beispiele, in denen im Einzelfall versucht wurde praktikable Lösungen für sich und die Mitarbeiter zu finden:

- Betriebsleiter sorgten im Rahmen ihrer Möglichkeiten für einen Tätigkeitswechsel – oft intuitiv, aufgrund persönlicher Beobachtungen oder auf Bitten der Mitarbeiter. Dass sie damit auch erfolgreich dem potenziellen Leistungsabfall entgegenwirkten, war beiden, Mitarbeitern wie Vorgesetzten, vielleicht bewusst, aber nur bei wenigen Strategie.
- Andere Betriebsleiter entdeckten für gleichförmige Arbeiten ihr Herz für junge Arbeiterinnen und Ausländer, in der stillen Hoffnung, sie würden aus familiären Gründen über kurz oder lang wieder ausscheiden – eine Hoffnung, die jedoch allzu oft trog.

Mit der Zunahme des Durchschnittsalters bei den Arbeitskräften wird das Phänomen der begrenzten Tätigkeitsdauer vermutlich häufiger auftreten. Unter dem Druck der technischen, wirtschaftlichen und organisatorischen Veränderungen haben sie zugleich die Spielräume des Mittelmanagements verkleinert:

- Mit der Automation verringert sich das Spektrum alternativer Tätigkeiten im unmittelbaren Umfeld der Mitarbeiter.
- Der Wettbewerbsdruck zwingt die Firmen, sich stärker auf 'Kernkompetenzen' zu spezialisieren und betriebsintern alternative Tätigkeitsfelder abzubauen.
- Der Abbau von Hierarchiestufen und die Dezentralisierung der Unternehmen reduziert die Zahl der Vorgesetztenpositionen und erhöht den kurzfristigen Erfolgsdruck.

Diese Trends verstärken die Wirkung des demografischen Wandels. So steigt tendenziell der Bedarf nach alternsgerechten Alternativen, anstatt zu sinken.

Nur wenige Unternehmen bringen das Phänomen der begrenzten Tätigkeitsdauer mit der Innovationsfähigkeit ihrer Mitarbeiter in Verbindung. Beide sind jedoch eng miteinander verbunden. Innovationsfähig können nämlich Mitarbeiter nur sein, wenn sie ihre sich wandelnden Qualifikationsprofile möglichst umfassend erfassen und nutzen können. Dies aber setzt die Beobachtung von Qualifikationsveränderungen in einem längeren Verlauf voraus. Viele Vorgesetzte vor allem in größeren Unternehmen sehen aber nur auf die aktuelle Leistung. Der fernen Personalführung bleiben Veränderungen in den Qualifikationsprofilen ihrer Mitarbeiter meist verborgen. Sie kennt nur ansatzweise die im Unternehmen tatsächlich verfügbaren Qualifikationsträger. Kaum jemand schaut noch einmal in Bewerbungsunterlagen und Zeugnisse oder interessiert sich für inzwischen absolvierte Weiterbildungsmaßnahmen und in der Tätigkeit erworbene Qualifikationen.

Die Kenntnis über firmeninterne Leistungspotenziale und deren Veränderung wird jedoch unverzichtbar angesichts des Phänomens der begrenzten Tätigkeitsdauer, um den leistungsadäquaten Einsatz der Mitarbeiter möglich zu machen und damit ihre Motivation zu erhalten. Dies erfordert die Aufbereitung und Weiterführung der Personalunterlagen, nicht nur nach formalen Merkmalen, wie Art der Tätigkeit, Status, Ausbildung und Alter, sondern auch unter Aspekten, die Risiken durch einseitige Tätigkeiten oder Spezialisierungen sowie bisher nicht benötigte oder zugewachsene Qualifikationen erkennen lassen. Berufspraxis, betriebliche Aktivitäts- und Veränderungsbereitschaft sind hierfür ebenso wichtig wie private Weiterbildung und außerbetriebliche Interessenschwerpunkte. Dies allerdings sollte nicht als 'Geheimakte', sondern in Absprache mit den Mitarbeitern und den Betriebsräten erfolgen.

Personalentwicklung für Belegschaftssegmente

Bezugsebene für eine solche Personalplanung sind die unterschiedlichen betrieblichen Belegschaftssegmente und deren altersstrukturelle und qualifikatorische Entwicklungen (vgl. Kasten unten).

Leitfragen für das künftige Personalmanagement

- Welche betrieblichen Belegschaftssegmente lassen sich kurz-, mittel- und langfristig fortschreiben nach geplanten
  - Abgängen wegen Erreichung der gesetzlichen Altersgrenze?
  - Zugängen wie z. B. Übernahmen von Erstauszubildenden oder befristeten Arbeitsverhältnissen?
- Welche zur Verrentung anstehenden, betrieblich unverzichtbaren Wissens- und Erfahrungsträger sind in welchen Belegschaftssegmenten?
- Welche Jüngeren stehen zur 'Tandembildung' mit Älteren für einen intergenerativen Wissens- und Erfahrungsaustausch in welchen Belegschaftssegmenten bereit?
- Sind Übergangszeiten mit zeitweisen Personalüberhängen bei den Jüngeren für den Betrieb machbar?

A. Köchling, GFAH, Dortmund, Verbund V, 1996 – 2000

Ein solches Personalmanagement ist eigentlich nicht neu, bleibt aber bisher in den meisten analysierten Unternehmen auf die Führungsebene beschränkt. Beim Führungsnachwuchs achtet man auf Tätigkeitswechsel, um die Erfahrungsbasis zu verbreitern und Einseitigkeiten in der Beschäftigung bzw. dadurch drohender Abwanderung zu begegnen. Viele Führungskräfte fordern auch ihrerseits einen regelmäßigen Wechsel. Für die Arbeits- und Belegschaftsebene macht man sich solche Gedanken seltener. Hier zählen für die Personalverwaltung meist nur die Köpfe. Aufgeschlossener sind in dieser Hinsicht Leiter kleinerer Betriebe, die auf ein persönliches Verhältnis zu allen Mitarbeitern Wert legen.

Abbildung 4.1-1:
Ansatzpunkte zur Berücksichtigung demografischer Aspekte in der Unternehmenspolitik

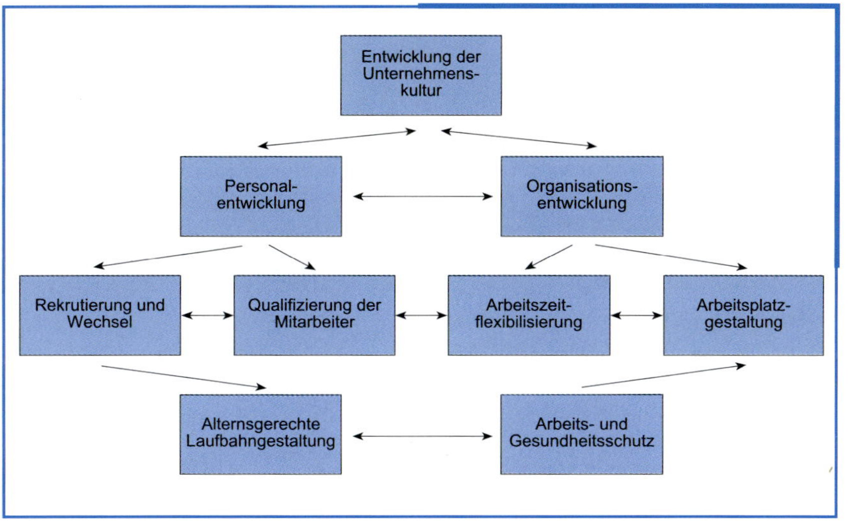

Mit der Dezentralisierung, dem Hierarchieabbau und der Automatisierung innerhalb der Firmen gewinnt die Personalentwicklung an Bedeutung. Sie hängt mit der Organisationsentwicklung zusammen, von der die innerbetriebliche Zusammenarbeit und damit der Erfolg und die Innovationskraft in den verschiedenen Belegschaftssegmenten bestimmt wird. Ihren Ausdruck finden beide in der Unternehmenskultur (vgl. Abb. 4.1-1):

1. Das Personalmanagement rückt näher an das betriebliche Geschehen heran und erleichtert damit eine Personalentwicklung, die sich im Gespräch mit den direkten Vorgesetzten an den Belegschaftssegmenten orientiert und den Kontakt zu den Mitarbeitern nicht verliert.

2. Mit der Zuständigkeit für kleinere und spezialisiertere Einheiten schrumpfen meist die Handlungsspielräume für einen Tätigkeitswechsel innerhalb der eigenen Einheit und entsprechend steigt die Gefahr von Spezialisierungsfallen für die Mitarbeiter und von Leistungsverlusten für den Betrieb.

Welches Gewicht beiden Aspekten zukommt, hängt stark von den spezifischen Produktions- und Einsatzbedingungen ab. Gleichwohl lassen sich auch hier Hinweise, gewissermaßen als Leitideen, aus den Ergebnissen der Forschungsarbeiten ableiten, die es im konkreten Fall zu modifizieren und zu konkretisieren gilt. Im Folgenden wird auf die verschiedenen Möglichkeiten, das Phänomen der begrenzten Tätigkeitsdauer in der Organisations- und Personalentwicklung zu berücksichtigen, eingegangen.

Erhaltung der Lernfähigkeit durch Arbeitssystembewertung

Unternehmenskultur lässt sich am besten vor Ort beurteilen. In den konkreten Arbeitsabläufen, in der Arbeitsplatzgestaltung und im Einsatz der Arbeitskräfte zeigt sich, inwieweit sich die Mitarbeiter mit ihrem Arbeitgeber identifizieren, für die Erfüllung ihrer Aufgaben engagieren und als Partner in einem kontinuierlichen Verbesserungsprozess verstehen. Hier zeigen sich auch die Negativwirkungen, wenn sich Arbeitnehmer mehr oder minder zurückhalten und das Feld 'Besserwissern' überlassen. Produktivitätsverluste und Innovationshemmnisse sind die unvermeidlichen Folgen.

Vor diesem Hintergrund liest sich eine Liste der wichtigsten Ursachen für die Abnahme der Arbeitsfähigkeit bei Mitarbeitern wie eine Herausforderung für eine bessere Unternehmenskultur:

- Rollenkonflikte der beteiligten Personen,
- ständiges Kontrollieren und Angreifen durch Kollegen und Vorgesetzte,
- Angst vor Fehlern und Irrtum,
- geringe Selbstbestimmung der eigenen Arbeit,
- Zeitdruck,
- Mangel an Anerkennung.

Diese Elemente einer leistungshemmenden oder -mindernden Arbeitsgestaltung treten besonders stark in tayloristisch geprägten Arbeitsstrukturen auf. Hier bestimmt die Maschine oder eine vorgegebene schematische Arbeitsorganisation den Arbeitsrhythmus. Der arbeitende Mensch erlebt sich als Werkzeug, seine Leistungsanforderungen richten sich nach technischen Kennziffern, seine persönliche Leistungsfähigkeit ist unerheblich. Die tatsächliche Qualifikation der Mitarbeiter wird nur zu einem Bruchteil genutzt und eingesetzt. Gleichzeitig wächst auf Dauer die Gefahr einseitiger Überforderungen und es kommt zu einer negativen Personalauswahl mit entsprechenden Konsequenzen für Produktivitätsentwicklung und Innovationsfähigkeit (vgl. Kasten rechts).

Negative Personalauswahl durch tayloristische Arbeitsgestaltung

Für Großserienmontagen werden gern junge, körperlich leistungsfähige Facharbeiter eingestellt. Sie werden in der Produktion körperlich stark gefordert, ihre erworbene Qualifikation aber kaum genutzt. Typisch ist folgende Situation: Für ein neues Produkt wurde in einem Unternehmen eine neue Montage eingerichtet. Man rekrutierte junge und gut qualifizierte Facharbeiter, deren Arbeit wie folgt charakterisiert war:

- hoch arbeitsteilig
- kurzzyklisch
- beschränkt auf reine Montagetätigkeiten
- niedrige Qualifikationsanforderungen
- niedrige Entscheidungs- und Handlungsspielräume

Schon nach einem Jahr stieg die Fluktuation stark an, um sich später wieder zu stabilisieren. Eingetreten war folgender Selektionsprozess: Vornehmlich hatten Mitarbeiter die Montage verlassen, die den Verlust ihrer in der Ausbildung erworbenen Qualifikation befürchteten und sich als besonders motiviert, lernwillig, lernfähig, aber auch veränderungswillig und -bereit erwiesen hatten. Die gebliebenen Mitarbeiter verloren ihre Ausgangsqualifikation immer mehr und entwickelten aufgrund fehlender Lernanreize eine wachsende Lern- und Veränderungsunwilligkeit bis hin zu Lern- und Veränderungsunfähigkeit. Gleichzeitig wuchs die Resignation, da ihnen attraktivere Arbeitsplätze zunehmend verwehrt blieben.

J. Pack, H. Buck, FhG-IAO, Stuttgart, Verbund IV, 1996 – 1999

Gewisse Vorteile haben in dieser Situation Firmen, die sich aufgrund ihrer Produktionsstruktur nur begrenzt an das tayloristische Prinzip halten können, meist kleinere Unternehmen, deren Arbeitsablauf durch wechselnde Aufträge und kundennähere Produktion gekennzeichnet ist. Sie unterliegen weniger den Gesetzmäßigkeiten der Serie. Besonders schwierig dagegen haben es Werksmeister und Betriebsleiter, die sich nicht zuletzt aus menschlichen Gründen um eine ‘differenzierte und dynamische Arbeitsgestaltung’ bemühen und versuchen ihre Arbeitskräfte der Leistungsfähigkeit gemäß einzusetzen und die Aufgaben den individuellen Qualifikationsveränderungen anzupassen. Unterschieden wird allerdings meist nur zwischen unbeschränkt einsatzfähigen Mitarbeitern und potenziell gesundheitsbeeinträchtigten Älteren. Dabei dominiert das intuitive Erfahrungswissen des jeweiligen Vorgesetzten. Die Einstufung erfolgt nach den spezifischen Anforderungen der Arbeitsplätze, denen die tatsächlichen oder vermeintlichen Stärken und Schwächen von jüngeren bzw. älteren Mitarbeitern zugeordnet werden. Typisch hierfür war die Einrichtung von altersgerechten Schonarbeitsplätzen für ältere Arbeitnehmer in manchen Betrieben, die allerdings heute aus Kostengründen meist wieder aufgelöst wurden.

Die Ausrichtung der Arbeit an den Ergebnissen und die Berücksichtigung der individuellen Qualifikationen der Mitarbeiter führt zu erheblichen Veränderungen in der Arbeitsorganisation. Hierfür schlägt das Fraunhofer-Institut für Arbeitswirtschaft und Organisation (Fh-IAO) bei Montagearbeiten den Übergang zur Arbeitssystembewertung vor. Ausgangspunkt dieses Konzepts zur Reorganisation der Arbeitsabläufe ist die Feststellung,

- dass die tatsächliche Qualifikation der gewerblichen Mitarbeiter in hoch arbeitsteiligen Arbeitssystemen heute zu wenig genutzt wird und bei einseitiger Ausübung verfällt,
- dass mangelnde geistige Flexibilität, Innovationsfähigkeit und defizitäre Lernfähigkeit nicht Ergebnis biologischer Alterungsprozesse, sondern schlecht gestalteter Arbeitssysteme sind und
- dass Lernungewohntheit und geringe Flexibilität von Mitarbeitern mit langer Betriebszugehörigkeit zu einer altersmäßigen Segmentierung von Personal, Produkten und Prozessen führen – mit entsprechend hohen Kosten bei jeder Veränderung.

Die Arbeitssystembewertung geht im Unterschied zur Arbeitsplatzbewertung von dem Arbeitszusammenhang aus, etwa den innerhalb einer Woche zu erfüllenden Aufgaben. Sie versucht sie zu erfassen und zeitlich zu verteilen. Die einzelnen Tätigkeiten werden nach ihren körperlichen Anforderungen ebenso wie nach potenziellen psychischen Belastungen (Monotonie, psychische Sättigung oder Ermüdung) oder den geforderten Qualifikationen überprüft. Der Analyse zugrunde liegt ein Tätigkeitsbewertungssystem, das die Arbeitsanforderungen nach fünf Bereichen beschreibt, nämlich

- den organisatorischen und technischen Bedingungen, d. h. den Schnittstellen Mensch und Maschine sowie der Arbeitsteilung zwischen den beteiligten Menschen,
- den dafür notwendigen Kooperations- und Kommunikationsbeziehungen,
- der daraus resultierenden Verantwortung,
- den erforderlichen geistigen Leistungen sowie
- den resultierenden Qualifikations- und Lernerfordernissen.

Gemessen an diesen Kriterien sind die Anforderungsprofile der verschiedenen Montageschritte von der Vorkommissionierung bis zur Qualitätskontrolle außerordentlich unterschiedlich. Jede der verschiedenen Einzeltätigkeiten führt selbst bei Job-Rotation zu einer qualifikatorischen Unterforderung der meisten Montagearbeiter. Gleichzeitig sind Bandführer und Vorgesetzte schnell überfordert, wenn sie auf die individuellen Leistungspotenziale Rücksicht nehmen müssen. Erst die Integration der Arbeitsschritte in eine Gruppenarbeit mit Arbeitsplatzwechsel erlaubt die Entstehung von Anforderungsprofilen, die nicht nur eine höhere Produktivität durch bessere Nutzung der vorhandenen Qualifikationen, sondern auch deren Erhaltung und Weiterentwicklung erlauben und die Lernfähigkeit der Mitarbeiter erhalten.

Durch die Integration der Arbeitsabläufe wird unter modernen Produktionsbedingungen das realisiert, was jeder gute Handwerksmeister oder erfolgreiche Leiter eines Dienstleistungsbetriebs bei der Einsatzplanung für anstehende Aufträge intuitiv macht: Er schafft teilautonome, oft altersgemischte Gruppen, die für die Durchführung des Auftrags verantwortlich sind und sich ihre Arbeit situationsgerecht organisieren: Abwechslungsreichtum in der Arbeit, Einsatz von Fähigkeiten und Kenntnissen, Übernahme von Verantwortung innerhalb eines Bereichs, selbstständige Arbeitsgestaltung und oft sogar direkter Kontakt zu Kunden waren und sind Kennzeichen kleinbetrieblicher Arbeitsstrukturen. Der Sinn der Arbeit ist hier ebenso einsichtig wie die Zweckmäßigkeit der Zusammenarbeit (vgl. Kasten unten).

Von der Segmentierung zur Altersmischung von Gruppen in der Montage

Üblicherweise wird Segmentierung in der Produktion für die produktbezogene Trennung bzw. Integration unterschiedlicher Organisationseinheiten verwendet. Betriebe mit Großserienproduktion passen sich den veränderten Marktanforderungen dadurch an, dass sie zusätzliche Produkte mit hoher Variantenvielfalt und höheren Anforderungen an Qualifikation und Flexibilität der Mitarbeiter in getrennten Arbeitsgruppen herstellen. Hier setzen sie bevorzugt junge, höher qualifizierte Mitarbeiter ein. Die kurzfristige Optimierung im Personaleinsatz führt im Lauf der Zeit zu einer altersbezogenen Segmentierung der Produktionseinheiten und einer produkt- und prozessbezogenen Polarisierung von Qualifikationen.

Es entsteht folgende Problematik: Die Anteile der neuen und alten Produkte müssten entsprechend den Belegschaftsanteilen der Jüngeren und Älteren stabil bleiben. Dies ist mittel- bis langfristig nicht zu erwarten. Es entsteht vielmehr bei sinkendem Absatz der alten und steigendem Absatz der neuen Produkte die Notwendigkeit ältere Mitarbeiter mit langer Betriebszugehörigkeit in neuen Produktbereichen einzusetzen. Dafür fehlen ihnen aber aufgrund ihrer langen Tätigkeit in der Großserienproduktion Qualifikation, Lernfähigkeit und Flexibilität. Sie finden sich nur schwer in den neuen Arbeitsorganisationsformen zurecht. Mit traditionellen Mitteln betrieblichen Anlernens sind diese Voraussetzungen nicht zu schaffen. Zielgruppenspezifische Qualifizierungsoffensiven erfordern andererseits einen enormen finanziellen und zeitlichen Aufwand. Die Alternative besteht darin, frühzeitig und präventiv altersgemischte Gruppen und Arbeitssysteme einzurichten.

J. Pack, H. Buck, FhG-IAO Stuttgart, Verbund IV, 1996 – 1999

Lernanregende Gruppenarbeit will gelernt sein

Was für die Montage gilt, gilt grundsätzlich auch für andere Arbeitsstrukturen: Ein lernanregendes Arbeitsumfeld, in dem vorhandene Qualifikationen möglichst genutzt und weiterentwickelt werden, lässt sich leichter durch Gruppenarbeit realisieren. Sie erweist sich auf Dauer als effizienter und innovativer, weil sie menschlicher ist. Gruppenarbeit ist allerdings in Deutschland noch unterrepräsentiert. Nach einer Studie der Europäischen Stiftung zur Verbesserung der Lebens- und Arbeitsbedingungen in Dublin haben bisher nur 8% der deutschen Unternehmen ihre Arbeitsorganisation auf Gruppenarbeit umgestellt, in den USA sind es fünf Mal so viele, auch in Holland, Schweden und Dänemark ist Gruppenarbeit weiter verbreitet. Die Erfahrungen der Unternehmen mit Gruppenarbeit sind recht gut: 90% von ihnen geben an, damit die Qualität ihrer Produkte verbessert zu haben, bei 60% sanken die Kosten und über die Hälfte bestätigte steigende Produktivität.

Die Gründe für die bisherige Zurückhaltung deutscher Unternehmen liegen in der traditionellen Verankerung von Management und Mitarbeitern: Manager fürchten in offenen Arbeitsformen die Kontrolle über Mitarbeiter und Tätigkeiten zu verlieren. Der kurzfristige Erfolgsdruck führt dazu, dass Zeit, Geld und Geduld für die Umstellung der bisherigen Arbeitsgewohnheiten fehlen. In den Fabriken werden die Möglichkeiten des internen Wettbewerbs zwischen jeweils autonomen Arbeitsgruppen nicht genutzt, um die Kreativität anzuregen. Einmal unternommene Versuche Gruppenarbeit im Crash-Kurs einzuführen und den Mitarbeitern quasi überzustülpen sind gescheitert.

Teamarbeit ist aber nicht per se effizient und alternsgerecht. Entscheidend sind die Modalitäten und das Verhalten der beteiligten Personen. Den traditionellen Führungs- und Weiterbildungsstrukturen folgend haben viele Unternehmen versucht, Gruppenarbeit ähnlich wie neue technische Anlagen mithilfe von Blockseminaren und Organisationsanweisungen effizient und Zeit sparend einzuführen. Dies kommt vielfach auch den Mitarbeitern entgegen, die an exakte Vorgaben gewöhnt sind. Für sie gilt Gruppenarbeit oft nur als ein weiteres Instrument zur Produktivitätssteigerung und sie organisieren daher ihre Arbeit innerhalb der Gruppe wie gewohnt streng arbeitsteilig: Jeder Mitarbeiter führt jeweils die Handgriffe aus, die er gerade am relativ besten beherrscht oder die ihm die Gruppe überlässt. An die Stelle von Arbeitstakt und hierarchischer Anweisung tritt Sozialkontrolle und Selbstbeschränkung.

Solche Formen von Gruppenarbeit müssen scheitern. Sie stellen lediglich alte Strukturen wieder her und verstärken bei steigendem Ergebnisdruck sogar noch ihre Fehler: Die Mitarbeiter können ihren Unmut über Eintönigkeit und Belastung nicht mehr einem Vorgesetzten anlasten, sie machen jetzt noch schneller das Unternehmen insgesamt und ihre eigenen Kollegen verantwortlich – ideale Voraussetzungen für gegenseitiges Mobbing, sinkendes Engagement und Produktivitätsverluste.

Altersgemischte Gruppenarbeit – (k)ein Allheilmittel

Hemmende Faktoren	Fördernde Faktoren
▪ Einführung ohne Qualifizierung ▪ Folgen: Segmentierung der Tätigkeiten, sinkende Personalflexibilität	▪ Systematische Qualifizierung ▪ Folgen: Kenntnis des Arbeitsziel, Erweiterung des Leistungsspektrums
▪ Hohe Leistungsanforderungen von Anfang an ▪ Folgen: Hoher kurzfristiger Erfolgsdruck, sinkende Lernbereitschaft	▪ Anlernphase ohne maximale Produktivitätserwartung ▪ Folgen: Verständnis für die Abläufe, systematischer Erfahrungsaustausch
▪ Vorgabe der zu leistenden Arbeitsschritte ▪ Folgen: Spezialisierung der Mitarbeiter auf die kurzfristigen Vorteile, Verzicht auf Verbesserungsvorschläge	▪ Dispositionsspielräume zur Erfüllung einer Aufgabe ▪ Folgen: Förderung des Entscheidungs- und Problemlösungsvermögens, Identifikation mit dem Produkt
▪ Freigabe der Selbstorganisation ohne Anleitung ▪ Folgen: Gruppeninterne Taylorisierung, einseitige Belastungen	▪ Anreize zur Rotation in der Gruppenarbeit ▪ Folgen: Rotation über die Teilaufgaben Hoher Belastungsausgleich Erhaltung der Lernfähigkeit

J. Pack, H. Buck, FhG-IAO, Stuttgart, Verbund IV, 1996 – 1999

Erfolgreiche Arbeitsgruppen brauchen dagegen zweierlei: möglichst klare Zielvorstellungen und große Freiheitsspielräume bei der Gestaltung ihrer Arbeit. Je einleuchtender das Ziel ist, umso leichter fällt die Abstimmung, und je größer die Gestaltungsspielräume sind, umso leichter lassen sich der Wechsel von Arbeitsschwerpunkten, ein natürlicher Wissens- und Erfahrungsaustausch zwischen jüngeren und älteren Mitarbeitern und damit Lernprozesse realisieren. Besonders geeignet für solche Arbeitsformen ist etwa die Entwicklung von Software für technische Produkte: Je nach Maschinentyp, Haushaltsgerät oder Steuerungsaggregat müssen stets neue Softwarepakete erarbeitet werden, für die sich die Mitarbeiter jeweils mit neuen Fragestellungen beschäftigen, ihre Fachkenntnisse erweitern und neue Technologien berücksichtigen müssen. Bei solchen Projekten, wie sie jeder Handwerksbetrieb oder jedes Beratungsunternehmen kennt, lässt sich Lernen und Arbeiten kaum trennen. Gleichzeitig müssen immer wieder neue Wege im Miteinander der beteiligten Gruppenmitglieder gesucht und gefunden werden. Gerade hier haben sich altersgemischte Teams auch in dem so 'jungen' Softwarebereich bewährt (vgl. Kasten Seite 136).

Theoretisch empfehlenswerte Altersstruktur der Mitarbeiter nach Arbeitsaufgaben in der Softwareerstellung	
Arbeitsaufgaben in der Softwareerstellung	**Tendenziell geeignete Altersstruktur der Mitarbeiter**
1. Aufgabenanalyse	gemischtes Team mit Schwerpunkt bei *älteren* Mitarbeitern
2. Systementwurf	gemischtes Team mit Schwerpunkt bei *älteren* Mitarbeitern
3. Modulentwurf	gemischtes Team mit Schwerpunkt bei *jüngeren* Mitarbeitern
4. Codierung	*jüngere* Mitarbeiter
5. Modultest	weitgehend neutral, evtl. Schwerpunkt bei *jüngeren* Mitarbeitern
6. Integration	*ältere* Mitarbeiter
7. Systemtest	weitgehend neutral
8. Implementierung	gemischtes Team
9. Nachsorge, Wartung	*ältere* Mitarbeiter

S. Berndes, U. Lünstroth, BTU Cottbus, Verbund IV, 1996 – 1999

In solchen Arbeitsgruppen zeigt sich, wie gering der Einfluss des kalendarischen Alters im Vergleich zu den Erfahrungen der Mitarbeiter am bisherigen Arbeitsplatz ist. Arbeitskräfte, die an standardisierte Arbeitsabläufe gewöhnt waren, denen nicht nur die Verantwortung für die Qualität ihrer Arbeit, sondern auch für die eigene Leistung vom Arbeitgeber abgenommen wurde, tun sich schwer in offenen Arbeitsgruppen.
Interessant ist in diesem Zusammenhang die Beobachtung vieler Betriebe: Nebenerwerbslandwirte oder ehemalige Handwerker sind eher teamfähig als traditionelle Industriearbeiter. Sie haben gelernt, sich selbst zu organisieren, und müssen dies auch in ihrem Nebenerwerb ständig praktizieren. Entsprechend können sie sich ihre Lernfähigkeit und ihre soziale Kompetenz besser erhalten.

Für die Einrichtung von lernorientierter und innovationsfördernder Gruppenarbeit gibt es keine Patentrezepte. Vor allem ist die Konzentration auf jüngere Mitarbeiter keine Erfolgsgarantie. Sie erschwert unter Umständen sogar den Wissens- und Erfahrungsaustausch. Entscheidend dagegen ist nach den Produkten und der technischen Ausstattung des Betriebes die Qualifikationsstruktur und die soziale Kompetenz der Gruppenmitglieder und -moderatoren. Hier gewinnen auch externe Faktoren wie etwa die Berufsbildung, die Arbeitsmarktsituation, die Tarifstruktur und das private Umfeld Einfluss auf die Arbeitsorganisation.

Arbeitszeitgestaltung erfordert Kreativität

Besonders wichtig ist in diesem Zusammenhang die Arbeitszeitgestaltung. Sie regelt im Betrieb die Abstimmung zwischen den aktuellen Leistungsanforderungen und dem Leistungsvermögen der Mitarbeiter und sie legt für diese den Arbeitsrhythmus zwischen privaten und beruflichen Aufgaben fest.

In den letzten Jahrzehnten ist in die Arbeitszeitgestaltung erhebliche Bewegung gekommen. Nur sehr wenige Menschen arbeiten tatsächlich noch im Rhythmus der Normalarbeitszeit: etwa sieben bis acht Stunden am Tag, zwischen 8 und 18 Uhr, an fünf Arbeitstagen in der Woche. Für die überwiegende Zahl, mehr als 80%, gelten schon heute mehr oder minder starke Abweichungen. Viele können ihren Arbeitsbeginn und ihr Arbeitsende individuell variieren, andere sind nur teilzeitbeschäftigt, haben frei wählbare Arbeitspakete, sind in Schichtsysteme eingebunden, müssen sich mit ihren Kollegen absprechen oder verkürzen ihre Lebensarbeitszeit durch Sabbaticals und die Ausnutzung von Möglichkeiten zur Altersteilzeit.

Der Trend zur Verkürzung der Arbeitszeit bei gleichzeitigem Anstieg der Produktivitäten wäre ohne Flexibilisierung des zeitlichen Arbeitseinsatzes unvorstellbar. Nur so lassen sich Anspannung und Erholung im Tages- wie im Lebensrhythmus optimal ergänzen, private Erfahrungen nutzbringend mit beruflichen Tätigkeiten verbinden und die hohe Leistungsdichte als Voraussetzung für hohe Produktivitäten realisieren. Die Entwicklung und Nutzung von Zeitsouveränität ist für Arbeitnehmer wie Arbeitgeber zu einem Instrument der Arbeits- und Lebensgestaltung geworden. Besonders junge Leute, selbst noch im Aufbruch und nicht an feste Arbeitsraster gewöhnt, suchen vorzugsweise flexible Arbeitsmöglichkeiten. Unternehmen stellen fest, dass Arbeitskräfte mit größerer Zeitsouveränität konzentrierter und produktiver arbeiten.

Die zeitliche Koordination zwischen Arbeit und Leben aus individueller wie betrieblicher Sicht wird zu einer zentralen Aufgabe der Arbeitsorganisation, von der die Einsatzbereitschaft und Leistungsfähigkeit der Mitarbeiter ebenso geprägt wird wie die Auslastung der Betriebsanlagen und die Flexibilität bei Auftragsschwankungen. Am stärksten ist die Variationsbreite bei kleinen Unternehmen, vor allem im Dienstleistungsbereich.
Wachsende Arbeitszeitflexibilität heißt in den Betrieben zunächst wachsender Organisationsaufwand.

Dabei verstehen Arbeitgeber und Arbeitnehmer unter Zeitsouveränität oftmals etwas Grundverschiedenes:

- Zeitsouveränität ist für einen Betrieb immer dann optimal, wenn er seine Arbeitskräfte möglichst auf Abruf einsetzen und die Arbeitszeiten möglichst kosten- und ertragsgünstig an die betrieblichen und technischen Produktionsabläufe sowie die Wünsche der Kunden anpassen kann.

- Zeitsouveränität für die Mitarbeiter definiert sich dagegen sehr viel eher über die optimale Abstimmung von Arbeit und Leben, von Einkommen und privater Tätigkeit, von Beruf und Familie.

Die Beobachtungen in den zahlreichen Fallstudien zeigen, dass die Einführung flexiblerer Arbeitszeiten in der heutigen Praxis überwiegend den betrieblichen Interessen dient. Anstoß ist etwa der Abbau teurer Überstunden, die höhere Flexibilität bei zeitlich unterschiedlichem Arbeitsanfall oder die Reaktion auf Veränderungen im tarifvertraglichen oder rechtlichen Rahmen. In vielen Dienstleistungsunternehmen erzwang auch die Projektbindung andere Einsatzzeiten, die nicht selten mit einer wachsenden Arbeitsverdichtung und mit Überstunden an Wochenenden und in Eckzeiten verbunden waren. Die Betriebe definieren in der Regel die Arbeitszeiten, an die sich die Mitarbeiter anpassen. Ein wichtiges Argument für die Betriebe dabei war, dass viele Arbeitsplätze dadurch sicherer wurden. Die Firmen konnten auf die Beschäftigung von Leiharbeitskräften verzichten, sparten Überstundenzuschläge und hielten eingespielte qualifizierte Arbeitnehmer leichter im Betrieb. Ein Zuwachs an Arbeitsplätzen durch Einführung flexibler Arbeitszeiten wurde dabei in keinem Fall beobachtet.

Die Abstimmungsprobleme mehren sich und viele Vorgesetzte – fest verankert in traditionellen Führungsstrukturen – fürchten den Kontrollverlust bei wachsenden Spielräumen, die Mitarbeiter unbezahlte Mehrarbeit.
Die Einführung von Zeiterfassungssystemen schien hier ein guter Ausweg. Inzwischen setzt sich in immer mehr Betrieben die Abschaffung von Zeiterfassungssystemen durch. Die Mitarbeiter entscheiden in Abstimmung mit ihren Vorgesetzten und Teamkollegen selbst, wann und wie lange sie arbeiten. Dies erfordert allerdings ein entsprechendes Vertrauensverhältnis im Betrieb.

Im Zusammenhang mit dem Wunsch nach einer alternsgerechten Arbeitszeitflexibilisierung sind zwei Modelle von besonderem Interesse (vgl. Kasten Seite 139):

- Die langfristigen Zeitsparmodelle, in denen Arbeitgeber und Arbeitnehmer vereinbaren, Arbeitszeit über einen längeren Zeitraum auf einem Zeitkonto anzusparen. Die Entnahme erfolgt in Form bezahlter Freizeit. Den Verhandlungsspielraum begrenzt das Arbeitszeitgesetz (maximal 10 Stunden pro Tag) und die Ausgleichszeiträume (z. Zt. bis zu drei Jahre) tarifvertragliche und steuer- bzw. sozialrechtliche Regelungen.
- Bei Wahlarbeitszeitmodellen wird jeweils über Umfang und Lage von Mitarbeit und Arbeitszeit, meist im Zusammenhang mit konkreten Aufträgen und Projekten, neu verhandelt. Die Arbeitnehmer werden für die geleistete Arbeit bezahlt und haben im Rahmen der betrieblichen Erfordernisse großen Gestaltungsspielraum. Grenzen ergeben sich auch hier durch tarifliche, gesetzliche und sozialversicherungsrechtliche Normen.

Vor- und Nachteile von Arbeitszeitmodellen

Die Zeitsparmodelle orientieren sich in ihrer Grundstruktur an den traditionellen Formen der Vollzeittätigkeit. Sie eignen sich vor allem, um vergleichsweise kurzfristige Schwankungen im Arbeitsanfall (aus Arbeitgebersicht) und im privaten Zeitbedarf (Arbeitnehmersicht) auszugleichen. Der unmittelbare Zusammenhang zwischen eingesetzter Arbeitszeit und erhaltenem Lohn wird gelockert, der Arbeitnehmer behält sein normales Gehalt, während sich die schwankenden Arbeitszeiten im Mittel ausgleichen. Sie werden gegenwärtig besonders für Altersteilzeitregelungen genutzt, um den gleitenden Ausstieg aus dem Arbeitsprozess zu erleichtern.

Der Aufbau von Langzeitkonten erfolgt durch Mehrarbeitsleistungen. Der Zeitausgleich beschränkt sich in der Regel auf wenige Jahre, in denen die Mitarbeiter voll angestellt bleiben. Dem Mehraufwand für Zeiterfassung und Einsatzplanung im Betrieb stehen weniger Überstundenzuschläge, niedrigere Einstellungs- und Einarbeitungskosten für kurzfristig benötigte Arbeitskräfte und weniger Leerzeiten gegenüber. Für die höheren Zeitsouveränität verzichtet der Arbeitnehmer auf potenzielle Zuschläge. Der innerbetriebliche Ausgleich von Beschäftigungsschwankungen wirkt tendenziell stabilisierend auf den Arbeitsmarkt und das Sozialsystem, senkt allerdings auch die Chancen von Arbeitslosen auf schnelle Wiedereingliederung.

Vor- und Nachteile von Zeitsparmodellen

	Vorteile	Nachteile
Arbeitgeber	▪ Höhere Flexibilität bei Auftragsschwankungen ▪ Reduzierung der Leerlaufzeiten ▪ Einsparung von Mehrarbeitszuschlägen ▪ Bei arbeitnehmerfreundlichen Vereinbarungen: Verbesserung des Betriebsklimas	▪ Höherer Aufwand für Zeiterfassung und Personaleinsatzplanung ▪ Unter Umständen Tendenz zur Ausdehnung der Arbeitszeit durch Arbeitnehmer
Arbeitsmarkt	▪ Sicherung der Arbeitsplätze, besonders in Betrieben mit stark schwankender Auslastung	▪ Keine Reduktion der durchschnittlichen Arbeitszeit ▪ Verschärfung der Insider-Outsider-Problematik
Sozialsystem	▪ Beschäftigungsrisiken durch schwankende Auslastung werden innerbetrieblich bewältigt	▪ Geringere Eingliederungschancen älterer Arbeitsloser ▪ Evtl. höhere Kosten durch gesundheitliche Belastungen

F. Frerichs, FfG Dortmund, H. Viebrok, ZeS Bremen, Verbund III, 1996 – 1998

Bei Wahlarbeitszeitmodellen bleibt das Einkommen an die Arbeitszeit geknüpft. Sie wird nach Bedarf zwischen Arbeitgeber und Arbeitnehmer vereinbart, sodass ein fast unbeschränkter Vollzeit-Teilzeitwechsel stattfinden kann. Ein zwischenzeitlicher (Sabbatical) oder vorzeitiger Ausstieg muss von den Arbeitnehmern selbst aufgefangen werden. Da die Arbeitnehmer weniger fest in das Betriebsgeschehen integriert sind, können sie auch bei schwankender Beschäftigungslage nicht einfach in die Vollzeitbeschäftigung zurückkehren und haben in aller Regel größere Schwierigkeiten mit traditionellen Karrieremustern. Andererseits ist das Wahlarbeitszeitprinzip bei der erwerbsbiografischen Anpassung von Arbeit und Leben allen anderen Arbeitszeitmodellen überlegen. Alternde Arbeitnehmer müssen sich bei vorzeitigem Rückzug selbst um die soziale Absicherung kümmern. Dies fällt besser verdienenden Spezialisten und Führungskräften in der Regel leicht, nicht aber Arbeitnehmern in niedrigeren Gehaltsstufen.

Vor- und Nachteile von Wahlarbeitszeitmodellen

	Vorteile	Nachteile
Arbeitgeber	▪ Höhere Eigenverantwortlichkeit und Motivation der Mitarbeiter ▪ Verbesserung des Betriebsklimas ▪ Vorteile im Wettbewerb um qualifizierte Arbeitskräfte ▪ Bei Arbeitszeitreduzierungen evtl. Verringerung von Leerlaufzeiten	▪ Verlust von Dispositionsspielräumen ▪ Größere Unsicherheiten in der Personalplanung ▪ Unsicherer Ertrag von Qualifizierungsmaßnahmen ▪ Höhere Personalfixkosten pro Kopf (Qualifizierung, Ausstattung) bei Teilzeitbeschäftigung
Arbeitsmarkt	▪ Interne Lösungen bei Schwankungen in der Auslastung fallen leichter ▪ Eventuell Reduzierung der durchschnittlichen Arbeitszeit ▪ Generell bessere Möglichkeiten zur Teilzeitbeschäftigung	▪ Tendenz zur Vernachlässigung von Normen zum Schutz von Arbeitnehmern ▪ Bei Missbrauch: Zunahme von geringfügiger Nebenbeschäftigung oder Schattenwirtschaft
Sozialsystem	▪ Niedrigere Kosten bei internen Lösungen ▪ Bessere Finanzsituation bei positiven Arbeitsmarkteffekten	▪ Höhere Kosten bei gesundheitlichen Belastungen ▪ Bei Missbrauch: sinkende Einnahmen durch Nebenbeschäftigungen und Schattenwirtschaft

F. Frerichs, FfG Dortmund, H. Viebrok, ZeS Bremen, Verbund III, 1996 – 1998

Wahlarbeitszeitmodelle lassen sich besonders gut mit Telearbeit verknüpfen. Immer häufiger interessieren sich Arbeitgeber nur für das Ergebnis, nicht aber für die eingesetzte Zeit, und überlassen es den Mitarbeitern, wie viel Zeit sie wann und wie einsetzen. Dass die größere Zeitsouveränität auch für die Mitarbeiter attraktiv ist, zeigt ihr Interesse an den unterschiedlichen Formen von Telearbeit. Ihre Einführung ging in Deutschland (anders als in den USA) primär auf die Initiative der Beschäftigten zurück, während Unternehmen und direkte Vorgesetzte abwartend reagierten.

Telearbeit und Wahlarbeitszeitmodelle lassen die Grenzen zu anderen Arbeitsformen wie Selbstständigkeit, Mehrfachbeschäftigungen und Schattenwirtschaft relativ offen erscheinen. Dies hat Konsequenzen für die Arbeitsgestaltung und die Zusammenarbeit zwischen Arbeitgeber und Arbeitnehmer: Mit der Flexibilität sinkt nicht nur die Kontrolle über die geleistete Arbeitszeit, sondern auch über die Arbeitsbedingungen oder den Umgang mit Firmeninformationen. Der Gefahr des leichteren Missbrauchs steht aber die größere Eigenverantwortung und Motivation der Arbeitskräfte gegenüber, die sich nach allen bisherigen Erfahrungen außerordentlich positiv für die Unternehmen auswirken. Selbst unter arbeitsmarkt- und sozialpolitischen Gesichtspunkten führt die Ausbreitung von Wahlarbeitszeitmodellen zu einer tendenziellen Zunahme von Teilzeitformen aller Art, die in der Regel auch mit einer Entlastung des Arbeitsmarkts und der Finanzierung von Sozialleistungen verbunden sind.

Voraussetzung für Telearbeit ist (ähnlich wie die Arbeit in autonomen Gruppen) eine klare Zielvereinbarung etwa im Sinne eines Werkvertrages. Gleichzeitig eignen sich solche Arbeitsformen – ob mit variablem oder festem Arbeitsvertrag – vor allem für Aufgaben mit klar abgrenzbaren Arbeitspaketen, für deren Bearbeitung die Informationsvernetzung ausreicht. Sie verbieten sich dagegen in räumlich vernetzten Produktionssystemen und überall dort, wo die Arbeit eine unmittelbare Anwesenheit vor Ort notwendig macht.

Entlohnungssysteme sind im Umbruch

Für die meisten Arbeitnehmer ist die Arbeitszeit eng verknüpft mit der Höhe des Einkommens. Dies gilt nahezu für alle Angestellten und zunehmend auch für gewerbliche Mitarbeiter. Die traditionelle Trennung zwischen Arbeitern und Angestellten ist im Lauf der Zeit immer fragwürdiger geworden:

- Die Leistungsentlohnung über Akkord- und Mengenprämien passt nicht mehr zu den integrierten Arbeitsformen und wurde auch im gewerblichen Bereich immer mehr durch den 'Zeitlohn' abgelöst.
- Auf der anderen Seite gerät die rein zeitbezogene Entlohnung immer stärker unter Druck. Sie ist zwar unproblematisch in der Handhabung und gibt auch den Mit-

arbeitern ein hohes Maß an Planungssicherheit. Sie fördert aber nicht unbedingt die individuelle Leistungsbereitschaft oder die Identifikation mit dem Unternehmen.

Vor dem Hintergrund des demografischen Wandels wird immer wieder auf die steigenden Lohn- und Lohnnebenkosten mit zunehmendem Alter verwiesen, die mit der Produktivitätsentwicklung bei älter werdenden Arbeitnehmern nicht Schritt zu halten vermögen. Typisch hierfür ist die im öffentlichen Dienstrecht verankerte altersabhängige Gehaltssteigerung. Solche Zuschläge sind jedoch außerhalb des öffentlichen Dienstrechts selten und beziehen sich meist nur auf die ersten Jahre der Betriebszugehörigkeit. Wissenschaftlich lässt sich bisher ein altersabhängiger Kostenanstieg in der Wirtschaft nicht nachweisen. Berechnungen zur Entwicklung des Lohnniveaus in Abhängigkeit von der Berufserfahrung kommen sogar zu dem Ergebnis, dass die Löhne zwar zunächst mit wachsender Berufserfahrung ansteigen, nach etwa 25 Jahren (also im Alter von 45 bis 50 Jahren) aber ihr Maximum erreichen und danach wieder um etwa ein Drittel zurückgehen.

Gleichwohl verweisen Unternehmer immer wieder auf kostensteigernde Wirkungen des 'Senioritätsprinzips': In den meisten Tarifverträgen seien alters- bzw. betriebszugehörigkeitsabhängige Kündigungs-, Arbeitsschutz- und Besitzstandsregelungen verankert, die für gut drei Viertel aller Beschäftigten gelten. Solche Regelungen können bei gleichen oder sinkenden Stundenlöhnen zu einer relativ höheren Kostenbelastung führen, wenn die Arbeitsleistung der Mitarbeiter altersabhängig sinkt. Diese Gefahr ist allerdings eng gebunden an den bisherigen Arbeitseinsatz. Ist es hier zu Lernungewohntheiten, abnehmender Flexibilität und Qualifikationsverlusten gekommen, so sinken die weiteren Einsatzmöglichkeiten und die relativen Kosten steigen. In solchen Fällen muss man ehrlicherweise nicht von altersbedingt ansteigenden Personalkosten, sondern von Folgekosten einer qualifikationsschädigenden Einsatzplanung reden.

Die Suche nach stärkerem Ergebnis- wie Qualifikationsbezug in der Entlohnung hat in der Vergangenheit auf der Führungsebene zu einem neuen Prinzip der Gehaltsfindung mit Hilfe von Zielvereinbarungen geführt. Entscheidend für die individuelle (oft auch gruppenspezifische) Entlohnung ist eine regelmäßige Leistungsbeurteilung anhand gemeinsam zwischen den zuständigen Vorgesetzten und den beteiligten Mitarbeitern vereinbarten Zielgrößen.
Sie erfolgt in Gesprächen, in denen nicht nur über die geleistete Arbeit, sondern auch über Unternehmensziele und Arbeitsbedingungen gesprochen werden sollte. Sie können zu einem wichtigen Instrument der Unternehmenskultur werden. Die individuellen Einkommen können im Rahmen tarifvertraglich, betriebsspezifisch oder individuell festgelegter Regeln von Jahr zu Jahr unterschiedlich ausfallen. Außerdem erlaubt die Gehaltsfindung die Beachtung individueller Leistungsmerkmale wie auch der wirtschaftlichen Situation des Betriebes.

Für die Bezahlung der leitenden Angestellten hat sich das System der Zielvereinbarungen bereits vielfach bewährt. Gegenwärtig denken immer mehr Unternehmen darüber nach, wie sie die bisherigen Entlohnungsstrukturen allmählich überwinden können (vgl. Kasten unten).

Spezialist vs. Seniorität – eine praktische Optimierung

In hoch innovativen Branchen, in denen Erfahrung und Wissen immer wieder in Frage gestellt sind, ist die Betriebszugehörigkeit als einfacher Indikator gerechter Vergütung nicht mehr adäquat. Häufig hört man in Unternehmen der Software-Branche, wo ältere Mitarbeiter mit neuen Techniken arbeiten sollen, dass sie im Vergleich mit jüngeren Mitarbeitern weniger leisteten und dennoch mehr Geld verdienten. Zwei Beispiele für einen gelungenen Ausgleich:

Beispiel 1: Ein kleines, kundenorientiertes, 1989 gegründetes Unternehmen entwickelt und betreut Software-Programme für Verwaltung und Buchhaltung. Der Altersdurchschnitt der Software-Entwickler beträgt ca. 25 Jahre. Die Technik habe nur geringen Anteil am Geschäftserfolg, verglichen mit den Kenntnissen über Probleme des Kunden sowie verbindlichem und zuverlässigem Arbeiten, meint der Geschäftsführer. Daher ist die Akzeptanz der älteren Entwickler, die über die notwendige breite Erfahrungsbasis verfügen, bei den jüngeren entsprechend hoch. Das Unternehmen fördert mit einer Palette von Maßnahmen frühzeitig die Zusammenarbeit älterer, erfahrener und jüngerer Entwickler und bietet jedem eine individuelle Perspektive für seine Laufbahn an. Der Entwickler arbeitet sich entlang eines Ausbildungsplans ein und entwickelt sich im Allgemeinen zum Projektleiter mit engem Kundenkontakt weiter. Es gibt in der Bezahlung kein Senioritätsprinzip, sondern neben einem Grundgehalt wird ein erfolgs- und leistungsabhängiger Anteil pro abgeschlossenem Projekt gezahlt. Dieser kann für jedes mehrwöchige Projekt die Höhe eines Monatsgehaltes überschreiten.

Beispiel 2: Großunternehmen zahlen traditionell nach Betriebszugehörigkeitsdauer. Stehen tief greifende Veränderungen der Organisationsstruktur bevor, lohnt es sich, auch gleichzeitig die Entgeltregelung zu verändern. Das zeigt der Fall eines seit mehreren Jahrzehnten existierenden Software-Unternehmens mit über 200 Mitarbeitern. Im Rahmen der Verflachung der Hierarchien wurden Competence-Center eingeführt und das Vergütungssystem umgestellt: Das Grundgehalt, das ca. die Hälfte des durchschnittlichen Gehalts ausmacht, wird erfolgsunabhängig gezahlt. In die Berechnung der anderen Hälfte gehen zu etwa gleichen Teilen der Geschäftserfolg des Competence-Centers sowie der des Gesamtunternehmens ein.

S. Berndes, U. Lünstroth, BTU Cottbus, Verbund IV, 1996 – 1999

Das Instrument der Zielvereinbarungen darf aus Sicht einer innovativen Unternehmenskultur allerdings nicht zu einem Rückfall in Tagelöhnermentalitäten führen, bei der die Mitarbeiter zu reinen Befehlsempfängern werden. Entscheidend ist vielmehr die Förderung des Gesprächs, und zwar für beide Seiten, Arbeitgeber wie Arbeitnehmer, Mitarbeiter wie Vorgesetzte. Wer gezwungen ist, sich über seine eigenen Tätigkeiten, Arbeitsmöglichkeiten und Qualifikationen Gedanken zu machen, dem fällt es auch leichter Verbesserungsvorschläge zu machen, die individuelle Leistungsfähigkeit anderer Kollegen oder Mitarbeiter einzuschätzen und sich in der Zusammenarbeit darauf einzustellen. Während die meisten Unternehmen den Grundüberlegungen für eine ergebnisorientierte Entlohnung gerne zustimmen, sind sie gegenüber den daraus folgenden Konsequenzen für die Unternehmensführung eher zurückhaltend: Eine Besoldung über individuelle Zielvereinbarungen verlangt aber den Verzicht auf die gewohnte und leicht kontrollierbare Steuerung von Arbeitsabläufen. Sie verlangt die Entwicklung kommunizierbarer Zielvorstellungen auf allen betrieblichen Ebenen.

Dabei geraten die Vorgesetzten auf den mittleren und unteren Ebenen leicht von zwei Seiten unter Druck: von oben, weil sie sich gegenüber ihren Vorgesetzten und dem Vorstand für das Erreichen der Ziele verantworten müssen, und von unten, weil sie dort auf steigende Gestaltungswünsche ihrer Mitarbeiter stoßen. Sie können diesen Druck nur aushalten, wenn sie insgesamt in eine innovationsorientierte Unternehmenskultur eingebunden sind. Unter solchen positiven Bedingungen kann es sogar gelingen bisher unüberwindbar erscheinende Hürden wie Bestandsschutzgarantien im Interesse aller zu überwinden (vgl. Kasten rechts).

Neue Geschäftsfelder mit Älteren

Die vertrauensvolle Zusammenarbeit innerhalb eines Unternehmens ist auch eine gute Voraussetzung, um das Angebotsspektrum eines Unternehmens den Qualifikationsveränderungen der alternden Mitarbeiter kontinuierlich anzupassen. Klein- und Handwerksbetriebe haben zwar meist weniger Möglichkeiten als Großunternehmen, dies durch neue technische Lösungen und Arbeitsstrukturen zu tun. Dafür finden sie aber leichter angrenzende Geschäftsfelder, in denen sie die besonderen Fähigkeiten dieser Mitarbeiter zum eigenen Vorteil und zu dem ihrer Mitarbeiter nutzen können (vgl. Kasten Seite 146).

In der Industrie bieten sich vergleichbare Möglichkeiten durch die Entwicklung von Systemangeboten. Dabei können ältere Facharbeiter nicht nur ihr im Betrieb erworbenes Know-how, sondern auch die alternsbedingt zuwachsenden Qualifikationen einbringen, um das bisherige Geschäftsfeld auszudehnen und kundenorientiert zu ergänzen. Ein gutes Beispiel hierfür lieferte ein Maschinenbaubetrieb. Er erweiterte sein Angebot um Wartungsdienstleistungen und bot ehemaligen Mitarbeitern aus der Montage ein neues und interessantes Betätigungsfeld sowie seinen Kunden ein individuelleres Angebot.

Existenzsicherung durch mitarbeiterorientierte Unternehmensstrategie
Die Müller-Weingarten AG gehört zu den führenden Herstellern von Werkzeugmaschinen höchster Präzision. Ca. 2000 Mitarbeiter produzieren an zwei deutschen und mehreren ausländischen Standorten u.a. mechanische und hydraulische Pressen und Automatisierungseinrichtungen. Nach langen Jahren des wirtschaftlichen Erfolgs geriet das Unternehmen 1993/94 in einen harten internationalen Preiswettbewerb. Die Existenz des Unternehmens und der Arbeitsplätze waren gleichermaßen gefährdet.

Die Unternehmensführung entwickelte in dieser Situation eine mitarbeiterorientierte Unternehmensstrategie mit dem Ziel aus dem Unternehmen eine lernende Organisation zu machen. Als Voraussetzung dafür galt es das Verhältnis zu den Mitarbeitern auf den Werten Transparenz, Vertrauen und Sicherheit aufzubauen. Dies geschah in folgenden Stufen:

- In Stufe 1 versuchte man die notwendige Personalanpassung zu mildern, indem zahlreiche Mitarbeiter in eine Qualifizierungsschleife geschickt und anderen eine Wiedereingliederungsoption zugesagt wurde.
- Stufe 2 verzichtete auf Entlassungen durch Arbeitszeitreduzierung bei gleichzeitiger Einkommensreduzierung und Arbeitsplatzsicherung durch Beschäftigungsgarantie. So konnte wichtigen Mitarbeitern die Arbeitslosigkeit erspart und dem Unternehmen die Erfahrung erhalten werden.
- In Stufe 3 wurde eine Arbeitszeitflexibilisierung eingeführt, die den Bedürfnissen der Mitarbeiter gerecht werden und es dem Unternehmen erlauben konnte Auslastungsspitzen und -täler aufzufangen.

Seine Feuerprobe bestand das Unternehmen bei der Einbeziehung der Mitarbeiter in die Planung der Fertigungsinseln. Hier rückte der Dialog in das Zentrum der unternehmensstrategischen Überlegungen und viele Vorgesetzte lernten den Mitarbeitern in punkto Kompetenz, Kreativität und Engagement mehr zuzutrauen.

In Anlehnung an eine Präsentation der Firma Müller-Weingarten AG, 1995

Altersgerechte Aufgabenverteilung im Kleinbetrieb

In einem Tischlerbetrieb mit acht Beschäftigten werden Arbeiten des Innenausbaus durchgeführt. Ein kleinerer Auftragsbestandteil entfällt auf Kunstschreinerei. Die Arbeit ist oft körperlich belastend, insbesondere wenn schwere Gegenstände zu transportieren sind, angeliefertes Holz abgeladen werden muss oder bei der Außenmontage, etwa beim Treppeneinbau.

Der Altersdurchschnitt der Beschäftigten liegt mit 42 Jahren (einschließlich der zwei Auszubildenden) um 10 Jahre über dem Durchschnitt im Tischlerhandwerk. Die drei ältesten Gesellen sind 58, 61 und 64 Jahre alt. Der 35-jährige Handwerksmeister und Betriebsinhaber sagt dazu: "Man muss bei den Älteren herausfinden, wo ihre Stärken sind, und sie so weit für das, was sie können, einsetzen, wie es möglich ist":

- Der älteste Geselle ist aufgrund seiner langjährigen Erfahrung und hohen Qualifikation 'der richtige Mann für diffizile Sachen'. Er baut Chorverkleidungen in einer Kirche ein oder führt Holzschnitzereien aus.
- Der 61-Jährige restauriert meist Möbel und wird bei den Vorarbeiten – Schleifen, Ablaugen, Abbeizen – von einem Auszubildenden unterstützt. Dies ist für ihn eine große körperliche Entlastung, für den Jüngeren zwar anstrengend und zeitweise monoton; doch er lernt an der Seite des älteren Gesellen viel und weiß, dass seine Zuarbeit spätestens mit seiner Lehrzeit endet.
- Der 58-Jährige schließlich baut Haustüren. "Dafür ist er wirklich geboren", meint der Meister, "etwas anderes kann ich ihm kaum geben."

Neben den Spezialisierungen der Beschäftigten ist es zugleich "selbstverständlich", so einer der Gesellen, dass man sich bei körperlich schweren Tätigkeiten gegenseitig hilft.

Der Chef versucht – bei aller geforderten Flexibilität im Kleinbetrieb – seine Mitarbeiter ihren jeweiligen Fähigkeiten und Interessen entsprechend einzusetzen: "Dann sind sie auch von der Motivation her gut dabei. Wenn sie irgend etwas mit Widerwillen machen müssen, gerade im Alter, und es fällt nicht mehr gerade so leicht, dann könnte ich mir vorstellen, dass sie krank würden." Und wie erkennt er die Stärken seiner Gesellen? "Durch das Miteinander-Arbeiten", lautet seine Antwort. "Dann merkt man ja", fährt er fort, "wo der andere mitdenkt oder von sich aus was macht. Oder wenn man einmal Probleme hat und hingeht und sagt: Was meinst Du, wie könnte man das lösen? Hast Du keinen guten Vorschlag? Man muss sie ein bisschen locken, ihnen zu verstehen geben: wir brauchen Dich noch."

M. Morschhäuser, iso Saarbrücken, Verbund III, 1996 – 1998

Qualifikation: das Öl im Getriebe

Sieht man sich die verschiedenen Ansatzpunkte für den alternsgerechten Personaleinsatz an, so stellen sich oft dieselben Probleme:

- Mitarbeiter werden zunehmend für Tätigkeiten benötigt, die nicht mehr ohne weiteres automatisierbar sind, wie z. B. Umgang mit Unsicherheit, kreative Problemlösung, soziale Kommunikation oder Entscheidungsfähigkeit;
- Mitarbeiter verändern ihr Verhalten im Laufe der Zeit aufgrund ihrer gesammelten Erfahrungen und entwickeln viele der nicht automatisierbaren Fähigkeiten erst allmählich;
- Betrieblicher Erfolg hängt immer mehr von der Motivation, den Erfolgserlebnissen und dem sozialen Miteinander der Mitarbeiter im Betrieb ab, gleichzeitig wachsen die Anforderungen an die Organisations- und Führungsstruktur.

Entscheidend für die Verknüpfung dieser Elemente ist die Qualifikation der Mitarbeiter und Führungskräfte und deren kontinuierliche Weiterentwicklung. Sie ist gewissermaßen das Öl im Getriebe, das wie bei jedem funktionierenden Motor erneuert werden muss und niemals fehlen darf, soll der Motor nicht stehen bleiben.

Betrachtet man vor diesem Hintergrund das gegenwärtige Ausbildungs- und Qualifizierungsverhalten, so scheinen sich solche Überlegungen bisher kaum durchgesetzt zu haben. Viele Unternehmen betrachten Trainingsaufwendungen allein unter kurzfristigen Kosten-Leistungs-Gesichtspunkten: Qualifiziert wird für die unmittelbare Anwendung des erworbenen Wissens; die 'Nutzungsdauer' des Arbeitnehmers entscheidet darüber, ob sich Weiterbildung lohnt; je älter ein Mitarbeiter ist, umso eher wird vermutet, dass sich die Investition nicht auszahlt.

Die betriebswirtschaftlich ebenso wichtige Frage wird dagegen viel seltener gestellt: welche Kosten entstehen bzw. welche Effizienzsteigerungen unterbleiben, wenn bestimmte Mitarbeiter(gruppen) nicht oder nur wenig weiterqualifiziert werden? Diese Kosten lassen sich allerdings nur schwer feststellen. Sie schlagen sich in niedrigeren Produktivitäts- und Innovationsentwicklungen, in der Verschlechterung des Betriebsklimas und im Auftreten von Ausfällen nieder. Sie belasten nicht das Aus- und Weiterbildungsbudget, wirken sich dafür aber umso nachhaltiger in anderen Positionen der Verlust- und Gewinnrechnung aus. Jedes komplexe System wird bereits durch den Ausfall der jeweils gerade schwächsten Teile zum Stillstand gebracht. Erstaunlich viele Vorgesetzte verlassen sich hier auf eine Flexibilität ihrer Mitarbeiter, die sie ihnen ansonsten im Arbeitsalltag hierarchisch abtrainiert haben.

Dilemma der Lerntradition

Die bisherige Form der Weiterbildung führt zu einem immer deutlicher werdenden Dilemma: Der schnellere technische und wirtschaftliche Wandel erhöht die Anforderungen an die Lernfähigkeit der Mitarbeiter schon im normalen Arbeitsprozess. Doch gleichzeitig braucht Lernen Zeit, und zwar umso mehr, je häufiger das bisher erworbene Wissen umgeschichtet, neu gewichtet und ergänzt werden muss. Diese Zeit fehlt in der modernen Arbeitswelt immer häufiger.

Angesichts dieser Anforderungen gerät die traditionelle Weiterbildungspraxis immer stärker an ihre Grenzen: Viele Unternehmen akzeptieren zwar die Notwendigkeit der Weiterbildung, doch stehen ihre Weiterbildungsmaßnahmen noch überwiegend im Zusammenhang mit Ad-hoc-Aktivitäten. Es gilt meist Rationalisierungsmaßnahmen schnell zu realisieren oder neue Techniken einzuführen. Bei der Didaktik steht die Vermittlung von neuen oder ergänzenden Kenntnissen im Vordergrund, meist in Form von externen Weiterbildungsveranstaltungen und Seminaren, d. h. der traditionellen Schulbank in anderer Umgebung.

Mitunter dominiert eine einfache Haushaltsrechnung: Ein festes Budget muss jährlich ausgegeben werden. Es liegt bei den Mitarbeitern, sich darum zu bemühen. Die Vorgesetzten sind verpflichtet sie dafür freizustellen. Eine systematische Kosten-Nutzen-Bewertung solcher Weiterbildungsbemühungen machen nur wenige Unternehmen. Für die Mitarbeiter aber ist es immer schwieriger den eigenen Qualifizierungsbedarf richtig zu erkennen. Besonders bei Einzelaufträgen und Projekten müssen sie das jeweils benötigte Wissen immer wieder neu aus dem vorhandenen zusammensuchen, bewerten und ergänzen. Es ist wie in einem Puzzle, in das neue Teile eingefügt, andere ausgetauscht und alle wieder neu kombiniert werden müssen, damit das gewünschte Bild entstehen kann. Dabei werden die Aufgaben komplexer, das Puzzle wird größer und die Teile müssen in immer kürzeren Zeitspannen richtig kombiniert werden. Dies wieder fördert lernhemmende Routinen – ein Circulus vitiosus.

Vor diesem Hintergrund ist nicht überraschend, wenn mit einer höheren Grundausbildung auch die Bereitschaft zur Weiterbildung steigt: Die Weiterbildungsquote liegt bei den schon hoch qualifizierten Mitarbeitern durchweg am höchsten, sie nutzen nicht nur betriebliche Maßnahmen am stärksten, sondern zusätzlich auch private Qualifizierungsmöglichkeiten. Sie werden sich leichter der Grenzen ihres Wissens bewusst und sehen wohl auch schneller die Gefahren lernhemmender Routinen und einseitiger Spezialisierungen in einem sich schnell verändernden Arbeitsumfeld. Opfer dieser Situation sind dagegen weniger gut vorqualifizierte und bereits lernungewohnt gewordene Mitarbeiter. Betroffen sind oft Spezialisten (wie z. B. Computerfachkräfte), die unerwarteten technischen Umstellungen schnell hilflos gegenüber stehen, für die Betriebe aber zu gefährlichen Innovationshemmnissen werden können.

Die Unzufriedenheit wächst mit der bisherigen Qualifizierungspraxis. Immer deutlicher wird, dass der kontinuierliche Wandel auch eine kontinuierliche Anpassungsqualifizierung erfordert. Dabei geht es immer weniger allein um die Vermittlung neuen Spezialwissens, dafür umso mehr um Kompetenzen, sich das nötige Wissen bei Bedarf und mit Hilfe vorhandener Informationsmöglichkeiten schnell zu beschaffen. Immer deutlicher wird auf allen betrieblichen Ebenen, dass die Experten und Könner sich von ihren Kollegen mit durchschnittlichen Leistungen nicht dadurch unterscheiden, dass sie mehr und angestrengter arbeiten, sondern dadurch, dass sie Lernen individuell sehr viel besser organisieren können.

Die überbetriebliche Qualifizierung wird in diesem Zusammenhang keineswegs überflüssig. Sie muss jedoch einen anderen, die Praxis ergänzenden und verändernden Stellenwert gewinnen und darf sich nicht nur auf technisch-kognitive Inhalte beschränken. Dies zeigt sich besonders in autonomen Arbeitsgruppen oder in Klein- und Mittelbetrieben etwa des Handwerks und der Dienstleistungen. In diesen Gruppen unterstützt der Zeit- und Kostendruck eine interne Spezialisierung und Arbeitsteilung, die nicht nur durch die Aufgaben, sondern ebenso durch die jeweiligen Teilnehmer in der Gruppe geprägt werden. Jede Arbeitsgruppe hat dadurch ihre eigenen Arbeitsstrukturen, in denen Routine, Gewohnheit und individuelle Einordnung der Mitarbeiter zu unverzichtbaren Elementen des Arbeitsablaufs geworden sind. Dies führt zu Erstarrungen, die nur durch externe Anstöße aufgelockert werden können.

Solche Anstöße gehen in kleineren Unternehmen oft von Kunden aus. Sie lassen sich aber auch gezielt durch arbeitsbegleitende Qualifizierungsmaßnahmen und den Austausch von Mitarbeitern erreichen, indem neue Anregungen und Ideen in die Arbeitsabläufe der Gruppe einfließen. Die Qualifizierung darf sich dabei weder inhaltlich auf technische Schwerpunkte noch personell auf die jungen Mitarbeiter oder methodisch auf traditionelle externe Unterrichtsformen beschränken. Zwar wird technische und methodische Weiterbildung auch künftig noch nötig sein. Die wichtigsten Defizite aber liegen bei dem Erwerb von sozialen und Dienstleistungskompetenzen sowie bei der Nutzung von Möglichkeiten zur arbeitsimmanenten Qualifizierung, durch die allen gruppenspezifischen Erstarrungstendenzen wirksam entgegengetreten werden kann (vgl. Kasten Seite 150).

Weiterbildung in Handwerksbetrieben – ein Soll-Ist-Vergleich

Durch ihre Ausbildung haben die Beschäftigten in den untersuchten Gewerken ein breites Fachwissen, das sie sich durch ihre Tätigkeit laufend erweitern. Gleichwohl sind die Fortbildungsausgaben in Kleinbetrieben pro Mitarbeiter höher als in Mittel- und Großunternehmen.

	Ist	Soll
Schwerpunkte	▪ Weiterbildung konzentriert sich in den Handwerksbetrieben meist auf Technik. Soziale Kompetenz spielt bisher eine untergeordnete Rolle. Auch ältere Arbeitnehmer kommen aufgrund ihrer bisherigen Erfahrungen nicht auf die Idee solche Angebote zu nutzen.	▪ Technisierung und neue Dienstleistungsangebote erfordern neue Qualifikationen. Neben der Erweiterung der Fach- und Methodenkompetenz gewinnt die Entwicklung sozialer Kompetenzen immer größeren Stellenwert.
Teilnehmer	▪ Qualifizierungsangebote werden fast ausschließlich von jungen Mitarbeitern wahrgenommen.	▪ Die Mitarbeiter sind beim Kunden die Repräsentanten des Betriebes. Die Qualifizierung eines kundenorientierten Verhaltens ist daher für alle Mitarbeiter nötig.
Methoden	▪ In den untersuchten Betrieben dominiert der Besuch von externen Kursen und Seminaren sowie Fachmessen, obwohl die interne Weiterbildung für Betriebe kostengünstiger und effizienter ist. ▪ Es fehlen Methoden, Modelle und Verfahren zur Unterstützung von arbeitsplatznahen Qualifizierungsformen.	▪ Die arbeitsimmanente Qualifizierung (z. B. Lernen am Arbeitsplatz, Modell-Lernen, gegenseitige Qualifizierung, Verbesserung von Arbeitsprozessen) muss stärker genutzt werden. ▪ Voraussetzung ist die Schaffung von arbeitsorganisatorischen Rahmenbedingungen und Methodenkompetenzen.

L. Packebusch, B. Weber, FH Niederrhein, Mönchengladbach; Verbund II, 1996 – 1998

Ältere Mitarbeiter einbeziehen

Vor dem Hintergrund des demografischen Wandels erscheint die nach wie vor relativ geringe Beteiligung älterer Mitarbeiter an Weiterbildungsmaßnahmen besonders kritisch. Hier spiegelt sich die traditionelle Ausrichtung der Weiterbildungsaktivitäten. Die vom Bildungsministerium veröffentlichten Zahlen zeigen zwar einen gewissen Anstieg der über 50-jährigen Teilnehmer an Weiterbildungsmaßnahmen, gleichwohl nahmen 1994 nur 14 % der 50- bis 64-jährigen Beschäftigten an beruflichen Weiterbildungsmaßnahmen teil, nur etwa halb so viele wie bei den jüngeren Jahrgängen. Gleichzeitig investierten sie sehr viel weniger Zeit. Die Fallstudien bestätigen dies: Ältere Mitarbeiter werden in betriebliche Weiterbildungsmaßnahmen im Allgemeinen nur einbezogen, wenn diese sich auf die gesamte Belegschaft beziehen.

Dass die geringe Beteiligung Älterer an Weiterbildungsmaßnahmen wenig mit der altersspezifischen Lernfähigkeit zu tun hat, fällt vielen erst auf, wenn sie sich als Frühpensionierte plötzlich mit Arbeitstechniken wie etwa dem PC befassen, deren Anwendung sie im Betrieb früher abgelehnt hatten, oder wenn sie jetzt Fähigkeiten und Interessen entdecken, für die ihnen bisher die Zeit fehlte. Die oft behauptete sinkende Lernfähigkeit ist also nicht der entscheidende Engpass. Dies bestätigen auch Lernpsychologen in der Erwachsenenbildung. Nach ihren Erkenntnissen lernen Ältere nicht notwendigerweise schlechter, sondern anders als Jüngere. Sie müssen mehr als jene neue Informationen mit dem im Laufe ihres Lebens bereits angesammelten Wissen verknüpfen und ggf. bisherige Einschätzungen revidieren. Darauf muss sich die Didaktik einstellen. Für sie ist daher besonders wichtig:

- die Selbststeuerung des Lernens durch ein persönlich definiertes Lerntempo und individuelle Wiederholungs- und Übungsmöglichkeiten,
- die Verknüpfung des Neuen mit dem Erfahrungswissen, der Praxisrelevanz und des persönlichen Bezugs,
- die Betriebs- und Arbeitsplatznähe, die die unmittelbare Erprobung und Anwendung des Gelernten erlaubt und
- die individuelle, auf die persönlichen Interessen und Lebensbedingungen eingehende Aufbereitung des Lernstoffs.

Sieht man sich die Kriterien genauer an, so scheinen sie gar nicht so altersspezifisch. Sie entsprechen auch weit gehend den didaktischen Prinzipien für eine moderne anwendungsorientierte Qualifizierung im Betrieb und wären besonders für lernungewohnte Mitarbeiter empfehlenswert. Die Einbeziehung Älterer in die Qualifizierungsbemühungen der Unternehmen und die Berücksichtigung der für sie wichtigen didaktischen Ansätze könnte sich daher doppelt auszahlen: Das vernachlässigte Lern- und Innovationspotenzial älterer Mitarbeiter ließe sich wieder nutzbar machen und die Effizienz der bisherigen Qualifizierungsmaßnahmen steigern. Dass dies zu deutlichen Erfolgen führt, haben einzelne Betriebe bereits erfahren (vgl. Kasten Seite 152).

Qualifizierung älterer Mitarbeiter im Betrieb – ein Fallbeispiel

Die Schwedische Kugellagerfabrik (SKF) versuchte zur Bewältigung einer Strukturkrise arbeitsorganisatorische Veränderungen und Qualifizierungsmaßnahmen einzusetzen. Das Unternehmen war hierbei der Auffassung, dass ältere Arbeitnehmer über vielfältige, für den Betrieb wertvolle betriebliche Erfahrungen verfügen und bei entsprechender Zusatzqualifizierung auch die neuen Aufgaben gut bewältigen können.

Insgesamt wurden zwei Qualifizierungsmaßnahmen für Arbeitnehmer im Alter zwischen 45 und 55 Jahren angeboten. Inhalte der Qualifizierungsmaßnahmen waren neben der Vermittlung von neuerem theoretischem und fachpraktischem Wissen auch die Erweiterung der sozialen Kompetenzen der Teilnehmer mit Blick auf die Einführung der Gruppenarbeit. Die Berücksichtigung der besonderen Lernbedürfnisse älterer Arbeitnehmer stellte innerhalb der konzeptionellen Überlegungen ein wichtiges Element dar. Ausgehend vom Ansatz des erfahrungsgestützten Lernens sollte an vorhandene Erfahrungen angeknüpft und das Gelernte anschließend in größere theoretische Zusammenhänge eingeordnet werden. Hierzu wurde mit konkretem Anschauungsmaterial gearbeitet und eine schrittweise Abstrahierung vorgenommen.

Einen integrativen Bestandteil des Lehrgangs bildete das Lernen und Erarbeiten von Problemlösungen in der Kleingruppe, um die Verbalisierung des Gelernten zu erleichtern und einen kooperativen Arbeitsstil vermitteln zu können. In den Zeiträumen zwischen den drei Theoriephasen kehrten die Lehrgangsteilnehmer für eine Dauer von jeweils sechs Wochen wieder an ihre Arbeitsplätze in den Betrieb zurück, um ihnen zum einen die Anwendung des bereits Gelernten in der betrieblichen Praxis zu ermöglichen und andererseits eine Überforderung durch eine zu gedrängte Stoffvermittlung zu vermeiden. Anfängliche Ängste der älteren Mitarbeiter vor der neuen Lernsituation konnten auch nach deren eigenen Aussagen weit gehend abgebaut und die Bereitschaft an weiteren Lehrgängen teilzunehmen gefördert werden.

F. Frerichs, FfG, Dortmund, Verbund III, 1996 – 1998

Intergenerativer Wissenstransfer

Die Qualifizierung älterer Mitarbeiter hat nach den bisherigen Ausführungen also wenig mit dem kalendarischen Alter, dafür aber umso mehr mit den im Verlauf des Lebens gemachten Erfahrungen zu tun. Die Einbeziehung älterer Mitarbeiter in alle Qualifizierungsmaßnahmen könnte auch ein anderes Problem lösen helfen, das Problem des intergenerativen Wissenstransfers. Viele Manager erlagen der Faszination des Schlagworts vom Wissensmanagement. Zeitweilig löste es sogar das Lean-Management als Patentrezept ab. Doch Wissensmanagement erschöpft sich nicht im Aufbau und Einsatz moderner Informations- und Kommunikationstechniken.

So sind die Erfahrungen der Unternehmen, die Wissensmanagementsysteme einzuführen versuchten, vielfach negativ: Weniger als 20% sprechen von einem Erfolg.

Nahezu die Hälfte schätzt sie als völlig wirkungslos ein, wie die Boston Consulting Group feststellte. Die Gründe dafür sind an fünf Fehlern festzumachen, die sich in der Regel gegenseitig verstärken:

1. Wissensmanagement wird als informationstechnische Aufgabe missverstanden.
2. Das Wissensmanagement bezieht sich allein auf die Dokumentation und Verbreitung neuer Erkenntnisse, d. h. Erfahrungswissen bleibt außen vor und wird sogar herabgestuft.
3. Die Unternehmensleitung folgt jeder technologischen Mode: 'Man trägt jetzt Intranet!'
4. Die Zielvorgaben (und Vorgesetzten) wechseln zu schnell, als dass sich die Mitarbeiter mit ihnen auseinandersetzen und identifizieren könnten. Daher wissen sie nicht, welches Wissen gerade relevant ist.
5. Mitarbeiter sehen in ihrem Wissen ihren einzigen oder wichtigsten Machtfaktor, mit dem sie sich ihren Arbeitsplatz erhalten können.

Wissen kann nur in dem Maße als Innovationsressource gelten, in dem es von Mitarbeitern genutzt, ausgewertet und ihrem Verhalten zu Grunde gelegt wird. Dies allerdings ist nichts anderes als selbstgesteuertes Lernen: Vorhandene Informationen werden gesammelt, mit Erfahrungswissen verknüpft, anhand der Bedürfnisse ausgewählt und schließlich im Arbeitsprozess genutzt.

Dabei kann es für den Betrieb ausgesprochen hilfreich sein, wenn sich das unterschiedliche Lernverhalten Jüngerer und Älterer ergänzt (vgl. Kasten Seite 154). Der Jüngere hat in aller Regel noch mehr Platz in seinem Erfahrungsrucksack, er sammelt Informationen leichter und nimmt vieles kritikloser auf, wo der Ältere zunächst vorsichtiger auf Neues reagiert und es mit dem bisher Erlebten und Erfahrenen vergleicht. Jüngere lernen daher sicher leichter, wenn es um die Aufnahme und Reproduktion kognitiven oder technischen Wissens geht. Sie sind auch leichter von neuen Möglichkeiten fasziniert und bereit, mit ihnen spielend zu experimentieren. Doch dies hat nicht nur Vorteile: Unter der Faszination neuer Technik haben viele Firmen in der Vergangenheit viel Geld in informationstechnische Experimente gesteckt, auf deren Rentabilität sie bis heute warten. In der Praxis waren dann Unternehmen erfolgreicher, die sich den neuen Techniken vorsichtiger näherten und sich stärker um die innerbetriebliche Verankerung bemühten.

Grundprinzipien intergenerativer Zusammenarbeit

Jüngere		**Ältere**
Leistungsfähigkeit		
gegenseitiger Ausgleich von Stärken und Schwächen wie schnelleres Arbeitstempo, hohe Fehlerhäufigkeit	↔	gegenseitiger Ausgleich von Stärken und Schwächen wie langsameres Arbeitstempo, geringe Fehlerhäufigkeit
Wissen		
produkt- und prozessspezifisches neues Wissen (Wissen aus der neueren Berufsausbildung)	→	*Information, Schaffung von Transparenz und Verständnis*
kurzfristig: Information, Schaffung von Verständnis und Transparenz	←	produkt- und prozessspezifisches fachlich fundiertes Basiswissen (in einer langjährigen Berufstätigkeit perfektioniert)
langfristig: Einarbeitung, Qualifizierung	←	Spezialistenwissen (außerhalb der Berufsausbildung in langjähriger Berufstätigkeit erworben)
Organisatorische und soziale Kompetenzen, Arbeitstugenden		
kurzfristig: Information, Schaffung von Verständnis	←	Beherrschung von Auftrags- und Projektorganisation, Steuerung,
langfristig: Einarbeitung, Qualifizierung	←	Kooperation und Koordination
Beherrschung von High-Tech als Arbeitsmittel	→	*Einarbeitung, Qualifizierung*
kurzfristig: gezielte Hinweise *langfristig: betriebliche Sozialisation*	←	Beherrschung prozessnotwendiger Qualifikationen
Veränderungskompetenzen		
Kreative Aufgaben bewältigen		Kreative Aufgaben bewältigen
gegenseitige Unterstützung bei Lernbereitschaft und Anpassungsfähigkeit	↔	Gegenseitige Unterstützung bei Lernbereitschaft und Anpassungsfähigkeit
innovationsförderliche Eigenschaften wie neue Sichtweisen, Spontanität, Entscheidungsfreudigkeit	→	*Aufmunterung ('frischer Wind')*
Mobilität (längere Auslandsaufenthalte)	→	*Gegenseitiger Ausgleich*

A. Köchling, GfAH, Dortmund, Verbund V, 1996 – 2000

Solche Beobachtungen gelten sicher nicht nur für die Einführung neuer Techniken. Sie gelten erst recht für neue Arbeitsformen etwa beim Wechsel von der Fließbandfertigung zur Gruppenarbeit. Gerade hier mussten Betriebe, die in der Vergangenheit Gruppenarbeit in altersgemischten Belegschaften einzuführen suchten, zuerst gegen erhebliche Vorurteile kämpfen. Doch stellten sie nach Überwindung dieser Vorurteile fest, dass die Älteren nicht nur ihre eher resignative und vordergründig bequeme Einstellung revidierten, sondern dass auch die Jüngeren anfingen, die Erfahrungen der Älteren aufzunehmen und mit ihren Ideen zu verknüpfen. Die Älteren fühlten sich ernst genommen, die Jüngeren lernten mehr und der Betrieb war erfolgreich (vgl. Kasten unten).

Wissens- und Erfahrungstransfer im Produktionsbereich

Im Gegensatz zum kognitiven Wissen ist Erfahrung eher unbewusst, implizit, personen- und situationsgebunden. Der Erfahrungstransfer lässt sich daher nicht mit denselben Methoden weitergeben. Gleichwohl findet im Produktionsbereich in der Regel ein wechselseitiger Erfahrungs- und Wissenstransfer zwischen Älteren und Jüngeren statt, für den es allerdings bisher keine systematischen arbeitspsychologischen Untersuchungen gibt. Typisch für diesen Erfahrungstransfer sind Prozesse der impliziten Weitergabe nach dem Beistellverfahren, der Methode des Vor- und Nachmachens und der verrichtungsorientierten Imitation ohne kausale Erklärung von Ursache-Wirkungsketten.

Auch wenn systematische Untersuchungen fehlen, gibt es doch praktische Erfahrungen für einen erfolgreichen Erfahrungs- und Wissenstransfer am Beispiel einer altersgemischten Gruppenarbeit mit komplexen Tätigkeiten in der Klein- und Mittelserienmontage:

- Die Gruppe ist als Ganzes für ihre Arbeit verantwortlich und wird an ihrem Gesamtergebnis gemessen.
- Zur Erfüllung der Gruppenaufgabe ist ein Erfahrungsaufbau möglich und notwendig.
- Offizielles Leitbild im Unternehmen ist der wechselseitige Wissenstransfer.
- Qualifizierung ist Aufgabe der Gruppen mit ausgewiesenen Zeitanteilen.
- Fach- und Führungskräfte müssen die Gruppen bei dieser Aufgabe unterstützen (Produktions-Know-how, methodisch-didaktische Betreuung).
- In den Gruppen wird eine Qualifizierungsmatrix, welche den Qualifikationsstand der einzelnen Gruppenmitglieder abbildet, gepflegt. Der erreichte Stand der Qualifikation ist entlohnungsrelevant. Ohne regelmäßige Rotation über die Teilaufgaben kann die erreichte Lohngruppe nicht gehalten werden.
- In der Gruppe existiert ein einfaches methodisches Tool zur Systematisierung von Lerninhalten (Was? Wie? Womit? Warum? Welche Fehlermöglichkeiten und Folgen?) für jeden einzelnen Lern- bzw. Arbeitsschritt. Hier lassen sich unterschiedliche Erfahrungen und Wissen von Älteren und Jüngeren zusammenführen. Das Tool wird beim praktischen Anlernen eingesetzt.
- Bestandteil der Gruppenaufgabe ist das gemeinsame Lösen von auftretenden Problemen. In Gruppensitzungen findet ein Erfahrungsaustausch dadurch statt, dass situations- und problemgebunde Erfahrungen mobilisiert und ausgetauscht werden.

Um einer Monopolisierung von Erfahrung und Wissen vorzubeugen, sollte es eine Arbeitsplatzgarantie für die Älteren geben.

J. Pack, H. Buck, FhG-IAO Stuttgart, Verbund IV, 1996 – 1999

4.2 Richtige Laufbahngestaltung – der beste Gesundheitsschutz

'Altern' – so steht es im Leitfaden zur alter(n)sgerechten physiologischen Arbeitsgestaltung in der Montage – 'ist die mit zunehmendem kalendarischen Altern irreversible Vitalitätsabnahme eines Organismus' (Täubert, Reiff 1997, Seite 2). Irreversible Vitalitätsabnahme ist jedoch keineswegs gleichbedeutend mit Verschlechterung von Gesundheit. Denn: "Am überzeugendsten erscheint die Vorstellung von Gesundheit als Kompetenz oder Befähigung zu einer aktiven Lebensbewältigung, genauer: eine Fähigkeit zur Problemlösung und Gefühlsregulierung, durch die ein positives seelisches und körperliches Wohlbefinden und ein unterstützendes Netzwerk sozialer Beziehungen erhalten oder wiederhergestellt wird" (Badura u.a. 1997, Seite 11).

Bei den altersabhängig auftretenden Skelett-, Muskel- und Kreislauferkrankungen fällt auf, dass sie eng verknüpft sind mit jenen menschlichen Fähigkeiten, die alternsbedingt zurückgehen, nämlich Kraft, Schnelligkeit und Umstellungsfähigkeit. Gleichzeitig zeigen die Auswertungen, dass mit zunehmendem Alter die Häufigkeit der Arbeitsausfälle deutlich abnimmt, während die Krankheitsdauer ansteigt: Wenn ein über 50-Jähriger ausfällt, braucht er länger, um wieder arbeitsfähig zu sein, während jüngere Leute zwar häufiger, dafür aber immer nur für kurze Zeit der Arbeit fernbleiben. Die Arbeitsmedizin benutzt vor diesem Hintergrund auch den Begriff des kalendarischen Alters nur ungern. Sein Vorteil ist allein die einfache Feststellbarkeit. Arbeitswissenschaftlich aussagefähiger wäre dagegen

- das berufsspezifische, funktionale Alter, das die tätigkeitsspezifische Leistungsfähigkeit einschätzt, sich an Tätigkeitsdauer und individuellen Leistungskomponenten orientiert und die mit zunehmendem kalendarischen Alter wachsenden Unterschiede erklärt;
- das psychologische Alter, das die individuelle psycho-physische Leistungsfähigkeit und insbesondere die Widerstandsfähigkeit gegen Stress und die adaptiven Fähigkeiten und Möglichkeiten zu berücksichtigen sucht;
- das soziale Alter, das sich auf die Akzeptanz in der Gesellschaft und insbesondere auch auf die mögliche Diskriminierung im Betrieb mit zunehmendem Alter bezieht.

Arbeitsfähigkeit braucht relative Gesundheit

Die Bedeutung des Alterns für die Arbeitsfähigkeit und das potenzielle Tätigkeitsspektrum ist von all diesen Faktoren wechselseitig überlagert (vgl. Abb. 4.2-1): Die für die Unternehmen vor allem wichtige Arbeitsfähigkeit und ihre Veränderung im Zeitablauf ist also gewissermaßen ein Produkt aus dem Prozess des Alterns selbst, den privaten Lebensweisen, den Arbeitsbedingungen und der individuellen Gesundheit.

Abbildung 4.2-1:
Arbeitsfähigkeit hat viele Gesichter

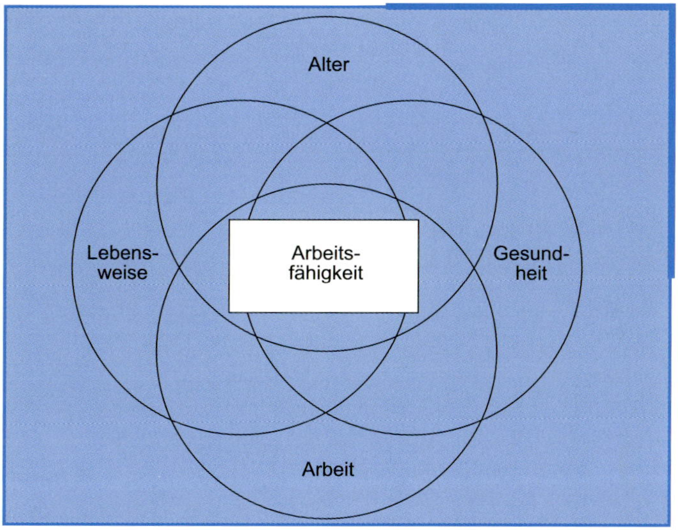

Karazman u. a. 1995, Seite 18

- Monotone und repetitive Bewegungen über lange Zeiträume beeinträchtigen die Arbeitsfähigkeit, bestimmte einseitige Belastungen bei unzureichendem Ausgleich werden kurzfristig kaum als belastend empfunden, können aber zu irreversiblen Schäden führen.
- Andererseits fällt eine die Gesundheit und Arbeitsfähigkeit fördernde Arbeits- und Lebensweise nicht vom Himmel. Sie muss gelernt und den sich ständig ändernden subjektiven und objektiven Bedingungen angepasst werden.
- Ähnliches gilt für die Wirkung abwechslungsreicher körperlicher Aktivitäten; ob im Betrieb oder privat. Auch hier gilt, dass ein identisches Training für unterschiedliche Personen und Altersgruppen nicht dieselbe Wirkung hat.

Typische körperliche und psychische Risiken bei der Arbeit

Körperliche Belastungsrisiken	Psychische Belastungsrisiken
▪ Gefährdung und Verletzungsrisiken ▪ Ungünstige Körperhaltungen durch - Ständiges Gehen / Mitlaufen - Ständiges Stehen, Knien oder Sitzen - Überkopfarbeiten - Gebückte, verdrehte Haltung	▪ Psychische Ermüdung Zeitweilige Beeinträchtigung der psychischen und körperlichen Funktionstüchtigkeit in Abhängigkeit von früheren psychischen Belastungen; Folge: Leistungsschwankungen und Fehlhandlungen
▪ Statische Haltearbeit ▪ Schwere dynamische Muskelarbeit ▪ Einseitige dynamische Muskelarbeit	▪ Monotonie Langeweile und Interesselosigkeit bei andauernden einförmigen Wiederholungstätigkeiten; Folge: Aufmerksamkeitsverluste, Fehlleistungen
▪ Kombination der obigen Belastungen ▪ Umgebungseinflüsse	▪ Psychische Sättigung Unlustbetonte Gereiztheit bei bewusst erlebtem fehlenden Sinn der Arbeit; Folge: Unzufriedenheit, Demotivation

J. Pack, H. Buck, FhG-IAO Stuttgart, Verbund IV, 1996 – 1999

Der Umgang mit der Zeitdimension ist deswegen so schwierig, weil sich die Wirkungen von Arbeits- und Lebensstrukturen meist nur retrospektiv feststellen lassen. Gesundheitsschädliche Wirkungen des privaten wie beruflichen Alltags kennt die Arbeitsmedizin nur aus Vergangenheitsanalysen. Hier können leicht physische, psychische oder soziale Beeinträchtigungen von Gesundheit und Arbeitsfähigkeit kumulieren, die sich als chronische Behinderungen kurativen Behandlungsbemühungen besonders hartnäckig widersetzen.

Arbeitsmediziner müssen immer wieder feststellen, dass viele Beobachtungen, die sie heute an älteren Personen machen, sich nicht ohne weiteres auf die nachwachsende Generation übertragen können:

- Allergien, Haltungs- und Hörschäden traten in früheren Generationen weniger oder anders auf, als dies bei jungen Leuten heute der Fall ist.
- Umgekehrt leidet in Deutschland heute kein junger Mensch unter Ernährungsdefiziten, die bei der älteren Generation noch als typische Folgen der Kriegs- und Nachkriegssituation etwa zu rachitisch bedingten Skeletterkrankungen führen konnten.

Auch treffen im Laufe der Zeit unterschiedliche Elemente zusammen, die jedes für sich kurzfristig und – wenn isoliert – vielleicht sogar auf Dauer keinen negativen Einfluss auf die Arbeitsfähigkeit haben. In der Kombination bestimmter Veranlagungen, Arbeitsbedingungen und Lebensweisen können sich daraus gleichwohl individuelle Arbeits- und Gesundheitsprobleme entwickeln.

Kurzatmige Prävention wird langfristig teuer

Das Problem unkalkulierbarer Wirkungen kann durch Maßnahmen zum unmittelbaren Arbeits- und Unfallschutz unter Umständen sogar noch vergrößert werden: Wo entstandene Belastungen erfolgreich reduziert wurden, wird leicht die Sensibilität für Gefahren geschwächt. Es entstehen neue Belastungsrisiken: Die ergonomische Verbesserung von Bildschirmarbeitsplätzen – auch ihre Einführung benötigte mehr als ein Jahrzehnt harter arbeitsmedizinischer Überzeugungs- und tarifpolitischer Umsetzungsarbeit – hat im Dienstleistungsbereich Arbeitsabläufe und Einsatzmöglichkeiten gefördert, die im Zuge der Arbeitsverdichtung ganz neue psychosomatische Langfristfolgen beobachten und befürchten lassen.

Aufgrund derartiger Beobachtungen beginnt sich die Arbeitsmedizin zunehmend mit psychosozialen Faktoren und deren Auswirkungen auf Gesundheit und Arbeitsfähigkeit zu beschäftigen. Erste Untersuchungen zeigen einen signifikanten Zusammenhang zwischen geringer Selbstbestimmung am Arbeitsplatz, fehlender sozialer Anerkennung und steigendem Herzinfarktrisiko. Manche physischen Belastungen schienen Ursachen zu haben, die eher in einer kognitiven und psychischen Über- bzw. Unterforderung zu suchen waren.

Physische Krankheitserscheinungen lassen sich jedoch leichter feststellen und mit konkreten Arbeitsplatzsituationen in Verbindung bringen. Liegt hier aber nicht die eigentliche Ursache, so wächst die Gefahr, dass die aus dem psychosozialen Umfeld erwachsenden diffusen Risiken weiter kumulieren. Sie sind schwerer greifbar und umso leichter können sich nicht nur Personalabteilungen und Vorgesetzte, sondern oft auch die betroffenen Mitarbeiter selbst über Hinweise, Vorschläge und Anweisungen zur Suche nach einem leistungsgerechteren Tätigkeitsfeld hinwegsetzen. Alle Mitarbeiter, ob alt oder jung, sehen sich im Kreis ihrer Kollegen gerne bestätigt und betonen lieber vorhandene Stärken als Schwächen. Dabei spielt uns die Natur selbst noch einen Streich: Bluthochdruck und akuter Stress können kurzfristig Glücksgefühle vermitteln, zumal wenn mit steigender Arbeitsbelastung das Gefühl der Unentbehrlichkeit wächst und die Arbeitsmotivation steigt. Die Dauerwirkung bleibt ohne Ausgleichsmöglichkeiten lebensgefährlich.

Die richtige Einschätzung der Arbeitsfähigkeit und ihrer zeitlichen Veränderung ist für Unternehmen, unabhängig von ihrer sozialen und menschlichen Verpflichtung, von wirtschaftlich großem Gewicht. Allein die Kosten der Krankheitsausfälle gehen in die

Milliarden (vgl. Kasten unten). Nicht gerechnet sind hier die Kosten von Leistungsabfall und steigenden Fehlerquoten etwa aufgrund von Monotonie, körperlicher Ermüdung und psychischer Sättigung. Ausgleichsmaßnahmen lassen sich aber wegen der schwierigen Wirkungszusammenhänge oft nur schwierig bestimmen, zwingen zu umfangreicheren Veränderungen und lassen sich selten kurzfristig realisieren. So liegt es nahe, eher auf die Symptome zu reagieren und die schleichend wachsenden Risiken zu verdrängen.

Typisch ist die Einschätzung von kurzen, zwischenzeitlichen Erholungspausen bei anspruchsvoller Arbeit durch die Arbeitgeber ebenso wie die Arbeitskräfte selbst: Anhaltende Stresssituationen mit fehlendem Ausgleich erhöhen die Anfälligkeit für Herz- und Kreislaufbeschwerden. Diese Diagnose stellen die eigenen Kollegen oft schneller als Ärzte – allerdings erst, wenn gerade ein Mitarbeiter ausgefallen ist. Die empfohlenen kurzen Pausen zwischendurch aber stören den Ablauf und bewirken kurzfristig keinen erkennbaren Leistungsgewinn. Dass der Verzicht darauf junge Menschen schneller altern und Ältere arbeitsunfähig werden lässt, mag als Thema für arbeitsmedizinische Kongresse taugen. Die Arbeitswirklichkeit erreicht es nur selten.

Ausfalltage und Kosten nach Krankheitsgruppen

Krankheitsarten	Ausfalltage in Mio.	Kosten in Mrd. DM
Muskel- und Skeletterkrankungen	154,00	24,43
Atemwegserkrankungen	101,00	16,00
Verletzungen und Vergiftungen	72,90	11,60
Erkrankungen der Verdauungsorgane	53,00	8,40
Herz-/Kreislauferkrankungen	50,00	7,90

Kuhn 1996, in: Zeitschrift für Arbeits- und Organisationssoziologie 40, Heft 4

Indirekt unterstützt wird die Verdrängung von Langzeitrisiken auch durch die Regelungen zur Gehaltsfortzahlung. Die Lohnfortzahlungspflicht der Unternehmen endet nach einer gewissen Zeit (in der Regel sechs Wochen). Arbeitsausfälle aufgrund von langfristig kumulierten Belastungen brauchen aber meist längere Rehabilitationszeiten. Selbst wenn manche Unternehmen das Krankentagegeld aufstocken würden, ist bei gleicher Anzahl der Krankheitstage die Belastung für das Unternehmen niedriger, wenn sich diese aus lang dauernden Krankheiten von wenigen Mitarbeitern anstatt aus vielen kürzeren, krankheitsbedingten Ausfällen zusammensetzen. Allein unter den Gesichtspunkten der Krankheitskosten wäre daher die Beschäftigung älterer Mitarbeiter vorteilhaft, da sie seltener, dafür aber länger ausfallen. Vergessen werden bei solchen Rechnungen allerdings leicht die produktivitäts- und qualitätsmindernden Wirkungen beim Arbeitsausfall wichtiger Leistungsträger.

In vielen Unternehmen konzentriert sich die Diskussion um Arbeitsschutz und Arbeitsmedizin vor allem auf den Produzierenden Bereich. Hierfür liegen bisher auch die meisten Erkenntnisse der Arbeitsmedizin vor. Immer deutlicher zeichnen sich aber typische Gesundheitsprobleme in Dienstleistungs- und Verwaltungsbereichen ab, und zwar meist als Folge der Arbeitsverdichtung nach Einzug der modernen Informations- und Kommunikationstechniken. Hier kumulieren typische Stressfaktoren: Jede vierte Führungskraft gilt nach Untersuchungen des Instituts für Arbeits- und Sozialhygiene als gesundheitlich gefährdet. Stoffwechselstörungen, erhöhte Blutdruckwerte, depressive Stimmungen und Schlaflosigkeit sind typische Kennzeichen. Burn-out-Syndrome werden besonders häufig bei Lehrern und anderen Berufen mit hohem sozialen Engagement beobachtet.

Viele langfristig kumulierende Belastungen physischer wie psychischer Art sind jedoch weder stets 'Sonderfall' noch 'unabwendbar'. Sie treten meist weniger zufällig und ad hoc auf als viele meinen. Sie werfen sehr oft ihren Schatten voraus. So komplex wie die Entstehung von Leistungsverlusten sind auch die Signale, die auf den Anstieg möglicher Risiken eines Leistungsverlustes hinweisen können. Viele normale Reaktionen und Verhaltensweisen können – treten sie gehäuft auf – zu einem solchen Früherkennungsindikator werden (vgl. Kasten Seite 162). Besonders unspezifische Auffälligkeiten oder Klagen (z. B. Gereiztheiten im Umgangston, Unpässlichkeiten oder schlechtes Zeitmanagement) lassen sich leicht auf individuelle Besonderheiten einzelner Mitarbeiter schieben. Sie sind aber auch Ausdruck tiefer liegender Störungen oder einseitiger Belastungen. Die besondere Flexibilität und das natürliche Ausgleichsverhalten des Menschen macht es schwer potenzielle Warnsignale von normalen Schwankungen zu unterscheiden. So wird die Gefahr gesundheitlicher und wirtschaftlicher Leistungseinbrüche erst erkannt, wenn sie nur noch mit hohem Aufwand oder gar nicht mehr korrigierbar ist.

Früherkennungsmerkmale für den Verlust der Arbeitsfähigkeit

Individuelle Verhaltensweisen:
- Hohe oder steigende Anspannung, Nervosität
- Schlechtes Zeitmanagement, Ungeduld gegenüber Abläufen und Kollegen
- Blinder Aktionismus, Tendenz zur Selbstausbeutung
- Wunsch nach mehr Kontinuität
- Klagen über schlechte Arbeitsorganisation
- Wunsch nach Arbeitsplatzwechsel
- Dienst nach Vorschrift
- Innere Kündigung, häufiges unbegründetes Verlassen des Arbeitsplatzes, Resignation

Gesundheitliche Symptome:
- Häufiger leichte Beschwerden und Unpässlichkeiten
- Persönlich bedingte Unterbrechungen im Arbeitsablauf
- Krankmeldungen während der Arbeit
- Häufung konkreter Symptome oder Krankheitsbilder (Allergien, Kopfschmerz, Gehör, Flüssigkeitsbedarf u. ä.)
- Klagen über Schlaflosigkeit
- Sucht- oder Alkoholprobleme
- Krankheitsbedingte Arbeitsausfälle

Signale aus der Arbeitsgruppe:
- Gereiztheiten im Umgangston während der Arbeit
- Reibereien zwischen Mitarbeitern, keine außerbetrieblichen Kontakte unter Kollegen
- Gestörte Kooperation zwischen den Mitarbeitern
- Informationszurückhaltung und Kommunikationsblockaden

Leistungsprobleme:
- Häufige Beschwerden über Vorgesetzte
- Häufige Fehlzeiten in der Abteilung
- Hohe Zahl von Versetzungsanträgen, Fluktuation der Mitarbeiter
- Nichteinhaltung der Zeitvorgaben bzw. Projektlaufzeiten
- Zunahme von Störfällen in den Abläufen
- Hoher oder steigender Materialverschleiß
- Wachsende Qualitätsmängel bei Produkten
- Beschwerden von Kunden oder nachgelagerten Stellen (z. B. Versand) über Qualitätsmängel
- Verschieben wichtiger Entscheidungen
- Sinkende Umsätze bzw. Produktivitäten

Standardisierte Tests:	▪ Regelmäßige Mitarbeiterbefragungen zu Gesundheitsfragen ▪ Regelmäßige Mitarbeitergespräche mit Checklisten ▪ Routineuntersuchungen durch Betriebsärzte (Vitalitätsdiagnostik) ▪ Tests über psychosoziale Befindlichkeitsstörungen ▪ Arbeitsbewältigungserhebungen (nach Ilmarinen)

Ergebnisse eines Prognos-Workshops, 1999

Arbeitsfähigkeit durch umfassende Prävention

Wenn die Arbeitsfähigkeit im Erwerbsverlauf so stark von der Arbeitsbiografie geprägt wird, so liegt in der Gestaltung dieser Arbeitsbiografie auch der entscheidende Ansatz zur Prävention. Der Erfolg einer umfassenden Prävention zeigt sich letztendlich in der Erhaltung, kontinuierlichen Anpassung und Förderung der Arbeitsfähigkeit von Arbeitnehmern bis zum Ende ihrer Erwerbsphase. Dabei darf die Verantwortung für die Prävention nicht nur bei den einzelnen Arbeitnehmern liegen. Faktisch entscheiden die Arbeitgeber ganz überwiegend über die Ausgestaltung der Arbeitsbedingungen und die Arbeitsorganisation und setzen damit den entscheidenen Rahmen, in dem die Arbeitnehmer selbst ihre persönlichen Lebensweisen und physischen Aktivitäten entwickeln (vgl. Abb. 4.2-2).

Das Spektrum zur Erhaltung und Förderung der Arbeitsfähigkeit ist sehr viel umfangreicher, als es traditionell und von den meisten Arbeitsschutzbeauftragten in den Unternehmen zu Grunde gelegt und akzeptiert wird.
Arbeits- und Gesundheitsschutz beziehen sich in den meisten Unternehmen lediglich auf die Einhaltung der gesetzlichen Anforderungen und Unfallverhütungsvorschriften (Regelarbeitsschutz), bei dafür aufgeschlossenen Unternehmen auch noch auf die Berücksichtigung zusätzlicher arbeitswissenschaftlicher Erkenntnisse und Vorschläge der Betriebsärzte und Berufsgenossenschaften (menschengerechte Prävention; vgl. Kasten Seite 165).

Abbildung 4.2-2:

Förderung der Arbeitsfähigkeit bei zunehmendem Alter

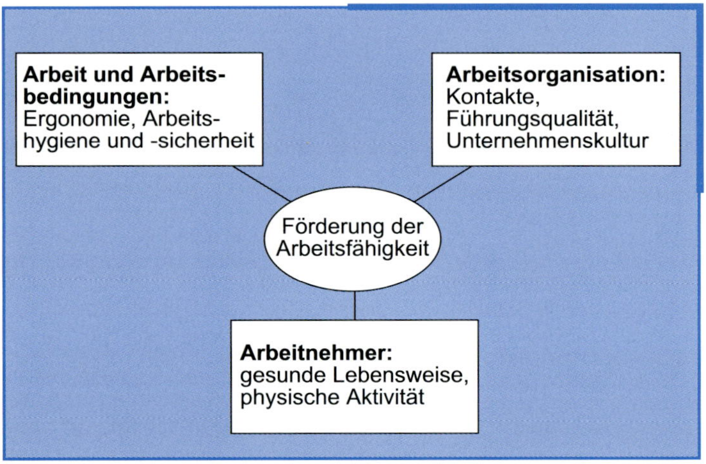

Nach Ilmarinen, in: Karazman u.a. 1995, Seite 27

Sehr viel seltener findet man Verständnis für eine ergebnisorientierte Prävention, d. h. die Bereitschaft der Unternehmen, Fragen des Arbeits- und Gesundheitsschutzes in die Entwicklungsplanung des Unternehmens und die Produktions- bzw. Investitionsstrukturen einzubeziehen. Die Ergebnisse der Delphi-Befragung im Handwerk durch die Zukunftswerkstatt des Handwerks in Hamburg zeigen die Relevanz des Problems: 45 % der befragten Handwerker glauben, dass die Arbeits- und Gesundheitsschutzanforderungen im Handwerk gegenwärtig noch nicht gelöst sind, 30 % mögen dazu nichts sagen. Fast 40 % halten sich dafür nur wenig oder gar nicht kompetent, nur 13 % halten sich für kompetent damit umzugehen. Auch wenn nicht alle Zahlen auf Großbetriebe übertragbar sind, so bestätigen die Erfahrungen der Berufsgenossenschaften wie der Betriebsärzte doch erschreckend häufig dieses Bild.

Regel-Arbeitsschutz
Einhaltung von gesetzlichen Mindestanforderungen aus Gesetzen, Verordnungen, Unfallverhütungsvorschriften mit Ausfüllung durch Normen, Sicherheitsregeln, arbeitswissenschaftlichen Erkenntnissen in unterschiedlicher Breite und Tiefe.

Menschengerechte Prävention
Präventionsleistungen, die deutlich über den gesetzlichen Mindestanforderungen des Regel-Arbeitsschutzes liegen – mit der klaren Orientierung des Abbaus von konkreten, am Arbeitsplatz vorfindbaren Belastungen (z. B. Zwangshaltung) und Beanspruchungen (z. B. Rückenschmerzen) unter verstärkter Nutzung von arbeitswissenschaftlichen Erkenntnissen. Berücksichtigt werden dabei nicht nur objektive Arbeitsbedingungen, sondern auch subjektive Arbeitsgewohnheiten, Verhaltensweisen und Einstellungen von Arbeitnehmern.

Ergebnisorientierte Prävention
Im Rahmen eines Projektmanagementsystems werden Präventionsmaßnahmen (allein oder integriert in andere betriebliche Maßnahmen wie z. B. Qualitätsmanagement, Umweltschutzmanagement) in allen Phasen der Planung, Durchführung und Erfolgskontrolle gesteuert und verfolgt. Der Wirkungsgrad von betrieblich realisierten Präventionsmaßnahmen wird über Indikatoren erfasst und gegebenenfalls nachgebessert. Die Ermittlung kann über arbeitsmedizinische Untersuchungen, Mitarbeiterbefragungen, Gesundheits- und Sicherheitszirkel, Gruppendiskussionen im Rahmen von Teamarbeit, Arbeitsunfallstatistiken, Arbeitsunfähigkeitsanalysen u. ä. erfolgen.

Präventionsdienstleistungen
Präventionsdienstleister aus dem Profit- (z. B. Berufsgenossenschaften) und aus dem Non-profit-Bereich (z. B. überbetriebliche Dienste, Gesundheitsberater) orientieren sich bei der Erbringung von Präventionsdienstleistungen an den Denk- und Sichtweisen, Wünschen und Bedürfnissen sowie Kommunikations- und Mediengewohnheiten ihrer Kunden – und weniger an gesetzlichen Vorgaben oder an ihrem eigenen Expertentum. Dabei gelten sowohl Unternehmer (bzw. ihre Beauftragten) als auch Arbeitnehmer und ihre direkten Vorgesetzten als Kunden (‘Multipler Kunde’).

A. Köchling, GfAH Dortmund, Verbund V, 1996 – 2000

Prävention als Teil der Unternehmenskultur

Nicht zuletzt am Widerstand der Wirtschaft scheiterte lange Zeit die Übernahme der Arbeitsschutzrichtlinien der EU in deutsches Recht. Sie erfolgte erst im August 1996 mit der Verabschiedung des Arbeitsschutzgesetzes. Diesem Gesetz liegt erstmals ein weit gefasstes und dynamisches Verständnis von Arbeitsschutz zu Grunde, das neben der Verhütung von Unfällen auch ausdrücklich die Verhütung arbeitsbedingter Gesundheitsgefahren und die menschengerechte Gestaltung der Arbeit umfasst. Diesem Zweck sollen Gefährdungsbeurteilungen dienen, die neben der Gestaltung des Arbeitsplatzes und der Arbeitsmittel auch die Organisation von Arbeitsabläufen, Arbeitszeiten und Arbeitsschritten einbeziehen. Ihre regelmäßige Evaluierung wiederum würde Rückschlüsse auf spezifische gesundheitliche Risikosituationen im Betrieb und die Beobachtung von Ursachen für langfristig kumulierende Belastungen erlauben.

Bei der Beurteilung von Gesundheitsgefährdungen sind die Beschäftigten zu einer aktiven Mitwirkung verpflichtet. Der Gesundheitserhalt ist leider auch für Arbeitnehmer bisher kaum ein Thema im Rahmen der Arbeitsplanung. Selbst dort, wo Mitarbeiter stark in die Arbeitsgestaltung eingebunden sind und ihre Arbeitsabläufe selbst planen können, war das Thema Gesundheit kaum Gegenstand der Diskussion. Gesundheit ist für sie ebenso wie für viele ihrer Arbeitgeber vor allem eine Frage des persönlichen Schicksals und nicht der Arbeitswelt. Dabei öffnet die kollegiale Zusammenarbeit in autonomen Arbeitsgruppen durchaus den Rahmen für die differenzierte Suche nach effizienten und gesundheitserhaltenden Arbeitsformen. Hier liegt vielleicht die am schwersten zu überwindende Langfristwirkung tayloristischer Arbeitsstrukturen, in denen der Mensch mit seinen komplexen Fähigkeiten kaum vorkommt. Überforderung und Selbstüberforderung werden dann schnell zu einer besonderen Belastung (vgl. Kasten rechts).

Eine umfassende Prävention muss viel stärker als bisher den Menschen in seinem Arbeitsumfeld in den Mittelpunkt der Betrachtung stellen. Die Förderung und Erhaltung der Arbeitsfähigkeit wird dann nicht bei der Ausgestaltung der singulären Tätigkeiten an den verschiedenen Arbeitsplätzen stehen bleiben.

Sie ist mehr als Arbeitsschutz. Sie umfasst neben der Gestaltung der Arbeitsverhältnisse auch Qualifizierungsmaßnahmen, die das Verhalten nicht nur der Mitarbeiter, sondern auch der Vorgesetzten zu verändern geeignet sind, und ist Ausfluss der Unternehmenskultur, d. h. aller Maßnahmen, die das Miteinander der Menschen im Betrieb beeinflussen und gestalten (vgl. Kasten Seite 168).

Prävention über Verhaltensweisen und Unternehmenskultur wird sogar in dem Maße wichtiger, in dem die Handlungsspielräume der Mitarbeiter durch Automation und Dezentralisierung zunehmen.

Prävention ist mehr als nur Arbeitsschutz

Nach Analysen der IKK haben sich die Vorarbeiter in Dachdeckerbetrieben als eine Beschäftigtengruppe mit deutlich höherem Gesundheitsrisiko, verglichen mit anderen Arbeitnehmern, herausgestellt. Nach den bisherigen Erkenntnissen ist hierfür ihre besondere Stellung als Mitarbeiter mit Unternehmerfunktion mitentscheidend, viele leiden unter dem Gefühl der Überforderung:

- Sie sind heute in der Regel als Baustellenleiter tätig ohne entsprechende Qualifizierung.
- Sie haben den häufigsten Kontakt zu Lehrlingen ohne eine entsprechende Ausbildung.
- Sie sind für die Auftragsdurchführung verantwortlich ohne entsprechende Qualifizierung in Fragen der Arbeitsorganisation.

Maßnahmen zur Prävention müssen für Vorarbeiter entsprechend in unterschiedlichen Bereichen liegen. Dazu gehört insbesondere auch die Vermittlung von Kenntnissen und Handlungswissen für die Arbeitsorganisation, Ausbildung, Konfliktbewältigung mit Mitarbeitern und Auftraggebern. Dies ist umso notwendiger, je größer das Unterstellungsverhältnis und je höher der durch den Inhaber geforderte eigenverantwortliche Handlungsspielraum wird. Die Beanspruchung der unterstellten Mitarbeiter nimmt bei einer systematischen Planung der Arbeitsorganisation für eine Baustelle ebenfalls ab.

L. Packebusch, B. Weber, FH Niederrhein, Verbund II, 1996 – 1998

Alle bisherigen Beobachtungen zum Zusammenspiel von Unternehmenskultur und Gesundheit zeigen starke Wechselwirkungen: Mitarbeiter bleiben auch unter hohen Belastungen eher gesund, wenn sie

- Anforderungen und Belastungen, mit denen sie konfrontiert werden, vorher einschätzen und einordnen können,
- selbst darauf Einfluss haben, wie sie sich diesen Anforderungen stellen und sie zu bewältigen vermögen,
- Anforderungen und Belastungen als notwendig und vielleicht sogar als für sie persönlich vorteilhaft zu akzeptieren vermögen.

Kreativität, Selbstbestimmung und Pflichtbewusstsein gegen sich selbst sind jedoch auch unabhängig von ihrer gesundheitsfördernden Wirkung Kriterien, die – wie oben gezeigt – über die Innovationsbereitschaft von Mitarbeitern und damit nicht nur über den kurzfristigen, sondern auch über den langfristigen wirtschaftlichen Erfolg eines Unternehmens mitentscheiden.

Ansatzpunkte für die Prävention	
Case Management:	▪ Mitarbeitergespräche ▪ Individuelles Coaching ▪ Einrichten einer neutralen Anlaufstelle zur Betreuung von Mitarbeitern (intern oder extern) ▪ Hinweis auf Selbsthilfegruppen ▪ Möglichkeiten für Sabbaticals
Veränderung der Arbeitsverhältnisse:	▪ Einführung von technischen Hilfsmitteln (Hebehilfen, Lärmschutz u. ä.) ▪ Überwachung und Optimierung der Arbeitsumgebung (Temperatur, Luftfeuchtigkeit, Lichtverhältnisse u. ä.) ▪ Anpassung der Arbeitsorganisation (Trennung von lärmintensiven Arbeitsplätzen, gemeinsame Arbeit bei schweren Gegenständen u. ä.) ▪ Auflösung funktionsbezogener zugunsten ergebnisbezogener Aufgabenstellungen ▪ Ausreichende Personalbemessung ▪ Regelmäßiger Tätigkeitswechsel ▪ Gesundheitsbezogene Arbeitszeitgestaltung
Veränderung der Verhaltensweisen:	▪ Qualifizierung für Bewegungsabläufe und Stressbewältigung ▪ Integration von Entspannungstraining in die Arbeitsabläufe ▪ Qualifizierung der Vorgesetzten zur Förderung von Kommunikation und Früherkennung ▪ Regelmäßige Überprüfung der Arbeitsstrukturen ▪ Angebote für Ausgleichssport und Freizeitgestaltung
Entwicklung der Unternehmenskultur:	▪ Mitarbeiterorientierte Unternehmensführung ▪ Einbeziehung der Mitarbeiter in die Arbeitsplatz- und Arbeitsplanung ▪ Einrichtung von Gesundheitszirkeln ▪ Durchführung und Auswertung von Mitarbeitergesprächen ▪ Beachtung von Gesundheitsfragen bei der Unternehmensleitung

Ergebnisse eines Prognos-Workshops, 1999

Die Bedeutung kultureller Faktoren zeigt die Arbeitsbewältigungsforschung in Finnland: In den Langzeituntersuchungen zur Entwicklung der Arbeitsfähigkeit gab es neben den Fällen einer sinkenden Leistungsfähigkeit mit höherem Alter eine große Anzahl von Fällen, in denen selbst bei Montagearbeitern die Leistungsfähigkeit mit zunehmendem Alter bis in das fünfte Altersjahrzehnt hinein anstieg. Als man versuchte die Gründe für diese eher unerwarteten und vom Durchschnittswert abweichenden Entwicklungen zu finden, erwiesen sich drei Voraussetzungen in der Reihenfolge ihrer Nennung als besonders förderlich:

1. das Verhalten und die Einstellung des Vorgesetzten gegenüber der Leistungsfähigkeit und Leistungsentwicklung der Mitarbeiter,
2. die Arbeitsplanung und ihr Einfluss auf den Abbau der Einförmigkeit der Arbeit sowie
3. die Bereitschaft des einzelnen Mitarbeiters, sich durch körperliche Betätigung leistungsfähig zu halten.

Die Beobachtungen in Finnland bestätigen die Bedeutung menschlicher Kontakte und individueller Betreuung der Mitarbeiter bei der konstruktiven Bewältigung von Arbeitsanforderungen, wie sie auch bei Fallstudien in Krankenhäusern beobachtet wurden: Arbeiten auf Intensivstationen werden auch wegen der fehlenden menschlichen Kontakte als sehr viel belastender empfunden als diejenigen im Krankenzimmer. Auch die Arbeit auf den Stationen nach dem Prinzip der funktionalen Arbeitsteilung lässt die Mitarbeiter sehr viel früher erschöpft sein als die zimmer- bzw. patientenorientierte Rundumversorgung. Die persönlichen und sozialen Beziehungen des Krankenhauspersonals zu den Patienten wirken auch auf diese positiv. Dieser positive Effekt wird noch verstärkt, wenn den Mitarbeitern externe Helfer auch für das individuelle Gespräch zur Verfügung stehen. So zeigte sich z.B., dass Arbeiten auf Krebsstationen mit psychologischer Betreuung der Patienten auch für die Mitarbeiter weniger belastend sind.

Auch in der Unternehmenswelt setzen sich solche Erkenntnisse ganz allmählich durch: Immer mehr Unternehmen haben damit begonnen ihren Führungskräften durch ein persönliches Coaching bei der Erfüllung ihrer Arbeit zu helfen. Inzwischen gibt es auch erste eigenständige Dienstleistungsunternehmen, die anderen Firmen Gesprächspartner für ihre Führungskräfte und Mitarbeiter zur Verfügung stellen. Ihre zentrale Aufgabe ist es den Mitarbeitern beim Stressabbau zu helfen und dadurch ihre Arbeits- und Leistungsfähigkeit für das Unternehmen zu erhalten und zu verbessern.

Nötig: der alternsgerechte Erwerbsverlauf

Die erfahrungs- und alternsbedingten Qualifikationsveränderungen lassen sich allerdings allein über eine entsprechende Arbeitsorganisation und Personalbetreuung nicht in den Griff bekommen. Sie lassen sich letztendlich nur gewährleisten, wenn sich die Mitarbeiter immer wieder neu orientieren und die für sie jeweils günstigsten Tätigkeitsfelder suchen und finden können.

Herkömmlicherweise dachte man solchen Überlegungen am besten mit der Forderung nach spezifischen Arbeitsplätzen für ältere Mitarbeiter Rechnung tragen zu können.

Hinter solchen Forderungen stand implizit das traditionelle Defizitmodell: Ältere Menschen bedürfen der Schonung, weil ihre Leistungsfähigkeit mit zunehmendem Alter sinkt. Unbeachtet blieb meistens, dass sich hinter den beobachteten Qualifikationsveränderungen oft erfahrungsbedingte Veränderungen in den Leistungspotenzialen verbargen, die es auch zum Vorteil des Unternehmens zu nutzen gilt.

'Leistungsminderungen' können sehr viele Ursachen haben. Sie sind fast immer Ausdruck qualifikatorischer wie gesundheitlicher Sackgassen, in die Mitarbeiter im Laufe ihres Arbeitslebens geraten. Und sie sind für Arbeitgeber wie Arbeitnehmer nachteilig. Eine innovationsfördernde Personalentwicklung sollte daher alles vermeiden, was zu solchen Sackgassen in der Erwerbsbiografie der eigenen Mitarbeiter führen kann (vgl. Kasten unten).

Optimierung des Gesundheitsschutzes durch betriebliche Lernprozesse

Ungleiche Chancen länger erwerbstätig zu sein haben wahrscheinlich wenig mit ungleicher biologischer Ausstattung oder zu kurzer Halbwertszeit von Wissen zu tun. Diese soziale Ungleichheit scheint überwiegend auf zwei Einflüsse zurückzuführen zu sein:

- Zuschnitt von Tätigkeiten, die sich als qualifikatorische und gesundheitliche Sackgassen erweisen, und
- die Zuweisung von Personen zu diesen Tätigkeiten nach formalen und einfachen Kriterien, wie schulischen Abschlüssen, Geschlecht und Region.

Es reicht offensichtlich nicht, sich lediglich auf den zweiten Einfluss zu konzentrieren und nur den Zugang zu fortbestehenden Sackgassen gleichmäßiger zu verteilen, um die Chancengleichheit zu erhöhen. Dadurch verringert sich nicht die Zahl der Sackgassen. Hinzukommen müssen ein veränderter Zuschnitt der Tätigkeiten, eine Arbeitsgestaltung und Personalführung, die horizontale Laufbahnen möglich macht und die Chancen für eine andauernde Erwerbstätigkeit zum Vorteil der Unternehmen wie zum Wohlbefinden der Erwerbstätigen erhöht.

Die Gestaltung von Laufbahnen wird dadurch zu einem unverzichtbaren Bestandteil jeder vorausschauenden Personalpolitik und jedes ernst genommenen Arbeitsschutzes. Ohne sie bleiben Bildungsmaßnahmen isoliert, Altenarbeitsplätze unattraktiv oder unerreichbar. Präventionsmaßnahmen allein verschieben die Altersgrenzen der Tätigkeitsdauer nicht wirksam. Die Ergebnisse unserer Fallstudien lassen nur einen Schluss zu: Alle Maßnahmen, die erkennbar auf eine Alternsphase als 'Problemgruppe' zugeschnitten sind statt auf den Lebenslauf, stigmatisieren schnell und verstärken das Alternsrisiko 'Reputationsverlust'.

So sehr Präventionsmaßnahmen am Arbeitsplatz physischem und psychischem Verschleiß vorbeugen können, sie werden nie alle Tätigkeitsgrenzen aufheben. Insofern können Präventionsmaßnahmen Maßnahmen der Laufbahngestaltung nicht ersetzen. Umgekehrt ist der rechtzeitige Wechsel von Tätigkeiten Voraussetzung dafür, dass die durch Prävention gesteigerte Fähigkeit in anderen Tätigkeiten überhaupt zum Zuge kommen kann. Laufbahngestaltung verbessert – wegen der Mischung von Tätigkeiten – nicht nur die Beschäftigungschance im jeweiligen Betrieb, sondern gerade auch beim Betriebswechsel.

Millionen 'Leistungsgewandelte', die in Karrieren oder auch horizontale Laufbahnen hineingefunden haben, zeigen in Deutschland, dass sie wegen der Mischung und Abfolge ihrer Tätigkeiten den kritischen Altersgrenzen einzelner Teiltätigkeiten entgehen konnten. Solche Laufbahnen stützen auch notwendige Lern- und Verlernprozesse motivational und erleichtern ihre Umsetzung. Dass Fünfzigjährige und Ältere zusammen nur 16% der Teilnehmer beruflicher Weiterbildungsmaßnahmen ausmachen und nur 9% der Weiterbildungsstunden nutzen, weist auf das zu frühe Ende von Laufbahnen hin oder signalisiert Sackgassen.

J. Behrens, ISIS Frankfurt a.M. und Halle, Verbund III, 1996 – 1998

Der klassische Weg für die alternsgerechte Beschäftigung ist die traditionelle Karriere. Hier erhält auch die praktische Beobachtung ihre einfache Bestätigung, dass je besser entlohnt, je schwieriger und anspruchsvoller, je qualifizierter, je 'prestigeträchtiger' ein Beruf oder eine Position ist oder – besser gesagt als solche gilt –, umso eher finden wir sie an der oberen Grenze des Alterskorridors, umso eher liegen ihre tätigkeitsbedingten Altersgrenzen erst nahe an oder sogar jenseits der gesetzlichen (Behrens u.a. 1999, Seite 88). Vorgesetztenpositionen gelten in der Regel als schwieriger und anspruchsvoller. Gleichzeitig sind Vorgesetztenpositionen unter dem Gesichtspunkt der physischen und teilweise auch der psychischen Belastung eher als 'Schonarbeitsplätze' einzustufen, bei denen es vor allem auf persönliche Fähigkeiten wie Überblick, Integrationskraft, Motivationsfähigkeit und dispositive Fähigkeiten ankommt (vgl. Kasten Seite 172).

Doch die Möglichkeiten für vertikale Laufbahnen durch Aufstieg sind begrenzt. Entsprechend viele Arbeitskräfte brauchen daher alternative Beschäftigungsmöglichkeiten, wenn sie in ihrer Erwerbsbiografie an Grenzen der Tätigkeitsdauer stoßen.

Aufstieg ist eine gute, nicht die einzige Laufbahn

Jeder Aufstieg kann als prophylaktische Umschulung zur Sicherung der Erwerbsfähigkeit verstanden werden. Karrieren lösen das Problem des physischen, z. T. des psychischen Verschleißes. Sie führen auf zumindest orthopädisch weniger belastende Arbeitsplätze: z. B. von der Montage in die Meistertätigkeit, vom Krankenbett zur Lehrschwester, vom Außen- in den Innendienst, vom Heben schwerer Lasten in die Bauleitung. Viele Vorgesetzte haben orthopädische Schonarbeitsplätze; alle Vorstände sind insofern 'Leistungsgewandelte', als sie in der Regel nicht mehr zu denselben Leistungen fähig sind, die sie mit 18 Jahren erbrachten.

Karrieren lösen auch das Problem des moralischen Verschleißes von Qualifikationen optimal: Sie erfordern neue Qualifikationen ohne kränkende Übergänge. Die Entwertung der alten Qualifikation wird nicht bewusst. Auch müssen keine neuen Qualifikationen für alte Positionen, sondern 'nur' andere für bessere erworben werden. Der Übergang zu altersgerechten Tätigkeiten wird nicht als Unfähigkeit zu den bisherigen, sondern als Befähigung zu neuen erlebt. Dem Reputationsverzehr und der Entmutigung wirkt der Aufstieg entgegen.

J. Behrens, ISIS Frankfurt a.M. und Halle, Verbund III, 1996 – 1998

Im Handwerk und in vielen kleinbetrieblichen Strukturen gibt es schon traditionell erwerbsbiografische Entwicklungen, die nicht dem vertikalen Laufbahn- und Karrieredenken entsprechen. Dies schlägt sich z. B. in typischen Drift- und Selektionsprozessen bei den Mitarbeitern im Alter zwischen 30 und 49 Jahren nieder. Obwohl die Mitarbeiter in aller Regel die höhere persönliche Autonomie und abwechslungsreichere Tätigkeiten in Kleinunternehmen schätzen, suchen sie nach Alternativen. Begründet wird dies nur selten mit gesundheitlichen Argumenten. Mehr ausschlaggebend sind dagegen neben einer höheren Bezahlung bessere Arbeitsplatzbedingungen (Lärmschutz etc.) und günstigere Arbeitszeitregelungen sowie sich neu eröffnende Möglichkeiten für eine künftige Laufbahn. Auch in der Industrie gibt es horizontale Laufbahnen, wenn etwa Montagearbeiter von der mechanischen Montage über die Elektromontage zur Inbetriebnahme und Wartung von Anlagen wechseln.

Besonders deutlich wird dies bei der typischen Laufbahn eines Dachdeckers: Nur knapp ein Viertel aller Beschäftigten und Betriebsinhaber im Dachdeckergewerbe gibt an, dass eine Tätigkeit in diesem Gewerk bis zur Rente vorstellbar ist. Der Grund dafür sind vor allem (knapp 90%) gesundheitliche Probleme und hohe körperliche Belastungen (40%). Ein Verbleib im erlernten Beruf ist dabei nur vorstellbar als Vorarbeiter, Baustellenleiter oder Inhaber mit einer entsprechenden Bewährung und Weiterbildung (vgl. Kasten rechts). Die Situation im Dachdeckergewerbe ist typisch für alle Berufe mit begrenzter Tätigkeitsdauer aufgrund spezifisch körperlicher Leistungsanforderungen. Ähnliche Bedingungen finden sich in anderen Handwerksbereichen, vorrangig im Bauhandwerk, aber auch im Sanitär- und Installationsbereich oder im Kfz-Handwerk.

Typische Laufbahn eines Dachdeckers	
▪ ab 15/16 Jahre	Ausbildung zum Dachdecker im Betrieb
▪ ab 19 Jahre	Nach der Gesellenprüfung Übernahme/ Weiterbeschäftigung im Betrieb A
▪ mit 30 Jahren	ca. 15 Jahre als Geselle (evtl. Altgeselle) im Betrieb A tätig
▪ über 30 Jahre entweder	> Vorarbeiter durch Bewährung > Spezialist durch Weiterbildung > Baustellenleiter durch Weiterbildung > Meister durch Weiterbildung > Inhaber
	oder?

L. Packebusch, FH Niederrhein Mönchengladbach, Verbund II, 1996 – 1998

Know-how-Karrieren entstehen

In den letzten Jahren haben allerdings die Möglichkeiten für traditionelle horizontale wie vertikale Laufbahnstrukturen eher abgenommen:

- Die Reorganisationsprozesse in der Wirtschaft, bei den industriellen Großbetrieben ebenso wie bei den Dienstleistungsunternehmen, begünstigen die Dezentralisierung und den Abbau von Hierarchiestufen. Von dieser Reorganisation besonders betroffen sind mittlere Hierarchieebenen, d. h. gerade jene Aufstiegsposten, die viele Facharbeiter ursprünglich als Perspektive für ihre berufliche Laufbahn sahen.
- Technische Veränderungen und Kostendruck haben gleichzeitig die Zahl früher typischer Ausweichberufe für älter werdende Handwerker verringert und viele Tätigkeiten in der Prozessüberwachung, im Labor oder in der Verwaltung, die früher von Arbeitskräften aus der Produktion übernommen wurden, verlangen heute Spezialausbildungen, über die ältere Arbeitskräfte nicht verfügen. So lernen etwa in der Chemie 'Chemikanten' bereits in der Ausbildung mit Prozessrechnern umzugehen und in der Verwaltung besetzen Bürokaufleute heute Stellen, auf die früher ältere Fachkräfte wechseln konnten.

Beide Tendenzen verstärken sich gegenseitig. Mit dem Durchschnittsalter nimmt auch die Zahl älterer Mitarbeiter zu. Dies macht es nötig, sich in den Unternehmen stärker als in der Vergangenheit Gedanken über mögliche Alternativen zu den bisherigen – meist von den Unternehmen nicht geplanten, gleichwohl genutzten – Laufbahnmustern zu machen: Die fachliche Spezialisierung im Berufsalltag erhöht die Gefahr für berufliche Sackgassen. Gleichzeitig wird der schnelle Austausch von Mitarbeitern wegen der

Alternativen zur traditionellen Karriere

Die gegenwärtige Situation betrieblicher Karrierewege ist gekennzeichnet durch eine hohe Unsicherheit, sowohl unternehmens- als auch mitarbeiterseitig. Die traditionelle enge Kopplung unterschiedlichster Verbesserungsmöglichkeiten (Gehalt, Ansehen, interessante Tätigkeiten usw.) an Aufstieg hat so manche Karrierewege in einer Sackgasse münden lassen. Da in vielen Unternehmen die Führungspositionen reduziert wurden, haben sich auch die Verbesserungsmöglichkeiten verringert. Gleichzeitig drängen immer höher qualifizierte Mitarbeiter mit immer höheren Erwartungen auf die immer geringer werdende Zahl von Positionen. Ein Ausweg besteht in der Entkopplung von Positionen und Verbesserungsmöglichkeiten. Damit werden Entwicklungswege automatisch vielfältiger und flexibler, aber auch weniger eindeutig beschreibbar. Sie werden stärker an Personen und ihren individuellen Fähigkeiten und Interessen orientiert.

Karriere traditionell = Aufstieg in Führungsposition	**Zukünftige Karriere = berufliche Weiterentwicklung**
▪ Enge Kopplung der beruflichen Verbesserungsmöglichkeiten an Aufstieg (Führungsposition) ▪ wird unterstützt durch Laufbahn*planung* (Verantwortung beim Unternehmen)	▪ Entkopplung von beruflichen Verbesserungsmöglichkeiten und Aufstieg: Es entstehen vielfältige Entwicklungswege ▪ wird unterstützt durch Entwicklungsberatung (Verantwortung beim Mitarbeiter)
▪ stellenbezogen ▪ fixiert ▪ allgemeingültig, einheitlich ▪ sicher, kalkulierbar	▪ potenzialorientiert ▪ flexibel ▪ individuell, 'bunt' ▪ wenig vorhersehbar

Die Laufbahnplanung wandelt sich zur inviduellen Entwicklungsberatung. Der Nutzen des Unternehmens liegt in der optimierten Ausschöpfung der Humanressourcen. Der Nutzen für die Mitarbeiter besteht in flexibleren Entwicklungsmöglichkeiten, gemessen an den jeweiligen Bedürfnissen. Unsicher ist aber, ob die Unternehmen ihren 'Beratungsauftrag' ernst nehmen oder ob die Mitarbeiter nicht einfach ohne Unterstützung auskommen müssen. Zudem ist die über lange Jahre gewachsene hohe Wertigkeit von Führungspositionen nicht zu unterschätzen. Die mentale Entkopplung von beruflichen Verbesserungsmöglichkeiten und Führungspositionen ist noch schwieriger als die formale.

Claudia Brasse, GfAH Dortmund, Verbund V, 1996 – 2000

Spezialisierung schwieriger: Der Wert des Betriebs-Know-hows steigt und geeigneter Nachwuchs ist daher immer schwerer zu finden.

Umso wichtiger wird es den Mitarbeitern in Ergänzung zu traditionellen Aufstiegskarrieren auch Vorstellungen für Know-how-Karrieren zu eröffnen und zu vermitteln. Bei Know-how-Karrieren ergeben sich neue Einsatzfelder im Laufe des Arbeitslebens durch die Verknüpfung und Integration der in der Vergangenheit jeweils ausgeführten Spezialtätigkeiten. Hier wird Erfahrung in Kombination mit gezielter Weiterbildung zum eigentlichen Träger der Erwerbsbiografie. Ein lern- und gesundheitsförderliches Arbeitsumfeld ist dafür ebenso wichtig wie 'lebenslanges Lernen' (vgl. Kasten links).

Viele strukturelle Bedingungen hemmen bisher die Erweiterung des Spektrums künftiger Laufbahnen:

- die Dezentralisierung von Betrieben mit einer eigenen, auf Spezialaufgaben zugeschnittenen Personalzuständigkeit,
- die bisherige Praxis der Stellenbesetzung, die sich vorrangig auf jüngere Mitarbeiter mit einschlägiger Ausbildung konzentriert und einschlägige Erfahrungen meist nachrangig berücksichtigt,
- Tarifregelungen, die sich an den Ausbildungsstrukturen orientieren und laufende Qualifizierungsformen nur schwer zu berücksichtigen vermögen,
- die bisherigen Ausbildungsordnungen, die selten ein ausreichendes Fundament für eine berufsbegleitende Qualifizierung bilden und entsprechend nur wenig auf die Notwendigkeit einer alternsgerechten Erwerbsbiografie vorbereiten.
- die Beharrungstendenzen bei den Arbeitnehmern, die sich an ihren bisherigen Arbeitsplätzen eingerichtet haben und denen erfolgreiche Vorbilder für den beruflichen wie betrieblichen Wechsel fehlen.

Dass auch hier bereits erste Schritte gegangen werden, zeigt die Entwicklung eines integrierten Berufsbilds 'Luftverkehrsmann/-frau'. Es ermöglicht eine berufsbegleitende Qualifizierung, die den Mitarbeitern den Umstieg in andere Tätigkeiten im Bereich der Fluggesellschaft zu einem späteren Zeitpunkt friktionslos erlauben soll. Anhaltspunkte für notwendige Schritte lassen sich auch aus Erfahrungen der Rehabilitation gewinnen: Unfallopfern und bereits krank gewordenen Personen versucht man hier zielgerichtet und effektiv zu helfen, indem man sie ähnlich wie Berufsanfänger berät und mit ihnen zusammen nach Tätigkeitsfeldern sucht, die sie für sich und ihren Arbeitgeber möglichst optimal ausfüllen können. Doch heute erhält eine solche Beratung meist erst, wer bereits einmal an die Grenzen seiner Arbeitsfähigkeit gestoßen ist.

Angesichts des sich ausbreitenden Phänomens der begrenzten Tätigkeitsdauer wird eine Berufs- und Qualifizierungsberatung im Laufe der Erwerbsarbeit immer notwendiger. Der entwicklungs- und lernbiologisch vernünftige Prozess der Spezialisierung nach dem ersten Berufseinstieg und die ihn verstärkenden beruflichen Anforderungen dürfen nicht in eine Spezialisierungsfalle führen. Sie müssen vielmehr selbst immer wieder zum Ausgangspunkt werden, um bisher ungenutzte Qualifikationen aufzufrischen, neue Erkenntnisse zu erwerben und mit den gemachten Erfahrungen zu verbinden.

Eine Know-how-Karriere kann und wird zwischenzeitlich Leistungsrückgänge aufweisen – gewissermaßen zum Umsteigen und Nachladen. Dies kann zu einer neuen Spezialisierung in anderen Tätigkeitsfeldern, zu einer fachlich besonders herausragenden Kompetenz (Spezialistenkarriere), zu Ausbildungs- und Beratungsaufgaben oder zu Führungsfunktionen führen, die nicht nur im Topmanagement von Großunternehmen benötigt werden, sondern auch für die Gründung einer selbstständigen Existenz.

Die Erhaltung der Arbeitsfähigkeit beginnt bei der Rekrutierung

Die Gestaltung ihrer Erwerbsbiografie sollte ein innovationsorientiertes Unternehmen nicht den Mitarbeitern allein überlassen. Es würde riskieren, dass nur die jeweils besseren und lernwilligen bzw. -fähigen sich dieser Möglichkeiten bewusst werden, während die anderen – einmal in Spezialisierungsfallen geraten – leistungsmäßig abfallen, interne Innovationsprozesse erschweren und zu einem unproduktiven Anstieg der Personalkosten führen. Hinzu kommt, dass Personalverantwortliche und Vorgesetzte aufgrund ihrer Erfahrungen das Phänomen der begrenzten Tätigkeitsdauer bei den unterschiedlichen Tätigkeiten eigentlich besser kennen sollten als ihre Mitarbeiter. Sie können auch den Tätigkeitswechsel leichter organisieren und sich gleichzeitig selbst gegen überraschende Arbeitsausfälle und Schwierigkeiten bei der Neubesetzung schützen, während solche Entwicklungen für jeden einzelnen Mitarbeiter immer neu sind (vgl. Kasten rechts).

Die Entstehung personalpolitischer Probleme aufgrund alternsbedingter Leistungsveränderungen ist umso wahrscheinlicher, je alters- und erfahrungshomogener die Mitarbeiter sind. Hier besteht die Gefahr, dass alle Kollegen etwa gleichzeitig sowohl ihre Leistungsspitzen als auch ihre Leistungsgrenzen erreichen. Wie wenig sich allerdings manche Führungskräfte und Personalverantwortliche solcher Risiken bewusst sind, zeigte sich bei vielen Gesprächen in den Fallstudien: Viele Personalleiter interessierten sich kaum für die tatsächliche Entwicklung der Altersstruktur in ihrem Betrieb und glaubten sogar an eine Verjüngung, obwohl sie die ausgeschiedenen älteren Mitarbeiter nicht in voller Zahl durch junge ersetzt hatten. Andere drangen mit warnenden Hinweisen auf Altersrisiken in der Personalstruktur bei ihren Vorstandskollegen nicht durch. Typisch hierfür war die resignierende Aussage eines Personalmanagers, er selber wechsele im Jahr 2000 in den Ruhestand.

Fallbeispiel: Problemverdrängung im Personalwesen

Am Beispiel von Flughäfen zeigt sich die Problemverdrängung. Die Personalverantwortlichen sehen lange im Voraus, dass es im Betrieb Bereiche mit begrenzter Tätigkeitsdauer gibt:

- Sie nennen die Flughafenfeuerwehr, in der einige Feuerwehrleute um das 45. Lebensjahr herum regelmäßig die betriebsärztlichen Anforderungen nicht mehr erfüllen, nämlich innerhalb von ein bis zwei Minuten an ein brennendes Flugzeug heranzukommen und Menschen vor dem Erstickungstod durch Giftschwaden des brennenden Flugzeugs zu bewahren. Ein anderer Bereich ist der Betriebshof, ein weiterer die Beladung von Flugzeugen, soweit sie nicht durch hydraulische Hebehilfen beherrschbar ist.
- Sie sehen gleichzeitig Bereiche, in denen frühe Altersgrenzen weniger dominieren, z. B. im Sicherheitsbereich das Checken der Passagiere oder in den eigenen Personalabteilungen.
- Sie sehen Jahre im Voraus, dass sich eine große Kohorte fast gleichzeitig Eingestellter in Feuerwehr und Betriebshöfen dem kritischen Alter nähert. Die natürliche Fluktuation – in jüngeren Jahren noch hoch – kommt mit Mitte 40 fast zum Erliegen. Die Beschäftigten in Deutschland wissen, dass andere Firmen sie jetzt aufgrund des Alters ungern einstellen.

Es sind klassische Fälle von Folgen unkoordinierten Handelns, die keiner der Beteiligten will, von generativen Verknüpfungen, die keiner hinreichend beachtet. Obwohl die von uns interviewten Personalverantwortlichen ausführlich beklagten, auf welches (wie wir wissen, von ihnen selbst erzeugtes) 'Altersproblem' sie zusteuerten ("Wir fahren gegen die Wand und können fast nichts tun"), bleiben Möglichkeiten ungenutzt, rechtzeitig Vereinbarungen mit den Sicherheitsdiensten zur Übernahme älterer Feuerwehrleute für das Checken der Passagiere zu treffen oder sie in den eigenen Verwaltungsabteilungen einzusetzen.

Selbstverständlich kann ein solcher Wechsel nicht plötzlich und unerwartet erfolgen. Zeitweise Aushilfe und Mischarbeit in jüngeren Jahren in den Bereichen, in denen man einmal arbeiten wird, sind erleichternde Voraussetzungen dafür, dass ein solcher Wechsel nicht allen Beteiligten unvorstellbar wird. Aber die Vorhersehbarkeit des fälschlich so genannten Altersproblems ist gegeben: Begrenzte Tätigkeitsdauer ist ein Phänomen, das oft für die einzelnen Beschäftigten, aber niemals für die Personalverantwortlichen einer Belegschaft plötzlich und unerwartet auftritt.

J. Behrens, ISIS Frankfurt a.M. und Halle, Verbund III, 1996 – 1998

Die Entstehung altershomogener Strukturen wird bisher durch die überwiegend jugendzentrierte Rekrutierung gefördert. Besonders in neuen Berufssparten, wie etwa im Informations- und Kommunikationssektor, wo sich mit der Diffusion neuer technischer Entwicklungen auch neue Ausbildungsgänge auf unterschiedlichen Ebenen ergeben, ersetzen junge Absolventen immer häufiger die bisher aus anderen Ausbildungen und Tätigkeiten hinübergewechselten und weiterqualifizierten Arbeitskräfte. Typisch ist dies im Softwarebereich, wo seit den 80er-Jahren Informatiker und Techniker die vorher von Umschülern aus dem kaufmännischen und ingenieurwissenschaftlichen Bereich besetzten Arbeitsplätze übernehmen. Im Führungsbereich konzentriert sich die Suche dagegen auf die 'entwicklungsfähigen Leistungspotenziale', die nach entsprechenden Karriereplänen qualifiziert einmal die späteren Führungspositionen besetzen sollen. Der demografische Wandel mit dem Rückgang in der Zahl der 25- bis 40-jährigen Erwerbspersonen im Laufe der nächsten Jahrzehnte spielte bisher für die Personalentwicklung in den Unternehmen nahezu keine Rolle.

Rekrutierungsprobleme kommen zurück

Durchgerechnet wurden allerdings die potenziellen Rückwirkungen des demografischen Wandels auf das Handwerk. Handwerksunternehmen haben wie viele Dienstleistungsunternehmen traditionell einen höheren Anteil jüngerer Mitarbeiter und sind daher tendenziell eher von demografischen Veränderungen betroffen als andere Branchen. Die Modellrechnungen kommen zu dem Ergebnis, dass sich deutliche Defizite bei der Besetzung von Ausbildungsstellen im Handwerk abzeichnen, die sich zu einem wachsenden Defizit bei Fachkräften und künftigen Betriebsleitern entwickeln könnten:

- Vorrangig betroffen sind Handwerkszweige, in denen sich ein überdurchschnittlich hohes Alter der Betriebsinhaber mit besonders niedrigen Ausbildungsquoten verbindet, wie dies bei Schuhmachern, Maurern und Bäckern der Fall ist.
- Akuter Nachwuchsmangel könnte schon in Kürze in den Handwerksbereichen erkennbar werden, in denen die Tätigkeit selbst hohe Anforderungen an die physische Leistungskraft stellt, wie dies im Dachdeckerhandwerk der Fall ist.
- Weniger kritisch erscheint die Situation in Handwerkszweigen mit überdurchschnittlich jungen Betriebsinhabern und günstiger Ausbildungsquote, wie bei Zimmerleuten, Elektroinstallateuren oder im Sanitär-, Heizungs- und Klimahandwerk.

Diese Entwicklungen im Handwerk bleiben keineswegs auf das Handwerk beschränkt: Etwa die Hälfte aller dort ausgebildeten Fachkräfte verlässt es im Lauf ihres Arbeitslebens und bringt ihre erworbenen Kompetenzen mit. Dies wieder beeinflusst die Rekrutierungsmöglichkeiten der Unternehmen und Wirtschaftszweige, die sich bisher bei der Suche nach jungen qualifizierten Mitarbeitern gern auf die Handwerksausbildung verlassen haben.

Bisher nehmen die Unternehmen derartige Fragen nicht besonders ernst, wie die Antworten einer schriftlichen Repräsentativbefragung von Betrieben mit mehr als 50 Beschäftigten in Nordrhein-Westfalen 1996 zeigen (vgl. Abbildung 4.2-4): Auf die Frage nach den möglichen Maßnahmen für den Fall, dass Personalengpässe z. B. durch Nachwuchsmangel entstehen, antwortete die überwiegende Zahl, dass sie sich vor allem um Maßnahmen zur Arbeitszeitflexibilisierung und zur höheren Qualifizierung ihrer Mitarbeiter bemühen wollten. Darüber hinaus ließen sich Defizite durch einen verstärkten Wettbewerb um jüngere Arbeitnehmer und interne Produktivitätssteigerungen ausgleichen. Die Einstellung von Frauen, Ausländern oder gar älteren Arbeitnehmern war nur für wenige ein relevantes Thema.

Abbildung 4.2-4:

Falls Personalengpässe, z. B. durch Nachwuchsmangel, entstehen: Welche der folgenden Maßnahmen halten Sie in Ihrem Betrieb für möglich?

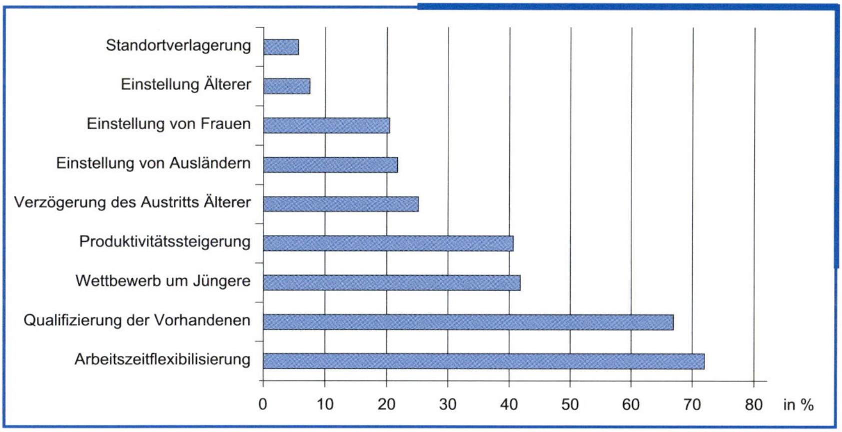

F. Frerichs, G. Naegele, FfG Dortmund, 1999

Die Schwierigkeiten qualifizierte Mitarbeiter auf dem Arbeitsmarkt zu finden werden in Zukunft trotz anhaltender Arbeitslosigkeit vermutlich noch zunehmen. Die schleichenden Wirkungen des demografischen Wandels werden verstärkt durch steigende Anforderungen und die Auswirkungen des bisherigen Beschäftigungssystems.
So könnten typische Personalrekrutierungsprobleme schon in 5 bis 10 Jahren wieder in Erscheinung treten:

1. die *Beschaffungskonkurrenz* vor allem auf dem regionalen Arbeitsmarkt, der bis heute für die Mehrzahl der Mitarbeiter der entscheidende Bezugsmarkt ist,
2. die *Unattraktivität der Branche* aufgrund von branchenspezifischen Tätigkeiten, Berufen (z. B. im Bau oder in der Pflege) oder Arbeitsbedingungen (z. B. Entlohnung, schwere körperliche Arbeit, unregelmäßige Arbeitszeit),

3. die *Unattraktivität des einzelnen Stellenangebotes*, sei es wegen des schlechten Rufs des Betriebes aufgrund früherer Massenentlassungen und wirtschaftlicher Unsicherheit oder sonstiger Besonderheiten (z. B. Nacht- und Schichtarbeit, inadäquater Einsatz der Facharbeitskräfte, schlechtes Betriebsklima).

Derartige Rekrutierungsprobleme werden vermutlich künftig verstärkt durch höhere Fluktuationsraten, die die betroffenen Unternehmen heute noch meist als 'Schicksal' hinnehmen, auch wenn sie zu erheblichen Entwicklungs- und Kostenproblemen führen können. Interessant ist in diesem Zusammenhang eine Befragung, nach der 60% der qualifizierten Nachwuchskräfte mit maximal drei Jahren Berufserfahrung schon heute grundsätzlich bereit sind, ihren Job zu wechseln, 20% bereits aktiv suchen und nur 20% mit der derzeitigen Position so zufrieden sind, dass sie einen derzeitigen Wechsel ausschließen. Sie stören sich vor allem an verkrusteten Strukturen, fehlenden Weiterbildungsmöglichkeiten und einer negativ empfundenen Unternehmenskultur bei ihrem bisherigen Arbeitgeber.

Auf mittlere Sicht werden sich immer mehr Unternehmen die Frage stellen müssen, ob sie die Selbstbeschränkung auf die Rekrutierung junger Mitarbeiter durchhalten wollen und können. Mit sinkenden Bewerberzahlen und den anhaltenden wirtschaftlichen Strukturveränderungen stellen sich nämlich zunehmend auch Fragen nach der geeigneten Qualifikation: Je mehr fachübergreifende oder gar dispositive Kompetenzen am Arbeitsplatz benötigt werden, desto stärker könnte sich die Rekrutierung auch älterer Mitarbeiter als wirtschaftlich sinnvoll erweisen. Sie orientieren sich aufgrund praktischer Erfahrungen sehr viel weniger als die Berufsanfänger nur an bestimmten Berufsbildern und können Fähigkeiten mitbringen, die sich in traditionellen Ausbildungsgängen schwer erwerben lassen. Dies kommt allen Unternehmen entgegen, die zur Überwindung von unternehmensinternen Beharrungstendenzen auch Anregungen von außen aufzunehmen bereit sind und aus personalpolitischen Gründen auf eine ausgeglichene Altersstruktur Wert legen.

Wie schwierig allerdings die Rekrutierung älterer Mitarbeiter im Einzelfall sein kann, zeigt das Verhalten der Arbeitgeber im Pflegebereich (vgl. Kasten rechts): Die Heimleiterinnen sehen zwar, dass Ältere für die Aufgaben besser geeignet sind als Jüngere, doch stellen auch sie trotz begrenzter Tätigkeitsdauer nur Jugendliche ein. Sie sind nach dem öffentlichen Besoldungsrecht billiger. Solche Senioritätszuschläge gelten allerdings nicht für alle Wirtschaftszweige.

Warum Ältere nicht eingestellt werden, obwohl sie für leistungsfähiger gehalten werden

Der Pflegebereich ist der einzige Bereich, in dem Ältere als geeigneter angesehen werden als Jüngere. Trotzdem werden fast nur Jüngere eingestellt. Die Befragten, einschließlich der Heimleiterinnen, waren in allen sechs befragten Pflegeheimen der Überzeugung, dass Ältere die Aufgaben besser erfüllen können als Jüngere.
Die Heimleitungen bewerteten sie vor allem in den Dimensionen Umsicht, Souveränität, Einschätzungsvermögen, Verlässlichkeit besser als Jüngere. Trotzdem wurden fast ausschließlich Jüngere eingestellt, weil deren Lohn faktisch geringer sei – ein Spezifikum, das in einigen, aber keineswegs allen Branchen zu finden war.

Gleichzeitig konnte sich mit Ausnahme von vier Heimleiterinnen keine der befragten Pflegekräfte vorstellen, bis ins gesetzliche Rentenalter im Beruf tätig zu bleiben. Doch nicht das Alter, sondern die Tätigkeitsdauer scheint den befragten Pflegekräften den Verbleib in der Pflegetätigkeit gesundheitlich zu erschweren. Eine weitere Berufstätigkeit konnten sie sich nur vorstellen, wenn sie zwischen Stationen wechseln oder in lehrende oder leitende Positionen aufsteigen. Als daraufhin zusätzlich 123 Pflegekräfte gebeten wurden auf einem Blatt die horizontale Laufbahn zu skizzieren, die in ihren Augen eine Pflegetätigkeit bis ins Rentenalter ermöglichen würde, war das Ergebnis überraschend: Stationen, die einige als besonders belastend verlassen wollten, wurden von anderen als Zielstation angestrebt. Auch hier wird die Aufenthaltsdauer auf einer Station, gleichgültig welcher, zur Belastung, gegen die nur der Wechsel hilft.

J. Behrens, ISIS Frankfurt a.M. und Halle, Verbund III, 1996 - 1998

Beschäftigungsfähigkeit gewährleisten

Bei einer entsprechenden Personalpolitik vertragen sich sogar höhere Arbeitszufriedenheit und Fluktuation, wenn diese selbst zu Gegenstand der Personalentwicklung und Laufbahngestaltung im Interesse der Mitarbeiter geworden ist. Dies zeigen die Aussagen der Beschäftigten in Handwerks- und Kleinbetrieben, die sehr viel häufiger als ihr Kollegen aus Großbetrieben das Arbeitsklima loben, trotzdem aber den Wechsel als selbstverständliches Element ihrer Erwerbsbiografie ansehen. Kleinere Organisationseinheiten – und das gilt bei entsprechender Unternehmenskultur auch für dezentral geführte Betriebe von Großunternehmen – haben den Vorteil des unmittelbaren personellen Kontakts zwischen Leitung und Mitarbeitern. Vorgesetzte können leichter als anonyme Personalverwaltungen auf Wünsche und Möglichkeiten zur Gestaltung der Erwerbsbiografie ihrer Mitarbeiter eingehen und ihnen aktiv helfen.

Im Handwerk des Mittelalters verband die Wanderschaft im Anschluss an den Lehrabschluss Weiterbildung mit Kompetenzerweiterung zum Wohle des Gewerkes und seiner Entwicklung. Dabei wird auch damals ein Meister einen besonders leistungsfähigen Gesellen nicht immer gerne gehen gelassen haben. Doch die Handwerksregel forderte oder erleichterte den Wechsel und sicherte so auch den notwendigen Erfahrungsgewinn für den künftigen Meister. In einer Zeit, in der die operativen Betriebseinheiten aus wirtschaftlichen und technischen Gründen immer kleiner und die Anforderungen an die Flexibilität der Mitarbeiter immer höher werden, könnte die alte Handwerksregel wieder zu neuer Ehre kommen.

Im Zentrum einer solchen Strategie der Personalentwicklung stehen die Erhaltung und Entwicklung der Beschäftigungsfähigkeit der Mitarbeiter und der regelmäßige Abgleich zwischen den Arbeitsmöglichkeiten im eigenen Betrieb oder Unternehmen und dem Qualifikationsprofil der Mitarbeiter sowie deren Entwicklung im Lauf der Zeit. Lernorientierter Arbeitseinsatz, betriebliche und persönliche Qualifizierung, Tätigkeits- und Betriebswechsel sowie die altersunabhängige Rekrutierung der jeweils 'passenden' Mitarbeiter werden zu den Instrumenten, die den Betrieben motivierte und gesündere Mitarbeiter, die nötige Flexibilität und Innovationskraft und den Arbeitnehmern die Erhaltung und Entwicklung ihrer Arbeitsfähigkeit im Laufe ihres Erwerbslebens sichern helfen.

Auch in der Vergangenheit haben sich viele Unternehmen – meist intuitiv, aus sozialer Verantwortung oder unter dem Druck ihrer Betriebsräte – um eine solche Personalentwicklungsstrategie bemüht. Besonders in Großunternehmen entwickelten sich interne Arbeitsmärkte, an deren Ausgestaltung Personalabteilungen und Betriebsräte gemeinsam arbeiteten (vgl. Kasten Seite 183). Das Engagement von Personalpolitik, Betriebsräten und den hinter ihnen stehenden Gewerkschaften stand allerdings unter einem deutlich einengenden Vorzeichen: Der Betriebs- bzw. Unternehmenswechsel war als aktives Instrument der Personalpolitik – manchmal mit Ausnahme des höheren Managements – tabu. Hier traf sich das Interesse der Betriebsräte mit dem der Betriebsleitungen zur Erhaltung ihres Stammpersonals und bei leistungsfähigen Mitarbeitern auch mit dem der Vorgesetzten, die auf gute Leute nicht verzichten wollen.

Fallbeispiel: Persönliche Entwicklungsplanung und Laufbahngestaltung

In einem Automobilunternehmen wurde eine Betriebsvereinbarung mit dem Titel 'Persönliche Entwicklungsplanung – qualifizierte Personalbewegung' abgeschlossen. Darin ist als Leitlinie festgeschrieben, dass "jede/r Werksangehörige ... die grundsätzliche Möglichkeit eines qualifikationsgerechten, leistungsgerechten und altersadäquaten Einsatzes innerhalb der Fabrik bekommen" soll. Schwerbehinderten und Beschäftigten mit gesundheitlichen Einschränkungen wird ein Anspruch auf einen leistungsgerechten Arbeitsplatz eingeräumt.

Dazu wurde vereinbart, dass die betrieblichen Vorgesetzten einmal im Jahr ein persönliches Beratungsgespräch mit den Mitarbeitern durchführen sollen. Auf Grundlage der bisherigen Qualifikation und Einsatzbreite, des Alters und der persönlichen Wünsche der Beschäftigten wird gemeinsam ein persönlicher Entwicklungsplan (PEP) erstellt, der die individuellen beruflichen Entwicklungsmöglichkeiten und Aufstiegschancen aufzeigt. In der Betriebsvereinbarung wird zugleich berücksichtigt, dass innerbetriebliche Versetzungen und Positionswechsel an eine entsprechende Qualifizierung gebunden sind: Im Sinne einer langfristig angelegten vorausschauenden Personalpolitik werden deshalb auch die Weiterbildungsmöglichkeiten und -angebote für die einzelnen Werksangehörigen im Entwicklungsplan festgehalten.

Die Realisierung altersgerechter Laufbahnen setzt voraus, dass entsprechende Positionen im Unternehmen existieren bzw. geschaffen werden, auf denen ältere Arbeitnehmer ihrem Leistungsvermögen gemäß arbeiten können. Eine Laufbahnplanung muss sich demnach auch auf die Tätigkeits- und Anforderungsstrukturen im Unternehmen beziehen. Dementsprechend wurden in dem Automobilunternehmen neue Formen des Positionswechsels für Beschäftigte geplant, die unter Belastungs- und Qualifizierungsgesichtspunkten prinzipiell sinnvoll erscheinen. So wurden – um ein Beispiel zu nennen – für erfahrene Arbeitskräfte aus der Produktion gezielt neue Einsatzmöglichkeiten im Rahmen der Produktionsvorbereitung und Prototypenfertigung für ein neues Automobilmodell geschaffen. Es handelt sich dabei um qualifizierte Arbeitsaufgaben, die periodisch zu Zeiten von Modellwechseln entstehen und die sich auf einen Zeitraum von ca. einem bis eineinhalb Jahren erstrecken. Im Anschluss arbeiten die Betreffenden in der umstrukturierten Fertigung; und zwar aufgrund ihrer erworbenen Kenntnisse im Vergleich zu vorher auf einem höheren Qualifikationsniveau. Zugleich sind sie dann diejenigen, die ihr Wissen beim Serienanlauf an die Kollegen weitervermitteln.

M. Morschhäuser, ISO Saarbrücken, Verbund III, 1996 – 1998

Die Konzentration der Personalpolitik auf die internen Arbeitsmärkte und das Tabu des personalpolitisch unterstützten Betriebswechsels hat für viele Arbeitgeber wie Arbeitnehmer in den letzten Jahren jedoch zu einer Gefährdung ihrer Beschäftigung geführt: Je stärker sich interne Strukturen im Lauf der Zeit verkrustet hatten, je mehr

Mitarbeiter lernungewohnt geworden oder an die Grenzen ihrer tätigkeitsspezifischen Leistungsfähigkeit geraten waren, umso stärker konnte aus der Konzentration der Personalpolitik auf den betriebsinternen Arbeitsmarkt ein Innovationsproblem für das Unternehmen insgesamt und eine Beschäftigungsfalle für seine Mitarbeiter werden. Viele Unternehmen gerieten in solch einer Situation unter steigenden Wettbewerbsdruck und mussten Arbeitskräfte entlassen. Diese wieder fanden aufgrund ihrer Einseitigkeit und Unbeweglichkeit nur schwer geeignete Arbeitsplätze auf dem externen Arbeitsmarkt – vor allem, wenn sie inzwischen über 45 Jahre alt geworden waren. Die Missachtung des Phänomens der begrenzten Tätigkeitsdauer (vgl. Kasten) durch den früheren Arbeitgeber und die vermeintliche Sicherheit des internen Arbeitsmarktes war für sie zu einem unkalkulierbaren Beschäftigungsrisiko geworden.

Sechs falsche Weichenstellungen im Umgang mit begrenzter Tätigkeitsdauer

Fehler Nr. 1: Keine rechtzeitige Mischung von Tätigkeiten:
Die frühzeitige Mischung von Tätigkeiten erleichtert den Umgang mit begrenzter Tätigkeitsdauer, weil Mischungsverhältnisse von Tätigkeiten sich leichter ändern lassen als abrupte Wechsel. Gegen diesen Grundsatz wird am häufigsten verstoßen. Personen werden jahrelang in Tätigkeiten belassen, die sich vorhersehbar als begrenzt und als Sackgassen erweisen. Wurden hingegen schon in relativ jungen Jahren Tätigkeiten gemischt, z. B. Feuerwehrdienste mit Aufsichtsdiensten, Fahrertätigkeiten mit Wartung, Bauausführung mit Arbeitsorganisation und Verwaltung, erwiesen sich Wechsel nicht nur im Mischungsverhältnis, sondern in bisher nicht ausgeübten Tätigkeiten und zu anderen Arbeitgebern als leichter.

Fehler Nr. 2: Virtuose Spezialisierungen in veraltende Wissensbestände:
Investitionen in virtuose Spezialisierungen wirken wie ein Mangel an Weiterbildung, wenn sie in veraltende Wissensbestände erfolgen. Typisch hierfür sind Systemspezialisten für bestimmte EDV-Programme. Sie werden als Spezialisten für ein System groß und anerkannt. Wird das (z. B. proprietäre) System ersetzt, ist ihr Wissen entwertet. Für neue Entwicklungen werden Hochschulabsolventen neu eingestellt und damit das freie Gut der Hochschulausbildung genutzt.

Fehler Nr. 3: Zu wenig 'Absehbarkeit' horizontaler Laufbahnen:
Tätigkeitswechsel auf gleicher hierarchischer Ebene werden vielfach erst möglich, wenn die absehbaren Wechsel in die Lebensplanung einbezogen werden können. Die Absehbarkeit dieser Wechsel ist für Betriebe und Beschäftigte auch dann entscheidend, wenn später von ihnen kein Gebrauch gemacht wird. Das Problem spezieller Altenarbeitsplätze liegt, wie Untersuchungen an älteren Arbeiterinnen nach der Rehabilitation zeigen, oft in dem krassen Bruch mit dem erreichten Status, sodass Beschäftigten trotz finanzieller Einbußen die Berentung erstrebenswerter schien als der Wechsel.

Fehler Nr. 4: Zu wenige Neueinstellungen Älterer (unausgewogene betriebliche Altersstrukturen):
Bei Neueinstellungen sind im betrieblichen Interesse auch Ältere einzustellen, weil der Tätigkeitswechsel durch ausgewogene Altersstrukturen in den Betrieben erleichtert wird. Zwar klagten die Verantwortlichen der Personalabteilung oft über Kohorten gleich alter Mitarbeiter, die für Tätigkeiten mit begrenzter Ausführbarkeit eingestellt wurden. Paradoxerweise erschien es ihnen aber selbstverständlich, auch in Zukunft möglichst keine Älteren einzustellen. Ganz unüblich war es, in anderen Abteilungen (z. B. der Verwaltung) Arbeitsplätze für Ältere zu reservieren – ein klassischer Fall nicht gewollter Folgen des eigenen Handelns. Das Phänomen der begrenzten Tätigkeitsdauer tritt vielleicht für den einzelnen Mitarbeiter, aber niemals für die Personalverantwortlichen plötzlich und unerwartet auf.

Fehler Nr. 5: Fortbildung und Arbeit in ungünstig zusammengesetzten Teams:
Fortbildung ist zwar häufig in aufgabennahen altersspezifischen Gruppen günstiger, weil vergleichbare Aneignungsstile und Vorbildung das Lernen leichter machen. Die Arbeit sollte dann aber in altersgemischten Teams erfolgen.

Fehler Nr. 6: Zu wenige flankierende Strategien im Marketing:
Flankierende Anstrengungen im Marketing sind insbesondere im Dienstleistungsbereich häufig schon deshalb ein wichtiges Instrument zum Umgang mit begrenzter Tätigkeitsdauer, weil die Anpassung der Marketing-Strategie an die Belegschaft erfolgreicher ist als die umgekehrte Anpassung.

J. Behrens, ISIS Frankfurt a.M. und Halle, Verbund III, 1996 – 1998

Beim Wechseln helfen

Unter den komplexeren und weniger stabilen Bedingungen der Gegenwart werden die internen Arbeitsmärkte in allen Teilen der deutschen Wirtschaft weiter schrumpfen. Selbst dort, wo die Beschäftigtenzahlen in Großunternehmen etwa durch globale Fusionen noch wachsen, ist dieses Wachstum von Produktdifferenzierungen und regionalen Dezentralisierungen begleitet. Dadurch mögen sich für an einer internationalen Karriere interessierte Führungskräfte die internen Arbeitsmärkte vielleicht noch vergrößern, für die Mehrzahl der regional gebundenen und auf bestimmte Tätigkeiten spezialisierten Mitarbeiter sinkt das betriebsinterne Ausgleichspotenzial. Oft haben große Unternehmen bereits ihre Personalabteilungen den Profit-Centern entsprechend dezentralisiert. Insgesamt wächst in Deutschland wie in allen Industrieländern die Beschäftigung in kleinen und mittleren Betrieben, in denen auch bisher interne Arbeitsmärkte kaum funktionsfähig waren: Je kleiner und spezialisierter ein Betrieb ist, umso weniger Möglichkeiten hat er den regelmäßigen Tätigkeitswechsel für alle Mitarbeiter intern sicherzustellen.

Der häufigere Betriebswechsel wird allerdings in Deutschland bis heute nicht gern gesehen. Die gemeinsame Orientierung vieler Arbeitgeber und Arbeitnehmer einschließlich ihrer Interessenvertretungen am Modell des internen Arbeitsmarktes hat dazu geführt, dass die durchschnittliche Betriebszugehörigkeit sich in den letzten Jahrzehnten in Deutschland trotz der starken wirtschaftlichen Veränderungen kaum verändert hat und nach wie vor bei knapp 10 Jahren liegt. Auch die Fluktuation, d. h. der Anteil der Betriebs- bzw. Berufswechsler bei den Erwerbstätigen, lag 1996 mit knapp 9% (Betriebswechsler) und 5 % (Berufswechsler) noch unter den Spitzenwerten von 1991 (12 % bzw. knapp 7%), dem Jahr des vereinigungsbedingten Beschäftigungsbooms. Das Leitbild der Zugehörigkeit ganzer Familien zu einem Unternehmen ("Mein Großvater war schon bei ... und mein Sohn macht jetzt seine Lehre dort!") ist noch in vielen Köpfen präsent. Doch es verliert im Zuge der vielen Reorganisationen und Umstrukturierungen immer stärker an Glanz.

Fluktuation ist in Deutschland bisher ein Phänomen überwiegend freiwilliger Mobilität von Mitarbeitern. In Zeiten deutlicher Arbeitsplatzrückgänge sinkt auch die Mobilität stark. Der Rückgang des freiwilligen Berufs- oder Betriebswechsels überstieg selbst in den 90er-Jahren mit insgesamt rückläufiger Beschäftigung das Volumen betriebsbedingter Entlassungen. Die Gründe sind einfach: Das Angebot an Beschäftigungsalternativen geht zurück und Arbeitgeber bevorzugen jüngere Mitarbeiter. Wer als Mitarbeiter den Wunsch oder die Notwendigkeit zum Tätigkeitswechsel spürt, wählt auch aus Angst vor dem Wechsel die Sicherheit des alten Arbeitsplatzes. Dass er damit unter Umständen sein eigenes Beschäftigungsrisiko für die Zukunft erhöht, merkt er kaum. Wer aber in solchen Zeiten in Deutschland mit 40 Jahren und älter trotz hoher Qualifikation bei dem 'falschen' Arbeitgeber bleibt, kann schnell seine Beschäftigungsfähigkeit verlieren und zum Opfer der Entwicklung werden.

Die bewusste Einbeziehung des Tätigkeits- und unter Umständen auch Betriebs- und Berufswechsels in die betriebliche Personalpolitik ist in deutschen Unternehmen bisher noch selten. Immer häufiger allerdings drängen gute Führungskräfte ihre Mitarbeiter nicht nur zur Weiterbildung, sondern auch zu einer bewussteren Gestaltung ihrer eigenen Erwerbsbiografie. Sie helfen ihnen bei der Entwicklung ihrer Qualifikation und bei der Suche nach adäquaten Arbeitsplätzen auch außerhalb des eigenen Unternehmens. Sie tun dies vor allem nicht erst, wenn die Leistungsfähigkeit ihrer Mitarbeiter bereits sinkt, sondern schon dann, wenn Grenzen für eine alternsgerechte Weiterentwicklung im Betrieb aus welchen Gründen auch immer erkennbar werden. So helfen sie ihren Mitarbeitern bei der Suche nach einer individuellen Erwerbsbiografie und versuchen die berechtigten Bedürfnisse der Mitarbeiter nach Berechenbarkeit und Sicherheit in der Beschäftigung möglichst gut mit denjenigen des Unternehmens nach Flexibilität zu verknüpfen. Nicht selten bleiben sogar solche Arbeitskräfte auch später noch mit ihren früheren Vorgesetzten in Verbindung. Mancher gute Handwerksmeister und Dienstleister weiß sogar mit berechtigtem Stolz zu berichten, dass er manche von diesen Mitarbeitern später mit neuen Ideen als Führungskräfte oder für Spezialaufgaben zurückgewinnen konnte.

Personalplanung als Erfolgsfaktor

Dass eine so konzipierte Personalentwicklungsstrategie für Unternehmen nützlich sein kann, zeigen die japanischen Erfahrungen. Japan kennt in seinen Unternehmensstrukturen seit langem ein sehr ausgeprägtes Rotations-System für seine Mitarbeiter und hat dies oft auch auf die Zulieferer (seltener Kunden) ausgedehnt. Dabei wechselten früher nur ältere Mitarbeiter (ab 55 Jahren) am Ende ihrer Laufbahn von den Großunternehmen in die Zuliefererbetriebe. Mit dem wachsenden Wettbewerb in den 90er-Jahren hat dieser Personaltransfer deutlich zugenommen und sich durchaus als vorteilhaft für alle Beteiligten herausgestellt:

- die Stammbetriebe konnten ihre Belegschaft anpassen, ohne ihre Fürsorgepflicht gegenüber den Mitarbeitern zu verletzen;
- die Mitarbeiter verdienen zwar in den Zulieferbetrieben oft weniger (es sei denn, sie wechseln dort in die Geschäftsführung), behalten aber einen Arbeitsplatz und bleiben wirtschaftlich abgesichert;
- die Zulieferbetriebe erhalten Mitarbeiter, die die Entscheidungsstrukturen bei den Kunden kennen und auch an seinen Qualifizierungsprogrammen teilgenommen haben.

Vergleichbare Bemühungen zu einer überbetrieblichen Job-Rotation als Instrument der Personalentwicklung gibt es in Deutschland kaum. Angesichts der zunehmenden Vernetzung und Dezentralisierung steigen die Möglichkeiten für ein solches alterns- und innovationsgerechteres Personalmanagement und sie sollten aktiv zum Vorteil der Unternehmen wie der Arbeitskräfte genutzt werden (vgl. Kasten Seite 188).

Ein Unternehmen, dessen Mitarbeiter schon heute – wie bei manchen Dienstleistungsunternehmen – auch nach ihrem Ausscheiden stets gute Chancen für eine lebenslange Beschäftigung bei anderen Firmen haben, wird sich auch in Zukunft kaum Sorgen machen müssen um die Beschaffung qualifizierter Mitarbeiter, um Innovationskraft oder Rentabilität. Doch auch hier kann eine absolute Identifikation der Mitarbeiter mit ihrer Firma im Sinne der großen weltumspannenden Familie riskant sein, wie Mitarbeiter mancher großer Firmen bitter feststellen mussten, als man sie im Alter von kaum 50 Jahren in den vorgezogenen Ruhestand schickte.

Personalmanagement endet nicht an der Unternehmensgrenze

Personalarbeit unter Berücksichtigung überbetrieblicher Netzwerkstrukturen erhöht die Chancen

> für Unternehmen durch

- Zunahme von Qualität und Flexibilität der betrieblichen Personalanpassung
- Rückgriffe auf betriebsexterne Ressourcen an Bildungs-, Beratungs-, Vermittlungs- und Förderleistungen
- aktive Unterstützung aller Aufgaben der Personalarbeit zur Sicherung einer lebenslangen Erwerbsfähigkeit, für die die innerbetrieblichen Möglichkeiten begrenzt sind oder ganz fehlen.

> für Arbeitnehmer durch

- bessere Absicherung ihrer Beschäftigung über das gesamte Arbeitsleben, selbst bei abnehmender betrieblicher Beschäftigungsdauer ('employability')
- Vergrößerung der individuellen Handlungsspielräume bei der Suche und Entwicklung individueller Begabungs- und Qualifikationsschwerpunkte
- Nutzung betriebsexterner Ressourcen für die Entwicklung der persönlichen Erwerbsbiografie, für den Berufseinstieg, für Tätigkeits- und Berufswechsel, für den alternsgerechten Um- und Ausstieg.

A. Köchling, GfAH Dortmund, Verbund V, 1996 – 2000

Wenn nicht nur die jetzigen, sondern auch die ehemaligen Mitarbeiter einem potenziellen Bewerber ein Unternehmen als Arbeitgeber empfehlen, so ist dies sicher ein guter Indikator nicht nur für die Qualität der Personalentwicklung, sondern auch für den wirtschaftlichen Erfolg, wie die Entwicklung des Shareholder-Value gerade in solchen Dienstleistungsunternehmen zeigt. Die Personalplanung kann dabei umso mehr zu einem Erfolgsfaktor werden, je mehr sie in der Lage ist, sich um die personenbezogenen Potenziale ihrer Mitarbeiter zu kümmern, ihnen verständliche Perspektiven aufzuzeigen und intern auf ein ausgeglichenes Verhältnis zwischen den Alters- und Erfahrungsgruppen zu achten (vgl. Kasten rechts).

Die Suche nach einer optimalen und zukunftsfähigen Kombination von Personalrekrutierung und Personalwechsel wird künftig von besonderer Bedeutung für diejenigen Unternehmen werden, die in der Vergangenheit die Frühverrentung allzu schematisch genutzt haben. Der Betriebs- und Berufswechsel ohne eine entsprechende Hilfestellung wird unter deutschen Arbeitsmarktbedingungen für über 40-Jährige immer schwieriger und riskanter. Auf ihn können sich die Unternehmer in den nächsten 10 bis 15 Jahren mit anhaltender Arbeitslosigkeit kaum verlassen. So droht mit verringerter Fluktuation auch die innere Flexibilität und die externe Wissenszufuhr abzunehmen.

Die Einstellung Älterer zur Verbesserung des Innovations- und Know-how-Transfers wie der Belegschaftsstruktur könnte dabei zu einem wichtigen Instrument der Personal-

Leitfragen zum Personalmanagement

Neueinstellungen:

- Welche Belegschaftssegmente sind in welchen Zeiträumen von Neueinstellungen für welche Tätigkeiten/Berufe oder Qualifikationsniveaus betroffen?
- Welche Rekrutierungspotenziale bietet der regionale Arbeitsmarkt?
- Welche Rekrutierungsstrategien (z. B. Intensivkontakte zu Bildungsträgern, (Fach-) Hochschulen) sind zu entfalten?
- Wie lassen sich attraktive Arbeitsbedingungen nicht nur für Jüngere, sondern auch für die qualifizierten (ggf. rückkehrwilligen) Älteren schaffen?
- Auf welchen Gebieten bestehen hier Defizite: Unternehmenskultur, Personalentwicklung, Weiterbildung, Personalförderung, Eingliederung von Berufsanfängern und neuen Mitarbeitern?

Personalabgang:

- Wollen und können wichtige Erfahrungs- und Wissensträger überhaupt bis zur offiziellen Rentengrenze im Betrieb arbeiten?
- Könnte ein Betriebs- oder Berufswechsel der Entwicklung des persönlichen Potenzials dienen?
- Wie sehen die individuellen Planungen aus? Wie sind die Motivationen?
- Welche zusätzliche Maßnahmen sollte man Älteren zur Sicherung ihrer Qualifikation, Motivation und Gesundheit, kurz ihrer Arbeitsfähigkeit anbieten?
- Welche Gebiete sind hier besonders wichtig: Personalentwicklung, Personaleinsatz, Arbeitsgestaltung, Weiterbildung, Arbeits- und Gesundheitsschutz, Gesundheitsförderung, Sozialpolitik?

Zum Miteinander der Generationen:

- Wie soll der betriebliche Generationenvertrag aussehen?
- In welchen Tätigkeiten können sich ältere und jüngere Mitarbeiter am besten ergänzen?
- Wie lassen sich Konkurrenzängste abbauen oder überwinden?
- Welche Vorteile sollen die Älteren haben? Welche Vorteile die Jüngeren?
- Welche Gründe gibt es für Unterschiede, welche für Gemeinsamkeiten?

A. Köchling, GfAH Dortmund, Verbund V, 1996 – 2000

politik werden. Manche Unternehmen haben schon heute mit der bewussten Einstellung von Älteren sehr gute Erfahrungen gemacht. Die dynamische Umgestaltung der Arbeitsabläufe und Einsatzbedingungen setzt sich in den Betrieben allmählich durch, bis zur dynamischen Personalentwicklung ist es dagegen noch ein weiter Weg. Diese Prozesse müssen sich in Zukunft jedoch stärker verflechten, wenn das Miteinander der Generationen im Betrieb trotz sich ändernder wirtschaftlicher und demografischer Bedingungen statt zu einem Innovationshemmnis zu einem Innovationsvorteil werden soll.

Alternsgerechte Erwerbsverläufe

zur Nutzung der individuellen Fähigkeiten

5

5. Alternsgerechte Erwerbsverläufe zur *Nutzung der individuellen Fähigkeiten*

5.1 Arbeit und Privatleben müssen sich ergänzen

Altern im Erwerbsleben hat viele Dimensionen. Individuen agieren und reagieren innerhalb eines Rahmens, den sie selbst gestalten, durch die Wahl der Aus- und Weiterbildung, durch qualifizierende Maßnahmen und vor allem durch individuelle Entscheidungen über ihren Lebens- und Arbeitsstil, über Beruf und Betrieb, über Zeit und Ort. Mit allen diesen Entscheidungen verknüpfen sie bewusst oder unbewusst Arbeit und Privatleben.

Die unterschiedlichsten Entwicklungen der vergangenen Jahrzehnte – die Entwicklung der Industrialisierung, der Wertewandel, die Situation auf dem deutschen Arbeitsmarkt und die demografischen Entwicklungen mit den Folgen eines längeren und gesünderen Lebens – haben dazu geführt, dass die ehemals traditionelle Abfolge im Leben – Schule, Beruf, Kind, Haus und Rente – heute immer häufiger durchbrochen wird. Eine klare Trennung zwischen unterschiedlichen Lebens- und Erwerbsphasen gibt es nicht mehr. Am ehesten ist vielleicht noch eine Unterscheidung von Lebensphasen nach der Herkunft des Lebensunterhalts möglich. Dabei haben diese verschiedenen 'Herkunfts- bzw. Lebensphasen' einen unterschiedlichen Bezug zur Arbeit (vgl. Abb. 5.1-1).

Abbildung 5.1-1:
Typische Phasen in Erwerbsbiografien

Lebensunterhalt überwiegend aufgrund eigener (Erwerbs-)Arbeit	Lebensunterhalt überwiegend durch fremdes Einkommen
▪ Erwerbstätigkeit ▪ Aus- und Weiterbildung ▪ arbeitsfreie Zeit (Freizeit) ▪ Krankheit ▪ Ruhestand	▪ Schul- und Studienzeit ▪ Arbeitslosigkeit ▪ Familienzeit ▪ ehrenamtliche Tätigkeiten ▪ Langzeiturlaub

Eigene Zusammenstellung

Eine Vermischung unterschiedlicher Lebensphasen ist jedoch nicht nur die Folge gesellschaftlicher Entwicklungen, sondern sie ist von vielen mehr und mehr gewollt – Prof. Kornwachs: "Die Werte, die in der Arbeitswelt des 19. und 20. Jahrhunderts vorherrschend waren, diffundieren immer mehr auch in den Freizeitbereich hinein: Urlaub, Freizeit, Ehrenamt werden generalstabsmäßig geplant. Gleichzeitig diffundieren Wertvorstellungen der Freizeit in die Arbeitswelt: Selbstverwirklichung, Selbstbestimmung, Spaßarbeit bis hin zum Workaholic."

Das Zusammenspiel zwischen Arbeit und Leben hat sich geändert und ist weiter im Wandel begriffen. Dabei wird die 'Freizeitgesellschaft' keinesfalls die Arbeit verdrängen. Das 'Ende der Arbeitsgesellschaft' steht weder bevor, noch scheint es jemand wirklich zu wünschen. Ergebnisse aus der empirischen Sozialforschung weisen vielmehr darauf hin, dass durch den viel diskutierten Wertewandel andere Lebensbereiche wie Familie und Freizeit neben die Erwerbsarbeit getreten sind – aber zu keinem Bedeutungsverlust weder von Arbeit noch von Freizeit und Familie geführt haben. Heute wollen wir bezahlte Arbeit, freiwillige Arbeit, Hausarbeit, Familienarbeit und Bildungsarbeit miteinander kombinieren und dies möglichst flexibel und selbst bestimmt.

Erwerbsarbeit bleibt Lebensschwerpunkt

Erwerbsarbeit ist – in welcher Form auch immer – in Deutschland für Frauen wie für Männer zu einem Schwerpunkt ihres Lebens geworden. Rund drei Viertel aller Berufstätigen – Männer (77%) wie Frauen (73%) – würden auch dann gerne berufstätig sein, wenn sie das Geld nicht bräuchten, in Ostdeutschland (85%) sogar mehr noch als im Westen (71%). Wie stark die Wertvorstellungen sich geändert haben, zeigen die geringen Differenzen zwischen Jung und Alt bzw. zwischen Männern und Frauen bei der Einschätzung der Rolle der Frauen in der heutigen Gesellschaft (Sing 1998, Seite 98):

- Die traditionelle Position "Die Frau gehört ins Haus und zur Familie ist im Grunde richtig und es sollte auch so bleiben" vertraten 1993 keine 5% der unter 50-Jährigen und selbst bei den über 60-Jährigen waren es nur 17%; zwischen Frauen (8%) und Männern (9%) gab es keinen relevanten Unterschied.
- Der Gegenposition "In einer modernen Gesellschaft sollte es für Frauen selbstverständlich sein, sich um Haushalt und Kinder kümmern zu können, ohne dadurch Nachteile im Beruf zu haben" stimmten über 60% der unter 50-Jährigen und fast die Hälfte der über 60-Jährigen voll zu; auch hier war der Unterschied zwischen Männern (56%) und Frauen (62%) relativ gering.

Der Alltag der deutschen Arbeitswelt scheint mit den sich verändernden Wertvorstellungen noch nicht Schritt zu halten. Zwar sind schon fast die Hälfte aller Erwerbstätigen Frauen, doch zeigt ein Blick auf die Zusammensetzung von Vollzeitbeschäftigten und Führungskräften, dass Frauen in diesen Gruppen unterrepräsentiert sind. Umgekehrt liegt ihr Anteil an den Teilzeitbeschäftigten, an denjenigen, die für ihre Tätigkeit überqualifiziert sind sowie an den Arbeitslosen über dem Durchschnitt.

Gleichzeitig zeigt die Auswertung zahlreicher erwerbsbiografischer Interviews mit Frauen und Männern unterschiedlichen Alters aus innovativen, mittelständischen Unternehmen und Großbetrieben, dass der berufliche Erfolg positiv mit dem privaten Engagement korreliert. Für innovative Arbeitnehmer, d. h. Mitarbeiter, die aktiv an vergangenen oder laufenden Innovationsprozessen beteiligt waren, war es auffallend, wie häufig die Befragten von ausgeprägten (nicht nur sporadischen) Betätigungen außerhalb der Erwerbsarbeit berichten. Am häufigsten wurden sportliche Betätigungen genannt. Danach kommen kulturelle Beschäftigungen, wie das aktive Musizieren in Orchestern, das Leiten von Orchestern, das Chorsingen oder Unterrichten und die Mitarbeit im Laienkabarett.

Die Freizeitbeschäftigungen der besonders innovativen Mitarbeiter sind oft nicht nur mit einer Mitgliedschaft, sondern auch mit einem aktivem Engagement in einem Verein verknüpft – von der Ausbildung des Nachwuchses bis hin zum Vorsitz. Andere Fallbeispiele zeigen, dass neben der Verbindung von Freizeit, Ehrenamt und Erwerbsarbeit auch die Verknüpfung von Familie und Erwerbsarbeit als Schlüssel zum beruflichen (und privaten) Erfolg empfunden wird (siehe Kasten).

Verknüpfung von (Privat-)Leben und Arbeit: ein Schlüssel zum Erfolg

Ein verheirateter 40-jähriger Industriekaufmann, Vater von zwei Kindern, wird von seinem Vorgesetzten als gutes Beispiel für einen 'innovativen' Mitarbeiter empfohlen. Einerseits hat dieser einen starken Rückhalt in seinem familiären Netz, durch den er den beruflichen Erfolg erst fokussieren konnte. Denn trotz des nicht bestandenen Abiturs machte er eine Ausbildung zum Industriekaufmann, wurde anschließend von seinem Ausbildungsbetrieb übernommen und arbeitete dort nun in einer Position, die man gewöhnlich nur mit Abitur erreichen kann. Geschafft hat er dies mit Hilfe seines Engagements, seiner Zuverlässigkeit, seiner erbrachten Leistungen und aufgrund seiner ruhigen, zufriedenen, lockeren und ausgeglichenen Art, die mit dem Rückhalt in der dazu parallel gegründeten Familie zu erklären ist.

In der Verantwortung für sechs jüngere Mitarbeiter als Teamleiter kommen ihm die über Jahre im Umgang mit Menschen gesammelten Erfahrungen im Privatleben zugute, u. a. auch seine Erfahrungen als Jugendgruppenleiter.

A. Kuhlmey, T. Hitzblech, FH Neubrandenburg, Verbund V, 1996 – 2000

Die einfache Feststellung, dass die erfolgreiche Kombination von Leben und Arbeit die Leistungsfähigkeit im Erwerbsleben erhöht, sagt noch nichts über das individuell sehr unterschiedliche Zusammenspiel:

- So zeigen die Auswertungen des deutschen Wohlfahrtssurveys, dass die Erwerbszentrierung am höchsten bei der Altersgruppe der 40- bis 49-Jährigen ist. Der Lebensbereich 'Arbeit' ist für 99% der Westdeutschen dieser Altersgruppe 'wichtig' oder 'sehr wichtig'. Bei den älteren Altersgruppen ist dieser Anteil deutlich geringer, während er bei den jüngeren Altersgruppen, den 20- bis 39-Jährigen, nur geringfügig niedriger ist.

- Auch die 'Freizeitbeschäftigungen' zeigen Altersabhängigkeit: Die durchschnittliche Anzahl der Freizeitbeschäftigungen pro Woche nimmt mit zunehmendem Alter ab.

Beruf und Familie – schwierig zu verbinden

Die Vereinbarkeit von Familie und Beruf wird allerdings in Zukunft schwieriger. Zum einen steigt die Erwerbsorientierung der Frauen und entsprechend stehen Mütter und Großmütter künftig in einem geringerem Ausmaß als Betreuungspersonen zur Verfügung. Zum anderen wachsen die räumlichen Entfernungen zwischen den Mitgliedern einer Großfamilie und die Generationen wollen immer häufiger ihre Eigenständigkeit wahren. Dies erschwert die Betreuung durch Großeltern oder andere Verwandte.

Hinzu kommt die wachsende Zahl pflegebedürftiger Angehöriger. Bedingt durch den Anstieg in der Lebenserwartung älterer Menschen steigt nicht nur die Zahl der Pflegebedürftigen, sondern es erhöht sich auch das Durchschnittsalter der potenziell Pflegenden und deren Probleme:

- Die Angehörigen der Pflegebedürftigen sind zunehmend über 60 Jahre alt und ihre Kräfte sinken, zugleich fehlt eine ausreichende Zahl an 'Enkeln', die hier einspringen könnte.
- Im Gegensatz zur Kinderbetreuung ist die Betreuung älterer Angehöriger im Lebens- und Erwerbszyklus kaum 'planbar' und ihrer Dauer nach nicht vorauszuschätzen. Pflegesituationen treffen die Betroffenen oft unvorbereitet und ungeplant, sie treffen immer häufiger auch Erwerbstätige, die ihren Weg zurück in die Arbeitswelt gerade wieder suchen oder gefunden haben.

Dies führt zu einem steigenden Anteil an Pflegebedürftigen in Heimen. Die Regelungen im Pflegeversicherungsgesetz unterstützen dies zusätzlich.

Die Vereinbarkeit von Erwerbsarbeit und Familienarbeit, ob mit Kindern oder Angehörigen, ist bis heute vor allem eine Herausforderung für Frauen. Trotz der Konzeption und Umsetzung verschiedener Maßnahmen zu einer verbesserten Vereinbarkeit von Beruf und Familie (wie z. B. Änderungen im Bundeserziehungsgeldgesetz und Kinder- und Jugendhilfegesetz) sind es – von wenigen Ausnahmen abgesehen – nach wie vor die weiblichen Erwerbstätigen, die Beruf, Kinderbetreuung und Angehörigenpflege miteinander in Einklang bringen müssen.

Arbeit und Privatleben alternsgerecht miteinander zu kombinieren ist – wie das Beispiel erwerbstätiger Mütter zeigt – eine vielschichtige Aufgabe. Entsprechend vielschichtig und variantenreich sind die individuellen Lösungswege, die wir in der Praxis finden. Im Mittelpunkt fast aller Ansätze zur Vereinbarkeit steht die Lage und Dauer der individuellen Arbeitszeit. Mehr Zeitsouveränität macht es leichter Beruf und Familie, aber ebenso Beruf und Freizeit miteinander in Einklang zu bringen. Entsprechend profitiert das Zusammenspiel zwischen Leben und Arbeit von der Flexibilisierung der Arbeitszeitstrukturen – sei es durch mehr Zeitsouveränität am Tage, in der Wochen- oder Lebensarbeitszeit. Eine Flexibilisierung der Arbeitszeit kann dauerhaft oder befristet sein, informell oder formell geregelt werden, 'kostenneutral' erfolgen oder mit Zu- bzw. Abschlägen verbunden sein, einzelne Personen, Arbeitsgruppen, Bereiche oder die Gesamtbelegschaft betreffen – die Zahl der Varianten ist schon heute kaum zu übersehen und wächst weiter (vgl. Kasten).

Übersicht alternativer Arbeitszeitmodelle

Konventionelle Arbeitszeitgestaltung
- Vollzeitarbeit mit regelmäßiger Tages- und Stundenaufteilung
- Teilzeitarbeit in Anlehnung an Vollzeitarbeit
- Arbeit an bestimmten Wochentagen / im Wochenwechsel

Flexible Arbeitszeitgestaltung
- Wechselnde Schichtarbeit
- Flexible Sonderschichten (Springer-, Wochenend-, Nachtschichten)
- Jahreszeitschichten

Individuelle Arbeitszeitgestaltung
- Modulare Arbeitszeit
- Bandbreitenmodelle
- Frei wählbare Arbeitszeit

Kooperative Arbeitszeitgestaltung
- Partnerbezogene Arbeitszeitgestaltung, Jobsharing
- Zeitautonome Arbeitsgruppen

Lebensbezogene Arbeitszeitgestaltung
- Sabbaticals
- Gleitender Altersruhestand / Altersteilzeit

Eigene Zusammenstellung

Konzepte zur Arbeitszeitflexibilisierung finden sich vornehmlich in Firmentarifverträgen oder sind Gegenstand von Einzelvereinbarungen zwischen Arbeitnehmern und Arbeitgebern, wie der Fall der Firma COMPU zeigt (siehe Kasten rechts). In der Mehrzahl der praktisch beobachteten Fälle orientiert sich allerdings die Flexibilisierung der Arbeitszeit vor allem an den Interessen der Unternehmen nach mehr Flexibilität. Wie aber passt dies zu den Arbeitszeitpräferenzen der Erwerbstätigen?

Wahlarbeitszeit bei der Firma COMPU

In dem kleineren, nicht tarifgebundenen Softwarehaus 'COMPU' wurde für die überwiegend jungen Mitarbeiter die Wahlarbeitszeit zwischen 30 und 40 Stunden eingeführt. Außerdem erhielten sie einen Urlaubsanspruch zwischen dem gesetzlichen Mindesturlaub und 40 Arbeitstagen. Der Urlaub kann angespart und in größeren Blöcken genommen werden. Damit ist es im Grundsatz möglich in besonderen Lebenslagen den Urlaub zu nehmen.

Das bei 'COMPU' angewandte Modell kann langfristig ausgebaut werden, um auf das Altern der Belegschaft zu reagieren. Zeitkonten werden von den Verantwortlichen bei 'COMPU' angesichts starker Fluktuation und unsicherer Marktbedingungen allerdings eher als kritisch angesehen, vielmehr hält man eine über private Ersparnisse finanzierte Reduzierung der Arbeitszeit in höherem Alter für wünschenswert. Gegenwärtig stehen dieser privaten Regelung des Übergangs in den Ruhestand allerdings noch die Arbeitsmarktverhältnisse und Nachteile im Sozialversicherungsrecht entgegen, zum Beispiel beim Altersteilzeitgesetz.

F. Frerichs, FfG Dortmund; H. Viebrok, ZeS Bremen, Verbund III, 1996 – 1998

Bewegung in der Zeitplanung

Zwischen den Vorstellungen der Erwerbstätigen zur Wunscharbeitszeit und ihren tatsächlichen Arbeitszeiten klaffen in Deutschland große Lücken: 1997 waren beispielsweise nur ca. 4 von 10 Beschäftigen mit ihrer Arbeitszeit zufrieden. Im selben Jahr wollten insgesamt 60% aller erwerbstätigen Frauen und 13% aller Männer – befragt nach ihrer Wunscharbeitszeit – weniger als 35 Stunden pro Woche erwerbstätig sein. Arbeitslos gemeldete Frauen präferieren dagegen überwiegend eine Vollzeitbeschäftigung, während Frauen in der so genannten 'Stillen Reserve' Teilzeitarbeit bevorzugen.

Gerade von Frauen wird, wie empirische Untersuchungen belegen, in einer Teilzeitarbeit oft die Lösung der Vereinbarkeitsproblematik zwischen Familie und Beruf gesehen. Ihr Wunsch nach Teilzeitarbeit ist von ihrer familiären Situation geprägt. Denn wie die Ergebnisse der EMNID/WSF-Umfrage im Jahr 1997 zeigen, geben zwar 68% der unbefristet teilzeitbeschäftigten Frauen an, dass diese Form der Beschäftigung der gesuchten entspricht. Gleichzeitig räumen aber ebenso viele ein, dass äußere Zwänge, wie die Versorgung von Kindern oder Familie, ursächlich dafür sind. Unter anderen Rahmenbedingungen könnten sich die bisher 'freiwillig' teilzeitbeschäftigten Frauen durchaus vorstellen, ihre Arbeitszeit auszudehnen. Hinzu kommt, dass vor allem Arbeitnehmerinnen mit relativ geringem Teilzeitarbeitsumfang eine deutliche Ausweitung ihrer wöchentlichen Stundenzahl wünschen.

Männer mit einem jüngsten Kind unter 3 Jahren äußern andererseits eine besonders starke Präferenz zur Ausweitung ihrer Arbeitszeiten. Sie reagieren damit z. B. durch Überstunden oder Zusatztätigkeiten auf den Rückzug der Mütter mit Kleinkindern aus der Erwerbstätigkeit und auf den erhöhten ökonomischen Druck in der Phase der Familiengründung. Dabei entsteht auch bei ihnen eine erhebliche Differenz zwischen 'familienbedingten' Mehrarbeitszeiten und dem 'eigentlichen' Wunsch der Männer nach einer Reduzierung ihrer Arbeitszeit.

Der Wunsch nach Teilzeitarbeit hängt aber nicht nur mit der Rücksichtnahme auf familiäre Pflichten zusammen: 1995 äußerten in Westdeutschland 26% der Singles Teilzeitwünsche. Dies zeigt, dass die Reduzierung der Arbeitszeit nicht nur als Weg zur besseren Vereinbarkeit von Beruf und Familie gesehen wird. Teilzeitarbeit ist auch eine gute Möglichkeit das Zusammenspiel zwischen Privatinteressen, Freizeit und Arbeit (vielleicht wieder) ins Gleichgewicht zu bringen.

Bei älteren Arbeitnehmern ist der Wunsch nach Teilzeitarbeit weniger verbreitet als bei jüngeren. Gleichwohl stieg auch bei ihnen der 'Teilzeitwunsch': Während noch in den 80er-Jahren die mittleren Altersgruppen (26 bis 45 Jahre) am häufigsten den Wunsch nach Teilzeit äußerten, traf dies Mitte der 90er-Jahre für die Altersgruppe der über 45-Jährigen zu. Altersteilzeitregelungen zum Übergang in den Ruhestand stehen allerdings ältere Arbeitnehmer häufig noch kritisch gegenüber. Wenn sie sie nutzen, bevorzugen sie einen abrupten und keinen gleitenden Übergang. Das Blockmodell des neuen Altersteilzeitgesetzes findet weit mehr Anklang als der langsame Ausstieg auf Teilzeitbasis.

Das Bild ist keineswegs einheitlich:

- Ältere wollen – so ihre Begründungen – ihren Arbeitsplatz aus verschiedenen Motiven heraus nicht mit Jüngeren teilen. Die Skepsis gegenüber neuen Arbeitszeitmodellen liegt häufig aber noch tiefer. Ältere Arbeitnehmer kommen mit einer Destandardisierung ihrer Arbeitszeit nicht zurecht. Sie haben über Jahrzehnte hinweg keine flexiblen Arbeitszeiten praktiziert. Am Ende ihrer Erwerbsbiografie empfinden sie den Umstieg auf Teilzeitarbeit als eine Abwertung ihrer Arbeit. Sie bevorzugen 'Frühverrentungsmodelle'. Der 'Ruhestand' wird für sie dann zu einer 'Befreiung' vom steigenden Veränderungsdruck im Arbeitsleben.

- Nach wie vor gibt es unter den 'älteren' Erwerbstätigen aber auch jene, für die weder eine Frühverrentung noch Altersteilzeitregelungen in Frage kommen. Dazu gehört der technische Angestellte eines Großunternehmens, der im Gegensatz zum leitenden Angestellten keine lukrative Abfindung und Betriebsrente erhält, wenn er in den Vorruhestand geht. Dazu gehört der rüstige Hausmeister, der noch bis zu seinem 67. Lebensjahr 'sein' Haus behalten will und der über 65-jährige Manager, der noch im Alter keine Dienstreise ausfallen lässt. Sie werden zusammen alt mit dem Buchhalter, der durch eine Frühverrentung endlich seinen langjährigen Hobbys nachgehen kann oder dem Bankkaufmann, der mit einem gleitenden Ausstieg seinen Übergang in den Ruhestand vorbereitet.

Tausch zwischen Zeit und Geld hat Grenzen

Variable Arbeitszeitmodelle – insbesondere jene, die eine Reduzierung der Arbeitszeit beinhalten – sind nur dann wirksame Strategien zur Optimierung eines alternsgerechten Zusammenspiels zwischen Arbeit und Leben, wenn sie in Lebensphasen auftreten, in denen Geld tatsächlich durch Zeit getauscht werden soll und kann. Diese Bereitschaft ist, wie empirische Untersuchungen zeigen, in den vergangen Jahren in Deutschland eher zurückgegangen. Im Vergleich von 1989 zu 1994 stieg der Anteil derjenigen, die eine Lohnsteigerung gegenüber einer Reduzierung der Arbeitszeit bevorzugen würden, von 42% auf 70%.

Dem Tausch von Zeit und Geld steht nicht selten entgegen, dass in Lebensphasen, in denen eine Reduzierung der Arbeitszeit erwünscht ist – wie z. B. in Familiengründungsphasen – ein erhöhter finanzieller Bedarf besteht. Auch in späteren Lebensphasen sind die finanziellen Spielräume für eine Arbeitszeitreduzierung noch eingeschränkt, wenn die Kinder studieren, Investitionen in das eigene Haus oder die Eigentumswohnung zu tätigen sind oder sich der Lebensstil allzu sehr an das höhere Einkommen angepasst hat. Andererseits steigt das Einkommen für viele noch mit dem Alter, während die Verpflichtungen stagnieren oder sinken. Dies erhöht die finanziellen Spielräume gerade in späteren Lebensphasen.

Solche Durchschnittsbetrachtungen sagen allerdings nur wenig darüber, wie hoch der finanzielle Spielraum für Arbeitszeitkürzungen tatsächlich ist. Neue Arbeitszeitmodelle müssen daher immer auch mit den individuellen lebenszyklischen Einkommens- und Ausgabenpositionen in Einklang gebracht werden – Herausforderungen, von denen auch Kreditinstitute leben. Hierfür haben sich in der Praxis zwei vom Grundansatz her unterschiedliche Arbeitszeitmodelle herausgebildet: das Wahlarbeitszeitmodell und das Arbeitszeitkontomodell, auf die bereits aus betrieblicher Sicht eingegangen wurde (vgl. Kapitel 4.1).

- Im Wahlarbeitszeitmodell wird für eine festgelegte Zeit (normalerweise ein Jahr) die Arbeitszeit zwischen Unternehmen und Arbeitnehmern individuell ausgehandelt, wobei der Arbeitnehmer ein (begrenztes) Wahlrecht ausüben kann. Entscheidender Punkt ist die Zusicherung des Arbeitgebers, dass nach Ende des Festlegungszeitraums jede Arbeitszeit innerhalb einer von vorneherein festgelegten Bandbreite gewählt werden kann.
- Bei Zeitkontenmodellen wird ein intertemporaler Transfer in Form von Arbeitszeit vollzogen. Neu gegenüber bisherigen Gleitzeitregelungen und unterschiedlichen Verteilungen der regelmäßigen Arbeitszeit, die seit Jahren in Tarifverträgen verankert sind, ist die Ausdehnung des Ausgleichszeitraums über längere Zeiträume bis hin zu mehreren Jahren. Nur ein Teil der geleisteten Arbeitszeit wird als Entgelt ausgezahlt, der andere Teil wird einem Konto zugeschrieben, das zu einem späteren Zeitpunkt wieder 'abgefeiert' werden kann.

Beide Ansätze – und eine Vielzahl anderer Formen der Arbeitszeitflexibilisierung – haben bereits ihren Niederschlag in Flächen- und insbesondere in Firmentarifverträgen gefunden. Nach einer Auswertung von Tarifbestimmungen aus rund 60 Wirtschaftszweigen bzw. Tarifbereichen dominieren Arbeitszeitkonten, die es den Unternehmen erlauben möglichst flexibel auf kurz- und mittelfristige Änderungen der Markt- und Produktionsbedingungen zu reagieren. Die Flexibilisierung der Arbeitszeit dient ihnen zum Ausgleich von Auftragsschwankungen (Flexibilisierungsfunktion) und zur flexiblen oder dauerhaften Erhöhung der Kapazitätsauslastung (Extensivierungsfunktion).

Vor- und Nachteile für die Arbeitskräfte

Gleichzeitig sind aber beide Arbeitszeitmodelle mit unterschiedlichen Vor- und Nachteilen für die betroffenen Arbeitnehmer verbunden (vgl. Kasten). Besonders Arbeitszeitkontomodelle werben damit, dass sie in der Lage sind individuelle und lebensphasenspezifische Einnahmen- und Ausgabenpositionen oder Arbeitszeitwünsche miteinander in Einklang zu bringen. Bei Zeitkontomodellen muss in einer Anfangsphase mehr gearbeitet werden, um das so entstehende Zeitsparkonto später abzubauen, wenn mehr Freizeit gebraucht, aber genauso viel konsumiert wird. Einen Pferdefuß hat diese Lösung: Es sind erhebliche Ansparzeiten notwendig, um ganze Lebensphasen zu überbrücken. So muss das Einkommen für ein Jahr früheren Ruhestands über sieben Jahre lang durch etwa 5 Stunden Mehrarbeit pro Woche angespart werden. Hinzu kommt, dass beim Tausch zwischen Zeit und Geld nicht nur die bloße Rechnung ‘Stundenzahl mal Stundenlohn’ zu Einkommenseinschränkungen führt. Oft kommen noch zusätzliche Einkommenseinbußen hinzu, wenn für Teilzeitbeschäftigte Zuschläge für Mehrarbeit, Sonn- und Feiertagsarbeit oder Nachtarbeit entfallen.

Sind die veränderten Arbeitszeiten mit Lohn- bzw. Gehaltsrückgängen verbunden, so sinken außerdem die späteren Ansprüche auf Sozialtransfers, sofern diese an das Lebenseinkommen gekoppelt sind. Die niedrigere Absicherung im Alter, die das Resultat flexiblerer Arbeitszeitmodelle sein kann, ist insbesondere für Arbeitnehmer mit geringem Einkommen problematisch. Weitere Einkommensrisiken liegen bei der Lohnfortzahlung im Krankheitsfall, bei Erwerbsunfähigkeit und im Falle angesparter Arbeitszeiten. Dem steht u. U. ein Ausgleich bei Steuer- und Transferzahlungen gegenüber, wenn diese an bestimmte Einkommensgrenzen gebunden sind. Dies gilt für das Erziehungsgeld ebenso wie für steuerliche Vorteile aus einer geringeren Stundenzahl. So profitieren über das Ehegattensplitting viele Ehepaare von Teilzeitregelungen.

Vor- und Nachteile der unterschiedlichen Arbeitszeitmodelle für Arbeitnehmer		
	Vorteile	**Nachteile**
Zeitsparmodelle	▪ Höhere Flexibilität zur Abstimmung in unterschiedlichen Lebensphasen, z. B. für - Kindererziehung - Qualifizierung - Belastungsausgleich - vorgezogenen Ruhestand ▪ in vielen Fällen hohe Verzinsung der Entgeltansprüche	▪ Wegfall der Mehrarbeitszuschläge ▪ Auflösung fester Zeitstrukturen ▪ keine freie Verfügbarkeit über Guthaben bei erzwungenem Zeit-Ansparen ▪ evtl. höhere Risiken durch - Insolvenz des Arbeitgebers - Zinsverluste bei Karriere - höhere Belastungen in der Ansparphase
Wahlarbeitszeitmodelle	▪ Optimale Anpassung an besondere Lebensphasen, z. B. durch - arbeitsfreie Zeiträume für Langzeiturlaub, Sabbaticals, andere Tätigkeiten - kürzere Arbeitszeit, z. B. für Übergang in den Ruhestand, Erziehungsphasen und Qualifizierung ▪ Bei erhöhtem finanziellem Bedarf ist auch höheres Entgelt möglich ▪ Volle Verfügungsgewalt über Ersparnis	▪ Schwierigere Rückkehr in Vollzeitbeschäftigung bei veränderten Rahmenbedingungen ▪ höhere Karriererisiken bei Teilzeitbeschäftigung ▪ Nachteile in der Sozialversicherung, z. B. bei Altersteilzeit, kein Schutz in selbstfinanzierten Freistellungsphasen ▪ evtl. höhere gesundheitliche Belastungen bei höherer Arbeitszeit

F. Fredrichs, FfG Dortmund, H. Viebrok, ZfS Bremen, Verbund III, 1996 – 1998

Selbstmanagement zur Erhaltung der Erwerbsfähigkeit

Die Vor- und Nachteile von flexiblen Arbeitszeitmodellen lassen sich leicht auflisten. Welche Bedeutung sie im Einzelfall haben, muss jeder Erwerbstätige selbst entscheiden. Sein Urteil wird im Verlaufe seines Arbeits- und Familienlebens unterschiedlich ausfallen und ist abhängig von den sich ändernden individuellen Möglichkeiten und Wünschen. Damit wird die Dauer, Lage und Verteilung der Arbeitszeit nicht nur zu einer Frage der optimalen Abstimmung von Privatleben und Arbeit im Hier und Jetzt. Sie beeinflusst auch die Entwicklung der Arbeitsfähigkeit im Laufe eines Erwerbslebens und damit die Möglichkeiten zur Verknüpfung von Arbeiten und Altern in der Zukunft: Von der alternsgerechten Gestaltung der Arbeitszeit hängen die individuellen Regenerationsmöglichkeiten ab und diese wieder bestimmen, ob eine Tätigkeit – im

Beruf oder privat – die jeweilige Leistungskraft jetzt und auf Dauer über- oder unterfordert. Flexible Arbeitszeitmodelle können unter diesem Gesichtspunkt auch zu präventiven Instrumenten der persönlichen Gesundheitsvorsorge werden.

Flexible Arbeitszeitmodelle sind für sich genommen kein Garant für alternsgerechte Beschäftigung. Falsch genutzt, können sie sogar zu Gesundheitsschädigungen wie zum frühzeitigen Verfall der Arbeitsfähigkeit führen. Dies ist immer dann zu befürchten, wenn dank Arbeitszeitflexibilisierung etwa in der Form von Schichtarbeit oder eng terminierter Projektarbeit die Intensivierung oder die spezifischen Anforderungen an die Arbeit steigen. Die Folge können schon kurzfristig höhere gesundheitliche Belastungen sein, denen keine ausreichenden Ausgleichs- und Erholungsmöglichkeiten gegenüberstehen. Mittel- und langfristig aber wächst zusätzlich die Gefahr von Dauerschäden als Folge einer anhaltenden Überforderung. Aus diesem Grund sehen einige Tarifverträge bei flexiblen Arbeitszeiten ausdrückliche Schutzregelungen gegen überhöhten Arbeitseinsatz vor.

Tarifvertragliche Regelungen – soweit sie bereits bestehen – bieten aber nur einen begrenzten Schutz gegen eine gesundheitsschädliche Überforderung bei flexibler Arbeitszeitgestaltung. Dies hängt eng mit den starken Veränderungen in der Arbeitsorganisation zusammen: Mit neuen Formen in der vertikalen wie horizontalen Arbeitsteilung wächst das Maß an Eigenverantwortung der Arbeitskräfte für Einsatz und Nutzung ihrer Arbeitszeit und entsprechend wachsen die Anforderungen an die Selbstorganisation. Dies erweitert individuelle Handlungsspielräume, macht die Arbeit anregender und erleichtert unter Umständen die individuelle Verknüpfung von Arbeit und Privatleben. Doch die größere Flexibilität erhöht die Verantwortung für den Einsatz der eigenen Arbeitskraft und die Abstimmung von Arbeitszeiten und -formen mit Kollegen, der Familie und dem sozialen Umfeld – eine typische Situation, unter deren Stress vor allem Frauen zu leiden hatten. In Zukunft wird die Vereinbarkeit von Beruf, sozialem Umfeld und Familie das Leben aller Erwerbstätigen, ob Frauen oder Männer, immer stärker prägen.

Interesse an Telearbeit wächst

Die Herausforderung an das 'Selbstmanagement' wird besonders dort groß, wo Menschen mehrere Tätigkeiten parallel oder nacheinander ausüben wollen oder müssen. Vor diesem Hintergrund wird das Interesse an Telearbeit verständlich, das in den letzten Jahren stark zugenommen hat: Nach einer Umfrage hatten 1994 40% der Erwerbstätigen ein prinzipielles Interesse an Telearbeit, während es 1985 nur knapp 9% waren. Dabei ist bemerkenswert, dass insbesondere höher qualifizierte Erwerbstätige und Jüngere an Telearbeit interessiert sind. Am höchsten ist das Interesse in der Altersgruppe der 30- bis 39-Jährigen. Fast 57% dieser Altersklasse können sich eine Form der Telearbeit prinzipiell vorstellen. In der Altersgruppe der 40- bis 49-Jährigen sind es nur noch 40%, bei den 50- bis 59-Jährigen nur noch knapp 28%. 1997 gab es in

Deutschland zwischen einigen 10.000 und 150.000 Telearbeiter. Inzwischen dürften es bereits 800.000 sein. Selbst hartnäckige Kritiker der Telearbeit halten 10% bis 15% aller Arbeitsplätze für 'Telearbeit-geeignet'.
Die Euphorie und die ablehnende Skepsis, denen Telearbeit zunächst häufig begegnete, weichen mehr einer nüchternen Betrachtung. Die Erprobung in der Praxis hat Schwierigkeiten und Grenzen ebenso deutlich werden lassen wie zu neuen Organisationsmodellen und Lösungsansätzen geführt – eine typische Situation, wenn Gewohnheiten und Lebensstile sich verändern. Dieser Prozess ist keineswegs abgeschlossen. Telearbeit wird sehr wahrscheinlich eine interessante und praktikable Lösung bleiben, wenn es um die Vereinbarkeit von Beruf und Familie, von Arbeit und Leben geht – und dies nicht nur für Datenverarbeitungsspezialistinnen und Devisenhändlerinnen (vgl. Kasten).

Beruf oder Familie? Die Lösung 'Telearbeit'
Wie viele andere Frauen stand Frau R., als sie schwanger war, vor der Frage: Beruf oder Familie? Die Datenverarbeitungsspezialistin wollte beides und fand bei ihrem Arbeitgeber, einer deutschen Großbank, ein offenes Ohr. Denn ihr Vorgesetzter war keinesfalls gewillt, die junge Frau, der man eine jahrelange Ausbildung hatte zuteil werden lassen, einfach zu verlieren. "Wo ein gemeinsamer Wille ist, ergibt sich auch ein Weg", sagte Frau R. Kurzum, die Bank richtete ihr im heimischen Dachgeschoss einen Arbeitsplatz ein und seitdem entwickelt Frau R. die Software für die Bank von zu Hause aus. Die Bank ist vom Engagement der Telearbeiter so angetan, dass sie ihr Telearbeitsprojekt ausgebaut hat und neben Datenverarbeitungsspezialisten nun selbst Devisenhändler von zu Hause agieren.

In Anlehnung an Bundesministerium für Wirtschaft und Bundesministerium für Arbeit und Sozialordnung (o.J.)

Ein diffuser Übergang zur Selbstständigkeit

Die Anforderungen an die Selbstorganisation werden noch größer, wenn die Flexibilisierung von Arbeitszeit und Arbeitsorganisation auch noch eine Flexibilisierung des Beschäftigungsverhältnisses zur Folge hat. Typische Schlagwörter in diesem Kontext sind die zunehmende Anzahl von wirklichen und scheinbaren Selbstständigen und die zunehmende Anzahl geringfügiger Beschäftigungsverhältnisse. Gerade diese Beschäftigungsverhältnisse werden verstärkt in Lebensphasen in Anspruch genommen, in denen Beruf und Familie miteinander kombiniert werden.

So ist es zum einen nicht erstaunlich, dass gerade Frauen neben Studenten und Schülern den Großteil der geringfügig Beschäftigten ausmachen. 1997 waren 61% aller geringfügig Beschäftigten in Westdeutschland weiblich, in Deutschland insgesamt 59% aller geringfügig Beschäftigten. Insbesondere Frauen, die über ein höheres Haushaltseinkommen verfügen, scheinen in diesen Beschäftigungsformen eine sinnvolle Ergänzung zu ihrer häuslichen Tätigkeit und eine gute Alternative zur Vollzeitbeschäftigung zu sehen.

Dieselbe Beobachtung bestätigt sich bei so genannten Scheinselbstständigen – also jenen Selbstständigen, die von einem einzigen Unternehmen abhängig und inhaltlich weisungsgebunden sind. Auch bei den rund 700.000 bis 750.000 Unternehmen, die im Jahr 1996 scheinbar in eigener Sache tätig waren, sind die mittleren Altersgruppen (30 bis 40 Jahre) und die Frauen am stärksten vertreten. Die scheinbare Selbstständigkeit der Ingenieurin, Konstrukteurin oder Beraterin, die in nicht wenigen Fällen für ihren ehemaligen Arbeitgeber arbeiten, ermöglicht es ihnen oft erst Kinderbetreuung oder Angehörigenpflege mit dem Beruf zu verbinden. Für sie ist diese Form der Beschäftigung oft die einzige Chance in ihrem Beruf weiter arbeiten zu können.

Später werden die Risiken offenbar und der einseitige Umgang ihrer 'Kunden' mit der Scheinselbstständigkeit. Dies belegen letztlich die zunehmenden Klagen auf eine Anerkennung eines abhängigen Beschäftigungsverhältnisses. Nur rund ein Drittel der so genannten Scheinselbstständigen hat sich – so schätzen Gewerkschafter – freiwillig auf das scheinbare 'Unternehmertum' eingelassen. Die erhofften zusätzlichen Freiheiten sind in der Realität oft kleiner als zunächst vermutet. Die Arbeit diktiert stärker noch als bisher den Lebens- und Arbeitsrhythmus: An die Stelle der ungeliebten Arbeitsroutine tritt jetzt der Termindruck und die Angst um das regelmäßige Einkommen – von der Frage der sozialen Absicherung ganz zu schweigen. Gerade bei Scheinselbstständigen besteht die Gefahr der Selbstausbeutung – und dies nicht nur im Softwarebereich.

Unter diesen Aspekten ist die 'echte' selbstständige Pflegerin, Übersetzerin oder Unternehmensberaterin ähnlich wie die vielen Vertreter der freien Berufe oft in einer besseren Situation. Sie arbeiten für eine Vielzahl von Kunden und haben grundsätzlich größere Gestaltungsspielräume zur Optimierung von Beruf, Freizeit und Familie. Doch auch sie müssen sich stark in ihrem Beruf engagieren, ihre Kunden finden und pflegen – eine Aufgabe, die in aller Regel viel Zeit und gute Kontakte erfordert. Gleichwohl gehen immer mehr Frauen diesen Weg und viele Männer träumen ihrerseits von einer selbstbestimmten Arbeit, die ihnen mehr Spielräume lässt als der gewohnte Gang in den Betrieb. Immer mehr Ältere sehen in der Selbstständigkeit einen neuen Weg, Altern, Leben und Arbeit wieder und besser miteinander zu verbinden.

Regelmäßige Prüfung nötig

Welche Möglichkeiten zur Optimierung eines alternsgerechten Zusammenspiels von Leben und Arbeit ausprobiert werden sollen, will wohl durchdacht sein. Für ein erfolgreiches Altern in der Erwerbsarbeit ist entscheidend, sich über die verschiedenen Möglichkeiten immer wieder Gedanken zu machen und in die Verknüpfung von Leben und Arbeiten zu 'investieren'. Dies gilt für Männer und Frauen gleichermaßen. Das Schwierige dabei ist, dass die Erträge dieser 'Investition' in die eigene Erwerbsbiografie nur schwer kalkulierbar sind. Die Abstimmung zwischen Privatleben und Arbeit in jüngeren Jahren, die Gelegenheit zur Nutzung flexibler Arbeitszeiten und -formen zahlt sich – beruflich wie privat – häufig erst langfristig aus. Routine und Bequemlichkeit sind hier harte Gegner.

Der Arbeitnehmer der Zukunft wird ähnlich wie viele Frauen schon heute zum Unternehmer der eigenen Arbeitskraft. Phasen der Vollzeitbeschäftigung, der Teilzeitarbeit, der Familienarbeit und der tatsächlichen oder scheinbaren Selbstständigkeit können sich im Erwerbsverlauf abwechseln. Sie werden zu einem Spiegelbild der gesuchten und gefundenen Möglichkeiten wie der wahrgenommenen Chancen und eigenen Interessen. Die von Sozialwissenschaftlern viel diskutierten 'gebrochenen' Erwerbsbiografien sind schon heute nicht nur als 'Bruch' und als Zeichen der 'sozialen Kälte' der modernen Gesellschaft zu sehen. Viele, vor allem Frauen sind diesen Weg freiwillig gegangen und haben ihn als Chance genutzt, um Familie und Arbeit alternsgerecht zu vereinbaren. Die mentale Orientierung der Arbeitsbeziehungen am faktisch ausgehöhlten Modell der 'lebenslangen Normarbeit' kann zu einer gefährlichen Falle werden.

Die Selbsteinschätzung der eigenen Leistungskraft ist dabei – wie Arbeitsmediziner immer wieder feststellen – mindestens ebenso wichtig wie die Einschätzung von Vorgesetzten oder Kollegen (vgl. Kasten Seite 206): Wer seine nachlassende Leistungsfähigkeit, ob im Frachthof, am Montageroboter, im Kundendienst oder in der Führungsetage, nicht wahrnehmen kann oder will, überfordert sich gern oder gleitet in Lernungewohntheit ab. Wer umgekehrt Angst vor Überforderung hat, gibt sich selbst schnell als 'leistungsgemindert' auf. Die Erfahrungen aus Rehabilitationsmaßnahmen zeigen immer wieder, wie schwer es Menschen fällt zwischen dem zu differenzieren, was sie jetzt noch und vielleicht sogar besser können als früher, und dem, auf das sie jetzt verzichten sollten.

Einschätzung zwischen Belastung und Beanspruchung	
Einschätzung der Älteren	**Einschätzung der Jüngeren**
Jüngere (n = 20) sehen Ältere als ▪ weniger veränderungsbereit, ▪ selbstsicherer und ▪ erfahrener an.	Ältere (n = 20) sehen Jüngere als ▪ risikobereiter, ▪ schneller und ▪ fehlerbehafteter an.
Ältere (n = 20) sehen sich selbst als ▪ sehr viel erfahrener, ▪ aufgabenbezogener und ▪ körperlich nicht so belastbar an.	Jüngere (n = 20) sehen für sich selbst ▪ keine besonders differenzierenden Ausprägungen, ▪ höhere Risikobereitschaft, ▪ Rücken- und Armbeschwerden schon in jungen Jahren.
Bewältigung von Belastung ist Lebensaufgabe ▪ Gesundheit ist eine Lebensaufgabe (Wirbelsäulenprobleme), die auch Jüngeren nahe gelegt werden sollte. ▪ Risikobereitschaft führt zu Fehlerhäufigkeit, erhöht die Unfallrisiken und die Gefahr der Überforderung, was Jüngeren deutlich gemacht werden muss. ▪ Belastungswechsel, Ausgleich in der Freizeit oder Betriebsgymnastik sind Maßnahmen und Beispiele, die schon in frühen Jahren ansetzen sollten. ▪ Verminderte körperliche Leistungsfähigkeit bei 70% der älteren Befragten reduziert die Akzeptanz von Zeitdruck, was Handlungsspielräume notwendig macht.	

K.-D. Fröhner, K. Nawroth, TU Hamburg-Harburg, Verbund V, 1996 – 2000

5.2 Ausbildung und Berufseinstieg – die ersten Hürden für die Erwerbsbiografie

'Aller Anfang ist schwer' dies gilt auch für die individuelle Erwerbsbiografie. An ihrem Anfang steht die Ausbildung. Ihr wird traditionell ein hoher Stellenwert für das Erwerbsleben zugeordnet. Zwei wichtige Kennziffern der Arbeitsmarktstatistik – die ausbildungsspezifischen Arbeitslosenquoten und Einkommensdurchschnitte – unterstützen diese Einschätzung: So betrug 1997 die Arbeitslosenquote für Fachhochschulabsolventen 2,8%, für Universitätsabsolventen 4,1%, für diejenigen, die eine Lehre oder Berufsfachschule abgeschlossen haben, 7,4% und für diejenigen, die keine Ausbildung haben, immerhin 24,2%. Das Durchschnittseinkommen derjenigen mit einer Hochschulausbildung bzw. einer abgeschlossenen Berufsausbildung war 1995 1,8-fach bzw. 1,2-fach so hoch wie das derjenigen ohne eine Ausbildung.

Die Ausbildung: ein wichtiger erster Schritt

Die Botschaft eindeutig: Je niedriger die berufliche Qualifikation, desto schlechter die

Position auf dem Arbeitsmarkt. Dies gilt heute und in Zukunft noch stärker als schon in der Vergangenheit: Gegenüber 1975 hat sich die Arbeitslosenquote der Arbeitskräfte ohne Ausbildung vervierfacht, während sie sich bei Fachhochschulabsolventen kaum veränderte. Mit Hoch- und Fachhochschulabsolventen wurden 1995 sogar absolut mehr Arbeitsplätze als vor 20 Jahren besetzt, vor allem zu Lasten der Arbeitskräfte ohne abgeschlossene Berufsausbildung.

Die steigenden Qualifikationsanforderungen zeigen sich heute schon bei der Suche nach einem Ausbildungsplatz. Hauptschulabsolventen oder Schulabbrecher haben selbst in klassischen Lehrberufen zunehmend geringere Chancen gegenüber Absolventen der Realschulen oder Gymnasien. Jeder sechste neue Azubi hat heute schon Abitur. Die angehenden Bankkaufleute haben fast alle die Hochschulreife. Für kaufmännische Berufe in Industrie und Handel werden junge Leute mit besserer Qualifikation bevorzugt. Selbst in einigen Handwerksbereichen, wie bei Goldschmieden oder Hörgeräteakustikern, bewährt sich das Zertifikat einer höheren Schule.

Der Trend zu höheren Schulabschlüssen wird sich auch künftig in nahezu allen Arbeitsbereichen fortsetzen. Darin sind sich alle Experten aus der Arbeitsmarkt- und Berufsforschung einig. Unterschiedlich ist lediglich das Ausmaß in den verschiedenen Bereichen: So ergab eine Delphi-Befragung der Handwerkskammer Hamburg im Jahr 1997, dass 94% bzw. 90% der Befragten aus dem Elektro- bzw. KfZ-Bereich angeben, dort würden die Anforderungen zunehmen, während es z. B. im Bereich Leder und Textil nur 22% waren.

Viele schließen aus solchen Zahlen, dass die Ausbildung das zentrale Element für eine zufrieden stellende und erfolgreiche Erwerbsbiografie ist. Die formalen Ausbildungsabschlüsse, das Abitur, der Lehr- oder Hochschulabschluss gelten manchen gar schon als Garant für eine lebenslange Beschäftigung. Sie vergessen dabei, dass statistische Durchschnittswerte allzu leicht die sehr viel differenziertere Realität verschleiern.

In betrieblichen Fallstudien und bei der Analyse individueller Erwerbsbiografien relativiert sich das Gewicht formaler Bildungsabschlüsse. Heute ist es eher die Ebene der Ausbildung als die spezifische Fachrichtung, die die Berufschancen prägt. Die Zuordnungen zwischen Ausbildung und ausgeübtem Beruf verlieren ihre traditionelle Eindeutigkeit, die ausbildungsadäquate Beschäftigung ist immer weniger zu realisieren. Doch auch die höhere Schul- und Berufsausbildung bestimmt nicht mehr von sich aus die Hierarchie im Beschäftigungssystem: Über den Erfolg am Arbeitsmarkt und besonders den Zugang zu den betrieblichen Kernbelegschaften entscheiden letztendlich nur Einsetzbarkeit und Integrationsfähigkeit, nicht die Ausbildungsebene. Hier werden plötzlich Persönlichkeitsmerkmale ausschlaggebend, die nur selten im Rahmen einer spezialisierten Berufsausbildung erworben werden können. Formale Bildungsabschlüsse sind demnach zwar keineswegs unwichtig, sie reichen aber immer weniger aus. Sozial-

und Methodenkompetenz, Kreativität und Flexibilität oder die Team- und Konfliktfähigkeit werden zu beruflichen Anforderungen, die kein Abschlusszeugnis zertifiziert.

Ohne Allgemeinwissen wird Spezialisierung gefährlich

Die Ursache für diesen Wandel in den Anforderungen an die Erwerbstätigen sind ein deutliches Spiegelbild der Arbeitswelt von morgen: Sie wird immer stärker von einem verantwortungsvollen Umgang mit Wissen und Informationen geprägt sein. Mit den Informations- und Kommunikationstechniken steigen die Informationsmöglichkeiten, zugleich auch der Datenfluss und die am Arbeitsplatz zu beachtenden Informationen. Das in der Ausbildung erworbene und mit dem Bildungsabschluss bestätigte Fachwissen reicht hierfür nicht mehr aus, es ist einerseits zu breit und allgemein und verliert andererseits immer schneller seinen Wert, wenn sich neue Erkenntnisse durchsetzen oder andere technische bzw. wirtschaftliche Fragen zu lösen sind. Umso wichtiger wird das kontinuierliche Lernen auch am Arbeitsplatz durch die jeweils richtige Auswahl und Anwendung neuer Informationen werden.

Eine umfangreiche Delphi-Befragung zu Potenzialen und Dimensionen der Wissensgesellschaft kommt zum eindeutigen Ergebnis: Allgemeinwissen wird in Zukunft personelle, soziale und methodische Kompetenzen ebenso umfassen müssen wie ein gutes inhaltliches Basiswissen (siehe Kasten unten).

Die vier Komponenten des 'Allgemeinwissens'

Methodische Kompetenzen umfassen allgemeine Grundlagen und Kulturtechniken (wie z. B. Fremdsprachenkenntnisse, Logik und Kreativtechniken) und den Umgang mit Informationstechniken (wie z. B. die Kenntnis moderner Medien sowie das gezielte Suchen und Auswählen von Informationen).

Personelle Kompetenzen umfassen persönliches Erfahrungswissen (wie z. B. Selbstbewusstsein, Selbstmanagement und Erfahrung von sozialer Zugehörigkeit) und persönliche Fähigkeiten im Umgang mit Wissen (wie z. B. Neugier, Offenheit und kritische Auseinandersetzung).

Soziale Kompetenzen umfassen kommunikative Kompetenzen (wie z.B. die sprachliche Ausdrucksfähigkeit, Moderation und Selbstdarstellung) und die soziale Verantwortung (wie z. B. Toleranz, Rücksicht und prosoziales Verhalten).

Inhaltliches Basiswissen umfasst das inhaltliche Wissen über aktuelle Probleme (wie z. B. Bildung und Beruf sowie Ökologie) und inhaltliche Grundlagen, z.B. in Form eines Alltagswissens über Geld, Wirtschaft und Erziehung.

Quelle: Bundesministerium für Bildung und Forschung, Delphi-Befragung 1996/1998, Seite 42

Allgemeinwissen gewinnt durch Zunahme und ständige Umschichtung des potenziell relevanten Wissens an Gewicht. Es wird zur Voraussetzung, um sich in der Arbeitswelt wie im Privatleben zurechtzufinden, bisherige Kenntnisse zu erweitern, das Wissen anderer aufzugreifen und mit dem eigenen zu verknüpfen. Wichtig ist nicht mehr nur die fachliche Beschäftigung mit allgemeinen Grundlagen etwa der Geschichte oder der Physik, sondern auch deren Relevanz für das Verständnis von aktuellen Themen.

Allgemeinwissen wird somit zur Grundlage für die Beschaffung und Auswahl der benötigten Informationen, für die Nutzung des Wissens anderer Personen und anderer Fachgebiete und damit für den immer wieder neuen und problemspezifischen Aufbau des Spezialwissens, auf das keine Arbeitskraft heute an ihrem Arbeitsplatz mehr verzichten kann. Die jeweils benötigte, sich allerdings in Zeiten des Wandels häufiger ändernde Spezialisierung wird zur Grundlage einer lebenslangen Erwerbsfähigkeit: Wer im Erwerbsleben sein fachliches Wissen gleichzeitig einbringt und weiter entwickelt, wer angesichts eigener Defizite zu fragen gelernt hat und in Situationen der Unsicherheit seine Handlungsfähigkeit nicht verliert, wird sich auch in der künftigen Arbeitswelt seine Lern- und Arbeitsfähigkeit erhalten. Er hat auf Dauer bessere Chancen als derjenige, der sich schon früh auf sein Spezialgebiet zurückgezogen hat, dort vielleicht auch schnell erfolgreich wurde, aber über dem schnellen Erfolg einseitig wurde und die Bereitschaft oder Fähigkeit zur Weiterentwicklung verlor.

Die sich beschleunigenden und schwer vorhersehbaren Veränderungen in der Arbeitswelt lassen jede einseitige Spezialisierung ebenso wie die enge Orientierung an 'klassischen' Berufsbildern zu einem mittel- und längerfristigen Beschäftigungsrisiko werden. Heute noch wichtige und stark nachgefragte Berufe können durch technische oder wirtschaftliche Veränderungen bald ihre Bedeutung verlieren. Der technische Zeichner, der Programmierer oder der Atomphysiker waren einmal gut bezahlte Mangelberufe und haben heute Beschäftigungsprobleme. Selbst Computerfachkräfte – von vielen Firmen händeringend gesucht – haben Wiederbeschäftigungsprobleme, wenn sie mit ihren Spezialprogrammen alt und einseitig geworden sind. Ähnlich kann es künftig immer mehr ehemals erfolgreichen Spezialisten ergehen. Schulabgänger fragen deshalb zu Recht immer seltener "Was soll ich werden?" und immer häufiger "Was soll ich machen?". Noch besser ist es, wenn sie die Berufsberater zusätzlich löchern mit Fragen wie: "Was kann ich mit dem, was ich machen will, noch machen?", "Welche Berufswege und Positionen kann ich mir damit erschließen, welche würde ich mir verbauen?"

Das deutsche Bildungssystem ist auf diesen Wandel noch unzureichend eingestellt. Es legt in der schulischen wie in der beruflichen Erstausbildung noch keinen ausreichend breiten und belastbaren Grundstein für das 'Lebenslange Lernen', in welchem sich Wissen im Laufe des Erwerbslebens flexibel ergänzt, vertieft und erweitert. Auch die weiterführende berufliche und wissenschaftliche Qualifizierung ist oft zu einseitig nur auf die jeweiligen Fachinhalte und zu wenig auf die Vermittlung von Kulturtechniken,

Einstiegswissen und Arbeitsmethoden ausgerichtet. So fehlen vielen Absolventen wichtige Werkzeuge, ohne die kein Handwerker, Sachbearbeiter, Arzt oder Manager seine Produkte fertigen, Aufgaben erfüllen oder Probleme lösen kann. Sie müssen sie an anderer Stelle, am Arbeitsplatz selbst und in der Weiterbildung ergänzen, manche vielleicht auch austauschen. So wird Lernen für die praktische Arbeit im Wechsel von formaler und 'informell-situativer' Bildung, in Bildungseinrichtungen, am Arbeitsplatz und im Lebensumfeld zunehmend wichtiger. Die traditionelle Trennung von Lernen, Arbeiten und Leben, wie sie die Industriegesellschaft noch prägte, verliert mehr und mehr ihre Basis.

Die 'richtige' Berufswahl erkennt man erst im Nachhinein

Die so einfache wie verständliche Frage nach der 'richtigen' oder 'Erfolg versprechenden' Ausbildung lässt sich in Zukunft immer schwerer beantworten. Was ist in einer Arbeitswelt, in welcher immer mehr Aufgaben durch 'intelligente' Maschinen übernommen werden und sich die Arbeitsteilung zwischen den Familienmitgliedern, im Betrieb, auf den Märkten und global ständig verschiebt, für die Dauer einer Erwerbsbiografie von 25 bis 40 Jahren 'richtig' und 'Erfolg versprechend', was 'falsch' oder 'aussichtslos'? Auch frühere Generationen hatten sich auf ihre Berufsausbildung nur begrenzt verlassen können. Viele wurden durch den Welthandel, die Weltkriege und neue technische Entwicklungen aus der Bahn geworfen, mussten neue Arbeitsmöglichkeiten suchen und haben sie gefunden. Für sie waren dies Ausnahmesituationen.

Für künftige Generationen wird der Berufswechsel zur Regel werden. Dabei sind für den Einzelnen kaum abschätzbare Veränderungen in Technik und Wirtschaft immer zweischneidig: Sie machen den Einstieg und jede berufliche wie private Lebensplanung einerseits schwieriger ("Was will, was kann ich jetzt und noch? Wo finde ich den passenden Lebensschwerpunkt und Arbeitsplatz?"). Sie schaffen andererseits aber auch Möglichkeiten, um Irrtümer zu korrigieren, neue Chancen aufzugreifen und fehlende Qualifikationen zu ergänzen. Die Erstausbildung stellt zwar Weichen, legt aber viel weniger als früher die Richtung fest, die möglichen Berufswege werden differenzierter.

'Brüche' und 'Umwege' in der Ausbildung sind unter solchen Bedingungen durchaus nicht immer schädlich: Viele erfolgreiche Menschen brauchten lange 'Lehr- und Wanderjahre', um zu werden, was sie wurden. Der Abbruch eines Studiums oder einer anderen Ausbildung ist nicht automatisch ein Nachteil für die Erwerbsbiografie. Die etwa 20% bis 30% aller 1,8 Millionen Studenten in Deutschland, die ihr Studium nicht zu Ende führen, gehören durchaus nicht automatisch zu den Verlierern im Kampf um Arbeitsplätze, wie sich wissenschaftlich belegen lässt.

Der Schulabgänger, der keinen Ausbildungsplatz findet oder noch nicht weiß, was er will, und sich für ein weiteres Berufsvorbereitungsjahr, ein 'freiwilliges soziales Jahr', eine Zeit des Jobbens, ein Praktikum, einen Auslandsaufenthalt oder Computerkurse entscheidet, trainiert für das 'Lebenslange Lernen'. Und er tut dies vielleicht besser als jener, der, in der Illusion des 'sicheren' Berufs gefangen, seine Anlagen nur einseitig entwickelt, lernungewohnt wird und sich zu früh in einengende Tätigkeiten drängen lässt, in denen das Risiko des vorzeitigen Verlusts der Arbeitsfähigkeit unmerklich wächst. Auffällig ist, dass jene, die – freiwillig oder gezwungen – die Verantwortung für die eigene Erwerbsbiografie übernahmen, zunächst auf die Erweiterung ihrer Handlungsoptionen anstatt auf einen schnellen Aufstieg setzten (vgl. Kasten unten).

Verantwortung für die eigene Erwerbsbiografie zahlt sich aus – zwei Fallbeispiele

1. Fallbeispiel:
Der heute 24-jährige Herr A erwarb 1990 die mittlere Reife. Ganz einem Berufswunsch entsprechend begann er 1990 eine 3,5-jährige Ausbildung zum Kommunikationselektroniker.
Während der Ausbildung bekam Herr A auch spezifische Aufgaben, die er relativ selbstständig bearbeiten konnte. Er sammelte Erfahrungen, wie Problemstellungen systematisch bearbeitet werden und lernte die Wichtigkeit von Teamarbeit kennen. Durch seine erfolgreiche Teilnahme an 'Jugend forscht' bearbeitete er auch Fragestellungen, die über die Sachgebiete seiner Lehre hinausgingen. Vom Ausbildungsbetrieb wurde er dabei unterstützt.
Trotz der hervorragenden Ergebnisse in der Ausbildung wird Herr A nach der Lehre von seiner Firma (wegen allgemeinen Personalabbaus) nicht übernommen.
Herr A war drei Monate arbeitslos. Nach anfänglicher Frustration ist er heute froh, nicht bei seiner Lehrfirma eingestiegen zu sein. Denn bei dieser Firma hätte er nicht jene Entwicklunsgschancen bekommen, die er in seinem jetzigen Betrieb hat. Dort wurde ihm beispielsweise ein Angebot unterbreitet für ein halbes Jahr nach Großbritannien zu gehen, um seine praktischen Kenntnisse zu erweitern.

2. Fallbeispiel:
Frau B (26 Jahre), die ihre Lehre wegen einer Schwangerschaft zunächst unterbricht, setzt alles daran, zwei Jahre später erneut eine Lehrstelle zu finden. Sie absolviert diese Ausbildung (Bürokauffrau) so gut, dass sie vorzeitig abschließen kann – trotz der Doppelbelastung als Mutter. Frau B bekommt eine unbefristete Anstellung in ihrem ausbildenden Betrieb (einem großen Energiekonzern).
Dennoch entschließt sich die junge Frau im Abendstudium die Hochschulreife zu erwerben und bewirbt sich nach erfolgreichem Abitur zum Direktstudium der BWL an einer Fachhochschule.
Interessant ist die Begründung ihres Entschlusses: "Eigentlich bin ich ein sicherheitsorientierter Mensch. Aber was nützt mir ein Arbeitsplatz, der mir morgen und auch übermorgen sicher ist. Ich muss auch an überübermorgen denken...."

G. Jasper, S. Fitzner, a&o research Berlin; W. Duell, AOC Berlin, Verbund V, 1996 – 2000

Laufbahntypen: Sommer und Winter kommen gewiss

Was für die Wahl der Berufsausbildung gilt, bleibt im Grundsatz richtig bei der Suche des ersten Arbeitsplatzes. Der Eintritt in das Berufsleben ist sicher eine wichtige Weichenstellung, bestimmt aber heute weniger als früher auch zugleich die künftigen Arbeits- und Erwerbsmöglichkeiten. Dabei ändern sich einmal die externen Arbeitsmöglichkeiten und das Angebot an Arbeitsplätzen. Gleichzeitig aber ändern sich nicht weniger stark die persönlichen Interessen und die individuellen Qualifikationsprofile im Laufe der Zeit. Wir sammeln Erfahrungen privat und am Arbeitsplatz, sehen neue Möglichkeiten oder stoßen an Grenzen, müssen Hoffnungen aufgeben und beobachten Begabungen, wo wir sie selbst nicht erwarteten.

Aussagen über individuelle Erwerbsbiografien zeigen viele Ähnlichkeiten mit langfristigen Wetterprognosen: Sie stimmen nie ganz genau (vgl. Abbildung 5.2-2): Qualifizierungsschwerpunkte und Erwerbsbiografien bedingen einander, doch sind die Wege vielfältig und individuell unterschiedlich. Die unterschiedlichen Laufbahntypen – von der Anlernkarriere ohne typischen Schwerpunkt über die Spezialistenkarriere bis zur Führungslaufbahn – verlaufen vielleicht ähnlich, Hürden und Barrieren werden allerdings von jedem Menschen unterschiedlich genommen.

Altern im Arbeitsprozess schränkt manche Handlungsoptionen ein und vermag gleichzeitig neue zu öffnen, an die bisher keiner dachte oder denken konnte. Diese zu erkennen und bei sich bietenden Gelegenheiten zu nutzen sind die eigentlichen Hebel für die Gestaltung der eigenen Erwerbsbiografie. All diese Überlegungen sind sicher nicht neu. Erfolgreiche Arbeitskräfte werden sie im Rückblick auf die eigene Entwicklung vielfach bestätigen. Neu ist vielleicht die Notwendigkeit, sich diese für den Umgang mit den Unsicherheiten am künftigen Arbeitsmarkt bewusst zu machen und zu lernen, lieber in offenen Berufsverläufen statt in engen Berufsbildern zu denken.

Viele Junge orientieren sich schon neu

Die Orientierung an vorhersehbaren Tätigkeitsfeldern des künftigen Arbeitsmarktes ist ein erster wichtiger Schritt und viele Jugendliche versuchen sich danach zu richten: Fast zwei Drittel der Jugendlichen streben einen Beruf im Dienstleistungsbereich an, nur ein Viertel wünscht sich einen Fertigungsberuf, der Rest verteilt sich auf technische Berufe und auf den Berufsbereich Pflanzenbauer und Tierzüchter. Diese Struktur entspricht in ihren Grundzügen den absehbaren Tendenzen in der Wirtschaftstruktur. Begründet wird sie mit ganz unterschiedlichen individuellen Motiven, in denen sich die ganze Breite der persönlichen Interessen spiegelt.

Abb. 5.2-2:
Qualifizierungsschwerpunkte und Laufbahntypen

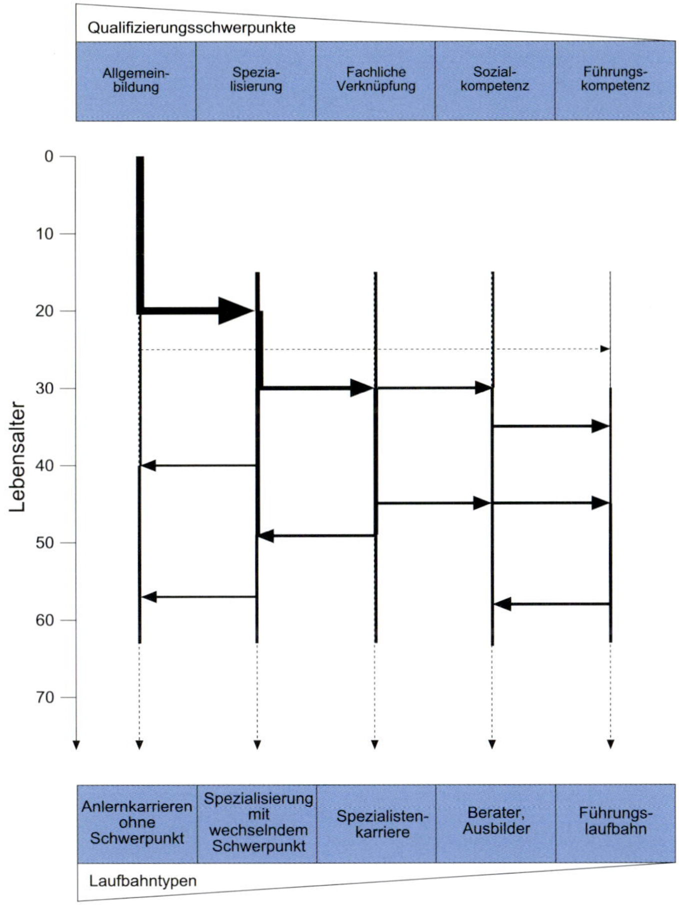

Eigene Zusammenstellung

Ob wirklich gewollt oder vorerst nur geträumt, die Bereitschaft zur Übernahme von Verantwortung für die eigene Erwerbsbiografie scheint bei der jüngeren Generation aber generell zu wachsen. Nach einer EMNID-Umfrage bei 2.000 jungen Leuten im Jahr 1997 äußerten 56% der 14- bis 29-Jährigen, dass sie gerne als Freiberufler tätig würden, 21% wollten lieber Beamte und nur 23% Angestellte werden, die heute auf absehbare Zeit noch verbreitetste Erwerbsform. In einer neueren Umfrage, in der nach dem angestrebten Status gefragt wurde, gab über die Hälfte der Befragten an selbstständig werden zu wollen.

Selbst in den Vorstellungen zu Arbeit und Privatleben zeigt sich ein hohes Potenzial an realisierbaren Visionen: Hochschulabsolventen wünschen sich von ihrem ersten Arbeitgeber vor allem Teamarbeit (32%) und internationale Entwicklungschancen (26%) – so das Ergebnis einer Umfrage unter mehr als 2.000 Studenten der Wirtschafts- und Ingenieurwissenschaften. Gleichzeitig wollen Berufsanfänger heute nicht nur Karriere im klassischen Sinne machen, sondern eine Lebensperspektive haben. Das Gleichgewicht zwischen Arbeit und Privatleben ist für 57% der befragten Berufseinsteiger ein wichtiges 'Karriereziel'.

Auch Zeitarbeit erlangt in Deutschland zunehmend an Gewicht. Zwar sind gegenwärtig nur 0,5% der sozialversicherungspflichtigen Arbeitnehmer Leihmitarbeiter – eher wenig im internationalen Vergleich mit z. B. 2,7 % in den Niederlanden – , doch die Zahl der Zeitarbeitsbetriebe stieg zwischen 1987 und 1997 von 3.000 auf fast 9.000 Unternehmen. Immer mehr junge Erwerbspersonen nutzen Leiharbeitsverhältnisse als Sprungbrett für den beruflichen Einstieg. Häufig ist dies nicht nur eine Notlösung, sondern eine gezielte Wahl: Ehe sie sich für eine feste Stelle entscheiden, wollen sie sich umschauen, lernen, was sie wirklich wollen und was ihnen noch fehlt. Überproportional viele Frauen gehen nach dem Diplom oder Examen diesen Weg. Ein Drittel der Leiharbeiter wird Zeitarbeitsfirmen nach eigener Aussage regelmäßig abgeworben – sicher nicht die schlechteste Strategie auf der Suche nach dem geeigneten Arbeitsplatz. Ähnliches gilt für die Annahme befristeter Verträge. Jeder zehnte Arbeitnehmer hat mittlerweile einen befristeten Arbeitsvertrag, so die Berechnungen des Statistischen Bundesamtes. Ihr Anteil an allen Arbeitsverträgen ist in der Land- und Forstwirtschaft und im Bereich der öffentlichen wie privaten Dienstleistungen mit etwa 17% am höchsten, doch sie finden sich inzwischen quer durch alle Branchen und Hierarchieebenen. Nach der amtlichen Statistik blieb die Zahl der befristeten Beschäftigten allerdings zwischen 1984, dem Jahr ihrer ersten Erfassung im Mikrozensus, und 1994 nahezu konstant, doch sprechen Erfassungsprobleme dafür, dass die Angaben im Mikrozensus ebenso wie Angaben zur befristeten, geringfügigen Beschäftigung zu niedrig liegen.

5.3 Qualifizierung, Tätigkeitswechsel, außerberufliches Engagement – Instrumente einer alternsgerechten Erwerbsbiografie

Der Berufseinstieg ist die zweite wichtige Hürde auf dem Weg in die Arbeitswelt, aber keineswegs die letzte, wie manche meinen, die für den weiteren Berufsweg gern dem 'Lauf der Dinge' vertrauen. Niedrige Arbeitslosenquoten bei 25- bis 45-Jährigen beruhigen, die Laufbahn scheint gesichert. Spätestens im vierten oder fünften Lebensjahrzehnt steigt aber die Zahl der Erwerbstätigen, die mit ihrer Arbeit unzufrieden werden oder sie als belastend empfinden. 'Man' traut ihnen bestimmte Aufgaben nicht mehr zu, weil ihre Qualifikation nicht mehr ausreichend scheint oder sie einfach 'zu alt' seien. Forscht man weiter, dann liegen die Wurzeln für diese jetzt einfach als 'altersbedingt' apostrophierten Schwierigkeiten bereits weit früher im Erwerbs(ver)lauf: Mögliche Weichenstellungen zur alternsgerechten Tätigkeitsentwicklung wurden nicht gesucht oder nicht genutzt.

Der Blick auf die Erwerbsbiografien früherer Generationen zeigt, dass bei aller individuellen Unterschiedlichkeit Erwerbs(ver)läufe oft einem jahrzehntelangen Hürdenlauf gleichen. Was sich im Rückblick als stringente Entwicklung darstellt, war in seinen Anfängen mit etlichen Stolperdrähten wie familiären Veränderungen, Unterbrechungen der Erwerbstätigkeit, Arbeitsplatzwechsel, Arbeitsplatzverlust und ähnlichem versehen.

Jede Erwerbsbiografie ist ein Hürdenlauf

Altern in der Erwerbstätigkeit wird in Zukunft im Vergleich zur Vergangenheit einem Hürdenlauf unter erschwerten Bedingungen gleichen: Die Läufer können vielleicht die Höhe der Hürden beeinflussen, aufgestellt werden sie von Gesellschaft und Politik. Die Läufer selbst wissen fast nie, wie oft und wann sich ihnen Chancen für eine neue Streckenwahl eröffnen. Sie erkennen potenzielle Weichenstellungen und dafür zu nehmende Hürden erst während des Erwerbs(ver)laufes. Umso wichtiger ist es die eigenen Leistungsreserven zu kennen, sich über Chancen und Risiken zu informieren und den Laufstil darauf einzurichten. Dies verlangt Training.

Der über 50-jährigen Mitarbeiterin in der Sichtkontrolle, die ihre Arbeit immer stärker als eine gesundheitliche Belastung erfährt (vgl. Kasten Seite 216), mag eine solche Betrachtungsweise vielleicht als wirklichkeitsfremd und zu theoretisch erscheinen. Dies liegt nicht zuletzt daran, dass sie (wie leider viele ihrer Kollegen und Vorgesetzten) nur die gegenwärtige Situation und die aktuellen Belastungen wahrnimmt, nicht aber ihre sich mit der Erfahrung verändernden Möglichkeiten und Qualifikationsprofile. Ihr erscheint etwas als individuelles Schicksal, was durchaus im Rahmen alternstypischer Veränderungen liegt: Dass einige mit 70 noch innovativ und produktiv, andere aber schon mit 45 als zu alt für ihre Tätigkeit gelten, hängt eben nur begrenzt mit dem Alter, dafür umso mehr mit der Art der Tätigkeit und dem praktischen Training im Laufe der Erwerbsbiografie zusammen.

Hohe Anforderungen an Konzentration und Monotonieresistenz – ein Beispiel für eine typische 'Altersfalle'

Frau A. ist seit 33 Jahren in einem Maschinenbauunternehmen beschäftigt und arbeitet seit 18 Jahren an einem Einzelarbeitsplatz in der Sichtkontrolle. Der Arbeitsbereich selbst, so sagt sie, gefalle ihr gut, vor allem weil sie mit ihren durchweg männlichen Kollegen und ihrem Vorgesetzten 'bombig' auskomme. Winzige Teile mit einem Durchmesser von maximal 1,5 cm werden von ihr auf Materialfehler und Lochfraß geprüft. Hilfsmittel sind Lupe, Pinzette und ein Milchglas. "Am schwierigsten", so beschreibt Frau A. ihre Arbeit, "ist das Suchen. Da wird das Auge schwer belastet. Wenn ich hier rausgehe, meine ich, ich würde nichts mehr sehen. Ich muss ständig so angestrengt gucken." Und aufgrund der immer gleichen Bewegungen bei der Prüfung schmerzen ihre Arme: "Das ist ganz schlimm. Die Haltung ist ja immer dieselbe. Ich habe jetzt eine Phase, da bringe ich die Arme nicht hoch. Manchmal habe ich gar kein Gefühl mehr drin. Dann schläft mir der Arm ein."

Frau A. unterbricht ihre Tätigkeit während des fast achtstündigen Arbeitstages, mit Ausnahme der Mittagspause, kaum. Dabei arbeitet sie nicht im Akkord, hat keine festen Leistungsvorgaben und kann ihre Arbeitsgeschwindigkeit selbst bestimmen. Ihr Meister und ihre Kollegen ermuntern sie immer wieder, zwischendurch aufzustehen, Ausgleichsbewegungen zu machen und sich Ruhezeiten zu gönnen. Ihr Kommentar: "Klar kann ich zwischendurch aufstehen. Aber das ist für mich nur verlorene Zeit. Dann denke ich mir, in der Zeit kannst du wieder so viel machen. Wenn ich am Ende vom Tag sehe, dass ich nicht so viel gemacht habe wie am Tag vorher, dann bin ich unglücklich darüber. Das ist dann für mich keine Befriedigung, wenn ich heimgehe und sehe: Heute hast du aber nicht viel geschafft."

Was hieße das für sie, wenn sie ihren Augen und ihrem Arm öfter eine Pause gönnen und ab und zu von ihrem Arbeitsplatz aufstehen würde? Trotz Zuredens ihres Vorgesetzen wäre ihr unangenehm, meint Frau A., wenn andere sie in solchen Momenten unbeschäftigt sehen würden. Und sie schlussfolgert: "Ich kann mir das nicht vorstellen. Über den Schatten kann ich nicht springen, das bringe ich nicht fertig. Vielleicht ist das so drin, weil man schon so lange da ist."

Kann sie sich vorstellen, ihre Arbeit bis zu einem Alter von 60 oder gar 65 Jahren auszuüben? "Nein, auf gar keinen Fall", antwortet sie prompt, dafür gehe es ihr heute schon gesundheitlich zu schlecht. Vage hofft sie auf die Neuauflage eines betrieblichen Frühverrentungsprogrammes, wie es in der Vergangenheit praktiziert wurde.

M. Morschhäuser, iso Saarbrücken, Verbund III, 1996 – 1998

Das Alter bietet sich in solchen Fällen als einfacher und falscher Indikator für den Rückgang der individuellen Arbeitsfähigkeit an. Die eigentlichen Ursachen, nämlich *Dauer, Art der Tätigkeit* und *organisatorische Bedingungen* der Arbeit, lassen sich dahinter bequem verbergen: Alter ist eben Schicksal; Dauer, Art und Bedingungen der Arbeit aber gestaltbar. Hierfür gibt es Verantwortliche in den Betrieben, bei der Festlegung des tariflichen und gesetzlichen Rahmens und im Verhalten der Erwerbstätigen selbst. Viele der heute mit ihrem Geschick hadernden Computerfachkräfte, Maschinenbauingenieure, Montagearbeiter, Werkzeugmacher oder Sachbearbeiter waren einmal sehr stolz auf ihren beruflichen Erfolg und sind gerade deshalb in eine Spezialisierungsfalle geraten. Ihre Arbeitgeber gaben ihnen dabei sogar das Gefühl der Unersetzbarkeit.

Viele Arbeitskräfte kommen nie in die Verlegenheit eine einzige Tätigkeit vom Eintritt in das Berufsleben bis zur Rente ausüben zu müssen. Für sie gehört die Begrenztheit ihrer Tätigkeit und damit auch der Tätigkeits-, Betriebs- oder sogar Berufswechsel zur täglich erlebten Normalität:

- Im Handwerk oder kleingewerblichen Dienstleistungsbereich ist die Fluktuation der Mitarbeiter durchweg größer als in Großbetrieben. Gleichzeitig ist hier nach allen Befragungen die Arbeitszufriedenheit aufgrund der Aufgabenvielfalt, der abwechslungsreichen Arbeiten, der selbstständigen Entscheidungs- und Handlungsspielräume überdurchschnittlich hoch.
- Der Tätigkeitswechsel, oft in Verbindung mit Betriebs- oder Berufswechsel, ist hier die Regel: Nur 23% bzw. 30% der befragten Mitarbeiter im Dachdecker- bzw. im KfZ-Handwerk glauben, dass sie aufgrund der hohen körperlichen Belastungen ihre Tätigkeit bis zur Rente ausüben könnten.
- In anderen Gewerken (z. B. Sanitär-Heizung-Klima) ist dieser Grund zwar sehr viel weniger ausschlaggebend. Doch auch hier ist der Wechsel sehr viel häufiger als in Großunternehmen. Viele Mitarbeiter nehmen ihre Verantwortung für die Gestaltung der eigenen Erwerbsbiografie durchaus ernst und versuchen sich bei der Wahl ihrer Berufstätigkeit und ihrer Arbeitsplätze so zu verhalten, dass sie die Folgen einer begrenzten Tätigkeitsdauer durch Verschleiß, Qualifikationsverlust, Entmutigung oder abnehmende Motivation kaum kennen lernen.

Erhaltung der Erwerbsfähigkeit trainieren

In einer sich verändernden Arbeitslandschaft kann der Erhalt der Erwerbsfähigkeit über eine relativ lange Erwerbsbiografie von 35 und mehr Jahren nur gelingen, wenn sich auch die einzelnen Erwerbstätigen der Risiken auf dem Weg in die Zukunft bewusst bleiben und sich nicht blind – um das Bild des Hürdenlaufes wieder aufzugreifen – auf den Trainer, nämlich seinen Arbeitgeber oder die überbetrieblichen Vereinbarungen und Gesetze verlassen. So wichtig und unverzichtbar sie sind und so wenig die hierfür Verantwortlichen sich aus der Pflicht stehlen dürfen, auch sie sind nicht allein Herr des

Geschehens und können unter dem hohen wirtschaftlichen oder politischen Veränderungsdruck nur begrenzt auf Einzelfälle Rücksicht nehmen.

Umso wichtiger ist das 'Training' zum Erhalt der Erwerbsfähigkeit. Es enthält vier unterschiedliche Ansätze, die es alternsgerecht zu kombinieren gilt:

1. Die 'kontinuierliche Qualifizierung', mit der auch nach Aufnahme der Erwerbstätigkeit die praktischen Erfahrungen alternsgerecht weiterentwickelt, zusätzliche Qualifikationen erworben und die Entstehung von Spezialisierungsfallen verhindert werden.
2. Der 'betriebsinterne Tätigkeitswechsel', bei dem der Mitarbeiter bewusst die Kenntnis des Betriebs und das erworbene Betriebs-Know-how zur individuellen Weiterentwicklung und Anpassung seiner Aufgaben an die eigene Leistungsfähigkeit nutzt.
3. Der 'externe Wechsel', bei welchem der Tätigkeitswechsel nur über einen Betriebs- oder Berufswechsel erreichbar erscheint und überall dort unverzichtbar ist, wo beim bisherigen Arbeitgeber keine ausreichenden Alternativen bestehen.
4. Die 'außerberufliche Kompensation', mit deren Hilfe die Belastungen im Beruf durch ein entsprechendes außerberufliches Engagement ausgeglichen werden können.

Im Rückblick auf erfolgreiche Erwerbsbiografien finden sich bei den meisten Arbeitskräften alle vier Strategieansätze in zeitlich ganz unterschiedlicher Mischung und Intensität. Nicht selten bedingen sie sich gegenseitig: Gerade interessierte und engagierte Arbeitskräfte nutzen Erfahrungen zur weiteren Qualifizierung, engagieren sich außerhalb ihres Berufes in Vereinen oder Parteien, bemühen sich intern um eine abwechslungsreiche Tätigkeit und scheuen sich auch nicht, den Betriebs- und Berufswechsel in Betracht zu ziehen und zu realisieren.

Entscheidende Frage für jeden Erwerbstätigen ist dabei: Wann ist ein Wechsel in der Tätigkeit zweckmäßig oder gar notwendig und woran lässt sich dies im Laufe des Arbeitslebens erkennen? Diese Frage lässt sich sicher nicht generell beantworten und jeder Erwerbswillige sollte sie sich immer wieder stellen. Hilfreich können hierbei jedoch folgende Indikatoren sein, die sich aus den erwerbsbiografischen Interviews von Frauen und Männern unterschiedlichen Alters in innovativen Betrieben ergeben haben. Danach sollte ein Tätigkeitswechsel umso mehr in Erwägung gezogen werden, je klarer die folgenden Indikatoren erfüllt sind:

- nachlassende Freude am – und nachlassende Motivation für das bisherige Aufgabengebiet: die bisherige Tätigkeit macht keinen Spaß, füllt nicht mehr aus;
- nachlassende Anpassungs- und Umstellungsfähigkeit, sinkende Lern- und Weiterbildungsbereitschaft oder Leistungsmängel bei Arbeiten unter Zeitdruck;

- wachsende Unzufriedenheit aufgrund fehlender oder unkalkulierbarer beruflicher Perspektiven;
- niedrige innere Flexibilität und Mobilitätsbereitschaft aufgrund außerberuflicher, z. B. auch familiärer Bindungen;
- Anzeichen für gesundheitliche Probleme mit Konsequenzen aufgrund von Dauerbelastungen;
- nicht überwindbare Probleme im Umgang mit Kollegen und Vorgesetzten: Mobbing.

Viele dieser Indikatoren knüpfen allerdings an Erscheinungen an, die einen Tätigkeitswechsel bereits erschweren. Sie weisen auf Symptome hin, die viele Ursachen und eine ganz unterschiedliche Geschichte haben können.

Je später nach Möglichkeiten für einen Tätigkeitswechsel gesucht wird, umso schwerer fällt er. Je näher die Grenzen einer möglichen Tätigkeitsdauer rücken, umso kürzer wird die Zeit, um Alternativen zu suchen, sich weiter zu qualifizieren und einen passenden Arbeitsplatz zu finden. Die Schwierigkeiten von älteren Arbeitslosen noch einen geeigneten Arbeitsplatz zu finden hängen nicht nur mit dem Verhalten potenzieller Arbeitgeber zusammen. Sie haben viele Ursachen in den Erwerbsbiografien der Betroffenen und stützen damit ungewollt das bequeme Vorurteil vom kalendarischen Alter als Ursache abnehmender Leistungsfähigkeit.

Hilfreiche Instrumente zur Selbst- und Fremddiagnose wären hier wichtig. Sie könnten individuelle Beschäftigungs- bzw. Arbeitsfähigkeit für bestimmte Tätigkeiten einschätzbar machen. Solche Instrumente wurden bereits entwickelt – allerdings meist für spezielle Gruppen – für Jugendliche bei der Berufswahl, für die Wiedereingliederung von Frauen, für Arbeitslose oder Rehabilitanden oder für den Führungsnachwuchs in Großunternehmen.

Das Finnische Institut für Arbeitsmedizin hat Anfang der 90er-Jahre einen Arbeitsfähigkeitsindex entwickelt, auf dessen Basis sich ein solches Instrument entwickeln lassen könnte. Die Arbeitsfähigkeit wird dort durch einen Index auf der Basis von sieben Indikatoren gemessen. Sie umfassen u.a. eine Gegenüberstellung der derzeitigen Arbeitsfähigkeit im Vergleich zum je erreichten Spitzenwert, der Arbeitsfähigkeit in Relation zu den Arbeitsanforderungen, den Krankenstand im vergangenen Jahr und die psychischen Leistungsreserven. Einbezogen wird neben objektiv messbaren Kriterien die subjektive Beurteilung der Arbeitsfähigkeit durch den Arbeitnehmer selbst. Wie zahlreiche betriebsärztliche Dienste in Finnland belegen konnten, hat sich dieser Index bisher gut zur Prognose für die weitere Arbeits- bzw. Beschäftigungsfähigkeit auch größerer Arbeitnehmergruppen bewährt.

Die kontinuierliche Qualifizierung

Die Weiterentwicklung der eigenen Qualifikation ist sicher die wichtigste Voraussetzung zur alternsgerechten Erhaltung der Erwerbsfähigkeit. Sie ist letztendlich die Voraussetzung für jede berufliche Entwicklung und jeden Wechsel. Dabei ist mit jeder Tätigkeit – zumindest am Anfang – bereits eine weitere Qualifizierung verbunden: Jeder Mitarbeiter sammelt Erfahrungen während der Arbeit. Diese Qualifizierung erlaubt die meist noch notwendige Spezialisierung im gewählten Arbeitsfeld und am konkreten Arbeitsplatz. Sie führt jedoch nur dann auch zu laufenden Veränderungen, wenn die Mitarbeiter vor neue Aufgaben gestellt und immer wieder gezwungen sind ihr Wissen zu erneuern oder auf neue Fragestellungen anzuwenden. Die Qualifizierung am Arbeitsplatz erfolgt entsprechend tätigkeitsbezogen und meist unbewusst im Arbeitsprozess.

Die enge Bindung an den Arbeitsplatz findet ihre Grenzen dort, wo eine Tätigkeit zur Routine wird oder Weiterentwicklungen neue, nur extern zu gewinnende Erkenntnisse voraussetzen. Hier ist das Feld der berufs- bzw. tätigkeitsbezogenen Fort- und Weiterbildung. Auch sie erfolgt heute vor allem auf der beruflich-fachlichen Ebene. Dies zeigt sich besonders im Handwerk, einem Bereich, in dem die Verknüpfung von praktischer Tätigkeit und kontinuierlicher Weiterentwicklung der Qualifikation schon durch die ständigen Änderungen im Umfeld erzwungen wird. Wer sich etwa im KfZ-Handwerk nicht ständig auf neue Techniken und Autotypen einzustellen vermag, wird diesen Beruf sicher nicht bis zum Rentenalter ausüben können (siehe Kasten unten).

Ständige Weiterbildung – eine Voraussetzung zum Erhalt der Wechsel- und Beschäftigungsfähigkeit – das Beispiel eines KfZ- Mechanikers

Herr K. beginnt mit 16/17 Jahren nach dem Realschulabschluss eine Ausbildung zum Kfz-Mechaniker. Mit ca. 19 Jahren gehört er nach bestandener Gesellenprüfung zu denjenigen, die vom Ausbildungsbetrieb übernommen werden. Mitte/Ende 20 nimmt er an einer Weiterbildung zum Kfz-Servicetechniker teil. Anfang 30 wird er in seinem Betrieb als Geselle mit Zusatzqualifikation weiter beschäftigt. Er muss sich ständig weiterbilden. Als Servicetechniker ist er einer der wenigen, die eine Chance haben bis zum Ende ihrer Berufslaufbahn im Gewerk zu bleiben.

L. Packebusch, B. Weber, FH Niederrhein, Verbund II, 1996 – 1998

Vorsicht: Spezialisierungsfallen

Die unmittelbar arbeitsplatzbezogene Qualifizierung ist in Zeiten des Wandels unverzichtbar geworden, reicht jedoch immer weniger aus. Sie birgt spezifische Gefahren, die eng mit dem Phänomen der begrenzten Tätigkeitsdauer und seinen unterschiedlichen Ursachen zusammenhängen: Die arbeitsplatzbezogene Qualifizierung erhöht und optimiert nur die Arbeits- und Leistungsfähigkeit für die arbeitsplatzspezifischen Aufgaben und führt zu einer Einseitigkeit, die auf Dauer umso kritischer werden kann, je spezialisierter die ausgeübte Tätigkeit ist. Diese Einengung wirkt am stärksten bei An-

lernberufen, wie etwa Fließbandarbeitern, die während der Arbeitszeit nur wenige, sehr begrenzte Arbeitsvorgänge ständig wiederholen.
Die Einengung durch Spezialisierung ist jedoch keineswegs nur ein Problem bei Anlerntätigkeiten. Viele arbeitslos gewordene ältere Facharbeiter, Fach- oder Hochschulabsolventen stehen heute vor den Folgen einer ursprünglich sogar sehr erfolgreichen, aber einseitigen Berufslaufbahn. Über lange Zeit war für sie die Spezialisierung zur Voraussetzung und zum Unterpfand ihrer Beschäftigung geworden. Sie hatten – oft durch den eigenen Erfolg und die Anerkennung im Arbeitsumfeld betäubt – übersehen, dass sich technische, wirtschaftliche und politische Veränderungen oft nur für kurze Zeiträume mit ausreichender Sicherheit vorhersagen lassen und dass selbst formale Beschäftigungsgarantien angesichts unvorhergesehener Veränderungen zu betriebsbedingten Kündigungen führen können.

Bei einseitiger Spezialisierung stehen dem Qualifizierungsgewinn am Arbeitsplatz und im Spezialgebiet sehr leicht Qualifikationsverluste in anderen Bereichen gegenüber. Diese Gefahr steigt im selben Maße, in dem Arbeitskräfte unter dem positiven Erlebnis des beruflichen Erfolgs die wachsende Einengung ihres Qualifikationsprofils nicht wahrnehmen oder herunterspielen. Besonders manifest wurde dies als eine Gefahr für Softwareunternehmen: Systemspezialisten für in der Vergangenheit eingeführte EDV-Anlagen und -Programme erfuhren in ihrem Beruf eine mit der Anwendung des Systems steigende Anerkennung, wurden oft sogar zu unverzichtbaren Experten – bis das System ersetzt wurde und ihr Wissen wie ihre Position von einem Tag zum anderen entwertet war.

Typische Spezialisierungsfallen sind häufig typische 'Altersfallen' – das Beispiel des EDV-Bereichs

Im EDV-Bereich von Unternehmen der Banken- und Versicherungsbranche gibt es mehrere Teams, welche die älteren Softwareprogramme weiterentwickeln und pflegen. Hierzu werden ältere Programmiersprachen wie Cobol benötigt. Diese Teams, welche vorrangig aus älteren Mitarbeitern bestehen, passen ältere Programme an veränderte Geschäftsprozesse an. Die Konsequenzen dieser langjährigen Aufgabe sind:

- starke Spezialisierung
- langjährige Tätigkeit ohne Anforderungswechsel
- hoher Routinisierungsgrad
- wenige arbeitsimmanente Lernanreize, Lernungewohntheit
- sinkende Flexibilität gegenüber neuen Aufgaben und
- innerbetriebliche Isolation dieser Teams sowie kaum informelle Kontakte.

Die auf die Pflege älterer Programme spezialisierten Mitarbeiter können bei Rückgang der anfallenden Wartungsarbeiten aufgrund ihrer langen Betriebszugehörigkeit zwar nicht gekündigt werden, eine Frustration und ein damit verbundener Leistungsabfall sind durch die Unkündbarkeit jedoch nicht zu verhindern.

J. Pack, H. Buck, FhG-IAO Stuttgart, Verbund IV, 1996 – 1999

Die Gefahr derartiger Einseitigkeits- und Spezialisierungsfallen macht die Erhaltung und kontinuierliche Weiterentwicklung des eigenen Qualifikationsspektrums unverzichtbar. Bisher nicht benötigte Kenntnisse und Fähigkeiten wie z. B. Sprachen können entscheidend werden und lang zurückliegende berufliche Erfahrungen die Chancen für einen neuen Arbeitsplatz bzw. eine Neu- und Umqualifikation steigern. Dies ist besonders wichtig bei Anlerntätigkeiten, bei denen die lebenslange Beschäftigung wegen ihrer hohen Produkt- und Prozessabhängigkeit die seltene Ausnahme bleibt: Zwar bevorzugen viele Montagebetriebe für solche Tätigkeiten ausgebildete Handwerker, weil für sie die Anlernzeit in der Regel kürzer ist, doch vom Fließbandarbeiter führt die interne 'Laufbahn' nur selten aus Montagehallen heraus und endet bei Verlust des Arbeitsplatzes schnell in Arbeitslosigkeit und Verlust der Arbeitsfähigkeit. Ältere Montagearbeiter wurden in der Vergangenheit gern eingesetzt, um Material abzurufen, Ordnung zu schaffen und Sauberkeit herzustellen – ein Tätigkeitswechsel, den viele als Abqualifizierung empfinden.

Qualifizierung Älterer lohnt

Besonders kritisch ist die Situation älterer Arbeitnehmer, die mit zunehmendem Alter weniger an fortlaufenden Qualifizierungsmaßnahmen teilgenommen haben oder teilnehmen konnten. Hierbei herrscht in vielen Betrieben eine am kurzfristigen Ertrag orientierte Sichtweise vor. Berufs- und beschäftigungssichernde Fortbildungsmaßnahmen gelten bei ihnen als 'unrentabel'. Diese Einstellung wird den Unternehmen von vielen Arbeitskräften leicht gemacht. Sie selber werten eine Abnahme ihrer Leistungsfähigkeit am bisherigen Arbeitsplatz allzu leicht als Indiz für den Verlust ihrer generellen Arbeitsfähigkeit. Der statistische Befund, nach dem über 50-jährige nur 16% der Teilnehmer an beruflichen Weiterbildungsmaßnahmen ausmachen und nur 9% der Weiterbildungszeiten nutzen, hat hier seine Ursache. Viele trauen sich die Teilnahme an Weiterbildungen nicht mehr zu und haben Angst vor offensichtlichen Wissenslücken. Alternsforscher sprechen hier gern von der Resignation des Alterns.

Die Forschungsergebnisse sowohl zur Frage der 'Rentabilität' wie zur Lernfähigkeit alternder Erwerbstätiger sprechen dagegen eine andere Sprache:

- Nur wenige Unternehmen und Arbeitnehmer berücksichtigen bei der Qualifizierung, was sie ständig im Munde führen. Es gibt heute fast keine Arbeitsplätze mehr, auf denen das einmal erworbene Wissen für 20, 10 oder selbst 8 Jahre vorhält. Es muss in dieser Zeit ständig, oft sogar grundlegend erneuert werden. Ein mit 50 Jahren erworbenes Wissen kann aber noch 15 Jahre genutzt werden, viel länger als es wahrscheinlich vorhalten muss.
- Zum anderen zeigen die Untersuchungen, dass sich Leistungs- und Lernpotenziale mit zunehmendem Alter zwar differenzieren, nicht aber pauschal und auf allen Ebenen gleichermaßen zurückgehen. Dabei ist es wohl weniger das Alter an sich als

die im Zeitverlauf gemachten Erfahrungen, die Lernbereitschaft und -fähigkeit bei Älteren prägen (siehe Kasten unten).

Leistungs- und Lernpotenziale alternder Erwerbstätiger

Für eine Analyse des Leistungs- und Lernumfangs älterer Mitarbeiter ist es hilfreich zwischen der *fluiden* (wie z. B. das Zahlenrechnen, die Fähigkeit zur Analogiebildung und die Abstraktionsfähigkeit) und *kristallinen Intelligenz* (wie z. B. die geistigen und sprachlichen Fähigkeiten, die auf Wissen und Erfahrung aufbauen) zu unterscheiden. Durchschnittsbetrachtungen zeigen, dass mit dem Alter das abstrakt-logische Denken, die so genannte *fluide Intelligenz*, nachlässt, während das pragmatisch-handlungsorientierte Denken, die *kristalline Intelligenz*, mit zunehmenden Kenntnissen und Erfahrungen und insofern auch mit dem Lebensalter wächst.

Allerdings müssen bei einem Vergleich von Leistungs- und Lernpotenzialen Älterer und Jüngerer noch verschiedene andere Aspekte miteinbezogen werden: Erstens enthält ein solcher Altersvergleich häufig Elemente, die gar nicht auf das biologische Lebensalter zurückgehen, sondern unterschiedliche Schulbildungen, Berufserfahrungen und biografische Verläufe reflektieren. Bekannt ist beispielsweise, dass die reinen Gedächtnis- und Abstraktionsfähigkeiten bei Personen mit besserer formaler Grundausbildung länger erhalten bleiben.

Zweitens ist zu bedenken, dass die altersbedingte Leistungsreduktion im Bereich abstrakt-logischen Denkens geringer ausfällt, wenn Lernaktivitäten im Erwerbsverlauf nicht unterbrochen wurden und eine Berufstätigkeit unter lernförderlichen Bedingungen stattfand. Dies trifft ebenso auf Leistungssteigerungen auf dem Gebiet problem- und handlungsorientierten Denkens zu, d. h. die Wahrscheinlichkeit dazu steigt mit zunehmender Lernaktivität. Mit anderen Worten: Ein kognitiver Leistungsabfall mit zunehmendem Alter ist auch eine Folge geistiger Passivität und einer Lernungewohntheit.

Drittens ist im Hinblick auf die Verlangsamung physischer Funktionen im Alter zu bemerken, dass im Alter die Genauigkeit bei der Lösung von Aufgaben zunimmt und erfahrungsmäßig eingespielte Routinen die langsamere Arbeitsgeschwindigkeit kompensieren können.

Eigene Zusammenstellung

Weiterbildung und Lernbereitschaft rechnen sich durchaus für älter werdende Mitarbeiter. Doch die Mitarbeiter müssen im Lauf der Zeit trainieren. Wie im Sport muss jeder und jede ihre auch im Beruf eigenen Erfahrungen sammeln: Je vielfältiger sie sind und je häufiger die Einzelnen erlebt haben, wie schnell sie sich in eine neue Tätigkeit oder Aufgabe hineinarbeiten können, umso eher schwindet die Furcht vor dem 'Ich bin zu alt zum Lernen'. Mitarbeiter wie Arbeitgeber stellen dann fest, dass Ältere zunächst einmal anders – manchmal langsamer, manchmal gründlicher und manchmal sogar schneller – lernen als Jüngere. Sie müssen nämlich anders als jene das Neue stets mit Erfahrungen verknüpfen und stoßen hierbei unvermeidlich auf Denk- und Handlungsgewohnheiten. Das vielleicht einmal Bewährte zu ergänzen, zu modifizieren und eventuell in Teilen aufzugeben fällt allen Menschen schwer. Aus guter Gewohnheit kann leicht Lernungewohntheit werden.

Viele Qualifizierungsmaßnahmen ignorieren in ihren Lehrprogrammen die spezifischen Anforderungen alternder Mitarbeiter. Sie überziehen sie mit Seminarinhalten, die auch in der beruflichen Erstausbildung Verwendung finden und vermitteln ihnen den Eindruck, für Neues zu dumm zu sein. Dies ist besonders kritisch zu betrachten, wenn ihre Teilnehmer durch die Art ihrer bisherigen Tätigkeit kaum gefordert und lernungewohnt geworden sind. Für sie ist der Wiedereinstieg besonders schwierig und sie stützen ungewollt das bequeme und kurzfristig billigere Vorurteil der altersabhängigen Lernunfähigkeit.
Kein Erwerbswilliger sollte es aber seinen Arbeitgebern so leicht machen, geht es um die Erhaltung ihrer eigenen Erwerbsfähigkeit. Sie selbst müssen ihre Lernfähigkeit trainieren und dafür Weiterbildungsmöglichkeiten ebenso nutzen wie den Tätigkeitswechsel, damit Lernungewohntheit nicht entsteht.

Wer nie wechselt, rostet

Bedeutung und Chancen des Tätigkeits- oder Berufswechsels werden in Deutschland gern unterschätzt. Allzu oft regiert in den Köpfen noch das Bild vom 'lebenslangen' Beruf und Unternehmenstreue. Häufiger Betriebs- und Berufswechsel gelten in Deutschland im Unterschied zu den USA tendenziell als Makel im Erwerbsverlauf bis zum Beweis des Gegenteils. Tatsächlich gelten diese Leitbilder aber auch in der deutschen Arbeitslandschaft schon lange nicht mehr:

- In den letzten 10 Jahren, so errechnete das Statistische Bundesamt, haben im Durchschnitt über 5% aller Erwerbstätigen ihren Beruf und um die 10% ihren Betrieb gewechselt. Gälten die Durchschnitte für alle, dann hätte jeder Erwerbstätige, ob Mann oder Frau, freiwillig oder unfreiwillig, im Laufe seiner Erwerbsbiografie mindesten zwei Berufe und vier Arbeitgeber. Die Betriebsmobilität nimmt allerdings mit zunehmendem Alter stark ab.
- Nach den Erhebungen der Bundesanstalt für Arbeit hatte 1991/92 nach eigenen Einschätzungen jeder dritte Westdeutsche im Laufe seines bisherigen Berufslebens

bereits schon einmal den Beruf gewechselt, jeder zehnte mehrmals. In den neuen Bundesländern lag wegen der wirtschaftlichen Umstrukturierungsprozesse die Quote der selbst eingeschätzten Berufswechsel 1991/92 mit 43% deutlich höher. An- und ungelernte Arbeiter mussten sich häufiger neu orientieren als andere Arbeitskräfte. Andere Statistiken bestätigen eine ähnlich hohe Berufswechselquote für die Erwerbstätigen mit abgeschlossener Lehre.

- Dieselben Untersuchungen zeigen auch, dass nur 20% der Berufswechsel 'erzwungen', d. h. aus gesundheitlichen Gründen erfolgten oder notwendig waren, weil man im alten Beruf keine entsprechende Stelle finden konnte. 80% der Berufswechsel waren gewollt. Dies garantiert sicher nicht die Zufriedenheit der Betroffenen mit dem Wechsel. Doch hatten 53% der Befragten dadurch ihre berufliche Situation verbessern können, nur für 19% verschlechterte sie sich.

Auf der Basis des Sozioökonomischen Panels hat die Universität Bremen untersucht, wie lange Maschinenschlosser sowie Bürofachkräfte und Kaufleute im Vergleich zu der Gesamtpopulation in ihren Berufen verbleiben. Nach sieben Jahren waren bei den Schlossern nur etwa 45% noch in ihrem Beruf tätig, aber auch bei Bürofachkräften und Kaufleuten hatten fast 60% gewechselt. Die 'Berufsverbleibsquote' bei Bürofachkräften war also nur geringfügig höher als in der Gesamtheit, die der Maschinenschlosser wegen ihrer physisch anspruchsvolleren Tätigkeit erwartungsgemäß geringer (siehe Abbildung 5.3-1): Nach sieben Jahren waren aber immerhin fast 44% aller Erwerbstätigen nicht mehr in ihrem ursprünglichen Beruf.

Betriebs- und Berufswechsel sind in einer sich ständig neu strukturierenden Wirtschaft eigentlich normal. Gerade im Dienstleistungsbereich entwickeln sich vielfältige 'Nischenberufe' in Reaktion auf neue Entwicklungen am Arbeitsmarkt. Neue 'Berufsfamilien' entstehen und differenzieren sich wie etwa in den letzten 2 Jahren im Marketing- und Vertriebsbereich: Relationship-Manager, New-Media-Conceptioner, Category-Manager, Cluster-Manager sind Ausformungen des Marketing-Experten, von dem noch vor 30 Jahren ebenso wenig die Rede war wie vom Researcher und Information-Broker als einem Zukunftsberuf in der Wissensgesellschaft.

Die Notwendigkeit zum Betriebs- oder Berufswechsel ist in vielen Berufen absehbar, selbst ohne befristeten Arbeitsvertrag. Trotzdem neigen viele Arbeitskräfte dazu, mögliche Anzeichen für die Begrenztheit ihrer Tätigkeit nicht ernst zu nehmen. So werden notwendig werdende Tätigkeits-, Betriebs- oder Berufswechsel selbst zum 'Schicksal'. Dadurch fehlt auch die Zeit für eine Neuorientierung am Arbeitsmarkt, die notwendige Umstellung oder Umschulung.
Manchmal sind Umstellung oder Umschulung im gleichen Berufsfeld möglich, wenn sich z. B. im Kraftfahrzeug- oder Sanitär-, Heizungs- und Klimahandwerk Mitarbeiter zum Servicetechniker, Kundendienstmonteur oder zur Fachkraft für Haustechnik entwickeln (vgl. Kasten Seite 227).

Abbildung 5.3-1:
Wie lange bleibt ein Schlosser und ein Bürokaufmann in seinem Beruf?

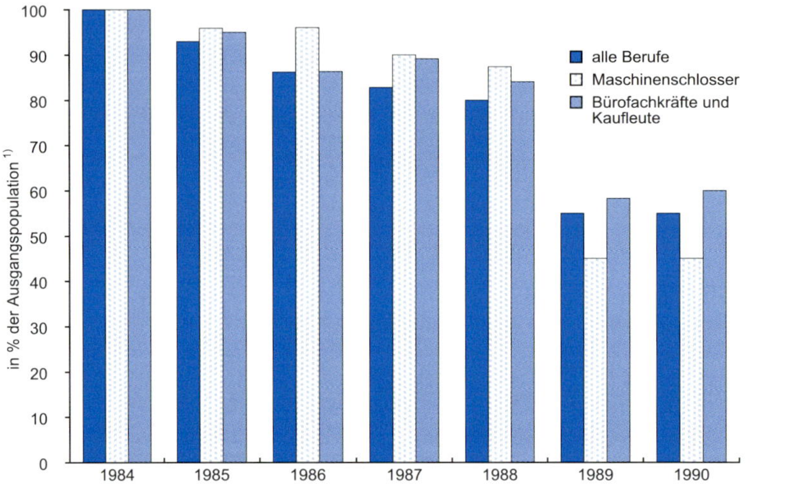

1) Ausgangspopulation (Stichjahr): Männer, die 1984 zwischen 30 und 50 Jahre alt und voll- oder regelmäßig teilzeiterwerbstätig waren.

Quelle: Eigene Zusammenstellung prognos 1999 nach den Auswertungen von D. Schulz, Universität Bremen

Doch auch hierfür müssen sie den 'richtigen' Betrieb suchen und finden. Die größere Leistungsfähigkeit des überbetrieblichen Arbeitsmarktes im Handwerk sowie bei kleineren Dienstleistungsunternehmen erleichtert dies selbst Älteren. Gerade in Kleinbetrieben entscheiden persönliche Momente häufiger über die Einstellung als formale Indikatoren wie Alter, Häufigkeit von Betriebswechseln oder Zeugnisse.

Am einfachsten ist der Tätigkeits- und Berufswechsel, wenn er bei demselben Arbeitgeber und aufbauend auf der bisherigen Tätigkeit erfolgen kann. So ist der Wechsel von einem Ausbildungsplatz im dualen System zur Festanstellung ebenso mit einem Tätigkeitswechsel verbunden wie der vom Fach- zum Vorarbeiter oder Meister. Jeder Aufstieg in der betrieblichen Hierarchie fällt mit einem Tätigkeitswechsel zusammen, ebenso wie jeder Wechsel der Arbeitsschwerpunkte, Abteilungen und Gruppen, auch wenn dies ohne Einfluss auf die Hierarchiestufe oder die Bezahlung erfolgt. Ein Aufstieg in die nächst höhere Position lässt sich sogar als klassische Methode eines alternsgerechten Beschäftigungswechsels bezeichnen. Wer am Bau vom Arbeiter zum Bauleiter aufsteigt und danach vielleicht Betriebsführer oder eigener Unternehmer wird, ist aus arbeitsmedizinischer Sicht sehr gut der Veränderung seines Qualifikationsprofils im Lauf der Zeit gefolgt und hat aus Sicht der Orthopäden sogar 'Schonarbeits-

Typische Beispiele für (alternsbedingte) Wechsel im Handwerk

Gewerk	Komponenten des Alterns	Berufswechsel
Sanitär Heizung Klima (SHK)	▪ Zunehmende Beschwerden vor allem in gebückten Arbeitshaltungen ▪ Guter Überblick über alle SHK-Tätigkeiten	▪ Hausmeister ▪ Tätigkeit in einem Baumarkt
KFZ	▪ Einsetzende Unzufriedenheit wegen fehlender Aufstiegsmöglichkeiten nach Meisterprüfung ▪ Schwierigkeiten bei der Erreichung von Soll-Zeiten als Geselle ▪ Gute Modellkenntnisse	▪ Franchisenehmer Auspuff/ Stoßdämpfer/ Glas ▪ Tätigkeit bei den Stadtwerken ▪ Tätigkeit in der Automobilindustrie ▪ Tätigkeit bei einem Gerätepark ▪ Tätigkeit in einem Fuhrpark
Dachdecker	▪ Einsetzende gesundheitliche Beschwerden ▪ Einsetzende Unzufriedenheit wegen fehlender Einsatzmöglichkeit nach Meisterprüfung	▪ Frühverrentung wegen Erwerbsunfähigkeit ▪ Baustellenleitung ▪ Eröffnung eines eigenen Betriebs

L. Packebusch, B. Weber, FH Niederrhein, Verbund II, 1996 – 1998

plätze' erreicht – bei steigender Anerkennung und Bezahlung. Probleme mit der Begrenztheit der Tätigkeitsdauer wird er kaum kennen; denn bevor sie sich bemerkbar machen könnten, wechseln bereits die Anforderungen. Alte Erfahrungen behalten ihren Wert, müssen aber mit neuen Qualifikationen verknüpft werden. Solche Laufbahnen gelingen selbst im sich revolutionär gebärdenden Softwaregewerbe (vgl. Kasten Seite 228).

Der Aufstieg in Ausbildungs- und Leitungspositionen – so sehr er dem alternsgerechten Tätigkeitswechsel entspricht – ist nur für einen Teil aller Erwerbstätigen zugänglich. Nicht jeder verfügt über die notwendigen sozialen und dispositiven Entwicklungsmöglichkeiten. Viele fühlen sich in einem begrenzten Aufgabengebiet wohler. Rein rechnerisch kann nicht jeder nach einer bestimmten Tätigkeitsdauer befördert werden, wenn sich die Hierarchien nach oben verengen. Dies gilt besonders in einer Zeit, in welcher im Zuge der Reorganisation Hierarchiestufen entfallen und die Anforderungen an Führungskräfte steigen. Auf der Führungsebene hat sich außerdem der

Wechsel in den letzten Jahren noch beschleunigt. Entsprechend wächst die Zahl derjenigen, die sich nach langjährigem Aufstieg in 'ihrer Firma' plötzlich im Alter von kaum mehr als 50 Jahren mit oder ohne Abfindung auf der Suche nach neuen Arbeitsmöglichkeiten wiederfinden.

'Aufstieg' als Prävention – Beispiele aus dem Softwaregewerbe

Der geschäftsführende Gesellschafter der Firma EDV & Co., ein Fachhochschul-Informatiker, gründete sein Unternehmen im Alter von etwa 35 Jahren. Einer seiner ersten Mitarbeiter, damals noch Informatikstudent an einer FH, begann als Codierer und entwickelte sich über die Stufe Systementwurf zum Berater mit Kundenkontakt. Ein weiterer Fachhochschul-Informatiker begann im gleichen Aufgabenfeld und entwickelte sich während seiner fünfjährigen Betriebszugehörigkeit zum Projektleiter in einem der Produktbereiche des Unternehmens. Bemerkenswert ist, dass die berufliche Weiterentwicklung der beiden Mitarbeiter nicht zu einer Abkopplung von der Beschäftigung mit wichtigen aktuellen technologischen Fragestellungen führte und damit ein 'Veralten' der Qualifikation zur Folge gehabt hätte.

S. Berndes, U. Lünstroth, BTU Cottbus, Verbund IV, 1996 – 1999

Funktionale Karrieren ohne Statusgewinn werden immer häufiger zur wichtigsten Alternative für den innerbetrieblichen Tätigkeitswechsel. Nicht selten aber scheuen sich Mitarbeiter vor solchen Wechseln, die anders als die traditionelle Karriere eher als 'Abwahl' der bisherigen und nicht als 'Zielwahl' der künftigen Tätigkeit empfunden wird. Sie befürchten in der neuen Tätigkeit nicht ebenso gut zu sein wie in der alten, scheuen die Risiken des Neuen, selbst wenn ihnen die Gefahren der Belastung, Monotonie oder Qualifikationsverluste an ihrem alten Arbeitsplatz schon schmerzlich bewusst geworden sind. Wer allerdings auch hier in jüngeren Jahren schon positive Erfahrungen mit dem Tätigkeitswechsel gemacht hat, hat in der zweiten Hälfte oder im letzten Viertel seiner Erwerbstätigkeit weniger Schwierigkeiten: Auch 'Wechselfähigkeit' und '-bereitschaft' brauchen Training.

Mühsame Arbeitgeberwechsel

Der alternsgerechte Tätigkeitswechsel wird künftig für mehr Arbeitskräfte als früher mit einem Wechsel des Arbeitgebers verbunden sein. Dies hängt unmittelbar mit der Umstrukturierung und Dezentralisierung der Betriebe zusammen. Was früher mit wachsendem Anteil der Beschäftigten in Großbetrieben nur für Mitarbeiter im Handwerk und in kleineren Unternehmen des Dienstleistungsbereichs galt, gilt mit der Verkleinerung und Verselbstständigung der Teilbetriebe für immer mehr Arbeitskräfte: Die internen Arbeitsmärkte schrumpfen bereits seit langem und werden dies voraussichtlich weiterhin tun. Führungskräfte sehen auch heute anders als früher im 'richtigen' Wechsel der Organisation ein bedeutendes Element ihrer eigenen Laufbahngestaltung: 70% der europäischen Manager erklärten in einer Befragung, dass sie in den nächsten zwei Jahren einen Jobwechsel planen, und immerhin mehr als 50% arbeiten an einem Karrieresprung außerhalb der eigenen Organisation.

Für den normalen Erwerbstätigen, ob Führungskraft oder nicht, stehen dem Betriebswechsel in der 'Spätphase' der Erwerbstätigkeit allerdings häufig langjährig 'erkämpfte' Rechte und Privilegien entgegen. Sie schlagen sich im Gehalt, im Status oder im Kündigungsschutz als 'goldene Fesseln' nieder – ein Schutz, über den Arbeitgeber oft klagen, den aber auch viele Arbeitskräfte in der Privatwirtschaft wie im öffentlichen Dienst mit sinkender Arbeitsmotivation und wachsender Unzufriedenheit teuer bezahlen. Gleichwohl haben sie auf deutschen Arbeitsmärkten kaum ehrliche Alternativen: Wer mit über 50 Jahren noch wechseln will, verliert meist erworbene Ansprüche (z. B. auf Kündigungsschutz und Betriebsrenten) und bezahlt seine Offenheit und Flexibilität unter Umständen mit Langzeitarbeitslosigkeit. Wer andererseits an seinem nicht mehr altersgerechten Arbeitsplatz bleibt, gerät dort zunehmend unter Druck. Er wird auch von den eigenen Kollegen 'gemobbt', krank und schließlich 'ausgemustert', wie es viele der Frühpensionierten persönlich empfanden.

'Goldene Fesseln' sind ebenso wenig wie der bewusste Tätigkeits-, Betriebs- oder gar Berufswechsel risikofrei. Die Risiken des Verbleibs am gewohnten Arbeitsplatz lassen sich aber schwerer greifen, sie steigen schleichend und lassen sich leicht verdrängen. Dann können sie im schlimmsten Fall zum Verlust der Erwerbsfähigkeit führen. Wechsler können dagegen nur dann zufrieden sein, wenn sie im Laufe ihrer Erwerbsbiografie immer wieder das für sie passende Unternehmen oder den für sie passenden Beruf finden. Die Suche wieder ist vor allem für Arbeitskräfte im Alter von über 40 Jahren sehr schwierig und guter, insbesondere professioneller Rat teuer. Profis für den Wechsel, 'Outplacement'-Berater bieten zwar solche Dienste auch in Deutschland an – aber nur für zahlungskräftige Firmen und Kunden. Verglichen mit angelsächsischen Ländern ist ihr Markt in Deutschland noch klein. Doch auch dort gehört Outplacementberatung erst zur Standardbegleitung für wechselnde Führungskräfte.

So bleiben in Deutschland die meisten Arbeitskräfte bei der Suche nach dem richtigen Unternehmen und Beruf allein und müssen sich auf ihr eigenes Urteil oder das ihres 'persönlichen' Netzwerkes verlassen. Sozialstaat, Gewerkschaften und Kammern hüllen sich in vornehmes Schweigen, Unternehmer fordern Flexibilität, Weiterbildungseinrichtungen verkaufen ihre Kurse, die Arbeitsverwaltung ist schon mit der Betreuung der Arbeitslosen oft überfordert. Und doch werden aufgeschlossene Arbeitskräfte in all diesen Institutionen Menschen finden, mit denen sie sich über ihren Berufsweg, notwendig werdende und mögliche Tätigkeitswechsel unterhalten können, über deren Rat sie nachdenken und die ihnen bei der Suche nach geeigneten Arbeitsplätzen helfen können. Nach Schätzungen von Personalberatern werden in Deutschland immer noch 70% der Führungspositionen über persönliche Beziehungsgeflechte besetzt. Solche

Beziehungsgeflechte gibt es für Arbeitnehmer auf allen Ebenen – wenn man sie sucht und pflegt.

Komplementärkarrieren als Training

Für dieses Training von Alternativen sowie die Suche und Erhaltung von Kenntnissen, Fähigkeiten und Interessen nutzen viele Männer und Frauen die Zeit, in der sie nicht durch ihren Hauptberuf gebunden sind: die Zeit im Nebenjob, im Ehrenamt bei Arbeiten in und für die Familie und im oder am eigenen Haus. Sozialwissenschaftler sprechen hier von 'Komplementärkarrieren' der unterschiedlichsten Art. Sie schaffen daneben die notwendigen Ausgleichs- und Erholungsmöglichkeiten, für die am Arbeitsplatz Möglichkeiten und Zeit fehlen und werden so auch zur Voraussetzung für den Erfolg im Beruf. Komplementärkarrieren können psychischem Verschleiß und routinebedingten Leistungsverlusten entgegenwirken, Entmutigung und Reputationsverlust am Arbeitsplatz durch Reputationsgewinn im Nebenjob ausgleichen oder den Ärger über Kollegen und Vorgesetzte abzubauen helfen.

Für die Erhaltung und Entwicklung der alternsgerechten Erwerbsfähigkeit sind Komplementärkarrieren sogar von besonderem Wert. Jenseits des Drucks am Arbeitsplatz und der Sorge um das Einkommen öffnen sie ein weites Feld zu Selbsterkenntnis und Qualifikationsentwicklung:

- In Komplementärkarrieren lassen sich Fähigkeiten, Kompetenzen und Kontakte entwickeln, die schon für den Berufseinstieg und die Tätigkeitswahl wichtig, für den erfolgreichen Tätigkeits-, Betriebs- und Berufswechsel aber oft ausschlaggebend sein können.
- In Komplementärkarrieren lassen sich einmal erworbene Fähigkeiten über Zeiten 'hinwegretten', in denen diese Fähigkeiten nicht benötigt werden, die aber vielleicht Spaß machen oder für die Zukunft berufliche Optionen erhalten oder öffnen.

Komplementärkarrieren haben viele Formen und wechseln im Lebensverlauf. Sie lassen sich schlecht beobachten. Statistische Angaben zur Häufigkeit beziehen sich immer nur auf einzelne Formen wie Nebenerwerbstätigkeit, Ehrenamt oder Parallelarbeit im privaten Umfeld.

In Westdeutschland übten etwa 8% und in Ostdeutschland 6% aller Erwerbstätigen 1996 eine Nebentätigkeit aus. Als Zweitjob wurden im Sozioökonomischen Panel dabei sowohl regelmäßige wie auch gelegentliche Nebentätigkeiten erfasst. Besonders Beamte und hier vor allem im einfachen Dienst schätzen den Zusatzerwerb stärker noch als Arbeiter und Angestellte. Dabei erstreckte sich die Tätigkeiten von Programmierarbeiten und Lehrtätigkeiten bis zum Putzen und Arbeiten in der Gastronomie. Auch suchen keineswegs alle Nebenerwerbstätigen im Zweitjob 'nur' die persönliche

Ergänzung zum Hauptberuf. Gerade für untere Einkommensgruppen ist das zusätzliche Einkommen ein wichtiger, wenn nicht entscheidender Grund.

Das wirtschaftliche Interesse an der Nebentätigkeit schließt allerdings keineswegs aus, dass die hier gemachten Erfahrungen auch für die Entwicklung einer alternsgerechten Erwerbsbiografie hilfreich sind. Die PC-Bastelei des Bürokaufmanns im Nebenjob ist schon oft zur Eintrittskarte für einen PC-Fachverkäufer geworden. Die zunächst vielleicht aus Geldgründen gewählte Kompensationsstrategie macht sich dann doppelt bezahlt: Das im Nebenjob erworbene oder trainierte Wissen nutzt ihm auch am Hauptarbeitsplatz und erhöht zugleich seine Voraussetzungen für einen Tätigkeitswechsel, falls nötig. Die Fallstudien lassen immer wieder solche Wirkungsketten erkennen. Nebentätigkeiten berücksichtigen auch neue Arbeitgeber gern, wenn sie Mitarbeiter z. B. für Vertreter- oder Hausmeistertätigkeiten suchen.

Nicht selten wurde aus einer selbstständigen Nebentätigkeit auch eine zunächst nicht beabsichtigte Haupttätigkeit. Insgesamt scheint das Interesse an selbstständigen Nebenerwerbstätigkeiten bei paralleler Absicherung über Lohnarbeit sogar zu wachsen. Etwa 11% aller Nebenerwerbstätigen sind Selbstständige, wie Analysen des DIW belegen. Sie verbinden die angenehmen Seiten der Selbstständigkeit mit der Sicherheit des Hauptberufs. So gibt vielleicht ein Buchhalter, der seinen Lebensunterhalt in einem Unternehmen verdient, daneben einen Newsletter über die neuesten Entwicklungen auf dem Wohnungsmarkt heraus. Ein anderer hält Kurse in der Volkshochschule über Budgetplanung in privaten Haushalten und wieder andere suchen und betreuen Kunden für Banken und Versicherungsgesellschaften.

Größer noch als die Zahl der Nebenerwerbstätigen ist diejenige der ehrenamtlich arbeitenden Personen. Sie hat sich in den vergangen 10 Jahren – so die Ergebnisse des Sozioökonomischen Panels – um 10 Prozentpunkte erhöht und betrug im Jahr 1996 in Westdeutschland rund 17 Mio. Personen. Das entspricht etwa einem Drittel der Bevölkerung. Für dasselbe Jahr und Gebiet weist die Statistik eine Zahl von 28 Mio. Erwerbstätigen aus. Die überwiegende Zahl engagiert sich in Vereinen, Verbänden oder sozialen Diensten. Ein kleinerer Teil arbeitet mit in politischen Parteien, Bürgerinitiativen oder in der Kommunalpolitik. Im Vordergrund steht die Mitwirkung an der Entwicklung des unmittelbaren Lebensumfelds:

- Männer im erwerbsfähigen Alter engagieren sich besonders in der zweiten Hälfte ihrer Erwerbsbiografie: von den 20- bis 40-Jährigen waren 1996 etwa 30% ehrenamtlich tätig, bei den 40- bis 60-Jährigen knapp 40%, bei den 60- bis 70-Jährigen wieder nur etwa 30%.
- Bei Frauen variieren die Anteile weniger stark, auch ihr ehrenamtliches Engagement ist aber in der mittleren Altersgruppe am höchsten. Auffällig ist schließlich, dass die meisten Ehrenämter von Voll- und Teilzeiterwerbstätigen übernommen werden.

- Arbeitslose sind dagegen wesentlich seltener ehrenamtlich tätig. Ihr Engagement ist eher sporadisch und unregelmäßig.

Die gängige Vermutung, ein Ehrenamt liefere sinnstiftende Arbeit insbesondere für Ruheständler und Arbeitslose, lässt sich mit diesen Zahlen kaum belegen. Auch finanzielle Gesichtspunkte haben hier kaum eine Bedeutung: Viele Mitarbeiter verzichten auf die mögliche Aufwandsentschädigung und stiften nicht nur ihre Arbeitskraft.

Die Motive für die Übernahme eines Ehrenamtes sind ganz unterschiedlicher Natur. Manche im Beruf entmutigte Menschen suchen und finden hier ihre Anerkennung. Andere folgen hier ihrem Hobby und finden dabei den nötigen Ausgleich zur Erwerbsarbeit. Wieder andere, sogar beruflich besonders Erfolgreiche, halten ihr Ehrenamt für eine ethische Pflicht. Viele nutzen ihr Ehrenamt oftmals unbewusst, ihre eigenen Qualifikationen zu testen, zu erweitern und zu entwickeln. Natürlich hängt dies stark von der Art der Tätigkeit ab. Doch wer die Leitung eines Vereins übernimmt, braucht und erprobt nicht nur seine organisatorischen Fähigkeiten, er trainiert fast zwangsläufig jene Schlüsselqualifikationen, die in der Arbeitswelt von morgen immer wichtiger werden: Entscheidungsfindung, soziale Kompetenz oder Kooperations- und Konfliktfähigkeit.

Selbstständigkeit, eine wieder entdeckte Möglichkeit

In den 90er-Jahren wuchs die Anzahl der Selbstständigen stark an. Viele Beschäftigte aus Industrie- und Dienstleistungsbetrieben, die durch Rationalisierungsmaßnahmen ihren vorher so sicher geglaubten Arbeitsplatz verloren hatten, suchten über die 'Selbstanstellung', ihren Weg zur alternsgerechten Erwerbsbiografie als produktive Alternative zu Arbeitslosigkeit und Vorruhestand fortzusetzen. Noch um die Wende vom 18. zum 19. Jahrhundert endeten viele Erwerbsbiografien von Arbeitern und Angetellten in der Selbstständigkeit. Sie war damals ein typisches Kennzeichen starker Veränderungen am Arbeitsmarkt bei sehr viel schlechteren sozialen Bedingungen: Wer durch Industriearbeit krank wurde, verlor seinen Arbeitsplatz und musste sich seinen Lebensunterhalt mit schlecht bezahlten Dienstleistungen verdienen (vgl. Kasten rechts). Den Wohlhabenderen reichte manchmal auch der Arbeitseinsatz bis zum 40. Lebensjahr, um sich auf die familiären Güter oder den familiären Kleinbetrieb zurückzuziehen.

Die bescheidene Selbstständigkeit als Abschluss einer einst kürzeren Erwerbsbiografie (die Lebenserwartung lag in Deutschland um die damalige Jahrhundertwende noch bei unter 50 Jahren) schrumpfte mit dem wachsenden Anteil des Sekundären und Tertiären Sektors. Entsprechend stieg der Anteil der Lohn- und Gehaltsabhängigen. Im Jahr 1989 lag der Anteil der Selbstständigen und mithelfenden Familienangehörigen nur noch bei 11%. Das Altern als abhängig Beschäftigter war zur Regel geworden.

Selbstständigkeit im Alter – ein bekanntes Phänomen

Eine Auswertung der Berufs- und Arbeitsstättenzählungen 1895 und 1925 durch Wolfgang Kleber zeigt, wie groß der Anteil der Arbeiter und häuslicher Dienstboten war, die nach dem 30. Lebensjahr die Fabrik oder ihre Herrschaft freiwillig oder unfreiwillig verließen, um eine Existenz als Selbstständige anzutreten. 80% der unter 20-Jährigen waren 1895 als Arbeiter tätig. 1925, als sie zwischen 40 und 50 Jahre alt waren, waren nur noch 42,8% von ihnen Arbeiter. Dafür hatte sich der Anteil der Selbstständigen und Geschäftsführer von 1% 1895 auf 34,3% erhöht. 1895 waren von den 20- bis 30-Jährigen – also einer noch älteren Alterskohorte – 60% Arbeiter. 30 Jahre später waren nur noch 41% als Arbeiter beschäftigt.

J. Behrens, ISIS Frankfurt, Verbund III, 1996 – 1998

Jüngere und Mitarbeiter in der Mitte ihrer Erwerbsbiografie mussten bei Eltern und älteren Kollegen erleben, wie wenig diese sich mit fortschreitendem Alter auf die Sicherheit ihres Arbeitsplatzes verlassen konnten. Immer mehr suchen einen Weg in die berufliche Selbstständigkeit als Abschluss ihrer Erwerbslaufbahn. Manche nutzen dafür auch freiwillig und sogar gegen deren Wünsche die Dezentralisierungsbemühungen ihrer früheren Arbeitgeber, andere werden von ihnen dazu faktisch gezwungen. Wieder andere machen aus der früheren Nebentätigkeit ihren Hauptberuf – eine eigenwillige Wiederholung der Geschichte, allerdings auf wesentlich höherem Wohlstandsniveau und in weniger durch die Familie geprägten Netzwerken.

In Deutschland hat die Zahl der Selbstständigen seit 1985 wieder um gut 38% zugenommen. Deutschland hat damit im europäischen Vergleich nach den Niederlanden den höchsten Zuwachs, manche Schlagzeilen sprechen gar schon vom deutschen Gründungsboom. Die Zunahme bezieht sich sicher nicht nur auf die Arbeitskräfte in der zweiten Hälfte ihrer Erwerbsbiografie, auch junge Leute sind zunehmend an der Selbstständigkeit interessiert. Das Durchschnittsalter der Selbstständigen war 1997 um 4 Jahre höher als das der abhängig Beschäftigten (44 gegenüber 40 Jahre). Der Altersdurchschnitt der 'neuen' Selbstständigen lag nach dem Sozioökonomischen Panel zwischen 1990 und 1995 bei etwa 36 Jahren.

Die meisten Selbstständigen arbeiten in einem eigenen Gewerbe, viele sind klassische Freiberufler – Arzt, Architekt, Ingenieur, Steuerberater oder Rechtsanwalt. Für den Zuwachs aber sorgen vor allem Dienstleister ohne feste Angestellte – wie der Managementberater, die Lehrerin in der Weiterbildung, der Privatpfleger und die Internet-Maklerin. Entsprechend sind die Selbstständigenquoten in den expandierenden unternehmensbezogenen Dienstleistungen am höchsten: In der Werbebranche liegt sie bei 32%, bei den Unternehmensberatern bei 23%. Viele verfügen aufgrund ihrer bisherigen beruflichen Tätigkeit über Spezialkenntnisse und Netzwerke, die ihnen den Übergang in die Selbstständigkeit erleichtern. Sie verzichten auf Mitarbeiter und haben ihr Arbeitszimmer in der eigenen Wohnung. Die Informationstechnik erlaubt ihnen, nicht nur in traditionelle Dienstleistungstätigkeiten einzudringen, sondern auch an Entwicklungs-, Planungs- und Vertriebsarbeiten mitzuwirken, die in Großunternehmen noch vor kurzem den festangestellten Mitarbeitern vorbehalten waren.

Die Tätigkeit als Freiberufler oder Partner in bestehenden Handwerks- und Dienstleistungsbetrieben ist sicher eine auch künftig wichtiger werdende Möglichkeit, sich individuell den Risiken der begrenzten Tätigkeitsdauer als abhängig Beschäftigte in Betrieben mit schrumpfendem internen Arbeitsmarkt zu entziehen und so eine eigene alternsgerechte Erwerbsbiografie zu gestalten. Die Risiken der Selbstständigkeit fallen zudem geringer aus für diejenigen, deren Partner vielleicht einen festen Arbeitsplatz besitzen und die entweder keine Kinder haben oder deren Kinder schon erwachsen sind. So wächst die Zahl der Einpersonenselbstständigen, über 40 % der insgesamt 3,1 Millionen Selbstständigen insgesamt gehören in die Gruppe. Bei Jüngeren werden aus solchen 'Heimarbeitern' manchmal sogar Keimzellen für High-Tech-Unternehmen im Softwarebereich oder in der Telekommunikation.

Für erfahrene und qualifizierte Mitarbeiter ist die Selbstständigkeit inzwischen zu einem interessanten Weg geworden, um die Entwicklung der eigenen Erwerbsbiografie und -fähigkeit nicht mehr nur den Irrungen und Wirrungen wechselnder Vorgesetzter, Reorganisationen, Übernahmen und Neugliederungen bei bisherigen Arbeitgebern zu überlassen und sie lieber zur eigenen Sache zu machen. Ihnen geht es nicht wie dem viel beschworenen Entrepreneur um Geschäft und Gewinn. Wichtiger sind dafür persönliche Unabhängigkeit und die Chance ihre Erwerbstätigkeit mit ihrer privaten Lebensgestaltung in Einklang zu bringen. Wen wundert es da, wenn viele der modernen Selbstständigen in den mittleren Altersgruppe gerade Frauen sind.

Nicht für alle Älteren ist der Weg in die Selbstständigkeit freiwillig und unabhängig von äußeren Rahmenbedingungen. Eine Analyse der Deutschen, die sich in den Jahren 1990 bis 1995 selbstständig machten, kommt zu dem Ergebnis, dass gut 13% der neuen Selbstständigen vorher arbeitslos waren. Von den neuen Selbstständigen in Ostdeutschland wechselten drei Viertel dahin aus einem abhängigen Beschäftigungsverhältnis, bei den Westdeutschen lag der entsprechende Anteil mit 55% deutlich niedriger. Dafür waren hier 31% vor ihrer Selbstständigkeit nicht erwerbstätig oder noch in Ausbildung, jedenfalls nicht offiziell arbeitslos. Die genaueren Auswertungen geben leider nur wenige Hinweise darauf, inwieweit drohende Arbeitslosigkeit und schlechte berufliche Aussichten ein entscheidender Grund für den Wechsel war.

Selbstständigkeit als eigenständiger Weg zur alternsgerechten Beschäftigung sollte nach Möglichkeit nicht erst über den bitteren Umweg der Arbeitslosigkeit führen. Wer klug ist und seine Arbeitsmöglichkeiten und -fähigkeiten in den bisherigen Beschäftigungsverhältnissen richtig einzuschätzen vermag, wird den Tätigkeitswechsel auch in die mögliche Selbstständigkeit vorher prüfen. Er wird dies tun, ehe ihm Arbeitslosigkeit oder Frühverrentung drohen. Der Dachdecker, der seine bisherige Tätigkeit aufgeben muss, wenn er im Alter von 35 bis 45 Jahren an die Grenzen seiner Tätigkeitsdauer stößt, sollte die Möglichkeiten einer eigenen Firma schon früher prüfen, um noch früh genug die Qualifikationen als Betriebs- und selbstständiger Handwerksmeister erwerben zu können. Selbstständigkeit kann durchaus zu einem 'krönenden' Abschluss der beruflichen Karriere werden. Dazu muss man nicht Manager oder Hochschulprofessor gewesen sein. Auch Handwerker und Sozialarbeiter, Buchhalter und Hausfrauen haben vielfach bewiesen, dass es für sie solche Wege gibt.

Alternsgerechte Beschäftigung

braucht überbetriebliche Initiativen

6

6. Alternsgerechte Beschäftigung
braucht überbetriebliche Initiativen

6.1 Die Herausforderung der Intermediäre durch den demografischen Wandel

Obwohl der drohende Anstieg des Anteils Älterer an der Erwerbsbevölkerung seit langem bekannt ist, berücksichtigen ihn bisher weder Unternehmen noch Arbeitnehmer. Die in Deutschland geltenden Rahmenbedingungen leisten ihrem Verhalten Vorschub:

- Viele Arbeitnehmer freuten sich, ihr Berufsleben vorzeitig beenden zu können, anderen wurde dieser Schritt durch vorgezogene Renten, hohe Abfindungen oder die andernfalls drohende Arbeitslosigkeit erfolgreich nahe gelegt.
- Viele Unternehmen nutzten die Möglichkeiten der Frühverrentung, um ihre Personalstruktur zu 'verjüngen': Mit dem Ausscheiden älterer Arbeitskräfte ließen sich Reorganisations- und Rationalisierungsmaßnahmen leichter durchsetzen, die Personalkosten senken und neu ausgebildete Fachkräfte für neue Techniken einstellen.
- Die Arbeitsmarktpolitik und viele ihrer Akteure glaubten lange, mit dem früheren Ausscheiden von Arbeitskräften aus dem Erwerbsleben und der Verkürzung der Arbeitszeiten die bestehende Arbeitslosigkeit wirksam senken zu können.

Die Realität auf dem Arbeitsmarkt zeigt, dass sich die demografischen Veränderungen mit solchen Maßnahmen nur kurzfristig überspielen lassen. Sie suggerieren zugleich eine Lösung, die mit erheblichen mittel- und langfristigen Risiken verbunden ist. Die frühzeitige Ausgliederung älterer Arbeitnehmer droht die Unwägbarkeiten im beschleunigten Strukturwandel zusätzlich zu erhöhen. Der anhaltende Kosten- und Wettbewerbsdruck zwingt die Unternehmen in der Industrie wie im Dienstleistungssektor künftig zu Innovationen, die sich kaum ohne Veränderungen in der Personalstruktur und ohne Reorganisations- und Rationalisierungsmaßnahmen werden realisieren lassen. Dies jedoch muss in Zukunft mit einer im Durchschnitt älteren und zugleich altershomogeneren Personalstruktur geschehen und mit Mitarbeitern, für die der Ausweg über eine Frühverrentung nicht mehr so geebnet ist wie für ihre Vorgänger.

Bei anhaltender Arbeitslosigkeit droht das Klima in den Unternehmen, auf dem Arbeitsmarkt, zwischen den Arbeitskräften und in der Gesellschaft insgesamt kälter zu werden. Der soziale Konsens bröckelt und kurzfristige Eigeninteressen gewinnen bei Managern und Mitarbeitern die Oberhand. Die Manager erhöhen den Druck zur Umstrukturierung und Rationalisierung in den Unternehmen. Das Los älterer Arbeitsloser und eine unsichere Altersversorgung vor Augen sehen sich Mitarbeiter den Entscheidungen des Managements hilflos ausgeliefert, berufen sich auf Rechtsansprüche und suchen heimlich nach Alternativen, um vor unkalkulierbaren Entscheidungen sicher zu sein. Dies wieder unterhöhlt das Engagement der Mitarbeiter für ihr Unternehmen und damit die Innovationskraft der Unternehmen im globalen Wettbewerb. Die Zahl der Verlierer wächst, gleichzeitig steigt die Gefahr von Wachstumseinbußen zu Lasten aller.

Unternehmen und Arbeitskräfte im 'Gefangenen-Dilemma'

Die Logik derartiger Entwicklungen wird am besten am so genannten Gefangenen-Dilemma deutlich, wie es in der Spieltheorie entwickelt wurde. In einem solchen Gefangenen-Dilemma befinden sich alle Personen, die aus Unsicherheit oder Misstrauen gegenüber anderen nicht mehr nach Lösungen suchen, die sie nicht allein realisieren könnten (vgl. Kasten). Gelänge es den Gefangenen, sich gegenseitig, z. B. über Klopfsignale an Rohrleitungen, zu verständigen, würden sie durch einen gemeinsamen Anwalt vertreten oder gehörten sie beide einer Organisation (z. B. der Mafia) an, deren Ehrenkodex das Schweigen gebietet, der Staatsanwalt hätte mit seinem Angebot schlechte Karten. Doch diese Lösungswege setzen alle entsprechende externe Strukturen (Rohrleitungssysteme, freie Anwaltswahl, Organisationsmodelle) voraus, die im Gefängnis und von den Betroffenen selbst nicht mehr geschaffen werden können.

Über lange Jahre der Nachkriegszeit galt in Deutschland die 'soziale Partnerschaft' zwischen Arbeitgebern und Arbeitnehmern wie zwischen Bürger und Staat als die wichtigste Vertrauensbasis für Beschäftigung und Wachstum. Sie war das Fundament, auf dem Interessenkonflikte ausgetragen, soziale Ungerechtigkeiten verringert und Innovationsstrategien entwickelt werden konnten. Doch dieses Fundament erodiert unter dem wachsenden internationalen Konkurrenzdruck, der Globalisierung der Unternehmen, den Wirkungen des demografischen Wandels und der Unsicherheit im Hinblick auf die künftige wirtschaftliche Entwicklung am Standort Deutschland:

- Viele deutsche Unternehmen haben sich bereits weltweit engagiert. Sie prüfen immer genauer, welche Innovationen sie mit welchen Mitarbeitern und an welchen Standorten in Angriff nehmen.
- Für qualifizierte Arbeitskräfte, Spezialisten und Führungskräfte haben sich die Beschäftigungsmöglichkeiten nicht nur in Europa, sondern weltweit ausgedehnt. Sie sind viel weniger als früher an einen wirtschaftlichen Erfolg in Deutschland selbst gebunden.
- Bei den weniger mobilen und bei vielen jüngeren Arbeitskräften wächst die Sorge um die eigene Zukunft. Angesichts von Arbeitslosigkeit und Personalabbau bei älteren Mitarbeitern in Deutschland sehen sie ihre eigene Erwerbsbiografie gefährdet.
- Die bisherigen sozialen Ausgleichsmechanismen werden unter dem Kostendruck ständig verändert und unglaubwürdig.

Die Realität auf dem deutschen Arbeitsmarkt zeigt Ähnlichkeiten mit dem 'Gefangenen-Dilemma', zweifellos ist sie wesentlich komplexer als das recht einfache Modell:

Gefangenen-Dilemma

Bei dem 'Gefangenen-Dilemma' handelt es sich um eine Situation, in der alle Akteure gerade dadurch, dass sie sich bei der Wahrung ihrer Interessen strikt rational verhalten, letztlich ein Ergebnis erzielen, das für sie schlechter ist als eine andere Entscheidung, die zwar alle Akteure vorziehen würden, aber aus Unsicherheit über das Verhalten der anderen nicht wählen.

Man stelle sich zwei Gefangene vor, die einer gemeinsam begangenen Tat angeklagt sind. Der Staatsanwalt kann ihnen diese Tat allerdings nicht nachweisen. Also macht er beiden das folgende Angebot: "Wenn du gestehst und der andere leugnet weiter, dann kommst du frei und der andere muss für 6 Jahre ins Gefängnis. Wenn beide gestehen, kommen beide mit 4 Jahren davon. Wenn beide nicht gestehen, dann werden beide für ein geringeres Delikt, das ich euch nachweisen kann, für ein Jahr eingesperrt." Die folgende Matrix verdeutlicht dieses Angebot:

	Gefangener 1: gesteht	**Gefangener 1: gesteht nicht**
Gefangener 2: gesteht	4 / 4	6 / 0
Gefangener 2: gesteht nicht	0 / 6	1 / 1

Interessant ist die Frage, welche der beiden Strategien die Gefangenen wählen. Handeln beide rational und strikt im Eigeninteresse, werden sie gestehen, unabhängig davon, was der andere macht. Würden sie nämlich nicht gestehen und der jeweils andere würde gestehen, riskierten sie 6 statt 4 Jahre Gefängnis. Gestehen sie, haben sie sogar, wenn der jeweils andere nicht redet, die Chance frei zu kommen. So gehen beide für vier Jahre ins Gefängnis, obwohl sie, wenn beide nicht geredet hätten, mit einem Jahr hätten davonkommen können. Dieses 'kooperative' Resultat ist allerdings nur bei gegenseitigem Vertrauen oder anderen Formen der Verhaltensgarantie zu erreichen. Der eigentliche Gewinner ist der Staatsanwalt: Er brachte beide Gefangene drei Jahre länger hinter Gitter.

Nach Prognos AG 1998, Seite 149 f.

Es gibt gegenwärtig keinen Konsens über die notwendigen Schritte und Wege, die unter den sich ständig verändernden Bedingungen wieder zu einer alternsgerechten Beschäftigung, zu Wirtschaftswachstum und sozialer Sicherheit führen. Umso schwerer fällt es Unternehmern wie Arbeitskräften ihr eigenes Verhalten an Hoffnungen oder Versprechungen für eine gemeinsame Zukunft auszurichten. Die Versuchung wächst, sich nur an dem auszurichten, was man glaubt selbst realisieren zu können und für das man nicht auf wenig verlässliche Kooperationsbeziehungen angewiesen ist. So flüchten immer mehr Manager, Kapitalgeber und umworbene Arbeitskräfte in das 'Rette sich, wer kann'. Gleichzeitig drohen die Divergenzen zwischen 'Gewinnern' und 'Verlierern' zu wachsen und die gemeinsame Basis für eine stabilere Zukunft verloren zu gehen.

Neue Rahmenbedingungen als Herausforderung für Intermediäre

Auswege aus dieser Situation sind im Modell der Spieltheorie vorgezeichnet: Ließen sich neue überzeugende Ideen, Vereinbarungen, Rahmenbedingungen und Anreize für den Weg in die Zukunft finden und stießen sie wieder auf eine breite Akzeptanz, so würden sich darauf auch Unternehmen wie Arbeitskräfte einstellen. Sie taten dies z. B. Anfang der 90er-Jahre, als die Anregungen für Frühverrentungsmodelle oder Altersteilzeitlösungen entwickelt, in gesetzliche und vertragliche Regelungen gegossen und in der Praxis angewandt wurden. Doch dieser Weg ist aufgrund des wirtschaftlichen und demografischen Wandels nicht mehr gangbar und ein neuer Konsens zur Entwicklung und Gestaltung der künftigen Arbeitslandschaft ist nicht in Sicht:

- Für die Tarifparteien, Arbeitgeber wie Gewerkschaften, und ihre Bemühungen um ökonomisch und sozial ausgewogene zukunftsfähige Vereinbarungen sind die Auswirkungen am deutlichsten: Beide Seiten leiden darunter, dass ihre Mitglieder die Tarifvereinbarungen unterlaufen und die Bereitschaft sinkt, sich durch sie vertreten zu lassen.
- Andere intermediäre Organisationen wie Kammern, Berufsgenossenschaften oder Institutionen in der Aus- und Weiterbildung sehen sich wachsenden Ansprüchen ihrer Träger gegenüber. Sie sollen ihnen durch entsprechende Informations- und Beratungsleistung oder politisch helfen, sich im verschärften Wettbewerb zu behaupten.
- Die Arbeitsverwaltung, die Kommunen oder die Wohlfahrtseinrichtungen leiden unter der wachsenden Zahl älterer (Langzeit-) Arbeitsloser. Sie können sich den sozialen und finanziellen Folgen nicht entziehen und haben schon hier wachsende Schwierigkeiten bei der Suche nach geeigneten Arbeitsplätzen und ihrer Vermittlung.

Die Entwicklung von Ideen, Vereinbarungen, Rahmenbedingungen oder Anreizen, die in der Vergangenheit zum Fundament der positiven wirtschaftlichen Entwicklungen geworden waren, braucht aber den Konsens und Initiativen auf überbetrieblicher Ebene. Dies ist in einer demokratisch organisierten und pluralistischen Gesellschaft nicht ohne oder gegen das Engagement von Gewerkschaften und Arbeitgebern, Wohlfahrtseinrichtungen und Interessenverbänden, Parteien oder Verwaltungen möglich. Einzelne, besonders engagierte Bürger, Unternehmen, Wissenschaftler oder Politiker können zwar eine öffentliche Diskussion auslösen, diese muss aber im politischen Prozess von Interessengruppen, Bürgerinitiativen oder Parteien aufgegriffen und zu Handlungsvorschlägen verdichtet werden. Entwickelt sich hier eine akzeptierbare Basis, so schlägt sich dies im Laufe der Zeit auch in breit akzeptierten Verhaltens- und Qualitätsnormen (z. B. in der Auslegung durch Gerichte, Kammern oder Interessenvertretungen), in rechtlichen Regelungen (z. B. im Arbeits- und Tarifrecht), in ergänzenden Infrastruktur- und Informationsangeboten (z. B. Beratungs- und Bildungsangebote staatlicher oder privater Träger), in der Ausgestaltung der sozialen Sicherungssysteme (z. B. staatliche oder betriebliche Altersversorgung) oder in ergänzenden, den Wettbewerb korrigierenden Anreizen (z. B. im Steuer- oder Subventionsrecht) nieder.

Die überbetrieblichen Akteure zwischen dem Staat und den vielen Unternehmen bzw. Bürgern sind im engeren Sinne nicht Teil der Staatsmacht. Sie handeln und argumentieren aus dem Blickwinkel derjenigen, für die sie sich engagieren, denen sie helfen, deren Interessen sie vertreten und die sie ihrerseits direkt oder indirekt finanzieren und kontrollieren. Dadurch aber wirken sie faktisch 'an der politischen Willensbildung des Volkes mit', wie es das Grundgesetz ausdrücklich für die Parteien im Art. 21 feststellt. Gewerkschaften, Arbeitgeber- und Wirtschaftsverbände gehören ebenso dazu wie Industrie- und Handelskammern, Handwerkskammern, Arbeitsverwaltungen, Berufsgenossenschaften, Sozialversicherungsträger, kommunale Spitzenverbände, Wohlfahrtsorganisationen oder Bildungseinrichtungen, selbst wenn sie ganz oder teilweise als öffentliche Einrichtungen organisiert sind. Die Zuordnung der Intermediäre nach Funktion und Zuständigkeit zur politisch verantwortlichen staatlichen Ebene, zu Unternehmen oder Erwerbstätigen ist nicht immer eindeutig und wechselt auch im Lauf der Zeit (vgl. Kasten rechts).

Die Realisierung einer alternsgerechten Erwerbsarbeit in Deutschland wird sich daher nur auf der Basis von Ideen und Vorschlägen entwickeln können, an denen die in Deutschland aktiven Intermediäre im eigenen wie im Interesse ihrer Mitglieder und Träger mitarbeiten. So werden sie zwangsläufig zu 'Vordenkern' für staatliches Handeln, das in einer Demokratie immer der Zustimmung von Mehrheiten sicher sein muss. Auch in der Vergangenheit gingen den Entwicklungen in der Arbeits-, Sozial-, Wirtschafts-, Bildungs- oder Forschungspolitik entsprechende Diskussionen und Initiativen im Bereich der Intermediäre voraus. Dies galt vor allem auch für die Regelungen zur Frühverrentung von älteren Arbeitnehmern, mit der zunächst versucht worden war die wirtschaftlichen und demografisch bedingten Veränderungen in der Gesellschaft möglichst sozial abzufedern.

Angesichts der bisherigen Erfahrungen war daher zu erwarten, dass sich heute immer mehr Intermediäre der Frage nach neuen Möglichkeiten zur Sicherung einer alternsgerechten Erwerbsarbeit in Deutschland stellen und – zunächst in ihrem direkten Aufgabenbereich – beginnen nach neuen Wegen zur Verbesserung der Rahmenbedingungen zu suchen. Sichere Anzeichen dafür wären zunächst die aktive Beobachtung und Diskussion der absehbaren Auswirkungen des demografischen Wandels auf die Erwerbsarbeit. Sie wiederum könnte sich in konkreten Einzelinitiativen und Dienstleistungsangeboten, in Vorschlägen und Hinweisen für die eigenen Mitglieder oder in politischen Anstößen zur Änderung der allgemeinen rechtlichen und politischen Rahmenbedingungen niederschlagen.

Aufgrund dieser Überlegungen führte die Prognos AG ergänzend zu den Verbünden im Förderschwerpunkt 'Demografischer Wandel und die Zukunft der Erwerbsarbeit' im Sommer 1998 zahlreiche Fachgespräche mit Vertretern unterschiedlicher Intermediäre zum Stand der Diskussion über Wege einer altersgerechten Erwerbsarbeit in Deutschland durch. Das Ergebnis dieser Fachgespräche war insgesamt enttäuschend. Es bestätigte die zunächst nur singulären Beobachtungen der Forschungsinstitute, die auf betrieblicher Ebene kaum auf hilfreiche externe Anregungen zur alternsgerechten Beschäftigung in den Betrieben gestoßen waren. Eher im Gegenteil konzentrierten sich die meisten Unternehmen und Betriebsräte auf eine möglichst reibungslose betriebsspezifische und sozialverträgliche Gestaltung von Altersteilzeit- und Frühverrentungsmöglichkeiten.

Intermediäre zwischen Erwerbstätigen, Unternehmen und Staat

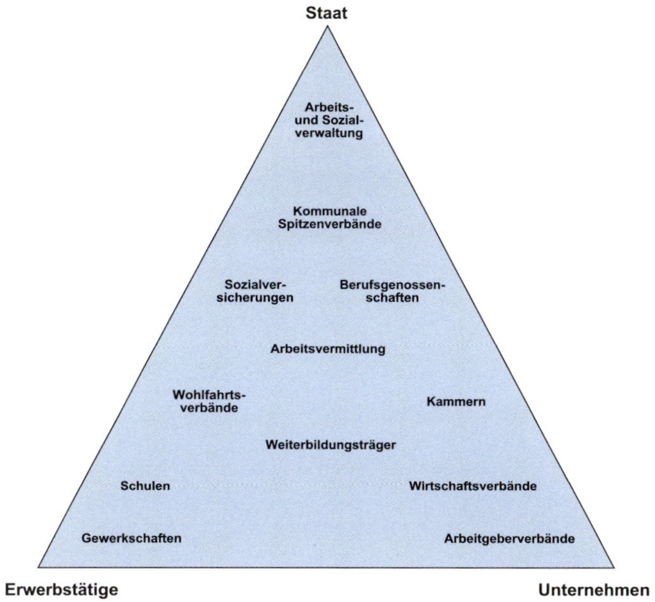

Eigene Zusammenstellung

Aktuelle Themen finden höhere Priorität

Die Problematik des demografischen Wandels und des wachsenden Anteils der Älteren an der Bevölkerung wurde zwar bei vielen Intermediären diskutiert und führte dort auch zu entsprechenden Initiativen. Doch diese konzentrierten sich überwiegend auf die wachsende Anzahl der jetzt im Ruhestand lebenden, aber noch aktiven Bevölkerungsgruppen, ihre spezifischen Bedürfnisse und Beschäftigungsprobleme sowie die sich daraus ergebenden Möglichkeiten und Konsequenzen von der Finanzierung und Entwicklung der Sozialsysteme über die Interessenvertretung bis hin zur Nutzung dieser Potenziale für ehrenamtliche Tätigkeiten. Den sichtbarsten Ausdruck fand diese Konzentration in der Wahl des Jahres 1999 zum 'Internationalen Jahr der älteren Menschen' durch die Vereinten Nationen. Auch die Enquete-Kommission zum Thema 'Demografischer Wandel – Herausforderungen unserer älter werdenden Gesellschaft an den Einzelnen und die Politik' des Deutschen Bundestags befasste sich überwiegend mit diesen Fragen. Parteien und Gewerkschaften gründeten Seniorenorganisationen, -beiräte und -vertretungen. Viele Organisationen und Institutionen bemühten sich darum, den noch aktiven Senioren 'sinnvolle' Beschäftigungsmöglichkeiten zu bieten und ihre Arbeitskraft im Sinne des Gemeinwohls zu nutzen.

Die Probleme des kontinuierlich ansteigenden Altersdurchschnitts bei den Erwerbspersonen, der wachsenden Altersarbeitslosigkeit, der Sicherung der Innovationsfähigkeit in den Betrieben und der Erhaltung der Erwerbsfähigkeit bei älter werdenden Arbeitskräften hatten dagegen nur in relativ wenigen Organisationen zu inhaltlichen Auseinandersetzungen oder gar zu ersten Initiativen geführt. Darüber hinaus waren es meist einzelne Personen, die sich in ihren Organisationen für Fragen nach Möglichkeiten einer alternsgerechten Beschäftigung engagierten und in Stellungnahmen oder Leitfäden auf drohende Probleme aufmerksam zu machen suchten (wie z. B. die Bundesvereinigung der Deutschen Arbeitgeberverbände 1980). Bei einzelnen Akteuren auf der überbetrieblichen, meist regionalen Ebene stießen die Interviewer auf engagierte Maßnahmen zur Förderung einer alters- und alternsgerechten Beschäftigung. Doch diese Initiativen fanden – wie etwa die vom Bundesforschungsministerium geförderten Modellvorhaben zur altersspezifischen Qualifizierung – meist wenig öffentliche Resonanz, oft nicht einmal in der eigenen Organisation geschweige denn in der politischen Öffentlichkeit.

Die Frage nach den Ursachen für diese 'Zurückhaltung' angesichts des bekannten demografischen Wandels in der Arbeitswelt offenbarte bei den meisten Gesprächspartnern eine gewisse Hilflosigkeit. Sie sahen sich in einem typischen Dilemma:

- Einerseits sahen sie die tendenziell wachsenden Risiken der Vernachlässigung des demografischen Wandels bei Diskussionen über die Zukunft der Erwerbsarbeit und die Innovationskraft der Unternehmen am Standort Deutschland. Auch die Grenzen der bisher vorherrschenden Bemühungen zum Ausgleich der Symptome durch Unterstützung von Maßnahmen zur Verkürzung der Erwerbszeiten durch Frühverrentung wurden gesehen.
- Andererseits klagten sie über fehlende Handlungsspielräume und Zuständigkeiten. Die Mehrzahl ihrer Mitglieder und Träger, meist Unternehmen oder Erwerbstätige, sehen in der frühzeitigen Ausgliederung älterer Arbeitnehmer noch immer ein

geeignetes Instrument zur Entlastung des Arbeitsmarktes und zur Bekämpfung der Jugendarbeitslosigkeit und erwarten von ihnen vor allem die Konzentration ihrer verfügbaren personellen und finanziellen Mittel auf die Lösung der heute akuten Fragen am Arbeitsmarkt.

Die Entwicklung einer alters- und alternsgerechten Beschäftigung sowie neuer Rahmenbedingungen für einen tragfähigen 'Generationenvertrag in der Erwerbsarbeit' wird von wenigen als eine vordringliche Aufgabe gesehen. Keiner der Gesprächspartner bestritt zwar die wachsenden Gefahren der bisherigen Entwicklungen für die Zukunft des deutschen Arbeits- und Sozialsystems. Doch die drängenderen Tagesfragen, wie die Bekämpfung der Jugendarbeitslosigkeit, die Absicherung sozialer Ansprüche, die möglichst kurzfristige Reduktion von Arbeitskosten oder die Wiedereingliederung der am leichtesten eingliederbaren, d. h. meist jüngeren Arbeitslosen, absorbieren die verfügbaren Handlungsmöglichkeiten.

Trotzdem gibt es Ansätze

Die wenigen Erfolg versprechenden Bemühungen auf der überbetrieblichen Ebene zeigen aber auch, dass es Handlungsspielräume und -möglichkeiten für intermediäre Akteure gibt. Es sind Ansätze und Anstöße, die nach neuen Formen der Erwerbsarbeit in Deutschland suchen.

Die folgenden Unterkapitel werfen vor diesem Hintergrund oftmals mehr Fragen auf, als dass sie schon Antworten auf die Frage nach künftig tragfähigen Rahmenbedingungen geben könnten. Sie enthalten Anregungen und stellen Vorschläge zur Diskussion, die sich auf der Basis der Forschungsarbeiten in dem Verbundvorhaben ergeben haben. Nach den bisherigen Beobachtungen kann man grundsätzlich drei Anknüpfungspunkte ausmachen, an denen sich auch die folgenden Unterkapitel orientieren:

- Überbetriebliche Organisationen können dem einzelnen Erwerbstätigen helfen, seinen persönlichen Weg zur Gestaltung einer alternsgerechten Erwerbsbiografie zu suchen und zu finden (Kap. 6.2).
- Überbetriebliche Organisationen können durch ihre Informationen, Vorschläge und Vereinbarungen Unternehmen bei der Gestaltung von Arbeitsbedingungen und der Nutzung von unternehmerischen Möglichkeiten zur Entschärfung innerbetrieblich drohender alternsbedingter Beschäftigungs- und Innovationsprobleme helfen (Kap. 6.3).
- Überbetriebliche Organisationen können schließlich helfen die externen Arbeitsmärkte funktionsfähiger zu machen und damit beiden Seiten am Arbeitsmarkt helfen Differenzen zwischen Arbeitskräftebedarf und Angebot bei steigenden Anteilen älterer Arbeitskräfte und angesichts alternsbedingter Qualifikationsveränderungen zum Ausgleich zu bringen (Kap. 6.4).

6.2 Hilfe zur Gestaltung alternsgerechter Erwerbsbiografien

Bereits seit Ende der 60er-Jahre haben sich immer mehr Erwerbstätige auf eine vorgezogene Beendigung ihres Erwerbslebens eingestellt. Gesetzliche und tarifliche Regelungen erleichterten die Frühverrentung in den 90er-Jahren zusätzlich. Sie förderten teilweise sogar den Übergang von älteren Arbeitnehmern in den vorzeitigen Ruhestand durch vorgezogene Altersrenten mit dem Vorruhestandsgesetz, mit Übergangsregelungen für ältere Arbeitslose und tariflichen bzw. betrieblichen Abfindungen. Politik und Intermediäre hofften dadurch den Arbeitsmarkt zu entlasten und Arbeitsplätze für jüngere Arbeitnehmer frei zu bekommen – ein Irrtum, wie die in der Praxis nur vergleichsweise wenigen Neueinstellungen an Stelle der Frührentner und der Anstieg der Jugendarbeitslosigkeit zeigten.

Erst im 'Rentenreformgesetz 1999' wurde das Rentenzugangsalter langfristig wieder heraufgesetzt, die Unterstützung für vorgezogene Altersrenten aufgegeben und dem Trend zur frühzeitigen Ausgliederung älterer Arbeitnehmer entgegengewirkt. Auch die im Arbeitsförderungsreformgesetz noch vor dem Regierungswechsel eingeführte Anrechnung von Abfindungen auf das Arbeitslosengeld und die Zuzahlungspflicht der Unternehmen zu Sozialleistungen bei Frühverrentungsmaßnahmen zielten in dieselbe Richtung. Welche Schritte die neue Regierung endgültig auch gehen wird – gegenwärtig wird über die Einrichtung eines Tariffonds als Ersatz für die Frühverrentung diskutiert –, fraglich bleibt in jedem Fall, inwieweit solche Regelungen die auf Dauer notwendige Neuorientierung in Richtung einer alternsgerechteren Erwerbstätigkeit zu hemmen oder zu unterstützen vermögen.

Sozialpolitik wichtiger als Arbeitsfähigkeit

Das Risiko einmal nicht zu denjenigen älteren Arbeitnehmern zu gehören, die einen Arbeitsplatz behalten, wächst für jeden Erwerbstätigen – ob alt oder jung. Die Gefahr von Altersarbeitslosigkeit steigt vor allem für alle lernungewohnt gewordenen Arbeitskräfte in der Spezialisierungsfalle. Die bisher diskutierten Reformansätze zielen überwiegend auf die Entlastung der Sozialversicherungen und die Sicherung der künftigen Renten. Die hierfür besonders wichtige Frage, welche Veränderungen im Arbeitsleben den Trend zur Senkung der aktiven Erwerbsbeteiligung und des Renteneintrittsalters bewirken könnten, ist bisher noch unbeantwortet. Diese entscheidet letztendlich darüber, ob und wie Beschäftigungsfähigkeit und -bereitschaft bei älteren Erwerbstätigen wieder steigen. Dies nämlich setzt nicht nur ein Umdenken bei den Erwerbstätigen und eine Veränderung der rechtlichen Regeln, sondern vor allem auch alternsgerechte Arbeitsmöglichkeiten voraus.

Die Umstellung für die Erwerbstätigen selbst ist sicher gravierend und zwingt schon heute alle 35- bis 45-Jährigen dazu, sich mit ihrer eigenen Zukunft in der Erwerbsarbeit auseinanderzusetzen. Die Arbeitgeber können ihnen durch einen alternsgerechten Arbeitseinsatz und eine entsprechende Personalpolitik bei der Entwicklung ihrer

Erwerbsbiografie und der Erhaltung ihrer Erwerbsfähigkeit helfen. Doch die Planungshorizonte der Arbeitgeber reichen angesichts eigener Zukunftsrisiken nicht über den Zeitraum einer normalen Erwerbsbiografie von 35 bis 40 Jahren hinaus. Die Verantwortung für die Erhaltung der lebenslangen Erwerbsfähigkeit kann daher auch nicht allein bei ihnen liegen, sie fällt in einer unsicherer werdenden Arbeitswelt unvermeidbar auf die einzelne Arbeitskraft zurück. Mit den Fragen des rechtzeitigen Tätigkeitswechsels, des präventiven Gesundheitsschutzes, einer alternsgerechten Erwerbsarbeit und regelmäßigen Weiterentwicklung ('lebenslanges Lernen') befassen sich daher auch immer mehr Arbeitskräfte im eigenen Interesse.

Erwerbstätige brauchen Hilfe

Die Übernahme der Verantwortung für die eigene Erwerbsbiografie wird allerdings in Zukunft eher schwerer als leichter. Arbeitnehmer/-innen müssen sich im Laufe ihrer Erwerbsphase immer wieder mit der Frage nach der für sie persönlich optimalen Tätigkeit auseinandersetzen, sich der Risiken begrenzter Tätigkeitsdauern und Einseitigkeits- oder Spezialisierungsfallen bewusst werden sowie die Gelegenheiten suchen und finden, um ihren Weg zu gehen. Viele Erwerbstätige sind mit solchen Entscheidungen überfordert. Sie selber merken alternsbedingte Veränderungen im Leistungsprofil nur schwer und neigen dazu sie falsch einzuschätzen. Noch schwerer können sie Unsicherheiten und Risiken beurteilen, die für sie mit einem Verbleib ebenso wie mit einem Wechsel von Tätigkeit, Betrieb und Beruf verbunden sind. Schon für die eigene Meinungsbildung brauchen sie Hilfen, Informationen und Gesprächspartner. Sie finden sie bisher überwiegend bei Kollegen und Vorgesetzten im Betrieb oder im privaten Umfeld. Dabei spielt zwangsläufig deren eigene Kompetenz und Ausgangssituation eine große Rolle. Wer verliert schon gern einen leistungsstarken Mitarbeiter und Kollegen ("Jetzt willst du wechseln, wo doch alles so gut läuft!") oder trägt die Risiken des Betriebs- und Berufswechsels mit ("Wovon sollen wir leben, wenn du das nicht schaffst!").

Das Gespräch mit Freunden, Kollegen, Vorgesetzten oder in der Familie wird auch künftig unverzichtbar bleiben. Doch viele Arbeitskräfte brauchen daneben auch Anregungen und Beratungen auf fachlich wie psychologisch qualifizierterer und überbetrieblicher Ebene. Schon heute gibt es solche Ansprechpartner. Sie fühlen sich aber bisher meist erst zuständig, wenn Arbeitnehmer bereits ihre Erwerbsfähigkeit zu verlieren drohen, wenn sie arbeitslos oder krank sind und an Rehabilitations- bzw. Wiedereingliederungsmaßnahmen teilnehmen. Solche Hilfen – etwa bei Kammern, Arbeitsämtern, Bildungseinrichtungen oder arbeitsmedizinischen Institutionen – setzen daher meist erst ein (und werden oft auch erst gefragt), 'wenn das Kind schon in den Brunnen gefallen ist'. Dann aber wird die Hilfe oft teurer und die Erfolgschance geringer (vgl. Kasten Seite 248).

Beratungsdienstleistungen für Erwerbstätige durch Intermediäre
Der Wechsel der Tätigkeit wird zur entscheidenden Bedingung dafür, überhaupt noch erwerbsfähig und erwerbstätig zu bleiben. Dafür finden sich verschiedene unterstützende und beratende Akteure. Zu diesen gehören nicht nur Tätige innerhalb der Personalabteilungen und Personalbereiche der Firmen, wie z. B.

- Betriebsärzte,
- Vorgesetzte,
- Personalplaner und Personalentwickler,
- Betriebsräte.

Dazu gehören vor allem auch Akteure auf der überbetrieblichen Ebene, die in der Funktion als intermediäre Dienstleister bisher weniger bekannt sind, wie z. B.

- Reha-Fachberater, die Rehabilitationspatienten, bei denen eine Fortsetzung der Tätigkeit bedenklich erscheint, über Strategien des Tätigkeitswechsels beraten und sich um Kontakte zu Firmen bemühen,
- Arbeitsamtsberater,
- Karriereberater, Outsourcing-Spezialisten usw.

J. Behrens, ISIS Frankfurt a.M. und Halle, Verbund III, 1996 – 1998

Eine solche beratende Unterstützung ist umso wichtiger, weil dem Tätigkeits-, Betriebs- oder Berufswechsel häufig tarifliche, rechtliche und personalpolitische Rahmenbedingungen entgegenstehen. Durch Betriebszugehörigkeit erworbene Ansprüche (z. B. auf Kündigungsschutz und Betriebsrenten) drohen ebenso zu verfallen wie tarifliche Zulagen (z. B. bei Schichtarbeit). Dies schafft auch für die Arbeitskräfte selbst Anreize die Erhaltung ihrer alternsgerechten Erwerbsfähigkeit kurzfristigen Vorteilen unterzuordnen. Auch Erwerbsunterbrechungen für Familienpause, Weiterbildung oder berufliche Neuorientierung sind in vielen Regeln nicht vorgesehen und führen – oft nicht nur kurzfristig – zu sozialen Nachteilen. Zwar haben sich in der Vergangenheit viele Firmen mit Unterstützung von Gewerkschafts- und Arbeitgebervertretern um neue Formen der Gehaltsfindung und eine alternsgerechtere Gestaltung der Lebensarbeitszeit bemüht, doch beschränken sich diese meist auf Großunternehmen und die hier möglichen innerbetrieblichen Regelungen und die Ausgestaltung des innerbetrieblichen Arbeitsmarktes. Um die wachsende Zahl der Arbeitskräfte im kleinbetrieblich organisierten Dienstleistungs- und Handwerksbereich und deren Fragen zur Gestaltung ihrer Erwerbsbiografie kümmern sich überbetriebliche Einrichtungen kaum.

Kaum Ansätze im Arbeits- und Gesundheitsschutz

Bei den überbetrieblichen Akteuren im Bereich Arbeits- und Gesundheitsschutz – bei Berufsgenossenschaften und Arbeitsschutzinstitutionen, aber auch anderen Beratungs- und Dienstleistungseinrichtungen – werden Fragen nach den sich verändernden Anforderungen einer alternsgerechten Erwerbsarbeit bisher kaum diskutiert. Ihr Augenmerk richtet sich vorrangig auf die direkt physiologischen Wirkungen der Arbeitsanforderungen und -inhalte sowie damit verbundene Unfallrisiken und Belastungen. Die Entwicklung gesund erhaltender Berufs- und Erwerbsverläufe verlangt eine weniger arbeitsplatzbezogene Betrachtung. Auch geht es hier immer häufiger um psychische und soziale Belastungsfaktoren und deren Einfluss auf die individuelle Erwerbsbiografie, den heute kein Arbeitsmediziner mehr ernsthaft bestreitet.

Versuche bei der Qualifizierung

Am stärksten engagieren sich Intermediäre bei der kontinuierlichen Anpassung und Erweiterung der Qualifikation von Arbeitskräften zur Aufrechterhaltung ihrer Erwerbsfähigkeit. Sie reagieren damit auf den strukturellen Wandel, den Einsatz neuer Techniken und arbeitsorganisatorischer Konzepte. Diese lassen einerseits die Qualifikationsanforderungen an die Arbeitskräfte ansteigen und andererseits die erworbenen Qualifikationen und Ausbildungsabschlüsse schneller veralten. Damit wächst mit fortschreitendem Alter der Erwerbstätigen und gleichbleibender Tätigkeit die Gefahr von Einseitigkeiten und Dequalifikation. Auch hier sind Arbeitskräfte bei eigenen Initiativen auf externe Hilfen angewiesen. Nur wenige Arbeitgeber orientieren ihre Weiterbildungsbemühungen an der Erhaltung der Beschäftigungsfähigkeit ihrer Mitarbeiter. Im Vordergrund stehen für sie meist – schon aus Kostengründen – unmittelbar anwendungsbezogene Schulungen, in die sie vorzugsweise jüngere Mitarbeiter einbeziehen.

Die meisten überbetrieblichen Anbieter von Weiterbildungs- und Umschulungsmaßnahmen sind zwar selbst stark in die unternehmensnahe anwendungsbezogene Schulung eingebunden und weisen einen ähnlich kurzfristig ausgerichteten Anwendungsbezug auf. Sie bieten aber häufiger zusätzlich Beratungs- und Qualifikationsmöglichkeiten an, die individuell, zielgruppenspezifisch und – seltener – altersgruppenspezifisch ausgerichtet sind, bzw. vermitteln solche Hilfen. Aufgeschlossene Erwerbstätige – ob beschäftigte Arbeitnehmer, Arbeitslose oder Selbstständige – finden ein in diesem Sinne umfangreiches Qualifizierungsangebot schon bei verschiedenen Kammern, Verbänden, Gewerkschaften, Arbeitsämtern oder Volkshochschulen und privaten Bildungseinrichtungen. Viele dieser Anbieter versuchen mit Beratungs- und Betreuungsmaßnahmen, flexiblen Kursformen und -inhalten oder modulartigem Aufbau den individuellen Bedürfnissen von unterschiedlichen Altersgruppen entgegenzukommen.

Leider konzentrieren sich die meisten Anstrengungen aber nur auf die eigenen Angebote und Organisationsstrukturen und stoßen hier schnell an personelle und finanzielle Grenzen. Für regionale Weiterbildungsverbünde, die eine Koordination des überbetrieblichen Angebots oder überbetriebliche Beratungs- und Informationseinrichtungen durchführten, die den Arbeitskräften bei der Planung ihrer Weiterbildung helfen könnten, gibt es nur wenige, aber interessante Ansatzpunkte.

Zielgruppe: Lernungewohnte

Externe Hilfestellungen sind besonders wichtig für ältere Erwerbstätige und Arbeitslose, die in der Vergangenheit aus eigener Trägheit oder Desinteresse ihrer Arbeitgeber lernungewohnt geworden und von den Risiken einer Dequalifizierung am stärksten betroffen sind. Sie müssen erst über die eigene Enttäuschung hinweg die Lernbereitschaft und -fähigkeit wieder finden. Dies erfordert spezielle Beratungs- und Qualifikationsmaßnahmen, um auf die oft persönlichen Probleme und Bedürfnisse dieser Menschen eingehen zu können. Dies erfordert eine altersgerechte Didaktik und altersspezifische Lernformen, die es teilweise noch zu entwickeln gilt. Nur wenige Anbieter im weiten Bereich von Weiterbildung und Umschulung haben sich mit solchen Fragen bisher auseinandergesetzt. Auch konzentrieren sich die meisten lieber auf die leichter ansprechbaren jüngeren Arbeitskräfte. Dies gilt auch bei Angeboten der Arbeitsverwaltung, die vorzugsweise leichter vermittelbare, d. h. jüngere Arbeitslose in Maßnahmen einbezieht. Ältere Erwerbslose bleiben dagegen häufiger sich selbst überlassen.

Einzelne Beispiele zeigen gleichwohl die Handlungsmöglichkeiten zur altersspezifischen Qualifizierung im überbetrieblichen Raum. So fördern einzelne Arbeitsämter altersspezifische Weiterbildungsprogramme mit dem Ziel der Reintegration älterer Arbeitsloser in den ersten Arbeitsmarkt. Sie versuchen ihnen insbesondere EDV-Kenntnisse sowie Praktikumsplätze zu vermitteln. Als erfolgreich haben sich auch fachübergreifende Weiterbildungsmaßnahmen für Ältere erwiesen, wie etwa zu Selbstmanagement und -vermarktung (Outplacement) oder zur Vorbereitung auf die Selbstständigkeit. Dass solche Bemühungen – entgegen der vorherrschenden Meinung – auf Interesse bei älteren Erwerbstätigen stoßen und zu einer Verbesserung ihrer Vermittlungschancen führen, zeigten die Ergebnisse des Modellprojekts zur 'Entwicklung und Erprobung von Qualifizierungskonzepten für ältere Arbeitnehmer aus der Industrie' (vgl. Kasten rechts).

Rahmenbedingungen hemmen

Versuche zur alternsgerechten Qualifizierung und Weiterbildung stoßen immer wieder an Grenzen. Die Entwicklung und Einführung neuer, auch wirtschaftlich vertretbarer Arbeitszeitmodelle (Arbeitsunterbrechungen, Arbeitszeitverkürzungen oder -flexibilisierungen) oder die Integration von kürzeren und längeren Weiterbildungs- und Umschulungsphasen in die Erwerbsbiografien setzt Regelungen voraus, die ohne überbetriebliche Initiativen kaum gefunden werden können. Je länger aber solche Re-Qualifizierungsphasen für einen Berufswechsel sind, umso wichtiger sind für Erwerbstätige wie Unternehmen überbetriebliche Strukturen und Anreize in der Tarif- und Sozialpolitik, die dies ermöglichen. Hier gilt es geeignete finanzielle und soziale Sicherungsformen zu entwickeln. Diskutiert wird z. B. über die Einrichtung gesetzlicher oder tariflicher Weiterbildungsfonds.

Modellprojekt 'Entwicklung und Erprobung von Qualifizierungskonzepten für ältere Arbeitnehmer aus der Industrie'

Vom Bundesministerium für Bildung, Wissenschaft, Forschung und Technologie wurden unter wissenschaftlicher Begleitung des Bundesinstituts für Berufsbildung im Rahmen des Förderschwerpunkts 'Berufliche Fort- und Weiterbildung' vier Modellversuche zur Entwicklung und Erprobung von Qualifizierungskonzepten für ältere Arbeitnehmer gefördert. Der Modellversuch zur 'Entwicklung und Erprobung von Qualifizierungskonzepten für ältere Arbeitnehmer aus der Industrie' lief von 1993 bis 1996 und wurde in Kooperation mit dem Beruflichen Fortbildungszentrum der Bayerischen Arbeitgeberverbände entwickelt und durchgeführt.

Mit altersspezifischen Lehrgangsangeboten sollte zum einen die Qualifikation von älteren Beschäftigten in industriellen Großbetrieben mit akut gefährdeten Beschäftigungsverhältnissen verbessert werden, um Entlassungen als Reaktion auf die Strukturkrise zu vermeiden. Zum anderen sollte die Wiedereingliederung von Arbeitslosen mit beruflichen Erfahrungen in industriellen Großbetrieben gefördert werden. Inhalte der Qualifizierungsmaßnahmen waren neben der 'Auffrischung' des theoretischen und fachpraktischen Wissens auch die Erweiterung der sozialen Kompetenzen der Teilnehmer. Mit dem Ansatz des erfahrungsgestützten Lernens wurde versucht den besonderen Lernbedürfnissen älterer Arbeitnehmer gerecht zu werden. Die Qualifikationsmaßnahmen stießen bei den Teilnehmern allgemein auf eine hohe Akzeptanz.

Des weiteren wurden im Rahmen des Förderschwerpunkts folgende Modellprojekte durchgeführt:

- 'Qualifizierung von älteren Arbeitnehmern und Arbeitnehmerinnen in den neuen Bundesländern aus der Metall- und Elektroindustrie',
- 'Selbst organisiertes Lernen älterer Erwerbspersonen und arbeitsplatzbezogenes Lernen' sowie
- 'Forschungs- und Entwicklungsprojekt selbst gesteuertes, individualisiertes Lernen am PC von Arbeitnehmern in der zweiten Hälfte ihres Erwerbslebens'.

Severing 1996; Wenke und andere 1996

Gegenwärtig wird über eine Modularisierung in der beruflichen Ausbildung, der Verkürzung von Ausbildungszeiten bei gleichzeitig stärkerer Verzahnung von Aus- und Weiterbildung diskutiert. Eine solche Verzahnung mehrerer Bildungsblöcke über die gesamte Erwerbsbiografie könnte die Voraussetzungen für eine permanente und flexible Qualifikationsanpassung verbessern (Lennartz 1996, 1998). Vorgeschlagen wird auch ein 'Satelliten-Modell' für die berufliche Ausbildung, die danach aus zwei getrennten oder trennbaren Teilen besteht: einem gekürzten Pflichtprogramm für die 'Kernkompetenzen' und die Fundierung der fachlichen Aufgaben sowie aus später zu ergänzenden fachlichen Wahlpflichtbausteinen, die als eigene Abschlüsse anerkannt werden und Spezialkenntnisse oder weiterführendes Wissen zu anderen Fächern und Berufen vermitteln.

Kürzere Ausbildungszeiten sind nahezu zwangsläufig mit stärkerer fachlicher Spezialisierung verbunden. Umso wichtiger ist es, dass sich während der Ausbildung durch die Art der Vermittlung und Verknüpfung der Inhalte auch fach- und berufsübergreifende Kompetenzen (z. B. EDV- und Sprachkenntnissen, Teamarbeiten) entwickeln können, die immer mehr zur Voraussetzung für die kontinuierlich eigenständige Aneignung neuen Wissens im Erwerbsleben geworden sind. Sie werden künftig unverzichtbar, wenn es um die alternsgerechte Laufbahngestaltung einschließlich der dafür nötigen Tätigkeits-, Betriebs- oder Berufswechsel geht. Gerade hier muss vielfach noch didaktisches Neuland gesucht und betreten werden.

Der Verknüpfung von Fort- und Weiterbildung mit der bisherigen Ausbildung nehmen sich verstärkt manche Universitäten an. Einige versuchen neben ihrem Lehrbetrieb für Studierende auch Berufstätige anzusprechen und stellen sich damit zugleich stärker als bisher den neuen Anforderungen und dem Weiterbildungsbedarf im Berufsleben. Die Universität Hamburg etwa hat einen eigenen Lehrstuhl für Erwachsenenbildung und Weiterbildung eingerichtet, der mit berufsbegleitenden Studiengängen explizit die stärkere Verzahnung von Studium und Arbeit verfolgt.

Die bisher erkennbaren überbetrieblichen Handlungsansätze (vgl. Kasten rechts) zur Anregung und Unterstützung der Arbeitskräfte bei der individuellen Suche nach einem alternsgerechten Berufs- und Qualifizierungsweg sind weder erschöpfend noch ausreichend. Gleichwohl zeigen sie nicht nur die Notwendigkeit, sondern auch die Machbarkeit überbetrieblicher Initiativen und Dienstleistungsangebote, ohne die viele Erwerbstätige die ihnen zuwachsende Verantwortung für die eigene Erwerbsbiografie kaum werden übernehmen können. Umso wichtiger ist es, dass sich die Vertreter und Funktionäre bei den Gewerkschaften, Kammern und anderen Intermediären ihrer Verantwortung für die Gestaltung und Weiterentwicklung des überbetrieblichen Rahmens bewusst machen. Gerade weil die einzelnen Arbeitskräfte meist nur sehr begrenzte Möglichkeiten zur Gestaltung ihrer eigenen Erwerbsbiografie haben, brauchen sie konstruktive Hinweise, Dienstleistungsangebote, Anreize zur Sicherung ihrer Beschäftigungsfähigkeit und vertrauenswürdige Rahmenbedingungen.

Mögliche Handlungsansätze für Akteure auf überbetrieblicher Ebene zur Förderung der Weiterbildungsfähigkeit und -bereitschaft

Gewerkschaften **Verbände** **Kammern** **Kommunen**	▪ Aktionen zur Information und Aufklärung von Arbeitnehmern und Arbeitgebern ▪ Organisation von Arbeitskreisen, Netzwerken und Verbünden ▪ Individuelle Qualifizierungsberatung durch Gewerkschaften ▪ Unternehmensspezifische Qualifizierungsberatung durch Arbeitgeberverbände
Arbeitsämter	▪ Einsatz neuer Medien für Information, Motivation und individuelle Beratung ▪ Laufbahnberatung und Qualifizierungsberatung ▪ Finanzierung von Bildungsmaßnahmen
Bildungspolitik **Schulen** **Hochschulen**	▪ Öffnung der Erstausbildung für Weiterbildung, Modularisierung des Bildungssystems ▪ Information über Weiterbildungsangebote ▪ Theorie- *und* Praxisbezug der Weiterbildung
Weiterbildungsträger **Bildungswerke**	▪ Weiterbildungsangebote für Jüngere *und* Ältere ▪ Unternehmens- und branchenspezifische Weiterbildungsmaßnahmen
Medien	▪ Aufklärung und Motivation, Vermittlung von Bildungsinhalten (Job-TV) ▪ Interaktives Telelearning ▪ Business-TV ▪ Multiplikation von Kampagnen anderer überbetrieblicher Akteure

Ergebnisse eines Workshops der Prognos AG, 1999

6.3 Anregungen für Unternehmen zur alternsgerechten Beschäftigung

Bislang interessieren sich nur wenige Unternehmen für Möglichkeiten zur Erhaltung und Förderung der Beschäftigungsfähigkeit ihrer Mitarbeiter oder zur bewussten Beachtung von alternsbedingten Qualifikationsveränderungen in der Arbeitsorganisation und Personalentwicklung.

Arbeitsbedingungen und Personalmanagement sind zudem in einer sozialen Marktwirtschaft stark von überbetrieblichen Regelungen beeinflusst. Die Frühverrentungswellen, mit denen Unternehmen ganze Jahrgänge aus ihren Belegschaften ausgegliedert haben, wurden von den Tarifparteien angeregt und von der Politik unterstützt. Für Arbeitszeiten, Arbeitsbedingungen und Entlohnungsformen gibt es rechtliche und tarifvertragliche Regelungen, auf denen die betrieblichen Vereinbarungen fußen.

Die bis heute geltenden Regelungen stammen aus der Vergangenheit und passen daher nicht mehr ohne weiteres zu den veränderten wirtschaftlichen, technischen und demografischen Bedingungen der künftigen Beschäftigung. Insbesondere für eine alternsgerechtere Beschäftigung müssen in Deutschland neue Wege gesucht und bestehende Rahmenbedingungen oder Anreize überprüft, manche aufgehoben, andere verändert oder neu geschaffen werden. Viele Unternehmen und Betriebe haben hierfür schon wichtige Vorarbeiten geleistet. Doch ihre Erkenntnisse und Erfahrungen sind zu wenig bekannt, um zur Leitidee und Rahmenbedingung für andere Unternehmen auf breiter Ebene werden zu können. Dies kann nur auf überbetrieblicher Ebene und im Rahmen von Aktivitäten der Industrie-, Handels- und Handwerkskammern, in Wirtschafts- und Arbeitgeberverbänden oder in der Auseinandersetzung mit Gewerkschaften, Berufsgenossenschaften und Bildungseinrichtungen geschehen, an denen sich dann wieder andere Unternehmen und Betriebsräte bei ihren Entscheidungen zur Arbeitsgestaltung und Personalentwicklung orientieren können.

Kurzfristinteressen im Vordergrund

Nach den Ergebnissen der Forschungsarbeiten befassen sich allerdings überbetriebliche Organisationen nur vereinzelt mit den Möglichkeiten zur Realisierung einer alternsgerechten Beschäftigung in den Unternehmen. Viele Intermediäre sehen hier keine Handlungsspielräume. Andere sprechen von Prioritäten: Die Bekämpfung der Jugendarbeitslosigkeit steht für sie im Vordergrund und die frühzeitige Ausgliederung älterer Arbeitnehmer erscheint ihnen hierfür das praktikabelste und wirksamste Instrument. Der demografische Wandel betrifft nach ihrer Ansicht die Arbeitsmarktsituation nur indirekt, nämlich über steigende Soziallasten, wachsende Anteile der 'Senioren' an der Bevölkerung und Veränderungen im Kundenverhalten. Über Anpassungsbedarf in der Arbeitsgestaltung und Personalpolitik oder Folgen für die Innovationskraft wird selten diskutiert, noch seltener überbetrieblicher Handlungsbedarf gesehen.

Die alternsgerechte Beschäftigungspolitik erscheint ihnen eher als ein zukünftiges Problem, das sich vielleicht mit sinkender Arbeitslosigkeit von selbst erledigt. Entsprechend konzentrieren sie ihre Bemühungen lieber auf die breitere Nutzung des Altersteilzeitgesetzes, wie dies auch mehrheitlich die Mitgliedsunternehmen fordern, deren Interessen sie als wirtschaftsnahe Kammern und Verbände primär zu vertreten haben (vgl. Kasten unten).

Das Altersteilzeitgesetz

1996 wurde im Rahmen des 'Gesetzes zur Förderung eines gleitenden Übergangs in den Ruhestand' das Altersteilzeitgesetz verabschiedet. Die Altersteilzeitarbeit von Arbeitnehmern ab dem 55. Lebensjahr wird aus Beitragsmitteln der Bundesanstalt für Arbeit gefördert, wenn eine Wiederbesetzung des durch die Altersteilzeitarbeit freigewordenen Arbeitsplatzes erfolgt. Die Bundesanstalt für Arbeit erstattet dem Arbeitgeber den Aufstockungsbetrag zum Teilzeitarbeitsentgelt des älteren Arbeitnehmers sowie zusätzliche Beiträge des Arbeitgebers zur gesetzlichen Rentenversicherung.

Der Arbeitnehmer erhält damit mindestens 70% seines pauschalierten Nettoarbeitsentgelts, das er ohne Altersarbeitszeitreduzierung erhalten hätte. Nach mindestens zwei Jahren Altersteilzeitarbeit sind die Arbeitnehmer zur Inanspruchnahme einer 'Rente wegen Arbeitslosigkeit und nach Altersteilzeitarbeit' berechtigt. Die Arbeitszeit wird um die Hälfte reduziert und kann auf bis zu fünf Jahre verteilt werden. Dabei kann zwischen verschiedenen Arbeitszeitformen gewählt werden, von der Halbtagsbeschäftigung bis zur Teilzeitbeschäftigung im täglichen, wöchentlichen, monatlichen oder mehrjährigen Wechsel (BDA 1996).

Der gesetzliche Rahmen des Altersteilzeitgesetzes wird durch tarifliche Regelungen ergänzt. Damit werden im Allgemeinen die Anspruchsvoraussetzungen der Beschäftigten, die Aufstockung des Entgelts und des Rentenversicherungsbeitrags sowie der Ausgleich des Rentenabschlags geregelt. Für den öffentlichen Dienst gibt es z. B. seit 1998 den 'Tarifvertrag zur Regelung der Altersteilzeitarbeit', in dem der Rechtsanspruch auf Altersteilzeit ab dem 60. Lebensjahr festgeschrieben ist. Die Tarifvertragsparteien können einen Verteilzeitraum der Altersteilzeitarbeit von bis zu 10 Jahren vereinbaren.

Eigene Zusammenstellung

Diese generelle Beobachtung kennt jedoch interessante Ausnahmen. Einige Intermediäre bemühen sich ebenso wie eine inzwischen schon größere Zahl von Unternehmen den alternsgerechten Einsatz ihrer Mitarbeiter in einem sich wandelnden Umfeld zu einem praktischen Instrument ihrer Innovationspolitik zu entwickeln. Oft sind es erst einzelne Ansätze und Initiativen, die ihre Bewährungsprobe noch nicht bestanden haben, gleichwohl aber die Handlungsspielräume für überbetriebliche Akteure erkennen lassen.

Hilfestellung durch Hinweise und Informationen

Den ersten und zunächst wichtigsten Schritt sehen die bereits aktiven überbetrieblichen Institutionen in der Beratung, Information und Aufklärung ihrer Mitglieder wie der Öffentlichkeit über die langfristigen Auswirkungen des demografischen Wandels. Wer weder die Risiken sieht noch die Umstellungsprobleme einzuschätzen vermag, wird kaum handeln. Entsprechend weisen sie im Rahmen von Vorträgen und Veröffentlichungen auf die Problematik alternder Belegschaften, die damit verbundenen Risiken und Handlungsmöglichkeiten hin oder treten – seltener – als Veranstalter von Tagungen auf, um zusammen mit den Vertretern aus den Unternehmen über die Notwendigkeit und die Möglichkeiten für eine alternsgerechte Beschäftigung in den beteiligten Firmen zu sprechen (vgl. Kasten rechts). Nach ihren Erfahrungen sind allerdings die Reaktionen bisher meist gering, wenngleich die Aufmerksamkeit wächst.

....für den präventiven Gesundheitsschutz

Die engsten Verbindungen zu den Problemen älterer Mitarbeiter zeigen sich bei den Diskussionen zur Förderung des präventiven Gesundheitsschutzes. Dabei geht es zwar überwiegend noch um Fragen der Beschäftigung älterer Mitarbeiter und damit der altersgerechten, nicht alter*n*sgerechten Arbeitsorganisation, Qualifizierung und Personalentwicklung. Im Vordergrund steht also die statische Betrachtung und die Beschäftigung der älteren und im Unternehmen gealterten Mitarbeiter. Der präventiv-dynamische Gedanke der lebenslangen Erwerbs- und Beschäftigungsfähigkeit und des alternsgemäßen Tätigkeitswechsels gewinnt erst allmählich an Gewicht. Er rückt vor allem immer dann stärker in den Vordergrund, wenn sich die Unternehmen gezwungen sehen traditionelle Schonarbeitsplätze aus Kostengründen abzubauen und nach Alternativen zu suchen. Eine von manchen vorgeschlagene stärkere Beteiligung der Arbeitgeber an den Kosten arbeits- und betriebsbedingter Krankheiten oder an Erwerbsunfähigkeits- und Frührenten würde diese Sicht zusätzlich unterstützen.

Einen Schritt weiter gehen Forschungs- und Modellprojekte, die bisher jedoch keine breite Umsetzung erfahren haben. Ihr Ziel ist es, arbeitsorganisatorische und qualifikatorische Maßnahmen zur Erhaltung der Beschäftigungsfähigkeit Älterer zu entwickeln. Durch konkrete nachahmenswerte und praxisnahe Beispiele versuchen sie der oft geäußerten, bequemen Vermutung einer generellen Unwirtschaftlichkeit solcher Bemühungen entgegenzutreten (vgl. Kasten Seite 258).

Überbetriebliche Hinweise zu Notwendigkeit und Möglichkeiten einer alternsgerechten Beschäftigung in Unternehmen

- Im Rahmen einer Vortragsreihe zum Thema 'Chancen und Risiken alternder Belegschaften' der Industrie- und Handelskammer in Berlin wurden Anpassungsmöglichkeiten der betrieblichen Personalstrategien, der Arbeitsorganisation, der Lern- und Arbeitsprozesse an den wachsenden Anteil älterer Arbeitnehmer aufgezeigt.
- Das Bayerische Arbeitsministerium hat im Jahr 1985 mit der Veranstaltung einer Tagung zum Thema 'Ältere Mitarbeiter im Betrieb' und der Veröffentlichung eines Ratgebers auf die Problematik der älteren Arbeitnehmer aufmerksam gemacht. Der Ratgeber richtet sich an die Betriebe und soll helfen auf die Belange älterer Mitarbeiter besser einzugehen und Vorurteile gegenüber Älteren abzubauen.
- Die Bundesvereinigung der Deutschen Arbeitgeberverbände (BDA) hat schon 1980 eine Broschüre zum Thema 'Ältere Mitarbeiter' herausgegeben, mit praktischen Arbeitshilfen für Unternehmen im Umgang mit älteren Arbeitskräften. Die Broschüre betont die Notwendigkeit einer vorausschauenden betrieblichen Personal- und Sozialpolitik, um die Erfahrungen und Leistungspotenziale älterer Arbeitnehmer zu berücksichtigen und nutzen zu können. Die Überwindung des Vorurteils über generelle Leistungsverluste bei Älteren wird hier bereits zur wichtigen gesellschaftspolitischen Aufgabe erklärt.
- Die Bundesanstalt für Arbeitsschutz und Arbeitsmedizin beschäftigt sich im Rahmen von Veröffentlichungen, Vortragsveranstaltungen und Forschungsprojekten mit dem Thema ältere Arbeitnehmer. Dabei wird u. a. auf die Notwendigkeit der Erhaltung und Entwicklung des Arbeitskräftepotenzials der Arbeitnehmer durch präventiv orientierte Maßnahmen der Arbeitsorganisation, der Qualifizierung und des Arbeitsschutzes hingewiesen.
- Vom Bundesarbeitsministerium wird in Form von Redebeiträgen explizit auf die Stärken älterer Arbeitnehmer hingewiesen, um der verbreiteten defizitären Betrachtungsweise des Alters entgegenzuwirken. Dabei werden die Unternehmen dazu aufgefordert das Erfahrungswissen Älterer stärker zu nutzen, die Beteiligung Älterer am Erwerbsleben sicherzustellen und den Tendenzen zur Ausgrenzung älterer Arbeitnehmer zu begegnen.

Eigene Zusammenstellung

Überbetriebliche Maßnahmen zur Förderung einer alternsgerechten Arbeitsorganisation und Qualifikationsanpassung

- Mit den Forschungsprogrammen 'Humanisierung des Arbeitslebens' und 'Arbeit und Technik' des Bundesforschungsministeriums wurden arbeitsorganisatorische Maßnahmen zur Erhaltung und Entwicklung des Arbeitskräftepotenzials älterer Arbeitnehmer entwickelt und teilweise umgesetzt. Dabei geht es z. B. um die Umgestaltung der Arbeitsorganisation, die Integration von Lern- und Fertigungsprozessen, den Einsatz computergesteuerter Arbeitsmittel und die zielgruppenspezifische Qualifizierung älterer Arbeitnehmer.
- Im Rahmen eines von der Industriegewerkschaft Bergbau, Chemie, Energie initiierten Forschungsprojekts zum Thema 'Änderungen der betrieblichen Alterszusammensetzung: Gestaltungs-Herausforderungen' wurden Maßnahmen zum Umgang in den Betrieben mit der Veränderung der Alterszusammensetzung erarbeitet (Köchling 1995).
- Die IG Metall initiierte ein Projekt zur Integration älterer Arbeitnehmer bei der Gruppenarbeit ('Leonardo-Projekt'), woraus eine 'Handlungshilfe für betriebliche Personalverantwortliche' entstand.
- Das Bundesinstitut für Berufsbildung führt gegenwärtig ein Forschungsprojekt zum Thema 'Berufliche Entwicklung, Qualifizierung und Perspektiven in der zweiten Hälfte des Berufslebens' durch, mit dem Strategien zur Integration Älterer in die betriebliche Weiterbildung sowie alternsgerechte Weiterbildungskonzepte entwickelt werden sollen.
- Vom nordrhein-westfälischen Arbeitsministerium wurde das – nicht explizit altersspezifisch ausgerichtete – Programm 'Qualifizierung, Arbeit, Technik, Reorganisation' (QUATRO) gefördert, mit dem die langfristige Anpassung der Arbeitskräfte – insbesondere in kleinen und mittleren Betrieben – an den industriellen Wandel und die Veränderung der Produktionssysteme unterstützt werden sollte.

Eigene Zusammenstellung

...zur alternsgerechten Qualifizierung

Die Einbeziehung der Erkenntnisse aus den Modellvorhaben zur Erhaltung der alternsgerechten Beschäftigungsfähigkeit könnte auch diese Maßnahmen zur Qualifikationsanpassung und -erhaltung zusätzlich verbreiten helfen. Bisher nehmen nur wenige Qualifikationsmaßnahmen Rücksicht auf unterschiedliche Lernbedingungen für jüngere und ältere Arbeitskräfte. Nur selten werden – abgesehen von Modellprojekten und Weiterbildungsbemühungen einiger Arbeitsämter – altersspezifische Qualifikationsmaßnahmen angeboten und durchgeführt. Selbst ihre Ausrichtung wird noch kontrovers diskutiert: Manche fordern altersgruppenspezifische, andere eher Weiterbildungsangebote für altersgemischte Gruppen, um gleichzeitig den Wissenstransfer zwischen Älteren und Jüngeren zu fördern und der Stigmatisierung von Älteren als vermeintlich 'Lernunfähigen' entgegenzutreten. Wichtig ist dabei die Verknüpfung mit arbeitsplatznahen Qualifikationsmaßnahmen in den Betrieben und einem starken

Praxis- und Anwendungsbezug. Ein gutes Beispiel für solche Bemühungen ist der überbetriebliche Qualifizierungsverbund in Chemnitz (vgl. Kasten unten).

Das TINA-Netzwerk in Chemnitz: Altersgerechte Weiterbildung im Projektverbund

Angesichts der schnellen Veränderungen in den Strukturen und der Notwendigkeit, sich den innovatorischen Ansprüchen ständig neu anzupassen, fanden sich 1992/93 unter Leitung der IHK Südwestsachsen vorrangig technologieorientierte Forschungs- und Beratungsfirmen und Unternehmen aus der Region zu einem **Projektverbund für betriebliche Weiterbildung** zusammen. Durch die frühzeitige Einbeziehung der Unternehmen und ihrer Mitarbeiter in die Planung von Weiterbildungsprozessen konnte von Anfang an eine große Praxisrelevanz erreicht werden. Das führte wiederum zu einer großen Akzeptanz bei den zu qualifizierenden Mitarbeitern.

Durch die externe Unterstützung bei der Themensuche und -formulierung und der konzeptionellen Gestaltung von Lehrinhalten stellten die beteiligten Unternehmen fest, dass sie selbst kompetente Mitarbeiter haben (zumeist ältere), die zu einigen Themen bereits Erfahrungen und entsprechendes Wissen besitzen. Diese Mitarbeiter wurden als Trainer gewonnen und vermittelten ihr Wissen an Mitarbeiter auch anderer Unternehmen. Da aus den verschiedenen Unternehmen sowohl die älteren, erfahrenen als auch junge, mit neuem Wissen ausgestattete Mitarbeiter mitwirkten, entwickelte sich eine **generationen- und unternehmensübergreifende Rotation von Erfahrungen und Wissen.**

Die Qualifizierung wurde von den Weiterbildungsinstituten in die Unternehmen verlagert, d. h. die klassische Gestaltung der Qualifizierung wurde aufgelöst zugunsten einer **problem- und unternehmensorientierten Weiterbildung vor Ort**. Der Nutzen liegt auf der Hand: Die theoretischen Erkenntnisse und Inhalte werden auf ihren praktischen Bestand getestet und erhalten in der Konfrontation mit praktischen Problemen einen dynamischen Charakter. Der Trainer wächst immer mehr in die Rolle eines Moderators selbst gesteuerter Wissensaneignung und Erfahrungsgewinnung.

Die enge Verbindung von Wissensvermittlung mit praktischen Unternehmenserfahrungen macht die in dieser Form organisierte Weiterbildung auch für ältere Arbeitnehmer besonders attraktiv. Sie können ihre Erfahrungen, z. B. auch als Trainer in bestimmten Themenfeldern, aktiv einbringen und erhalten damit die Möglichkeit neues Wissen zu generieren und mit ihren Erfahrungen zu vergleichen. Durch den Ausgleich der Veränderungen in den körperlichen Leistungsvoraussetzungen mit einer erfolgsgeleiteten Wissensweitergabe erhalten sie eine Möglichkeit den Wert ihrer Arbeit bis zum Ende ihrer Erwerbstätigkeit zu erhalten und mit dem Tempo der andauernden Veränderungen Schritt zu halten. Für die Unternehmen bedeutet das eine verbesserte Chance, die Erfahrungen kombiniert mit aktuellem Wissen länger verfügbar zu haben.

D. Israel, B. Schädlich, ATB GmbH Chemnitz, Verbund IV, 1996 – 1999

Mehrere Träger von Fortbildungsmaßnahmen bemühen sich gegenwärtig um den Ausbau des Angebots an altersübergreifenden Qualifikationsmaßnahmen. Einige Volkshochschulen und Kammern (z. B. die Handwerkskammer Hamburg) versuchen sich durch flexible Kursangebote und Weiterbildungsveranstaltungen in Kooperation mit den Betrieben an den sich verändernden Anforderungen zu orientieren. Die Angebote und Leistungen sind deswegen in ihrem didaktischen Aufbau noch keineswegs immer auf diese Anforderungen ausgerichtet. Gerade im Weiterbildungssektor wirken Vielfalt und Unübersichtlichkeit auf Unternehmen wie Arbeitnehmer oftmals abschreckend. Qualitätsstandards fehlen und die Verknüpfung mit der betrieblichen Arbeitsorganisation und Personalentwicklung lässt noch viele Fragen offen.

... durch Anpassungen im Tarifrecht

Erste interessante Ansätze zur Veränderung der Rahmenbedingungen gibt es in der Tarifpolitik. In einigen Tarifverträgen wird versucht den Erhalt und die Erweiterung der Qualifikation der Beschäftigten zu fördern, indem beispielsweise Weiterbildungsrechte tariflich und betrieblich fest zwischen den Tarifparteien vereinbart werden. So enthalten Modernisierungsvereinbarungen im öffentlichen Dienst die Beteiligung der Beschäftigten an Fort- und Weiterbildungsmaßnahmen, um Unsicherheiten und Qualifikationsverlusten im Rahmen von Verwaltungsreformen auf kommunaler Ebene, von Reorganisationen und Personalabbau besonders bei Älteren entgegenzuwirken. Im Lohn- und Gehaltsrahmen-Tarifvertrag der Metallindustrie in Nordwürttemberg-Nordbaden haben sich die Arbeitgeber verpflichtet, regelmäßig den Qualifizierungsbedarf der Beschäftigten zu ermitteln. Die Unterlagen sollen einmal jährlich mit dem Betriebsrat beraten und zur Grundlage tatsächlicher Qualifizierungsmaßnahmen gemacht werden, um den Arbeitnehmern auch die Übernahme zusätzlicher gleich- oder höherwertiger Aufgaben zu ermöglichen. Dabei sind im Gegenzug auch die Arbeitnehmer verpflichtet entsprechende Aufgaben zu übernehmen. Die Kosten der Qualifizierungsmaßnahmen trägt der Arbeitgeber.

Neue Wege werden schließlich bei Arbeitszeitregelungen gesucht, um die Verknüpfung von längeren Weiterbildungsphasen besser als bisher mit der Erwerbstätigkeit vereinbaren zu können. Ein solcher Ansatz findet sich z. B. in dem Tarifvertrag zwischen der Deutschen Shell AG und der IG Chemie, Papier, Keramik. In ihm verpflichtet sich der Arbeitgeber seinen Arbeitnehmern bei Arbeitszeitverkürzung zusätzliche Weiterbildungsmaßnahmen anzubieten. Darüber hinaus werden verschiedene Arbeitszeitmodelle zur Integration von Weiterbildungsphasen diskutiert, wie z. B. die Einrichtung von 'Lernzeitkonten', mit deren Hilfe angesammelte Zeitguthaben für die Weiterbildung verwendet werden können.

Hoher Entwicklungsbedarf

Die bisher bekannten Ansätze reichen sicher nicht aus, um als Modell für alternsgerechte Beschäftigungformen zu dienen. Die gemachten Erfahrungen sind jedoch ein erster wichtiger Schritt, um aus ihnen wertvolle Anregungen für neue Formen der Arbeits- und Arbeitszeitgestaltung zu gewinnen und sie zur Weiterentwicklung der Regelungen in der Sozial-, Arbeitsmarkt- und Tarifpolitik zu nutzen. Diese erleichtern es vielen anderen Unternehmen im eigenen Betrieb neue Wege zu gehen, setzten allerdings eine wachsende Bereitschaft zur Suche nach neuen Beschäftigungsstrukturen voraus: weg von der Fixierung auf das so genannte Normalarbeitsverhältnis und die lückenlose Erwerbsbiografie hin zu Arbeitsformen, in denen variable Arbeitsformen ebenso wie der Tätigkeits-, Betriebs- und Berufswechsel als Normalität angesehen und akzeptiert werden. Dies muss auch mit den Vereinbarungen zur Gehaltsfestlegung und dem altersabhängig unterschiedlichen Einkommensbedarf in Übereinstimmung gebracht werden.

In gewisser Hinsicht versucht bereits das Altersteilzeitgesetz den Gedanken der Altersgerechtigkeit (weniger der Alternsgerechtigkeit) aufzugreifen. Vor dem Hintergrund der teilweise negativen Erfahrungen mit der relativ formalen Frühverrentung wird hier versucht die plötzliche Ausgliederung ganzer Jahrgänge und den Verlust von Erfahrungsträgern für das Unternehmen künftig zu vermeiden. An ihre Stelle soll eher der langsame, 'gleitende' Übergang in den Ruhestand treten, der den älteren Mitarbeitern die Umstellung erleichtert und zugleich den Wissenstransfer an jüngere Mitarbeiter gewährleistet. Eine solche Regelung entspricht den Anforderungen an eine alternsgerechte Beschäftigung am Ende der Erwerbsphase insofern, als älteren Arbeitnehmern dadurch eine flexiblere und ihren individuellen Bedürfnissen besser entsprechende Gestaltung der Arbeitszeit ermöglicht wird.

Die Anwendung des Altersteilzeitgesetzes zur Schaffung von 'gleitenden' Übergängen ist bisher allerdings relativ selten. Sehr viel häufiger wird das Gesetz lediglich als Alternative zur bisherigen Frühverrentung genutzt. Die Beschäftigten arbeiten in der ersten Hälfte der Laufzeit, d. h. in den ersten zweieinhalb Jahren, Vollzeit bei vollem Gehalt und gehen anschließend in Rente. Ein solches Blockmodell ist auch in einigen Tarifverträgen, wie z. B. in der Chemischen Industrie und in der Keramik-, Zement- und Kautschukindustrie, festgeschrieben. Gleichzeitig ist die Akzeptanz der Altersteilzeit auf Arbeitgeber- wie Arbeitnehmerseite allgemein niedrig. Trotz zum Teil erheblicher Bemühungen vieler überbetrieblicher Akteure durch Information, Seminare, Beratung, tarifliche Regelungen und finanzielle Förderung (z. B. Aufstockung der Einkommen auf 85% des letzten Nettoeinkommens und der Rentenbeiträge auf 100%, Ausgleich späterer Rentenabschläge, gezielte Zuschüsse in einzelnen Bundesländern wie Sachsen-Anhalt) ist die Inanspruchnahme bisher zurückhaltend. Die Unternehmen stört vor allem die Auflage, die bezuschussten Stellen neu zu besetzen. Dies macht die Altersteilzeit als Instrument für den Personalabbau unbrauchbar.

Hürden für die Entwicklung eines alternsgerechten Beschäftigungssystems liegen auch in den Regelungen der Sozialversicherung. Hier besteht die Gefahr bei Aufnahme einer Teilzeitbeschäftigung, bei Berufs- oder Tätigkeitswechsel und zwischenzeitlicher Selbstständigkeit Besitzstände zu verlieren oder gar aus dem 'sozialen Netz' zu fallen. Die Rentenversicherung geht für eine ausreichende Absicherung im Alter weit gehend von einer lebenslangen Erwerbskarriere in einem Normalarbeitsverhältnis aus. Für Teilzeitbeschäftigte oder Beschäftigte in anderen, nicht 'normalen' Arbeitsverhältnissen kann dadurch die Absicherung im Alter schwierig werden. Ähnlich baut die Arbeitslosenversicherung auf der Beschäftigung in Normalarbeitsverhältnissen auf. Arbeitslose haben nach den bestehenden Regeln wenig Anreize auch nur vorübergehend eine Teilzeitbeschäftigung anzunehmen. Die Differenz zwischen Arbeitslosengeld und Teilzeiteinkommen ist meist gering und bei erneuter Arbeitslosigkeit drohen zusätzlich verringerte Leistungen.

Mitglieder werden unzufrieden

Der große Anpassungsbedarf in der Tarifpolitik zeigt sich auch an anderer Stelle. Die tarif- und kollektivvertraglichen Vereinbarungen orientieren sich bei der Gestaltung der Arbeits- und Einkommensbedingungen überwiegend an Normalarbeitsverhältnissen. Bei neuen Arbeitsformen wie Leiharbeit, geringfügiger Beschäftigung, Telearbeit, freien oder scheinselbstständigen Arbeitsverhältnissen, die in nahezu allen modernen Dienstleistungsbereichen um sich greifen, versagen die klassischen Instrumente der Tarifpolitik. Mitgliederverluste sowohl bei Gewerkschaften wie Arbeitgeberverbänden sind die Folge: Immer mehr Unternehmen meiden oder unterlaufen tarifvertragliche Regelungen. 1997 waren nach Feststellungen der Bundesanstalt für Arbeit nur noch 49% der westdeutschen und 26% der ostdeutschen Betriebe im privaten Sektor durch Branchen- bzw. Flächentarifverträge gebunden. Löhne und Arbeitsbedingungen werden verstärkt dezentral, durch Firmentarifverträge oder individuelle Arbeitsverträge ausgehandelt.

Die veränderte Arbeitslandschaft aber fordert neue Regelungs-, Vertretungs-, Betreuungs- und Beratungsformen für die Arbeitnehmer (vgl. Kasten Seite 264) wie für Arbeitgeber. Die Kernbelegschaften in Großunternehmen, die bis heute wichtigste Zielgruppe der Gewerkschaften, schrumpfen im selben Maße wie die Homogenität traditioneller Wirtschaftszweige, an denen sich Arbeitgeber und Wirtschaftsverbände allzu oft noch orientieren. Die Grenzen zwischen den Branchen, zwischen Industrie, Handwerk und Dienstleistungen zerfließen. Gleichzeitig steigt die Zahl der – freiwillig oder unfreiwillig – flexibleren Erwerbstätigen in unsicheren Beschäftigungsverhältnissen und diejenige der Arbeitslosen, für die sich nur wenige überbetriebliche Organisationen wirklich interessieren.

Diskutiert wird eine stärkere Dezentralisierung, Differenzierung und Flexibilisierung in der Tarifpolitik, die Erwerbstätigen, Betriebsräten und Unternehmen den Abschluss von individuellen Regelungen erleichtern. Erste Schritte hierzu wurden durch die Einführung von Härte- und Öffnungsklauseln in Flächentarifverträge unternommen. Doch die Suche nach einem neuen Gleichgewicht zwischen bundes- oder gar europaweit festzulegenden Vorschriften, branchen- oder regionalbezogenen Tarifverträgen bzw. unternehmensspezifischen Vereinbarungen und individuellen Arbeitsverträgen hat erst begonnen. Umstritten sind die Einschätzungen der unterschiedlichen Vor- und Nachteile ebenso wie die möglichen Konsequenzen für die Arbeitslandschaft und die betroffenen Organisationen selbst. Kalkulierbare Wirkungen zur Unterstützung einer alternsgerechten Beschäftigung in Deutschland lassen sich kaum erkennen, während in der Öffentlichkeit Detailfragen wie Arbeitszeiten und Einkommen sowie die Einbindung neuer Arbeitsformen und Arbeitszeitmodelle diskutiert werden.

Besonders schwierig wird die Suche nach neuen, wirksamen Formen für den Schutz der einzelnen Arbeitnehmer gegenüber der Macht ihrer Arbeitgeber. Er ist einerseits die Voraussetzung für einen stabilen und innovativen Mitarbeiterstamm, dessen Existenz und Leistungsfähigkeit heute immer mehr den Marktwert von Unternehmen nicht nur im Dienstleistungssektor bestimmt. Erst kürzlich veranstaltete das Institut der deutschen Wirtschaft zusammen mit der Lufthansa AG einen Kongress mit dem Titel 'Human Resources Development als Shareholder Value'. Wissen und Innovation sind und bleiben an Personen gebunden und hängen von ihren Kenntnissen, Lern- und Kooperationsfähigkeiten, aber auch ihrem Vertrauen in den Arbeitgeber und die Sicherheit des Arbeitsplatzes ab. Andererseits kann der Arbeitnehmerschutz auch zur Ursache innovationsfeindlicher Erstarrungen werden, wenn Interessengegensätze und Besitzstandswahrung das Unternehmensklima bestimmen.

Wünsche an eine Interessenvertretung für Freelancer und Selbstständige im Softwaregewerbe

Die neuen Herausforderungen für Gewerkschaften, Wirtschafts- und Wohlfahrtsverbände aus der Sicht eines freien Mitarbeiters:

1. Macht euch in euren Organisationen frei von der engen Bindung an Berufsbilder. Sie sind ohnehin veraltet und ändern sich schneller als Gewerkschaftstraditionen. Solidarität ist etwas anderes als berufsständisches Beharrungsvermögen.
2. Nehmt Arbeitslose, Freelancer, Klein-Unternehmer, Tele-Arbeiter, Werkverträgler, informell Arbeitende (nicht Erwerbsarbeit), kooperative und andere informelle Formen des Arbeitens mit in die Interessenvertretung auf. Alle Gründe für die Entstehung von Gewerkschaften im 19. Jahrhundert haben sich heute gewandelt. Eine Interessenvertretung von Freiberuflern hat wenig mit der Form klassischer Gewerkschaften zu tun. Eher ist sie ein Zusammenschluss ähnlich dem des Journalistenverbands oder der Bühnenkünstler.
3. Gebt für die Softwarebranche die Bindung an klassische Zugehörigkeiten (wie IG-Metall etc.) auf und vergesst für diese Branche Flächentarifverträge. Global interessiert das niemanden. Aber das Computer- und Arbeitsrecht muss an die neuen Verhältnisse angepasst werden – Urheberrecht, Nutzerrecht, Warenschutz- und Musterschutzrecht wie Patentrecht müssten novelliert werden.
4. Vermittelt Verträge zwischen Anbietern von Softwareleistung (lokal, tele oder frei) und Arbeitnehmern (Softwarefirmen, andere Freelancer etc.) und handelt dafür Rahmenbedingungen aus (wie Standardverträge, Leitlinien für Leistungsentgelte etc.).
5. Der Vermittlungsauftrag ist ein Recht, das jedem Mitglied zusteht, unabhängig von Art, Alter, Geschlecht und Ort. Wer kann, bietet an. Wer anbietet, muss auch leisten, was er kann.
6. Lenkt Eure Energie nicht auf den Rationalisierungsschutz, sondern auf den Schutz vor Kompetenzverlust, beruflich, professionell und fachlich. Organisiert Weiterbildung und Umbildung/Umschulung auf breiter Ebene mit entsprechenden Finanzierungsmodellen.
7. Organisiert für freie Mitarbeiter ein vernünftiges System zur Altersvorsorge und für Zeiten, in denen man nicht mehr arbeiten will oder kann (Vorruhestand, befristete Sabbaticals, freies Jahr, Wiedereinstieg etc.).
8. Wer an einem Mikromarkt agiert, braucht so wenig Restriktionen wie möglich und so viel Regelungen wie gerade nötig.
9. Zertifizierungen sind nicht so wichtig – die meisten von uns werden ihren Beruf sowieso mehrere Male wechseln.

K. Kornwachs, BTU Cottbus, Verbund III, 1996 – 1998

Gute Beispiele aufgreifen

Die Entwicklung von alternsgerechten Beschäftigungsformen wird vor diesem Hintergrund zu einem schwierigen Balanceakt. Er erfordert aktive institutionelle Lernprozesse, die von der Wissenschaft, einzelnen Firmen mit entsprechender Erfahrung und von Mitarbeitern angestoßen und wach gehalten werden können, im Lauf der Zeit aber auf einer breiteren Ebene aufgegriffen und in Informations- und Dienstleistungsangeboten, politischen Initiativen oder vertraglichen Vereinbarungen ihren Niederschlag finden müssen. Andernfalls bleiben alle auch noch so erfolgreich praktizierten Modelle in ihrer Wirkung begrenzt. Die erste Bedingung für solche Lernprozesse ist die Bereitschaft die einschlägigen praktischen Erfahrungen, die viele Unternehmer bereits mit Ansätzen für eine alternsgerechte Erwerbsarbeit gemacht haben, auf überbetrieblicher Ebene aufzugreifen, auf ihre Tragfähigkeit zu überprüfen, gegebenenfalls weiterzuentwickeln und zum Gegenstand der eigenen Initiativen und Maßnahmen zu machen – ein überbetriebliches Äquivalent für die betrieblichen Innovationen, ohne die eine breitere Diffusion kaum zu erwarten ist.

Für solche Ansätze ließen sich etwa die Erfahrungen mit der Bildung von unternehmensinternen 'Arbeitskräftepools' ebenso nutzen wie die aktive Hilfe mancher Unternehmen zum Tätigkeits-, Betriebs- oder Berufswechsel ihrer Mitarbeiter, auch in die Selbstständigkeit hinein:

- Bei der Bildung unternehmensinterner Arbeitskräftepools stellen (heute meist ältere) qualifizierte Fachkräfte aus bisherigen Linien- und Stabsfunktionen ihr Wissen und ihre Erfahrung nach Bedarf zur Verfügung. Sie bieten dabei nicht nur für das eigene Unternehmen ('Inhouse-Consulting'), sondern auch für andere verrechenbare Dienstleistungen an, ohne durch die Reorganisation ihre Arbeitsplatz- und Einkommenssicherung zu verlieren.
- Im anderen Fall unterstützen Unternehmen Mitarbeiter, die dies aus eigenem Antrieb wünschen, die an Grenzen ihrer tätigkeitsspezifischen Leistungsfähigkeit stoßen oder deren Stellen abgebaut werden müssen, bei der Erhaltung ihrer Erwerbsfähigkeit, etwa durch entsprechende Weiterbildungs- und Umschulungsmaßnahmen und die aktive Hilfe bei der Suche nach einem neuen, für sie geeigneten Arbeitsplatz.
- Viele Unternehmen haben bereits gute Erfahrungen damit gemacht ihren Mitarbeitern aktiv bei dem Schritt in die Selbstständigkeit zu helfen, etwa durch entsprechende Anschubfinanzierungen, die Überlassung von Nutzungsrechten für nicht selbst genutzte Patente, Kapitalbeteiligungen, Erstaufträge oder günstige Mietbedingungen.

Derartige konstruktive Vereinbarungen und Hilfen können Mitarbeitern wie Unternehmen helfen, sich die notwendige Flexibilität zu erhalten, ohne dass dies zu unzumutbaren einseitigen Belastungen führt. Den Unternehmen bleibt dabei das oft langjährig erworbene Betriebs-Know-how der Mitarbeiter meist erhalten, weil sie ihnen bei der Erhaltung ihrer Arbeitsfähigkeit helfen und sie nicht fallen lassen. Außerdem konnten auf diesem Weg auch Geschäftsfelder und Netzstrukturen in Bereichen erschlossen werden, die sich in internen Strukturen kaum hätten organisieren lassen oder zu einer Verzettelung hätten führen müssen. Die betroffenen Arbeitskräfte wiederum, deren alternsgerechte Weiterentwicklung intern an Grenzen stößt, können ihre fachlichen Know-hows, ihre Organisationskenntnisse und ihre Beziehungsnetzwerke freier nutzen. Auch diese Ansätze lassen sich sicher nicht für alle Arbeitskräfte nutzen, die bei ihren Tätigkeiten an Leistungsgrenzen stoßen. Umso wichtiger ist es zu prüfen, für welche Gruppen von Arbeitskräften welche Optionen tragfähig und vielleicht verallgemeinerbar sind und welche überbetriebliche Unterstützung sie brauchen könnten.

Im überbetrieblichen Raum heißt dies konstruktiv an der Suche nach neuen, wieder tragfähigen Rahmenbedingungen für die künftige Erwerbsarbeit und die Entwicklung von Wegen zu einer breiten alternsgerechten Beschäftigung mitzuwirken. Hierfür müssen Kooperationsnetzwerke, institutionelle Strukturen, Vereinbarungen und Dienstleistungen neu entwickelt und erprobt werden. Dies fällt zunächst auf der regionalen Ebene oftmals leichter, weil die Probleme hier greifbarer, die Situation klarer und die gegenseitigen Abhängigkeiten sichtbarer sind.

Interessant sind vor diesem Hintergrund die Bemühungen der Handwerkskammer Hamburg. Handwerksbetriebe sind aufgrund ihrer Größe besonders auf Hilfestellungen durch Einrichtungen der Selbstverwaltung angewiesen, wenn sie sich den Herausforderungen des strukturellen und demografischen Wandels erfolgreich stellen wollen. Die Handwerkskammer Hamburg versucht daher ihre Beratungs- und Vermittlungsleistungen entsprechend auszudehnen. Die Bemühungen konzentrieren sich auf die Förderung der alters- und alternsgerechten Beschäftigung in den Betrieben, die berufliche Aus- und Weiterbildung, den Arbeits- und Gesundheitsschutz sowie die Beschäftigung und Vermittlung älterer Arbeitskräfte (vgl. Kasten rechts).

Überbetriebliche Handlungsfelder zur Förderung der alternsgerechten Beschäftigung am Beispiel der Handwerkskammer Hamburg

- Entwicklung und Durchführung neuer Formen der beruflichen Ausbildung für bestimmte Zielgruppen,
- Durchführung von Modellvorhaben zur praxisnahen Weiterentwicklung der beruflichen Aus- und Fortbildung,
- Anpassung der Weiterbildung an den wechselnden betriebsspezifischen und individuellen Qualifikationsbedarf,
- Aufbau von branchenspezifischen Informations-, Beratungs-, Ausbildungs- und Weiterbildungszentren,
- Beratungsleistungen zur Weiterbildung, Organisations- und Personalentwicklung,
- gezielte Qualifizierung und Vermittlung von Arbeitslosen und Betreuung bei der betrieblichen Integration,
- Einrichtung von Arbeitskräftepools,
- Übernahme von technischen Prüf- und Beratungsaufgaben im Umwelt- und Gesundheitsschutz,
- Organisation von Gütegemeinschaften, Qualitätsmanagement und überbetrieblichen Diensten des Gesundheits-, Arbeits- und Umweltschutzes.

Nach einem Vortrag von J. Hogeforster, Handwerkskammer Hamburg, 1999

6.4 Verbesserung der Arbeitsmarktbedingungen für eine alternsgerechte Beschäftigung

Der Anteil der Arbeitslosen über 45 Jahre an allen Arbeitslosen insgesamt betrug im Jahr 1998 43%, mehr als zehn Prozentpunkte über dem entsprechenden Anteil der über 45-Jährigen an den Erwerbstätigen. Ohne die Welle der Frühverrentung in den 90er-Jahren läge die Zahl der älteren (Langzeit-) Arbeitslosen noch weit höher. Zwar werden Ältere nicht so schnell arbeitslos wie Jüngere – eine Wirkung auch des Kündigungsschutzes –, bei Arbeitsplatzverlust aber haben sie nur geringe und mit höherem Alter sinkende Chancen auf einen neuen Arbeitsplatz. In Zukunft wird sich diese Situation weiter zuspitzen.

Auch unabhängig vom demografischen Wandel hat sich am Arbeitsmarkt eine Mismatch-Situation entwickelt, die selbst den Keim wachsender struktureller Arbeitslosigkeit in sich trägt. Die Konsequenz: Unternehmen finden schwerer die gerade benötigten Arbeitskräfte und Arbeitswillige und -fähige müssen länger suchen, um ihre Wünsche zu realisieren. Die Schwierigkeiten und Kosten der Suche steigen auf beiden Seiten. Gleichzeitig wächst die Bereitschaft bei Arbeitgebern, auf Neueinstellungen zu verzichten, und bei Arbeitskräften die Resignation oder die Bereitschaft zur Akzeptanz von unbefriedigender Arbeit. Das Ergebnis sind Wachstumsverlust, Unzufriedenheit und geringere Leistung zum Nachteil aller.

Mismatch-Probleme dieser Art sind keineswegs neu. Neu ist lediglich ihr Ausmaß und Wachstum in der sich ständig differenzierenden Arbeitslandschaft. Entsprechend waren auch in der Vergangenheit überbetriebliche Initiativen und Vermittlungsstellen wichtig, die Unternehmen wie Erwerbstätigen bei der Suche nach geeigneten Mitarbeitern bzw. Arbeitsplätzen halfen. Auch waren sie in Wachstumsregionen mit ihren sich zwar differenzierenden, aber leichter überschaubaren Arbeitsmärkten leichter zu lösen als in altindustrialisierten oder dünn besiedelten Randregionen.

Arbeitsvermittlung wird anspruchsvoller

Die Verantwortung für die Arbeitsvermittlung liegt in Deutschland traditionell bei der Bundesanstalt für Arbeit. Sie besaß lange Zeit ein staatliches Monopol und konnte sich in Zeiten der Vollbeschäftigung überwiegend auf den Abgleich zwischen offenen Stellen und registrierten Arbeitslosen konzentrieren. Sie ergänzte die Eigenbemühungen von Unternehmen und Arbeitskräften. Mit steigender Arbeitslosigkeit und wachsender Differenzierung des Arbeitsmarktes reicht der bloße Abgleich immer weniger aus. Überall dort, wo Zurückhaltung beim Angebot und Resignation bei der Nachfrage nach Arbeitsplätzen zunehmen, muss die Arbeitsvermittlung Impulse setzen: Sie muss Arbeitgebern wie Arbeitnehmern helfen ihre Möglichkeiten und Wünsche zu erkennen und aufeinander zuzugehen. Dies erfordert zusätzliche Initiativen etwa bei der Suche nach Arbeitsmöglichkeiten und intensive Beratungen von Arbeitgebern und -nehmern.

Besonders schwierig ist unter solchen Bedingungen die Vermittlung älterer Arbeitsloser. Bei ihnen reicht es noch weniger, nur Wege und Möglichkeiten aufzuzeigen, wenn sie aufgrund ihrer bisherigen Erwerbslaufbahn lernungewohnt, immobil und veränderungsfeindlich geworden sind. Dies verlangt Fort- und Weiterbildungs- bzw. Umschulungsmaßnahmen, die in Zukunft immer häufiger den Charakter einer erneuten Ausbildung in der Mitte der Erwerbsphase annehmen können. Sie müssen didaktisch und inhaltlich auf die alters- und berufsspezifischen Bedürfnisse der Teilnehmer zugeschnitten sein.

Die Arbeitsämter sind aufgrund der stark gestiegenen Arbeitslosigkeit bereits heute mit der Verwaltung und Betreuung der Arbeitslosen und ihrer passiven Arbeitsvermittlung stark gefordert. Für zusätzliche aktive Beratungs- und Betreuungsmaßnahmen haben sie kaum freie Kapazitäten. Gleichwohl versuchen sie gegenwärtig ihre 'Dienstleistungen' auszuweiten und 'aktive' Elemente der Arbeitsvermittlung einzubeziehen. So wurden z. B. im Arbeitsamt München Vermittlungsagenturen geschaffen, in denen Arbeitsvermittler auch allgemeine Stellenausschreibungen auswerten, um gezielt Arbeitslose zu vermitteln. Doch auch hier richten sich die Ausschreibungen entweder direkt an jüngere Arbeitnehmer oder für die beratungsintensivere Vermittlung Älterer reichen die finanziellen und personellen Ressourcen nicht aus.

Private Initiativen kommen

Seit der Aufhebung des Vermittlungsmonopols der Bundesanstalt für Arbeit gewinnen allmählich private Vermittlungsagenturen an Bedeutung. Sie können ihre Kapazitäten stärker für Beratung, Betreuung und Vermittlung einsetzen, stehen aber – um sich zu finanzieren – unter stärkerem Erfolgsdruck bei ihren Bemühungen. Sie konzentrieren sich vorrangig auf relativ gut vermittelbare Arbeitskräfte, vor allem hoch qualifizierte und -bezahlte Spezialisten oder Führungskräfte. Immer mehr Unternehmen sind bereit für solche Leistungen zum Teil erhebliche Vermittlungsprovisionen zu bezahlen. Für den größten Teil der Arbeitskräfte oder gar ältere Problemgruppen ist solche Hilfe daher kaum erreichbar.

Eine interessantes Beispiel stellt die Zusammenarbeit mancher Kommunen mit der holländischen Firma Maatwerk gGmbH dar, die sich als privatwirtschaftlich organisiertes Unternehmen auch in Deutschland erfolgreich um die Vermittlung von schwer Vermittelbaren bemüht (vgl. Kasten Seite 270). Maatwerk betreut in Deutschland 10.000 bis 15.000 Langzeitarbeitslose und Sozialhilfeempfänger und konnte davon dank intensiver Betreuung und aktiver Akquisition bisher 5.000 bis 6.000 Personen in den ersten Arbeitsmarkt vermitteln. Die Provision wird für jede erfolgreiche Vermittlung von den Kommunen bzw. Landkreisen bezahlt, mit denen Maatwerk zusammenarbeitet. Der Erfolg wird der professionellen Organisation und effizienten Arbeitsweise des Unternehmens zugeschrieben.

Indirekt und unbeabsichtigt betreiben private Unternehmen erfolgreich Arbeitsvermittlung, nämlich Zeitarbeitsfirmen. Sie 'verleihen' Arbeitskräfte für befristete Zeit an andere Unternehmen und geben damit beiden Seiten die Möglichkeit der unverbindlichen Prüfung von dauerhafterem Personalbedarf, Arbeitsplatzqualität und Eignung des potenziellen Mitarbeiters. Etwa ein Drittel ihrer Mitarbeiter findet pro Jahr auf diesem Weg zu einem festen Arbeitsplatz – überwiegend zwar Berufsanfänger und Jüngere, oft aber auch erfahrene Handwerker und Bürofachkräfte.

Das Modell der Zeitarbeitsfirmen setzt die 'Start Zeitarbeit NRW GmbH', ein Unternehmen, das 1995 mit einer Anschubfinanzierung durch den Bund und die nordrhein-westfälische Landesregierung gegründet wurde, mit Erfolg für die Vermittlung von schwer vermittelbaren Arbeitslosen (Langzeitarbeitslose, Behinderte und Ältere) ein. Das Unternehmen verfügt heute über 29 Niederlassungen in Nordrhein-Westfalen und hat zwischen 1995 und Ende 1997 5.800 Arbeitslose eingestellt, von denen die Hälfte zu den Zielgruppen gehört. Die Arbeitslosen werden befristet oder probeweise an Unter-

Erfolgreiche Vermittlung von 'Problemgruppen':
Die private Vermittlungsagentur Maatwerk gGmbH

Wie kam es zu diesem Projekt?

Das Privatunternehmen 'Maatwerk' – zu deutsch 'Arbeit nach Mass' – wurde 1983 in Holland gegründet. Das Unternehmen ist mittlerweile in fünf europäischen Ländern aktiv und vermittelt in diesen Ländern jährlich rund 10.000 Langzeitarbeitslose und Sozialhilfeempfänger. 1994 nahm Maatwerk seine Arbeit in Deutschland auf.

Was wird getan?

Maatwerk schließt einen Vertrag mit einer Kommune oder einem Kreis ab und verpflichtet sich darin, in einem bestimmten Zeitraum (12 oder 18 Monate) eine bestimmte Anzahl von Personen einer bestimmten Zielgruppe (z. B. Sozialhilfeempfänger) direkt in den ersten Arbeitsmarkt zu vermitteln. Die Kommune stellt dafür einen Geldbetrag bereit. Bei Nichterfüllung der Vorgabe muss Maatwerk das Geld zurückzahlen.

Das regionale Arbeits- oder Sozialamt benennt Maatwerk Arbeitslose und Sozialhilfeempfänger, mit denen das Unternehmen dann einen Vorstellungstermin vereinbart. Nach einer intensiven Analyse der Fähigkeiten des Bewerbers hilft ein regionaler Maatwerk-Vermittler bei der Suche eines geeigneten Arbeitsplatzes. Die Vermittler suchen nach verdeckten freien Stellen, die nicht über Anzeigen oder die Arbeitsämter ausgeschrieben werden. Die Langzeitarbeitslosen müssen so nicht in direkte Konkurrenz zu jüngeren, gesünderen oder arbeitenden Mitbewerbern treten. 80% der Vermittler waren zuvor selbst arbeitslos. Sie stehen den Teilnehmern als ständige Ansprechpartner zur Verfügung und begleiten sie auch bei Bewerbungsgesprächen. Maatwerk pflegt mit den Arbeitgebern der jeweiligen Region, vor allem mit kleinen und mittleren Unternehmen, intensiven und offensiven Kontakt.

Für eine erfolgreiche Vermittlung erhält Maatwerk bis zu 6.000 Mark Prämie. Erfolgreich bedeutet, dass die Vermittelten nach sechsmonatiger Probezeit eine feste Stelle oder zumindest einen Zeitvertrag in der Firma erhalten.

Quelle: http://www.initiative-beschaeftigung.de

nehmen verliehen. Sie haben dadurch die Chance, sich an unterschiedlichen Arbeitsplätzen zu bewähren; gleichzeitig können die Arbeitgeber ihren Arbeitskräftebedarf und das dafür geeignete Personal testen. In der verleihfreien Zeit können die Arbeitslosen an Qualifikationsmaßnahmen teilnehmen. Die Vorgehensweise unterscheidet sich von Maatwerk insofern, als 'Start' zunächst bei örtlichen Arbeitgebern nach Arbeitsplätzen und anschließend nach geeigneten Kandidaten sucht. Maatwerk erstellt dagegen erst Persönlichkeitsprofile ihrer Klienten und sucht dann für sie nach geeigneten Arbeitsplätzen.

Die bisherigen Erfahrungen mit den verschiedenen Vermittlungsansätzen zeigen, dass mit intensiven, effizienten und erfolgsorientierten Vermittlungsmaßnahmen sogar die Wiedereingliederungschancen von schwer vermittelbaren Arbeitslosen verbessert werden können. Bislang beschränken sich diese Aktivitäten allerdings auf einige Kommunen und eine vergleichsweise kleine Zahl potenzieller Erwerbspersonen. Es fragt sich, ob und in welchem Rahmen die mit den Vermittlungs- und Requalifizierungsmaßnahmen gemachten Erfahrungen auch für eine größere Zahl von Arbeitskräften nutzbar gemacht werden können, um ihnen zu einer alternsgerechten Beschäftigung zu verhelfen und den Unternehmen qualifizierte Arbeitskräfte anzubieten, mit denen sie auch ihre Anstrengungen auszuweiten vermögen.

Das Mismatchproblem ist vermutlich viel virulenter in kleineren Unternehmen. Die dort notwendigen individuellen Beratungs-, Betreuungs-, Qualifizierungs- und Vermittlungsmaßnahmen müssen mit den Entwicklungsmöglichkeiten der Unternehmen verknüpft sein. Dies könnte z. B. auf der Basis einer engen Zusammenarbeit verschiedener überbetrieblicher Akteure einer Region geschehen, wenn neben Arbeitsämtern und Vermittlungsagenturen auch Bildungseinrichtungen, Kammern, Wirtschaftsförderer und Kommunen aktiv bei der Erschließung und Vermittlung von Arbeitsplätzen zusammenarbeiten. Solche Ansätze verfolgt die Handwerkskammer Hamburg (vgl. Kasten Seite 272).

Arbeitsmarktpolitik durch Arbeitsvermittlung und Personalberatung am Beispiel der Handwerkskammer Hamburg

Es ist vielerorts ein weit verbreitetes Phänomen: Handwerksbetriebe klagen über fehlende Fachkräfte und beklagen, dass sie keine Auszubildenden finden. Zugleich wächst die Zahl Arbeit suchender Gesellinnen und Gesellen und Jugendlicher, die keinen Arbeits-platz oder Ausbildungsplatz finden.

Die Handwerkskammer Hamburg hat für dieses Problem in den letzten Jahren verschiedene Lösungen entwickelt:

1. Die Personalberatungsagentur

Die Aufgabe der Personalberatungsagentur ist es Handwerksbetriebe, die Fachkräfte suchen, und Langzeitarbeitslose zusammenzubringen und die optimale Lösung für beide Seiten zu entwickeln. Mit finanzieller Unterstützung des Arbeitsförderungsgesetzes und des Europäischen Sozialfonds erhalten Langzeitarbeitslose eine Anpassungsqualifizierung, Bewerbungstraining und werden in passende Betriebe zu einem 6-monatigen Praktikum vermittelt. Die Vermittlungsquote ist sehr hoch.

2. Die Fachkräftevermittlung

Die 'Fachkräftevermittlung' ist ein 'Kind' der Personalberatungsagentur und arbeitet inzwischen privatwirtschaftlich. Die Fachkräftevermittlung übernimmt für Handwerksbetriebe das, was in Großbetrieben die Personalabteilungen erledigen. Sie sucht aktiv die oder den geeignetsten BewerberIn: Sie entwickelt die Profile, sie übernimmt die Vorauswahl und präsentiert dem Handwerksbetrieb ihre Auswahl. Die Betriebe zahlen nur im Erfolgsfall. Die Erfahrung zeigt, dass vor allem Hochqualifizierte auf diese Weise gesucht werden. Die Nähe zur Handwerkskammer und ihren Bildungseinrichtungen ist hier ein wesentlicher Erfolgsfaktor.

3. Die Bildungsagentur Handwerk

Die 'Bildungsagentur' ist das jüngste Kind der Handwerkskammer Hamburg. Sie hilft Angebot und Nachfrage im Bereich der Ausbildung zusammenzubringen. Sie sucht neue und zusätzliche Ausbildungsstellen und hilft Handwerksbetrieben, die schon lange nach geeigneten Bewerberinnen für Lehrstellen suchen, diese zu finden. Sie berät Unternehmen, die zum ersten Mal ausbilden, sie hilft bei den Formalitäten und ggf. bei der Beantragung von Fördermitteln. Sie unterstützt Jugendliche, die ihren Neigungen und Interessen entsprechende Lehrstelle zu finden. Eine so genannte 'Angebots-Nachfrage-Datei' soll in Zukunft dabei helfen die Situation am Hamburger 'Lehrstellenmarkt' zu dokumentieren.

C. Ax, Zukunftswerkstatt des Handwerks, Hamburg, Verbund II, 1996 – 1998

Verknüpfung mit aktiver Arbeitsmarktpolitik

Traditionelle arbeitsmarktpolitische Instrumente können solche Vermittlungsbemühungen zusätzlich unterstützen. Lohnkostenzuschüsse, Arbeitsbeschaffungsmaßnahmen, gezielte Subventionen und Förderprogramme – z. B. für entwicklungsschwache Regionen – haben neben ihren finanziellen Vorteilen oft auch Anstoßwirkungen, die den Vermittlern den Zugang zu Unternehmen und Arbeitskräften erleichtern. Dem stehen allerdings auch Mitnahmerisiken gegenüber, die angesichts der hohen Kosten auch entsprechende Evaluationsmaßnahmen notwendig machen. Die bisher gängigen arbeitsmarktpolitischen und sonstigen Fördermaßnahmen sind allerdings selten mit entsprechenden Vermittlungsbemühungen verknüpft.

Die arbeitsmarktpolitischen Instrumente richten sich in der Regel nicht explizit an ältere Arbeitslose, wenn sie sie auch nicht ausschließen. Im Jahr 1996 waren unter den Teilnehmern an allgemeinen Arbeitsbeschaffungsmaßnahmen 18% über 50 Jahre alt. Im selben Jahr betrug der Anteil der über 50-Jährigen an den Arbeitslosen dagegen über 30%. Eine Ausnahme bildet der Eingliederungszuschuss für ältere Arbeitnehmer (§ 218 SGB III), der explizit die Wiederbeschäftigung älterer Arbeitsloser erleichtern soll. Bei der Einstellung von über 55-Jährigen können Betriebe Zuschüsse von der Bundesanstalt für Arbeit erhalten, wenn es sich dabei um Langzeitarbeitslose handelt. Die Regelförderungsdauer beträgt 24 Monate und kann bei besonders schwer Vermittelbaren auf maximal 60 Monate verlängert werden. Dieses Instrument wird allerdings von Unternehmen nur selten genutzt. Als Hindernis erweist sich nicht nur das Alter der Arbeitslosen, sondern auch das Kriterium der Langzeitarbeitslosigkeit. Die finanzielle Förderung reicht allein nicht aus, um die doppelte Stigmatisierung 'alt und langzeitarbeitslos' zu durchbrechen. Zu groß ist gerade bei dieser Gruppe die Gefahr, dass die Arbeitskräfte aufgrund ihrer Erwerbsbiografie und ihrer Langzeitarbeitslosigkeit erwerbsunfähig geworden sind.

Umso wichtiger können daher Ansätze wie 'Jobrotation' oder die Beschäftigung in 'Sozialen Betrieben' sein.

- Mit dem Ansatz 'Jobrotation' wird versucht, die Weiterbildung von Arbeitskräften in festem Beschäftigungsverhältnis mit einer vorübergehenden Beschäftigung von Arbeitslosen zu verbinden, die als Stellvertreter für die Weiterzubildenden im Betrieb eingesetzt werden. Angesprochen werden hier besonders kleine und mittlere Betriebe, die ihren Mitarbeitern oft nur dann eine Qualifizierung ermöglichen können, wenn sie für diese Zeit Ersatzarbeitskräfte finden. Gleichzeitig erhalten auch schwer vermittelbare ältere Arbeitslose dadurch die Chance für eine Reintegration (vgl. Kasten Seite 274).
- Mit der Einrichtung von 'Sozialen Betrieben' dagegen sollen neue Dauerarbeitsplätze für besonders benachteiligte Zielgruppen am Arbeitsmarkt geschaffen wer-

den. Die Betriebe – meist Existenzgründungsbetriebe – erhalten eine Anschubfinanzierung für fünf Jahre, die degressiv gestaltet ist, und sollen sich langfristig selbst finanzieren.

Modellprojekt Jobrotation: das Beispiel Mannheim

1998 wurde das Modellprojekt in Mannheim gestartet. Bis Ende 2000 sollten 60 Mitarbeiter aus 60 Unternehmen für die Dauer ihrer Weiterbildung durch einen Beschäftigungslosen ersetzt werden. Das Angebot richtet sich vor allem an kleine mittelständische Handwerksbetriebe. Die Beschäftigten sollen in fünfmonatigen Lehrgängen zu Betriebswirten ausgebildet werden. Die Arbeitslosen, die als Stellvertreter eingestellt werden, erhalten eine Schulung, wobei EDV und Buchhaltung im Mittelpunkt des Lehrplans stehen.

Bei den Arbeitslosen sollen in erster Linie die Problemgruppen angesprochen werden, d. h. ältere Arbeitnehmer, besonders junge Erwerbslose und Berufsrückkehrerinnen. Das Projekt wurde von der Mannheimer Stadtverwaltung, dem Arbeitsamt und der Handelskammer Rhein-Neckar initiiert und wird zur Hälfte durch das Arbeitsamt finanziert. Weitere Mittel stammen von der Europäischen Union (EU) und von der Stadt Mannheim. Die Unternehmen zahlen das Gehalt ihrer Mitarbeiter fort und steuern einen einmaligen Beitrag von 1.500 DM für die Ersatzkraft bei. Das Gehalt der Stellvertreter wird vom Arbeitsamt finanziert, die Weiterbildungsmaßnahmen durch EU-Mittel.

Eigene Zusammenstellung

Mit beiden Modellen müssen allerdings noch erhebliche Erfahrungen auf allen Seiten des Arbeitsmarktes gesammelt werden. In Berlin, wo ein Modellprojekt zur Jobrotation seit 1996 läuft, werden die Chancen einer Übernahme für einen als Stellvertreter eingetretenen Arbeitslosen auf 10 bis 30% geschätzt. Dabei ist es schwierig geeignete Arbeitslose zu finden, die von den Betrieben akzeptiert werden und gleichzeitig den Förderkriterien des Arbeitsamtes entsprechen. Ähnliche Erfahrungen haben auch Soziale Betriebe, in denen mit steigender Wertschöpfung und Eigenfinanzierung meist der Anteil der Zielgruppen an den Beschäftigten sinkt, gemacht. Bei beiden Modellen handelt es sich gleichwohl um interessante Versuche zur Förderung von Beschäftigung und zur Erhaltung der Erwerbsfähigkeit von Arbeitslosen. Mit der Jobrotation können Arbeitslose und Arbeitgeber praktische wie persönliche Erfahrungen sammeln, die gerade in Kleinbetrieben ausschlaggebend für die Einstellung zusätzlicher Mitarbeiter sind. Mit den Sozialen Betrieben erhalten Arbeitslose die Chance auf einen Dauerarbeitsplatz in einem Tätigkeitsfeld, das ihrer Leistungsfähigkeit möglichst nahe kommt.

Regionale Initiativen lassen hoffen

Die intensive zielgruppenorientierte Beratung, Qualifizierung und Vermittlung von Arbeitslosen in Verbindung mit der direkten Förderung und Schaffung von Beschäftigungsmöglichkeiten eignet sich aus Kostengründen sicher nur für besonders schwierige Fälle. Die Handlungsmöglichkeiten und -ansätze für überbetriebliche Akteure zur Förderung der alternsgerechten Beschäftigung sind jedoch bisher keineswegs ausgeschöpft. Dabei kann es nicht nur darum gehen neue staatliche Fördertöpfe zu erschließen. Erfolgreich können auch neue Formen von Kooperationen und Netzwerken zwischen privaten, intermediären und öffentlichen Akteuren sein, die neben den arbeitsmarktpolitisch engagierten Einrichtungen auch andere Akteure mit gemeinsamen lokalen oder regionalen Interessen einbeziehen: kommunale Agenturen, soziale Einrichtungen, Stiftungen, Genossenschaften oder Sparkassen. Gefragt sind gerade hier Innovationen in der Dienstleistungsinfrastruktur (vgl. Kasten unten).

Handlungsansätze für Akteure auf überbetrieblicher Ebene zur Verbesserung der Beschäftigungs- und Vermittlungsmöglichkeiten

Kommunale Agenturen	▪ Organisation des Dialogs unter allen Beteiligten ▪ Durchführung konkreter Maßnahmen ▪ Kofinanzierung von Projekten ▪ Evaluation und Nachbetreuung ▪ Beteiligung an Bildungsträgern ▪ Vermittlung und Vernetzung zwischen Regionen, Gemeinden und sozialen Netzwerken
Soziale Netzwerke	▪ Lokale Erfassung von Arbeitsuchenden ▪ Unternehmenskontakte, Arbeitsnachfrage aufspüren ▪ Neue Beschäftigungsprojekte
Genossenschaften / Genossenschaftsverbände	▪ Beratung bei Gründung von Genossenschaften ▪ Neue Erwerbsformen durch Erzeuger- und Verbrauchergenossenschaften
Sparkassen	▪ Veranstaltungen, Ideenwettbewerbe, Prämierung ▪ Sponsoring ▪ Mitgesellschafter kommerzieller Projekte (z. B. Sport, Kultur) ▪ Beschäftigungsorientierte Kredite, Bürgschaften

Ergebnisse eines Workshops der Prognos AG, 1999

Viele Ansätze zur Kooperation auf regionaler Ebene wurden in Deutschland nach der Wiedervereinigung entwickelt und erprobt. Ein typisches Beispiel sind die Arbeitsförder- bzw. Beschäftigungsgesellschaften. Sie entstanden als Auffanggesellschaften für die nach der Wende in großer Zahl freigesetzten Arbeitskräfte und sollten übergangsweise Beschäftigungsmöglichkeiten im zweiten Arbeitsmarkt schaffen. Heute haben sich manche dieser Gesellschaften zu dauerhaften, professionellen Unternehmen mit sozial- und arbeitsmarktpolitischen Aufgaben entwickelt: Sie übernehmen die Vorbereitung, Organisation und Betreuung von Beschäftigungsprojekten, initiieren lokale Beschäftigungsinitiativen oder sorgen für die Betreuung und Eingliederung von Langzeitarbeitslosen. Möglicherweise lassen sie sich auch zu privatwirtschaftlich organisierten Dienstleistungsunternehmen weiterentwickeln, die eine bedarfsorientierte und effiziente Arbeitsförderung und -vermittlung betreiben und dabei zum organisatorischen Kern für die Zusammenarbeit verschiedener regionaler Akteure werden. Das Aufgabenspektrum kann von der Akquisition und Entwicklung von Arbeitsplätzen über Hilfen zur Existenzgründung, die Koordination von Fördermöglichkeiten bis zur Einrichtung von Stellenpools und Vereinbarungen zur Arbeitnehmerüberlassung reichen.

Neue Selbstständige brauchen Unterstützung

Eine besonders wichtige Form zur Überwindung von Mismatch-Situationen im Zusammenhang mit der alternsgerechten Beschäftigung stellen Hilfen zur Selbstständigkeit dar, die in den letzten Jahren erheblich an Bedeutung gewonnen haben. So kann die Bundesanstalt für Arbeit Überbrückungsgeld (§ 57 SGB III) für Arbeitslose bewilligen, die sich selbstständig machen. Dabei wird der Leistungsanspruch bis zu sechs Monate weiterbezahlt. Andere Einrichtungen, wie etwa die Industrie-, Handels- und Handwerkskammern, bieten Beratungsleistungen für Existenzgründer an. Die Bundesregierung, die Bundesländer und viele Kommunen versuchen Existenzgründern den Start finanziell und durch Ansiedlungshilfen aller Art zu erleichtern. Selbst im Bankenbereich lockern sich die früher eher auf Absicherung ausgerichteten Geschäftspraktiken.

Die selbstständige Tätigkeit kann generell, auch für ältere Arbeitskräfte, zur Erschließung neuer (Nischen-) Märkte beitragen und erlaubt ihnen, ihre Tätigkeit im Rahmen der Markt- und Absatzmöglichkeiten selbst zu gestalten. Mit der zunehmenden Differenzierung der Wirtschaft und den Problemen am Arbeitsmarkt wächst auch in Deutschland die Bereitschaft zu Existenzgründung und Selbstständigkeit, und zwar sowohl bei jungen Leuten wie auch bei älteren Arbeitskräften, die am Ende ihrer Erwerbsbiografie als Fachleute, Handwerker oder Spezialisten ihren Arbeitsplatz in die eigene Wohnung verlegen und sich dem Stress an ihrem bisherigen Arbeitsplatz entziehen – immer häufiger auch gegen den erklärten Wunsch ihrer bisherigen Arbeitgeber. Seit Anfang der 80er-Jahre steigt der Anteil der Selbstständigen in Deutschland wieder, er liegt aber noch immer niedriger als in anderen konkurrierenden Industrieländern.

Selbstständigkeit und Existenzgründung sind mit erheblichen Risiken verbunden, wie der hohe Anteil derjenigen deutlich macht, die wieder aufgeben mussten und dadurch nicht selten in soziale Schwierigkeiten gerieten. Die Beratungsstellen und die Sozialämter der Kommunen kennen viele, oft sogar tragische, Fälle von gescheiterten Versuchen. Sie werden allerdings erst eingeschaltet, wenn der Versuch bereits gescheitert ist. Umso wichtiger ist die Hilfestellung im Vorfeld – einem typischen Feld für alle ortsnahen überbetrieblichen Einrichtungen.

Trotz vieler Ansätze zur Verbesserung der Voraussetzungen für eine alternsgerechtere Beschäftigung – arbeitsmarktpolitische Maßnahmen, aktive Vermittlungsbemühungen und Förderung der Selbstständigkeit – wäre es vermessen zu glauben, damit die Probleme der Arbeitslosigkeit in Deutschland kurz- oder mittelfristig lösen zu können. Welcher Teil der gegenwärtigen Arbeitslosigkeit auf Mismatch-Situationen zurückzuführen ist und mit solchen Ansätzen verringert werden kann, lässt sich schwer abschätzen. Aber selbst eine Verminderung der Arbeitslosenquote um 2 bis 3 Prozentpunkte (Schätzungen zur Bedeutung von Mismatch-Faktoren reichen bis zu 7%-Punkten) wäre ein Erfolg, vor allem dann, wenn damit zugleich wirksame Schritte für eine alternsgerechte Beschäftigung der Arbeitskräfte verbunden sind.

Auf absehbare Zeit wird es kaum möglich sein in Deutschland wieder Vollbeschäftigung mit einer Sockelarbeitslosigkeit von unter 4 % zu erreichen. Auch ist nicht zu erwarten alle in ihrem bisherigen Erwerbsverlauf erwerbsunfähig gewordenen Arbeitskräfte wieder 'arbeitsmarktfähig' zu machen. Zu groß sind die Qualifikationslücken, gesundheitlichen Einschränkungen, Motivations- oder Mobilitätsbarrieren, die oft kumulieren.

Suche nach Beschäftigungsfeldern nötig

Der bisher beschrittene Weg der Ausgliederung älterer Arbeitskräfte in den Vorruhestand ist aber weder überzeugend noch auf Dauer gangbar, wie die Entwicklung der Sozialversicherungssysteme zeigt. 50-Jährige, die aus dem Erwerbsleben ausgegliedert wurden, haben im Allgemeinen noch eine Lebenszeit von 20 bis 30 Jahren vor sich. Sie verfügen über Qualifikationen und Kompetenzen, sind aber oft verbittert und resigniert, weil ihr Können und Wissen nicht mehr gefragt ist. Ihr Ausschluss von sinnvoller Beschäftigung macht aus sozialen wie wirtschaftlichen Gründen wenig Sinn. Er zerstört neben dem Selbstwertgefühl der Betroffenen das soziale Gleichgewicht und damit das politische Fundament einer innovationsorientierten Wirtschaft.

Hier gilt es alternative Beschäftigungsmöglichkeiten und -formen zu entwickeln, die den Voraussetzungen und Bedürfnissen dieser Menschen entgegenkommen. Diskutiert werden muss über zusätzliche Beschäftigungsfelder außerhalb des ersten Arbeitsmarktes, in denen ein gesellschaftlicher Bedarf an Arbeit besteht, der sich bisher nicht oder nicht ausreichend über herkömmliche Wirtschaftsformen erschließen ließ. Er liegt etwa in Bereichen der sozialen und personenbezogenen Dienstleistungen, im Umwelt-, Kultur- oder Bildungsbereich. Die Beschäftigung älterer Arbeitsloser kann vorübergehend oder dauerhaft erfolgen, in jedem Fall deren Leistungsfähigkeit auch für eine

Rückkehr in den ersten Arbeitsmarkt erhalten, ohne mit Arbeitsplätzen dort konkurrieren zu müssen. Dies gilt für alle Formen ehrenamtlicher Tätigkeit.

Viele ehrenamtlich Beschäftigte sind bei Wohlfahrtsverbänden tätig, als Ältere insbesondere in der Altenhilfe und Seniorenarbeit, wo sie Pflege- und Betreuungsleistungen, Alltagshilfen oder Organisationsaufgaben (z. B. für gesellige Veranstaltungen) übernehmen. Dabei setzt sich gegenwärtig die Vorstellung eines 'neuen Ehrenamts' durch, das auch den Zielen einer alternsgerechten Beschäftigung entgegenkommt: Sozial Engagierte sollen ihren Fähigkeiten und Fertigkeiten nach zeitlich befristet oder projektbezogen eingesetzt werden. Sie sollen ihre Kompetenzen einbringen und neue entwickeln können, bei der Konzeption von Einsätzen beteiligt werden und Fortbildungsmöglichkeiten erhalten.

Nicht nur die Arbeit für andere, sondern auch die eigene, individuelle Entfaltung rückt dadurch in das Blickfeld der Tätigkeiten und ersetzt die traditionellen Begriffe von 'Ehrenamt' und 'freiwilligem sozialen Engagement'. Besonders angesprochen werden damit die 'jungen Alten', die im Vorruhestand oder Ruhestand noch ein sinnvolles Betätigungsfeld suchen. Vor allem in Ostdeutschland, wo der Anteil der Frühverrenteten im Zuge der Wende besonders hoch ist, gibt es zahlreiche Initiativen und Projekte, mit denen ehrenamtliche Beschäftigungsmöglichkeiten für Senioren geschaffen bzw. gefördert werden. Initiiert und getragen werden die Projekte von Kirchen, Wohlfahrtsverbänden, Alteneinrichtungen, Volkshochschulen, Gewerkschaften etc. Das Bundesfamilienministerium hat ein Modellprogramm 'Seniorenbüro' initiiert, in dessen Rahmen 43 Seniorenbüros in verschiedenen Städten und Gemeinden entstanden. Weitere 50 Seniorenbüros wurden außerhalb des Modellprogramms eingerichtet – meist mit finanzieller Beteiligung von Ländern und Kommunen. Eine weitere Initiative, der 'Senior-Experten-Service' (SES), vermittelt ehemalige Fach- und Führungskräfte für praktische Hilfs- und Beratungsleistungen ins Ausland.

Seniorenförderung reicht nicht

Viele dieser Initiativen für Senioren haben Älteren bei der Suche nach sinnvollen Beschäftigungsmöglichkeiten geholfen. Sie richten sich aber nur an Senioren, die bereits aus dem Erwerbsleben ausgeschieden sind. Hier entsteht der Eindruck, dass die Problematik des demografischen Wandels in ihrer Auswirkung auf die Erwerbsarbeit bisher kaum in das Blickfeld der öffentlichen Diskussion gerückt ist. Die Arbeitsmarktpolitik kennt kein Instrument, das explizit der Förderung und Erhaltung der Beschäftigungsfähigkeit Älterer dient, während gerade dies das wichtigste Ziel der freiwilligen und unbezahlten Beschäftigung von 'Senioren' ist. Die Eingliederungszuschüsse für über 55-jährige Langzeitarbeitslose sind kein Instrument im Sinne der Erhaltung der Beschäftigungsfähigkeit.

Die Erhaltung von Beschäftigungsfähigkeit ist in Deutschland bisher kein Thema für die Arbeitsmarktpolitik, sondern nur für die Seniorenpolitik. Dabei ist die Grundproblematik für die Gruppe der älteren Arbeitslosen durchaus vergleichbar. Hier ist sogar die Notwendigkeit einer sinnvollen und qualifizierenden Beschäftigung oft noch größer, weil viele der älteren Arbeitslosen eher schlecht qualifiziert sind und daher umso mehr auf Anstöße, Anregungen und Hilfestellungen von außen angewiesen sind. Ehrenamtliche Tätigkeiten können die Beschäftigungsfähigkeit von Arbeitslosen für ihre Wiedereingliederung, sei es als Arbeitnehmer oder als Selbstständiger gerade dadurch fördern, dass sie ihr Selbstbewusstsein stärken und ihnen erkennbar machen, 'gebraucht' zu werden.

Gleichwohl wird bisher in Deutschland der ehrenamtlichen Beschäftigung im Allgemeinen keine arbeitsmarktpolitische Funktion zugeschrieben. Die Arbeitsgesetzgebung behindert sogar die Beschäftigung von Arbeitslosen im freiwilligen sozialen Engagement:

- Arbeitslose dürfen nicht mehr als 15 Stunden wöchentlich ehrenamtlich tätig sein, ohne Leistungskürzungen zu riskieren. Befürchtet wird, dass sie sich zu wenig um eine Wiedereingliederung in den regulären Arbeitsmarkt bemühen. Arbeitslose müssen auch vor Ort ständig verfügbar sein. Dies kann die Teilnahme an auswärtigen Weiterbildungsseminaren, Voraussetzung für manche ehrenamtliche Tätigkeit, behindern.
- Besonders deutlich wird die Problematik beim Senior-Experten-Service: Auslandseinsätze des SES sind gute Qualifizierungsmaßnahmen, weil sie berufliche Beratungskenntnisse zu trainieren erlauben und Mobilität, Flexibilität und Anpassungsfähigkeit erfordern. Die Einsätze aber dauern im Allgemeinen zwei Monate. Damit wären (Langzeit-) Arbeitslose vor Ort nicht ausreichend verfügbar und würden die 15 Wochenstunden erlaubter ehrenamtlicher Arbeit überschreiten.

Unter den verschiedenen Initiativen zur ehrenamtlichen Beschäftigung Älterer ist die 'Aktion 55' des Sächsischen Sozialministeriums eine Ausnahme. Zielgruppe sind hier explizit die 55- bis 60-Jährigen, die vorzeitig im Ruhestand oder arbeitslos sind. Die ehrenamtlich Tätigen werden in ökologischen, kulturellen, erzieherischen oder sozialen Projekten eingesetzt und erhalten eine steuerfreie Aufwandsentschädigung von monatlich 150 DM. 1997 waren 13.000 Ehrenamtliche beschäftigt; 66% der Teilnehmer waren Arbeitslosengeldempfänger (vgl. Kasten Seite 280).

Im Allgemeinen wird die 'Aktion 55' als Erfolg bezeichnet; gleichwohl ist sie umstritten. Zum einen wird gefragt, ob die Beschränkung auf die Altersgruppe der 55- bis 60-Jährigen sinnvoll ist. Damit werden Arbeitslose unter 55 Jahren ausgeschlossen, obwohl teilweise schon 45-Jährige zu der Gruppe der schwer vermittelbaren Arbeitslosen zählen. Zum anderen wird bei der 'Aktion 55' kritisiert, dass sie nicht das Ziel der

Wiedereingliederung der älteren Arbeitslosen in den regulären Arbeitsmarkt verfolge. Die Gelder könnten vielleicht wirkungsvoller in Maßnahmen der aktiven Arbeitsmarktpolitik investiert werden. Offen ist bei diesem Argument die Frage, inwieweit die ehrenamtliche Beschäftigung der 13.000 älteren Arbeitslosen in Sachsen nur einen gesellschaftlichen Bedarf befriedigt oder nicht auch die Motivation und Fähigkeit der Älteren erhält, andere Beschäftigungsgelegenheiten weiter zu suchen und zu ergreifen; angesichts des akuten Mangels an Arbeitsplätzen und der besonderen Schwierigkeiten von älteren Arbeitslosen über 50 Jahren eine ganz zentrale Frage.

Freiwilliges soziales Engagement von älteren Arbeitslosen: Die 'Aktion 55' in Sachsen

Die 'Aktion 55' wurde 1993 vom Sächsischen Staatsministerium für Soziales, Gesundheit und Familie ins Leben gerufen, um vorzeitig aus dem Berufsleben ausgeschiedenen Menschen eine Chance zu geben, sich außerhalb des Arbeitsmarktes sinnvoll zu betätigen und sie gleichzeitig zu ehrenamtlicher Tätigkeit zu motivieren. Die Idee entstand vor dem Hintergrund, dass einerseits durch die mit dem Strukturwandel in den neuen Bundesländern verbundenen Frühverrentungen und Entlassungen eine hohe Anzahl an Vorruheständlern und älteren Arbeitslosen gegeben ist, die ihre Erfahrungen und Qualifikationen weiterhin nutzen wollen und können, und andererseits gerade in den wirtschaftlichen Problemregionen ein hoher Bedarf an gesellschaftlicher, gemeinnütziger Arbeit besteht. Die Aktion hat Modellcharakter; eine vergleichbare Initiative gibt es nur in Brandenburg unter der Bezeichnung '55 Aufwärts'.

Mit der 'Aktion 55' wird explizit die Altersgruppe der 55- bis 60-Jährigen angesprochen, die Empfänger von Arbeitslosengeld oder Arbeitslosenhilfe, von Altersübergangsgeld, Erwerbsunfähigkeitsrenten oder betrieblichen Vorruhestandsgeldern sind. Angeboten werden verschiedene Beschäftigungsmöglichkeiten im erzieherischen, sozialen, kulturellen oder ökologischen Bereich, z. B. in der außerschulischen Betreuung von Kindern und Jugendlichen, der Seniorenarbeit und Behindertenbetreuung, der Betreuung von Arbeitslosen und Asylbewerbern oder in der Umweltpflege. Die verschiedenen Projekte werden von gemeinnützigen Vereinen, Verbänden, Organisationen, selbst organisierten Initiativen, Kirchen, Gemeinden und Wohlfahrtsverbänden getragen.

Eigene Zusammenstellung

Alternsgerechte Beschäftigung geht, aber der Weg ist noch weit

Die 'Aktion 55' und die Beschäftigungsinitiativen für Senioren zeigen aber, dass die Erschließung von neuen Beschäftigungsfeldern grundsätzlich möglich ist und auf Akzeptanz stößt. Zu prüfen bleibt, inwieweit ehrenamtliche Tätigkeiten unter dem Gesichtspunkt der künftigen Möglichkeiten für eine alternsgerechte Beschäftigung bewusst einbezogen werden können, und zwar unter arbeitsmarkt- und nicht nur unter sozialpolitischen Gesichtspunkten:

- Zu prüfen ist etwa, wie die Rahmenbedingungen für die ehrenamtliche Beschäftigung von Arbeitslosen verbessert werden können, ohne das Beschäftigungsziel im ersten Arbeitsmarkt aus den Augen zu verlieren.
- Zu prüfen bleiben die verschiedenen Möglichkeiten zur Kooperation der regionalen Akteure, um ergänzende Beschäftigungsfelder zu identifizieren und sie mit Beratungs-, Qualifizierungs- und Vermittlungsmaßnahmen für Arbeitslose zu verknüpfen.
- Zu prüfen sind schließlich Möglichkeiten zur Aufwertung des freiwilligen sozialen Engagements. Verschiedene Modelle dazu werden gegenwärtig diskutiert, die von der Anerkennung von ehrenamtlichen Tätigkeitszeiten in der gesetzlichen Rentenversicherung über das Angebot von Vergünstigungen für ehrenamtlich Tätige, z. B. im öffentlichen Nahverkehr, in Museen und Theatern, bis hin zur Einführung eines Bürgergelds reichen, wie es die Bayerisch-Sächsische Zukunftskommission vorgeschlagen hat.

Die Möglichkeiten für überbetriebliche Initiativen, Modellversuche, Hilfestellungen und Umgestaltungen in den Rahmenbedingungen zur Verbesserung der Funktionsfähigkeit des Arbeitsmarkts sind aufgrund der Erkenntnisse im Forschungsschwerpunkt 'Demografischer Wandel und die Zukunft der Erwerbsarbeit' keineswegs erschöpft (vgl. Kasten Seite 282). Viele Initiativen wurden schon ergriffen, doch ihre Erfahrungen weder ausgewertet noch genutzt, um sie zu konstruktiven Vorschlägen mit größerer Breitenwirkung weiterzuentwickeln.

Bisher ist es nicht gelungen ausreichend sichtbare Wegweiser aufzustellen, denen die Akteure auf kommunaler, Landes-, Bundes- oder europäischer Ebene, mit ihrer Vielzahl von Maßnahmen zur Bewusstseinsbildung, Arbeitsvermittlung, Beratung und Qualifizierung folgen könnten, um verlässliche Wege in Richtung einer künftigen alternsgerechten Beschäftigung in Deutschland zu finden.

Die Bemühungen um die Entwicklung alternsgerechter Beschäftigungsformen gleicht einem Gewirr unzähliger Pfade, die parallel verlaufen, sich vielfach kreuzen und teilweise in unterschiedliche Richtungen auseinandergehen. Dies mag den einen oder anderen an den Experten wie an dem Engagement von Politikern, Verbandsvertretern oder Gewerkschaftern zweifeln lassen.

Bei aller Kritik und Enttäuschung sollten wir aber nicht vergessen, welche Zeiträume, Konflikte und Opfer nötig waren, um in Deutschland Rahmenbedingungen entstehen zu lassen, die zum Fundament der wirtschaftlichen und sozialen Entwicklung in den letzten 50 Jahren geworden sind. Innovationen in den Rahmenbedingungen brauchen lange, um auszureifen. Auch Unternehmen machen immer wieder die Erfahrung, dass es leichter ist eine neue Maschine zu kaufen und einzusetzen als neue Absatzwege, zukunftsfähige Organisationsstrukturen und vor allem eine innovationsfreundliche Unternehmenskultur zu entwickeln.

Handlungsspielräume zur Förderung einer alternsgerechten Beschäftigung am Beispiel eines Landesministeriums

Bewusstseinsbildung	▪ Anzeigenaktionen ▪ Fernsehspots, Rundfunk, Internet ▪ Broschüren ▪ Vorträge ▪ Betriebsgespräche ▪ Wettbewerb 'Seniorenfreundlicher Betrieb'
Problemorientierte Arbeitsvermittlung	▪ Datenbank mit Stellen für Ältere ▪ 'Landesstellen' zur Organisation des Austauschs ▪ Zeitarbeit für Ältere ▪ Organisation von Job-Rotation-Pools
Qualifizierung und Beratung	▪ Landesstudie zur Bedarfsermittlung bei der Qualifikation Älterer ▪ Ausbildungsverbünde (Infrastruktur, Organisation) ▪ Senior-Service für Qualifizierung (Ältere als Trainer und Qualifizierungsberater) ▪ Beratungsdienst zur alternsgerechten Laufbahngestaltung und Arbeitsgestaltung ▪ Beratungsdienst für ältere Arbeitnehmer zur individuellen Berufsverlaufsgestaltung
Tätigkeiten außerhalb des Erwerbssektors	▪ 'Regio 55+' ▪ Senior-Service-Beratungsagenturen (Anschubfinanzierung)
Subventionen	▪ Subventionen für Unternehmen zur Beschäftigung Älterer ▪ Subvention von Weiterbildung

Ergebnisse eines Workshops der Prognos AG, 1999

Literaturverzeichnis

- Bäcker, G., G. Naegele (1993): Alternde Gesellschaft und Erwerbstätigkeit. Modelle zum Übergang vom Erwerbsleben in den Ruhestand. Köln
- Badura, B., E. Münch, W. Ritter (1997): Partnerschaftliche Unternehmenskultur und betriebliche Gesundheitspolitik. Gütersloh
- Baur, R., J. Kienzle (1998): Anreizmechanismen zur Beschäftigung älterer Arbeitnehmer. Untersuchung der Prognos AG im Auftrag der Enquete-Kommission Demografischer Wandel. Bonn, Basel
- Behrens, J., M. Morschhäuser, H. Viebrok, E. Zimmermann (1999): Länger erwerbstätig – aber wie? Opladen, Wiesbaden
- Bertelsmann Stiftung (Hrsg.) (1997): Mit 60 auf das Abstellgleis ...? Gütersloh
- Büchel, F., G. Weisshuhn (1997): Ausbildungsinadäquate Beschäftigung der Absolventen des Bildungssystems. Berlin
- Bullinger, H.-J., V. Volkholz, K. Betzl, A. Köchling (Hrsg.) (1993): Alter und Erwerbsarbeit der Zukunft. Berlin
- Bundesministerium für Familie, Senioren, Frauen und Jugend (Hrsg.) (1997): Datenreport Alter. Stuttgart
- Bundesvereinigung der Deutschen Arbeitgeberverbände (Hrsg.) (1980): Praktische Arbeitshilfe für Betriebe. Ältere Mitarbeiter. Köln
- Deutscher Bundestag, Referat Öffentlichkeitsarbeit (Hrsg.) (1998): Demografischer Wandel: Zweiter Zwischenbericht der Enquete-Kommission 'Demografischer Wandel' – Herausforderungen unserer älter werdenden Gesellschaft an den Einzelnen und die Politik. Bonn
- Europäische Stiftung zur Verbesserung der Lebens- und Arbeitsbedingungen (1997): Maßnahmen zur Bekämpfung von Altersbarrieren in der Erwerbstätigkeit. Luxemburg
- Fischer, P. (1995): Die Selbstständigen von morgen. Frankfurt, New York
- Franz, W., V. Steiner (Hrsg.) (1995): Der westdeutsche Arbeitsmarkt im strukturellen Anpassungsprozess. Baden-Baden

- Frerichs, F. (Hrsg.) (1996): Ältere Arbeitnehmer im demografischen Wandel – Qualifizierungsmodelle und Eingliederungsstrategien. Dortmund
- Frerichs, F. (1998): Älterwerden im Betrieb. Beschäftigungschancen und -risiken im demografischen Wandel. Opladen, Wiesbaden
- Frister, S., H. Liljeberg, G. Winkler (1997): Arbeitslosenreport 1997. Berlin
- Giarini, O., P. M. Liedtke (1998): Wie wir arbeiten werden. Der neue Bericht an den Club of Rome. Hamburg
- Hacker, W. (Hrsg.) (1996): Erwerbsarbeit der Zukunft – auch für 'Ältere'? Zürich, Stuttgart
- Handy, C. (1995): Die Fortschrittsfalle. Wiesbaden
- INIFES – ISF – SÖSTRA (Hrsg.) (1998): Erwerbsarbeit und Erwerbsbevölkerung im Wandel. Anpassungsprobleme einer alternden Gesellschaft (Veröffentlichung aus dem Verbund 'Arbeits- und Innovationspotenziale im Wandel'). Frankfurt, New York
- Karazman, R. u. a. (1995): Betriebliche Gesundheitsförderung für älterwerdende Arbeitnehmer. Hamburg
- Köchling, A. (1995): Wie Betriebe heute mit Altersstrukturen (nicht mit Älteren) umgehen – Anforderungen an die Zukunft. In: Mitteilungen aus der Arbeitsmarkt- und Berufsforschung, 28. Jg., Nr. 3, Seite 437–453
- Kommission für Zukunftsfragen der Freistaaten Bayern und Sachsen (1996): Erwerbstätigkeit und Arbeitslosigkeit in Deutschland – Entwicklung, Ursachen und Maßnahmen. Bonn
- Lehner, F., M. Baethge, J. Kühl, F. Stille (1998): Beschäftigung durch Innovation. München, Mering
- Lennartz, D. (Hrsg.) (1996): Altern in Beruf und Gesellschaft (= Berichte zur beruflichen Bildung, Heft 198)
- Lutz, C. (1995): Leben und Arbeiten in der Zukunft. München
- Meyer-Dohm, P., H. G. Schütze (Hrsg.) (1997): Technischer Wandel und Qualifizierung: Die neue Synthese. Frankfurt, New York

- Naegele, G., H. P. Tews (Hrsg.) (1993): Lebenslagen im Strukturwandel des Alters. Alternde Gesellschaft – Folgen für die Politik. Opladen
- Pack, J., H. Buck, E. Kistler, H. G. Mendius, M. Morschhäuser, H. Wolff (1999): Zukunftsreport demografischer Wandel – Innovationsfähigkeit in einer alternden Gesellschaft, Veröffentlichung des Förderschwerpunkts 'Demografischer Wandel'. Bonn
- Prognos AG (1998): Die Bundesrepublik Deutschland 2005–2010–2020. Deutschland Report Nr. 2. Basel, Berlin, Köln
- Rosenbrock, R., U. Lenhardt (1999): Die Bedeutung von Betriebsärzten in einer modernen betrieblichen Gesundheitspolitik. Gütersloh
- Rosenow, J., F. Naschold (1994): Die Regulierung der Altersgrenzen – Strategien von Unternehmen und die Politik des Staates. Berlin
- Rössel, G., R. Schaefer, J. Wahse (1999): Alterspyramide und Arbeitsmarkt. Zum Alterungsprozess der Erwerbstätigen in Deutschland (Veröffentlichung aus dem Verbund 'Arbeits- und Innovationspotenziale im Wandel'). Frankfurt, New York
- Rudolph, A. (1997): Mögliche Auswirkungen demografischer Veränderungen auf die Unternehmensentwicklung im Handwerk. Göttingen
- Senatsverwaltung für Arbeit, Berufliche Bildung und Frauen (1998): Kompetenz. Dienstleistung. Personalentwicklung (= Schriftenreihe der Senatsverwaltung für Arbeit, Berufliche Bildung und Frauen, Nr. 35). Berlin
- Statistisches Bundesamt (1997): Datenreport 1997. Zahlen und Fakten über die Bundesrepublik Deutschland. Bonn
- Strümpel, B., M. Dierkes (Hrsg.) (1993): Innovation und Beharrung in der Arbeitspolitik. Stuttgart
- Täubert, J., A. Reif (1997): Leitfaden zur alter(n)sgerechten physiologischen Arbeitsgestaltung in der Montage (= Wiss. Schriftenreihe des Instituts für Betriebswissenschaften und Fabriksysteme der TU Chemnitz-Zwickau, Heft 14). Chemnitz
- Wachtler, G., H. Franzke, J. Balcke (1997): Die Innovationsfähigkeit von Betrieben angesichts alternder Belegschaften. Expertise im Auftrag des Forschungsinstituts der Friedrich-Ebert-Stiftung, Abt. Arbeits- und Sozialforschung. Bonn

- Weidig, I., P. Hofer, H. Wolff (1999): Arbeitslandschaft 2010 nach Tätigkeiten und Tätigkeitsniveau. Gutachten für das IAB Nürnberg. Basel

- Wenke, J., T. Reglin, T. Stahl (1996): Berufliche Weiterbildung für ältere Arbeitnehmer. Ein Leitfaden für Bildungsträger. Dokumentation zum Modellversuch 'Entwicklung und Erprobung von Qualifizierungskonzepten für ältere Arbeitnehmer aus der Industrie' (= Wirtschaft und Weiterbildung; Bd. 10). Bielefeld

- Zukunftskommission der Friedrich-Ebert-Stiftung (1998): Wirtschaftliche Leistungsfähigkeit, sozialer Zusammenhalt, ökologische Nachhaltigkeit. Drei Ziele – ein Weg. Bonn

■ Liste der Forschungsverbünde, der beteiligten Institute und Projektbearbeiter

Verbund I: **Arbeits- und Innovationspotenziale im Wandel**
Laufzeit: 1995 – 1999
Koordinator: Dr. Ernst Kistler (INIFES)

Forschungsschwerpunkte:
1. Subjektive Komponenten der langfristigen Arbeitsangebotsentwicklung (INIFES)
   Bearbeiter: Dr. Ernst Kistler, Markus Hilpert, Dorit Sing

2. Innovationsfähigkeit und veränderte Altersstrukturen (SÖSTRA)
   Bearbeiter: Prof. Dr. J. Wahse, Reinhard Schäfer

3. Im Schatten der Innovation (ISF)
   Bearbeiter: Dr. Volker Döhl, Nick Kratzer, Dr. Dieter Sauer

Verbund II: **Zukünftige Anforderungen und Strategien im Handwerk**
Laufzeit: 1996 – 1998
Koordinatorin: Christine Ax (Zukunftswerkstatt / Handwerkskammer Hamburg)

Forschungsschwerpunkte:
1. Strategien für das Handwerk (Zukunftswerkstatt / Handwerkskammer Hamburg)
   Bearbeiterin: Christine Ax

2. Neue Anforderungen an die Personalentwicklung (FH Niederrhein)
   Bearbeiter: Dr. Lutz Packebusch, Birgit Weber

3. Eine Chance für die Arbeit (ISF)
   Bearbeiter: Dr. Hans Gerhard Mendius, Dr. Stefanie Weimer

Verbund III: **Begrenzte Tätigkeitsdauer und neue Arbeitszeitmodelle für ältere Arbeitnehmer**
Laufzeit: 1996 – 1998
Koordinatorin: Dr. Martina Morschhäuser (ISO)

Forschungsschwerpunkte:
1. Begrenzte Tätigkeitsdauer und betriebliche Laufbahngestaltung (ISIS)
   Bearbeiter: Prof. Dr. Johann Behrens

2. Betriebliche Gesundheitsförderung und altersintegrative Arbeitspolitik (ISO)
   Bearbeiterin: Dr. Martina Morschhäuser

3. Neue Arbeitszeitmodelle für Ältere (FfG)
   Bearbeiter: Prof. Dr. Gerhard Naegele, Dr. Frerich Frerichs, E. Zimmermann

4. Finanzielle Folgen betrieblicher Modelle (ZeS)
   Bearbeiter: Dr. Holger Viebrok

Verbund IV: **Innovation bei veränderten Altersstrukturen**
Laufzeit: 1996 – 1999
Koordinator: Jochen Pack (IAO)

Forschungsschwerpunkte:
1. Serienmontage (IAO, TU Chemnitz)
   Bearbeiter: Jochen Pack, Hartmut Buck, Dr. A. Reif, J. Täubert

2. Software-Entwicklung (IAO, TU Cottbus)
   Bearbeiter: Prof. Dr. Klaus Kornwachs, Stefan Berndes, Uwe Lünstroth

Verbund V: **Innovation, Belegschaftsstrukturen und Altern im Betrieb**
Laufzeit: 1996 – 2000
Koordinatorin: Annegret Köchling

Forschungsschwerpunkte:
1. Betriebliche Innovation und Belegschaftsstrukturen
   - Innovation als ganzheitlicher betrieblicher Prozess (VDI/VDE-IT)
     Bearbeiter: Michael Astor, Prof. Dr. Ulrich Brasche

   - Unterstützungsstrukturen für jüngere und ältere Innovierer (TU HH)
     Bearbeiter: Prof. Dr.-Ing. Klaus-Dieter Fröhner, Dr. Kerstin Nawroth

- Altersstrukturelle Zusammensetzung und Veränderungen (GfAH)
  Bearbeiterin: Annegret Köchling

- Sozialstrukturelle Zusammensetzung und Veränderungen (ISO)
  Bearbeiter: Josef Reindl, Hans Günter Grewer

2. Alterungsprozesse von Arbeitnehmern und Innovationsbereitschaft
   - Typisierbare Erwerbsbiografien jüngerer und älterer Arbeitnehmer (FH Neubrandenburg)
     Bearbeiterinnen: Prof. Dr. Adelheid Kuhlmey, Tanja Hitzblech
   - Innovationsbereitschaft jüngerer und älterer Arbeitnehmer (a&o research)
     Bearbeiter: Dr. Gerda Jasper, Werner Duell
   - Erwerbsbiografieorientierte Arbeitssystem- und Technikgestaltung (HDZ RWTH Aachen)
     Bearbeiter: Dr. Ernst Hartmann, Silvia Schmid

Zukunftsreport: Altern und Erwerbsarbeit

Laufzeit: 1997 – 2000
Koordinator: Dr. Heimfrid Wolff
Mitarbeiterinnen: Henrike Mohr, Dr. Katharina Spieß

edition

ZUKUNFT DER ARBEIT
ARBEIT DER ZUKUNFT

Hans-Jörg Bullinger, Heinz Murmann

Dienstleistungen

Der dynamische Sektor

ISBN 3-923221-95-9
DM 68,–

Dienstleistungen sind zum Wachstumsmotor der Wirtschaft geworden. Ihre Bedeutung für den Arbeitsmarkt und die Gesamtwirtschaft nimmt schnell weiter zu. Die neuen Informations- und Kommunikationstechnologien verändern viele Dienstleistungen und lassen neue entstehen. Auch einfache Dienstleistungen werden verstärkt nachgefragt.

Schwerpunkte

- Was sind Dienstleistungen?
- Ist Deutschland eine Dienstleistungswüste?
- Welche neuen Dienstleistungen entstehen?
- Wie sehen neue Unternehmens- und Arbeitsformen aus?
- Was sind hybride Produkte?
- Welche Dienstleistungen verlangt die Globalisierung?
- Muss jeder ein Leben lang lernen?
- Wo werden neue Arbeitsplätze geschaffen?
- Wie lässt sich Sozialhilfe durch Arbeit ersetzen?
- Sind Dienstleistungen „Die große Hoffnung des 21. Jahrhunderts"?

Die Autoren

Prof. Dr. Hans-Jörg Bullinger ist Leiter des Instituts für Arbeitswissenschaft und Technologiemanagement (IAT) der Universität Stuttgart und des Fraunhofer-Instituts für Arbeitswirtschaft und Organisation (IAO) in Stuttgart. Schwerpunkte der Institutsarbeit liegen im Bereich Informations-, Dienstleistungs- und Produktionsmanagement.

Dr. Heinz Murmann ist Journalist. Seine beruflichen Stationen sind: Deutsche Zeitung in Köln, Zeitungs- und Rundfunkkorrespondent in London, Tätigkeit beim Handelsblatt in Düsseldorf, anschließend beim Kölner Stadt-Anzeiger. Von 1987–1991 war er Vorsitzender des Deutschen Presseclubs in Bonn.

edition

ZUKUNFT DER ARBEIT
ARBEIT DER ZUKUNFT

Walter Eichendorf (Hrsg.)

WORK IT OUT

Beiträge zur Zukunft der Arbeit

ISBN 3-923221-91-6
DM 68,–

Der Band verschafft einen fundierten Einblick in die aktuelle Auseinandersetzung um die Zukunft der Arbeit. Der Autorenkreis – Experten aus Wirtschaft und Wissenschaft – trägt der Vielfalt der Positionen Rechnung und bietet einen Überblick über den Stand der Diskussion.

Schwerpunkte

- Globalität: Die Welt im Dorf
- Arbeit, Erwerb und Tätigkeit: Was bleibt zu tun?
- Personalentwicklung: Mittelpunkt Mensch
- Szenarien: Die Zukunft hat längst begonnen

Die Autoren

Dr. Heik Afheldt (Herausgeber des TAGESSPIEGEL, Berlin), Dr. András Békés (Staatliches Oberinspektorat für Arbeit und Arbeitssicherheit, Budapest), Dr. Hans Böhm (Deutsche Gesellschaft für Personalführung e.V., Düsseldorf), Prof. Dr. Hans-Jörg Bullinger (Fraunhofer Institut für Arbeitswirtschaft und Organisation, Stuttgart), Dr. Werner Dostal (Institut für Arbeitsmarkt und Berufsforschung der Bundesanstalt für Arbeit, Nürnberg), Dr. Fritz-Jürgen Kador (Bundesvereinigung der Deutschen Arbeitgeberverbände, Köln), Patrick M. Liedtke (Bericht an den Club of Rome, Darmstadt), Prof. Dr. Thomas W. Malone (Sloan School of Management – MIT, Cambridge USA), Prof. Dr. Gerd Mutz (Münchner Projektgruppe für Sozialforschung), Prof. Dr. Birger P. Priddat (Universität Witten-Herdecke), Dr. John Rutayuga (Ukimwi Orphans Assistance, Washington), Dr. Andreas Schleef (Vorstand der AUDI AG, Ingolstadt), Dr. h.c. Wolfgang Schultze (Vorstand der Preussag AG, Hannover), Prof. Dr. Michael Schumann (Universität Göttingen), Hanswerner Voss (Institut für Biometrie und Epidemiologie GmbH an der Universität Bochum).

edition

ZUKUNFT DER ARBEIT
ARBEIT DER ZUKUNFT

John Hormann

FUTURE WORK

Signale für das Leben im 3. Jahrtausend
Mit einem Beitrag von Hanswerner Voss

ISBN 3-923221-92-4
DM 48,–

„An der Schwelle zum 3. Jahrtausend steht die Menschheit vor einer neuen Ära. Die Arbeits- und Lebenswelt wird sich fundamentaler verändern, als es in den vorhergehenden 150 Jahren geschehen ist."

Schwerpunkte

- Welche Trends lassen sich bereits heute erkennen?
- Was können wir tun, um die Zukunft lebenswert zu gestalten?
- Welche Vorbilder gibt es für individuelle Lebensentwürfe?
- Szenarien zukünftiger Entwicklung

John Hormann entwickelt Visionen und Handlungsperspektiven zur aktiven Gestaltung der künftigen Lebens- und Arbeitswelt. Er scheut sich dabei nicht ungewöhnliche Wege auch für die individuelle Lebensperspektive aufzeigen. Die Neuausgabe seines Buches von 1990 wurde vollständig überarbeitet und durch den Beitrag von Hanswerner Voss ergänzt.

Der Autor

John Hormann ist Zukunftsforscher und Managementberater. Er war langjährig tätig als Manager für IBM in New York, Paris und in verschiedenen Städten Deutschlands. Er verfasste zahlreiche Publikationen zu Fragen künftiger Denk-, Arbeits- und Gesellschaftsformen, zum Beispiel NEW SPIRIT.

edition

ZUKUNFT DER ARBEIT
ARBEIT DER ZUKUNFT

Fritz Fliszar

Jede Masse Klasse

Vom Aussterben der Arbeitslosigkeit

ISBN 3-923221-94-0
DM 48,–

Der Übergang von der Industrie- zur Informationsgesellschaft legt ein hohes Tempo vor und bestimmt mit seiner Dynamik alle Lebensbereiche: Arbeit, Bildung und Freizeit. Die Auswirkungen sind in der Arbeitswelt deutlich zu spüren: Ganze Branchen verschwinden, neue entstehen, der Charakter der Arbeit verändert sich grundlegend.

Fritz Fliszar analysiert die Trends und entwickelt Prognosen für die künftige Informationsgesellschaft. Er zeigt, welche Chancen und Risiken sich für den Einzelnen und die Gesellschaft ergeben.

Schwerpunkte

- Arbeit und Leben
- Global Economy and Local Business
- Innovationen und urbanes Wohnen
- Globales Dorf und lokale Welt

Der Autor

Dr. Fritz Fliszar ist freier Publizist. Er war Anfang der 80er-Jahre Bundesgeschäftsführer der F.D.P.; anschließend zwölf Jahre lang Leiter der Friedrich-Naumann-Stiftung und gründete deren Liberales Institut. Seine derzeitigen Arbeitsgebiete sind das beginnende Informationszeitalter, die Telekommunikation und Multimedia.